LA ENCICLOPEDIA
EN ESPAÑOL

LA ENCICLOPEDIA
EN ESPAÑOL

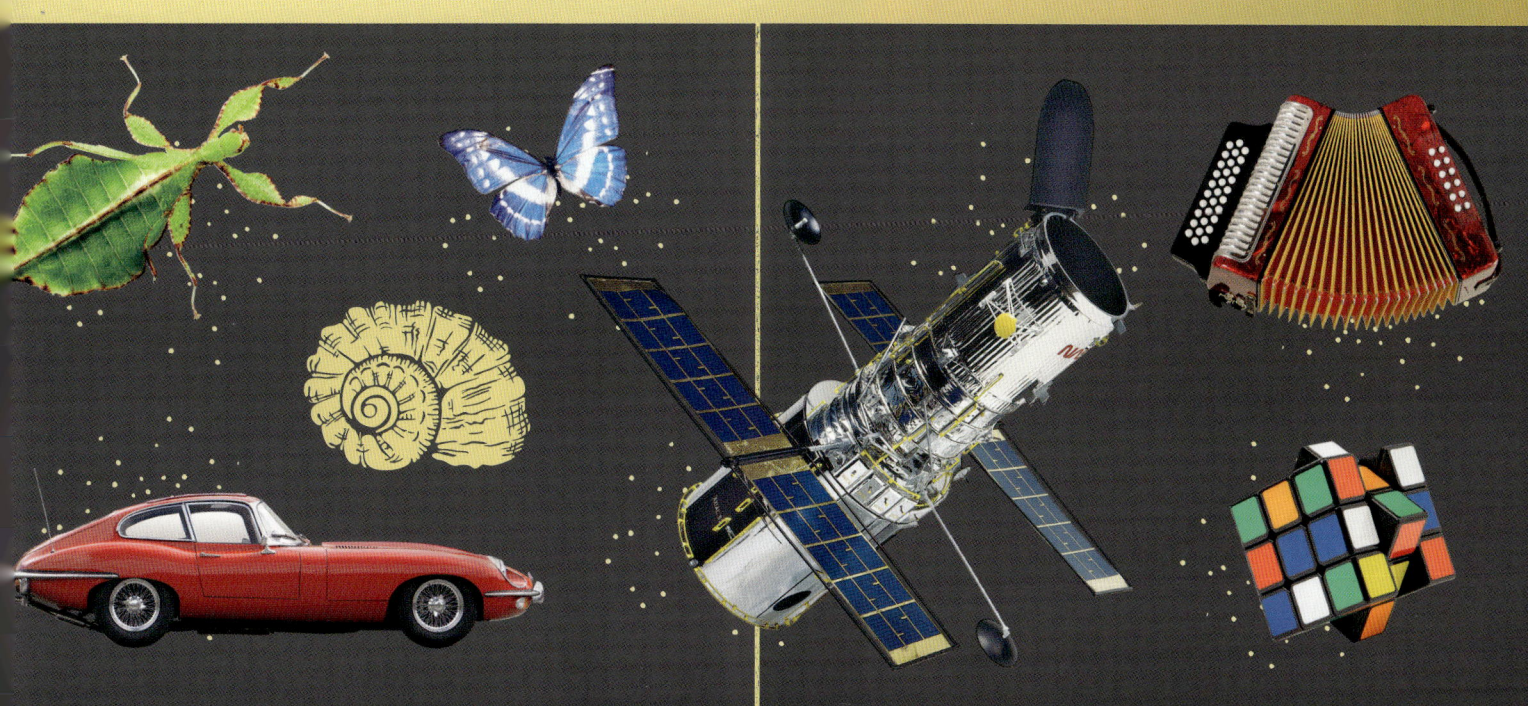

Edición Jenny Sich
Edición de arte Rachael Grady
Equipo editorial Virien Chopra, Upamanyu Das,
Binta Jallow, Tim Harris, Hélène Hilton, Sam Kennedy,
Georgina Palffy, Ed Pearce, Vicky Richards, Rona Skene
y Anna Streiffert Limerick
Equipo de diseño Revati Anand, Kelly Adams,
Chrissy Checketts, Sheila Collins, Noopur Dalal, Mik Gates,
Jim Green, Beth Johnston, Kit Lane, Govind Mittal,
Lynne Moulding y Stefan Podhorodecki
Ilustración Katy Jakeway y Simon Tegg
Banco de imágenes Sarah Hopper y Jo Walton
Coordinación editorial Francesca Baines
Coordinación de arte Philip Letsu
Producción editorial Gillian Reid
Coordinación de producción Poppy David
Diseño de cubierta Stephanie Cheng Hui Tan
Maquetación Usman Ansari y Pawan Kumar
Diseño de maqueta Harish Aggarwal
Coordinación de cubiertas Priyanka Sharma Saddi
Coordinación de desarrollo de cubiertas Sophia MTT
Coordinación de publicaciones Andrew Macintyre
Dirección de arte Karen Self
Subdirección de publicaciones Liz Wheeler
Dirección de publicaciones Jonathan Metcalf

Textos adicionales Ed Aves, Ian Fitzgerald,
Andrea Mills y Lizzie Munsey

Asesores Chris Barker, Mike Benton, Jack Challoner,
Peter Doyle, Bethan Durie, Jacob Field, Elizabeth Graham,
Scott Hancock, Cat Hickey, Penny Johnson, Anthea Lacchia,
Jacqueline Mitton, Martin Redfern, Kristina Routh, Bill Sillar,
Mel Thompson, Timothy K. Topper y Ogechukwu Williams

COORDINACIÓN DE LA EDICIÓN EN ESPAÑOL
Coordinación editorial Marina Alcione
Asistencia editorial y producción Eduard Sepúlveda

Publicado originalmente en Gran Bretaña
en 2023 por Dorling Kindersley Limited
DK, One Embassy Gardens, 8 Viaduct
Gardens, London, SW11 7BW

Parte de Penguin Random House

Título original: *The Ultimate Encyclopedia of Everything*
Primera edición 2024

Copyright © 2023 Dorling Kindersley Limited

© Traducción en español 2024 Dorling Kindersley Limited

Servicios editoriales: deleatur, s.l.
Traducción: Antón Corriente Basús

Entrevista en la página 22 © 2023 del California Institute
of Technology. Con patrocinio gubernamental.

Entrevista en la página 34 © 2023 de la NASA para las
jurisdicciones fuera de Estados Unidos. Dorling Kindersley
Limited ha suscrito los derechos de reproducción.

ISBN:978-0-7440-9479-4

Impreso en China

www.dkespañol.com

MIXTO
Papel | Apoyando la
selvicultura responsable
FSC™ C018179

Este libro se ha impreso con papel
certificado por el Forest Stewardship
Council™ como parte del compromiso
de DK por un futuro sostenible.
Para más información, visita
www.dk.com/our-green-pledge.

CONTENIDO

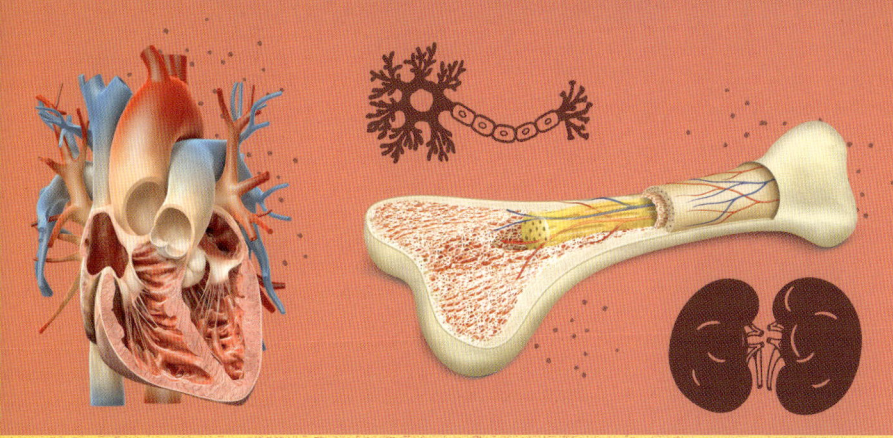

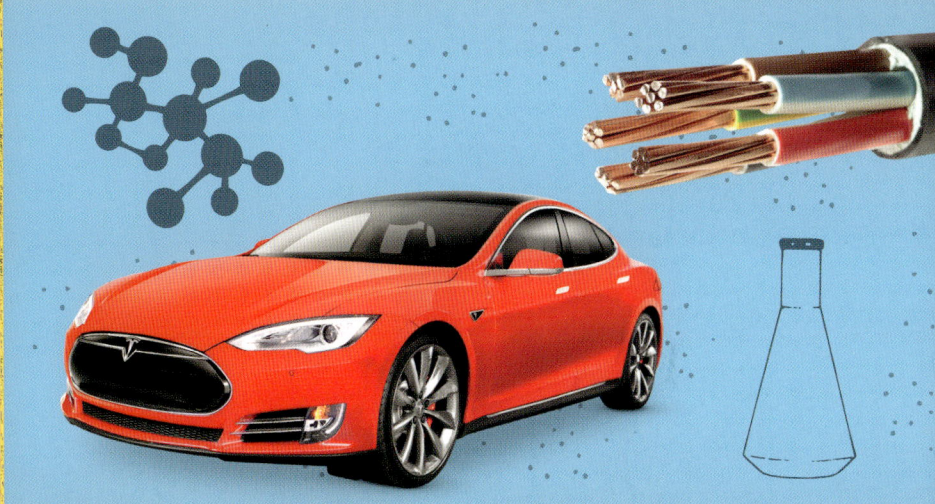

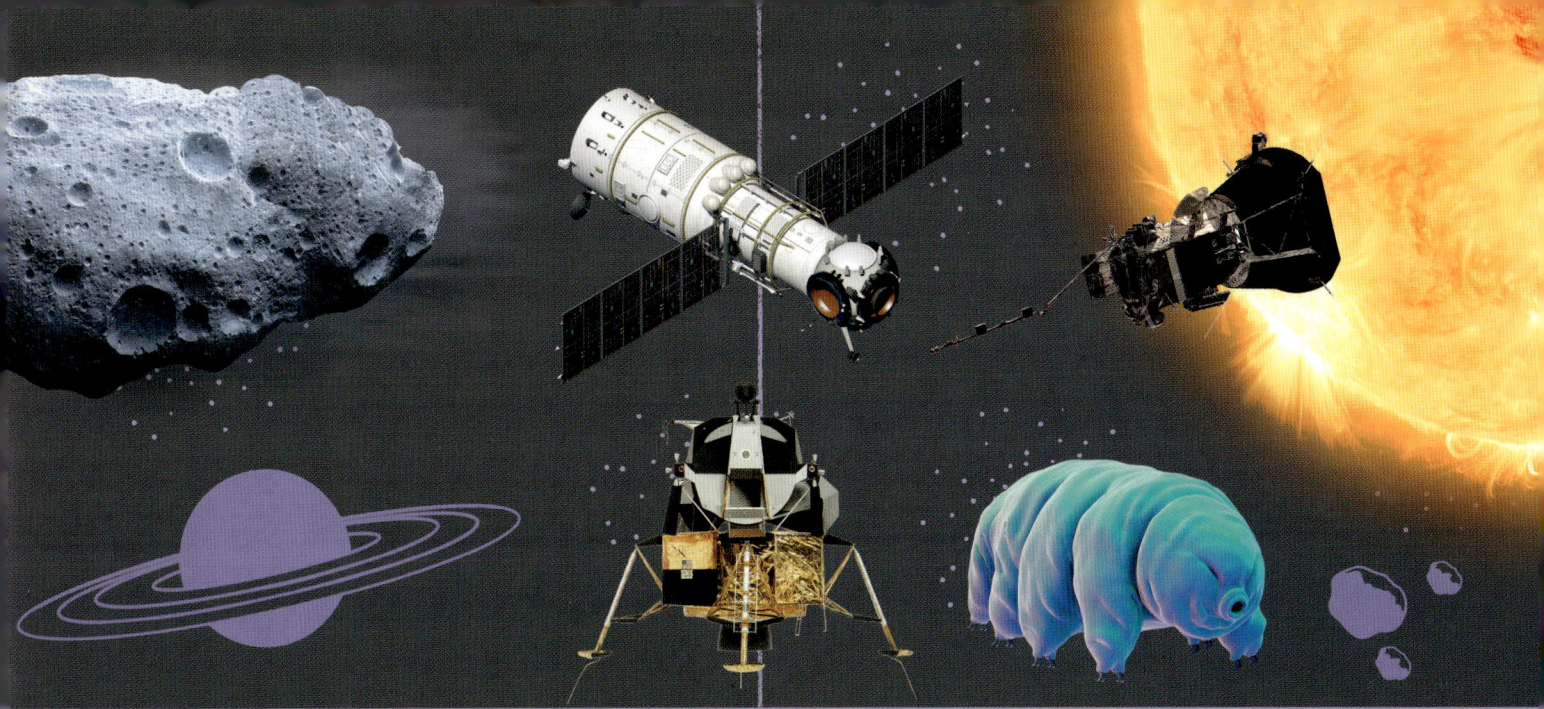

EL ESPACIO

¿Qué es **el espacio?**

El espacio es el universo y todo lo que contiene: estrellas, planetas, polvo y entes desconocidos por descubrir. Los humanos observan el espacio desde hace milenios, pero hasta ahora no hemos ido más allá de la Luna.

LA **ESCALA** DEL **ESPACIO**

Nuestro planeta es solo uno de los incontables cuerpos que componen nuestra galaxia, que es a su vez una parte minúscula e insignificante del universo. Esta secuencia muestra cómo encaja la Tierra en el esquema general.

El universo visible es todo materia hecha de átomos, como estrellas y planetas.

La materia oscura constituye un cuarto aproximado del universo.

4,9 %

26,8 %

68,3 %

Más de dos tercios es energía oscura.

Hay al menos 2000 estrellas a menos de 50 años luz del Sol.

Los planetas del Sistema Solar orbitan en torno al Sol.

La Tierra
Nuestro hogar es pequeño y rocoso, y tiene un satélite natural: la Luna.

Sistema Solar
Este contiene ocho planetas y sus satélites, más muchos asteroides y cometas.

Estrellas locales
La región de estrellas próximas a nuestro Sol se conoce como vecindario solar.

COMPONENTES

La materia visible representa solo una fracción del universo, del que la mayor parte es materia oscura y energía oscura. La materia oscura no emite luz ni calor; únicamente sabemos que está allí porque observamos los efectos de su gravedad. La energía oscura es una fuerza misteriosa que hace que el universo se expanda.

¡CASI TODAS LAS ESTRELLAS QUE OBSERVAMOS **A SIMPLE VISTA** SON **MAYORES** QUE EL **SOL!**

Astronauta en la Luna en 1969

EXPLORADORES ESPACIALES

Durante más de 65 años, hemos enviado naves al espacio. Estas han explorado todos los planetas vecinos, y algunas han viajado incluso fuera del Sistema Solar. Hasta ahora, el único lugar visitado por humanos es la Luna, pero hay planes en marcha para regresar allí y, luego, continuar hasta Marte y más allá.

OBSERVAR EL ESPACIO

Desde los tiempos más remotos, los humanos han mirado con asombro el cielo nocturno. En una noche despejada y oscura, sorprende lo que se ve a simple vista, y se ve aún más con herramientas de aumento para mostrar mayor detalle.

A simple vista
Sin ayuda de instrumentos podemos ver algunas estrellas y planetas, la Luna, cometas y lluvias de meteoros.

Vía Láctea
El Sol y miles de millones de otras estrellas están en la galaxia llamada Vía Láctea.

Grupo Local
El Grupo Local es un cúmulo de unas 50 galaxias, incluida la nuestra.

Supercúmulos
Los cúmulos de galaxias pueden agruparse a su vez en supercúmulos mayores.

Universo observable
Los grupos de supercúmulos forman filamentos separados por espacio vacío.

Prismáticos
Con prismáticos pueden verse objetos del espacio con algo más de detalle, como por ejemplo los cráteres en la superficie de la Luna.

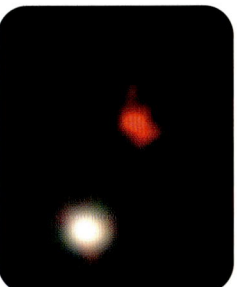

Gran telescopio terrestre
Estos telescopios captan imágenes de objetos muy distantes. La mancha roja es la galaxia HD-1, el objeto más lejano visible desde la Tierra.

Telescopio sencillo
Incluso un telescopio pequeño permite vistas como esta de la galaxia de Andrómeda. Objetos más próximos, como planetas, se ven con mayor claridad.

Telescopio espacial
Como mejor se ve el espacio es desde el espacio mismo. Más allá de la atmósfera de la Tierra, los telescopios captan imágenes más claras, como esta de la galaxia NGC 346.

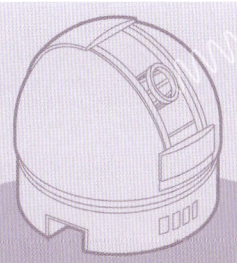

¡LOS MAYORES TELESCOPIOS CAPTAN 100 MILLONES DE VECES MÁS LUZ QUE EL OJO HUMANO!

Las galaxias brillantes y blancas como esta pertenecen a un cúmulo galáctico.

El telescopio crea picos alrededor de la imagen de estrellas en primer plano.

Las galaxias del fondo se ven distorsionadas como arcos por la gravedad del cúmulo más cercano.

VER **EL PASADO**

Esta imagen de un sector del cielo nocturno es del telescopio espacial James Webb. Casi todos sus objetos visibles son galaxias. Al estar tan lejos, su luz ha tardado miles de millones de años en alcanzarnos. Las más lejanas que muestra están a 13 000 millones de años luz, y las vemos con el aspecto que tenían algo menos de mil millones de años después del Big Bang.

El universo

¡LA SECCIÓN DEL **UNIVERSO** DE LA IMAGEN ES **TAN MINÚSCULA** QUE LA TAPARÍA **UN GRANO DE ARENA** SOSTENIDO CON EL BRAZO EXTENDIDO!

El universo es todo, en todas partes. Incluye todo aquello que podemos ver, desde los átomos más minúsculos hasta vastas galaxias; lo que no podemos ver, como la energía y el tiempo, y también lo que no hemos descubierto aún. Formado hace más de 13 000 millones de años en una fracción de segundo, el universo continúa expandiéndose, y es tan vasto que su escala es casi imposible de comprender para nosotros.

¡LOS ASTRÓNOMOS PREDICEN QUE EL TAMAÑO **DEL UNIVERSO** SE HABRÁ **DOBLADO** EN **10 000 MILLONES DE AÑOS!**

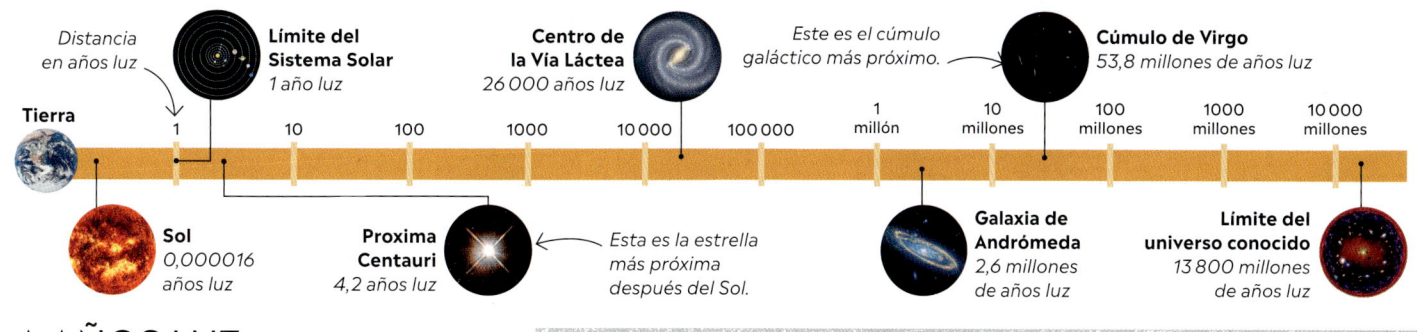

Distancia en años luz

Límite del Sistema Solar
1 año luz

Centro de la Vía Láctea
26 000 años luz

Este es el cúmulo galáctico más próximo.

Cúmulo de Virgo
53,8 millones de años luz

Tierra

| 1 | 10 | 100 | 1000 | 10 000 | 100 000 | 1 millón | 10 millones | 100 millones | 1000 millones | 10 000 millones |

Sol
0,000016 años luz

Proxima Centauri
4,2 años luz

Esta es la estrella más próxima después del Sol.

Galaxia de Andrómeda
2,6 millones de años luz

Límite del universo conocido
13 800 millones de años luz

A AÑOS LUZ

Un año luz es la distancia que recorre la luz en un año. Empleamos años luz debido a lo enorme de las distancias cósmicas. Estas son algunas distancias del espacio medidas en años luz desde la Tierra: un año luz son unos 9,5 billones de kilómetros.

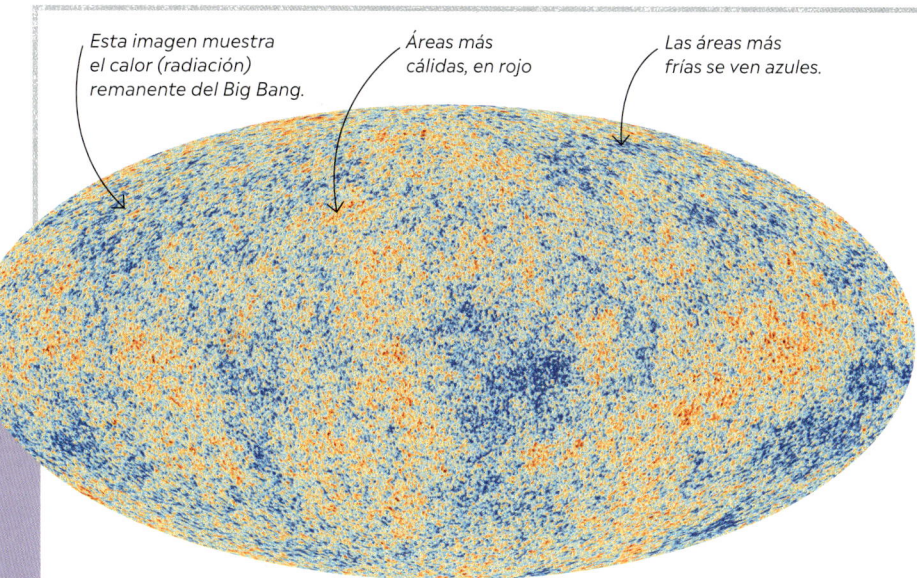

Esta imagen muestra el calor (radiación) remanente del Big Bang.

Áreas más cálidas, en rojo

Las áreas más frías se ven azules.

¡LA MAYORÍA DE LOS **CIENTÍFICOS** CREE QUE EL **UNIVERSO** NO TENDRÁ FIN Y SE **SEGUIRÁ EXPANDIENDO** SIEMPRE!

EL RESPLANDOR DEL BIG BANG

¿Cómo sabemos tanto del Big Bang? Algunas pistas vienen dadas por la energía que liberó. El cielo nocturno entero emite una radiación constante de bajo nivel, llamada radiación de fondo de microondas cósmicas (CMBR). Se cree que este es el resplandor de la radiación restante del nacimiento del universo.

CÓMO COMENZÓ **EL UNIVERSO**

Nuestro universo comenzó a existir en una explosión masiva conocida como Big Bang. La energía surgió de un punto increíblemente minúsculo y denso, y se convirtió en partículas que formaron átomos, y estos formaron estrellas, planetas, satélites y toda la materia que hay.

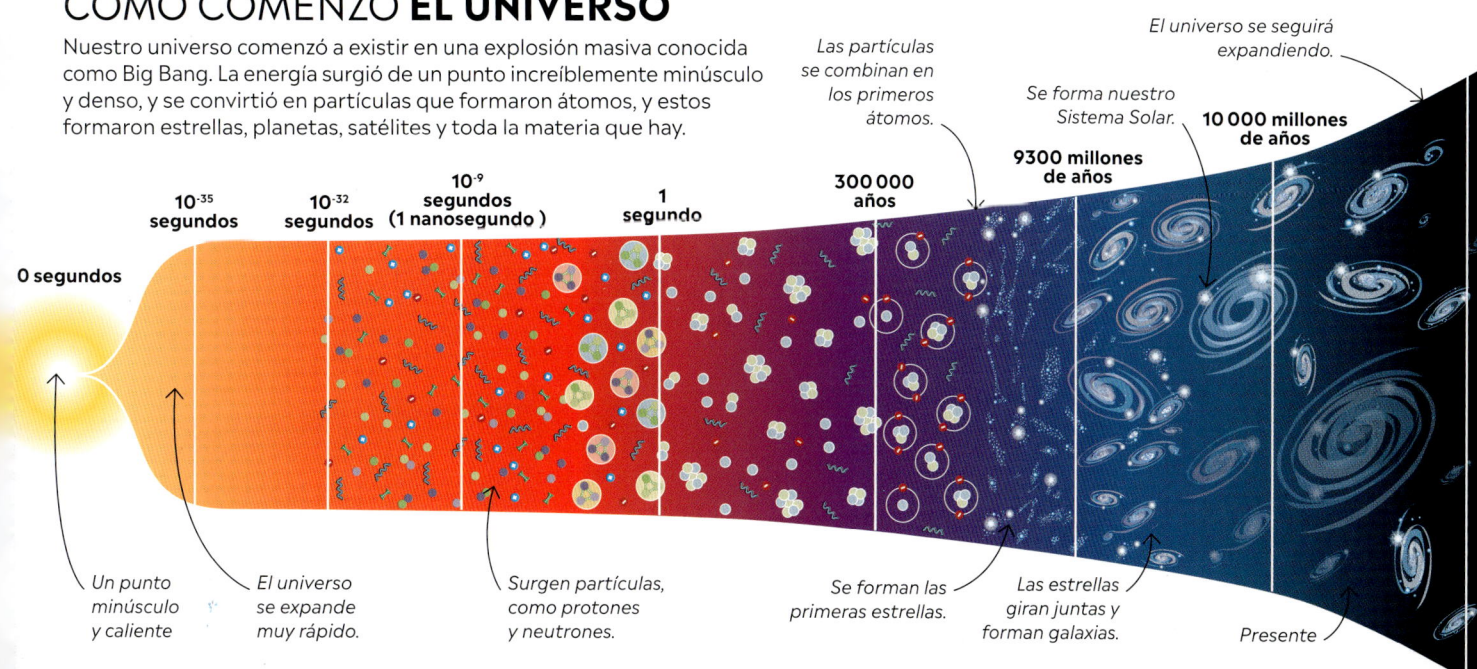

Las partículas se combinan en los primeros átomos.

El universo se seguirá expandiendo.

Se forma nuestro Sistema Solar.

10^{-35} segundos

10^{-32} segundos

10^{-9} segundos (1 nanosegundo)

1 segundo

300 000 años

9300 millones de años

10 000 millones de años

0 segundos

Un punto minúsculo y caliente

El universo se expande muy rápido.

Surgen partículas, como protones y neutrones.

Se forman las primeras estrellas.

Las estrellas giran juntas y forman galaxias.

Presente

Galaxias en abundancia

Una galaxia es un grupo enorme de estrellas, planetas, polvo y gas, unidos por la fuerza de la gravedad. Hay al menos 100 000 millones de galaxias en el universo visible, y probablemente otros miles de millones más allá.

Nuestro Sol está en uno de los brazos espirales de la Vía Láctea.

Polvo y gas formadores de estrellas

El núcleo central contiene estrellas viejas.

COLISIONES **CÓSMICAS**

Cuando dos galaxias se encuentran próximas, su gravedad puede acercarlas hasta hacerlas chocar. Hace unos 200 millones de años, en la galaxia de la Rueda de Carro impactó otra menor que atravesó su centro, cambiando su forma espiral y dejando un núcleo denso que tiene el aspecto de una diana.

LA **VÍA LÁCTEA**

Nuestra galaxia se llama la Vía Láctea. Comparada con otras, es de tamaño medio, de unos 100 000 años luz de diámetro y con hasta 400 000 millones de estrellas. Se cree que todas las galaxias grandes tienen un agujero negro supermasivo en su centro, donde la gravedad es tal que nada puede escapar a ella. El de la Vía Láctea se llama Sagitario A*.

Gas y polvo surgen del lugar del impacto, formando «radios».

Anillo exterior de formación estelar intensa

Elíptica
Una esfera aplastada de forma simple, con más estrellas en el centro.

Espiral
Un núcleo central de estrellas, rodeado por brazos que surgen en espiral.

Espiral barrada
Brazos espirales surgen de cada extremo de un núcleo alargado.

Irregular
Acumulación de estrellas, gas y polvo sin forma definida.

¡LA **VÍA LÁCTEA** Y LA GALAXIA VECINA DE **ANDRÓMEDA** ESTÁN EN CURSO DE **CHOCAR** DENTRO DE **4000 MILLONES DE AÑOS**!

FORMAS **DE GALAXIAS**

Se cree que las galaxias nacen como nubes giratorias de estrellas y polvo. Al aproximarse otras nubes, la gravedad hace chocar estos objetos y los reúne en grupos giratorios mayores. Hay cuatro formas principales: elípticas, espirales, espirales barradas e irregulares.

VISTA DESDE LA TIERRA

Todas las estrellas del cielo nocturno son parte de la Vía Láctea. Desde nuestra posición en uno de sus brazos espirales, esta se ve como una franja reluciente y difusa que surca el cielo.

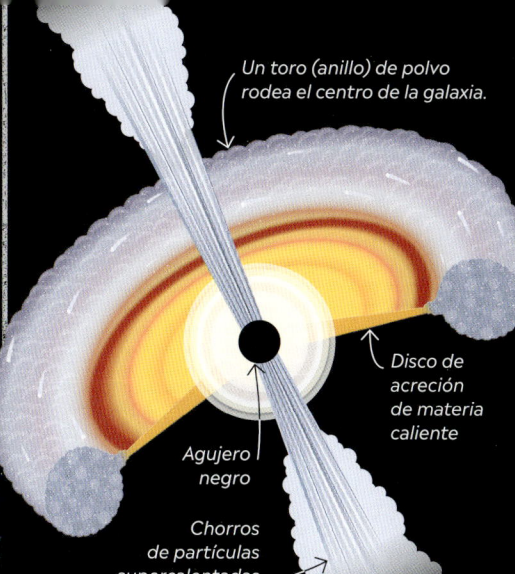

Un toro (anillo) de polvo rodea el centro de la galaxia.

Disco de acreción de materia caliente

Agujero negro

Chorros de partículas supercalentadas

GALAXIAS ACTIVAS

Las galaxias que producen una cantidad masiva de energía a partir de sus agujeros negros centrales se llaman activas. La gravedad extrema del agujero negro atrae materia y la desintegra, expulsando chorros de partículas supercalentadas que pueden alcanzar miles de años luz de longitud.

LA **GALAXIA DEL TRIÁNGULO** ES UNO DE LOS OBJETOS **MÁS LEJANOS** QUE SON **VISIBLES DESDE LA TIERRA** A SIMPLE VISTA.

En las áreas más oscuras, nubes densas de polvo bloquean la luz de las estrellas.

Resplandor blanco de nubes densas de estrellas

La galaxia del Triángulo está a 2,7 millones de años luz de la Tierra.

Andrómeda es la mayor galaxia del Grupo Local.

Grupo Local

Vía Láctea

GRUPOS DE GALAXIAS

Como las estrellas, las galaxias tienden a agruparse en cúmulos, y estos a su vez pueden formar supercúmulos. Nuestra Vía Láctea es parte de un cúmulo llamado el Grupo Local, que contiene solo tres galaxias grandes, siendo el resto galaxias enanas. El Grupo Local forma parte del supercúmulo de Virgo.

Luz estelar

LA SUPERGIGANTE **UY SCUTI** ES UNA DE LAS **MAYORES** ESTRELLAS CONOCIDAS. ¡EN ELLA CABRÍAN **5000 MILLONES** DE NUESTROS **SOLES**!

Las estrellas de nuestro cielo nocturno parecen puntitos de luz. De cerca, son bolas colosales de gas supercalentado. Las reacciones nucleares en sus núcleos hacen que unos elementos choquen con otros, y despiden calor y luz. Solo en nuestra galaxia hay hasta 400 000 millones de estrellas.

Gran parte del polvo fue antes parte de estrellas más viejas.

COMPAÑÍA EN EL ESPACIO

Muchas estrellas pasan su vida solas, al igual que nuestro Sol. Otras están unidas por la gravedad en pares o grupos. Orbitan unas alrededor de otras, y alrededor de algunas orbitan también planetas.

Este par de estrellas es de un sistema estelar joven llamado DI Cha.

Este objeto en forma de cometa es un chorro protoestelar: una corriente de gas desde una estrella nueva.

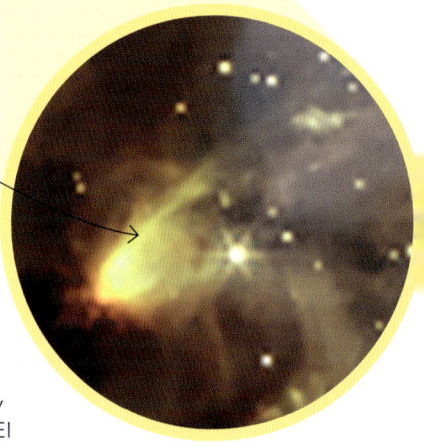

CHORROS ESTELARES

El área amarilla muestra dónde un chorro protoestelar de alta velocidad, disparado desde una estrella recién nacida, atraviesa y hace relucir el gas que lo rodea. El polvo impide ver la propia estrella.

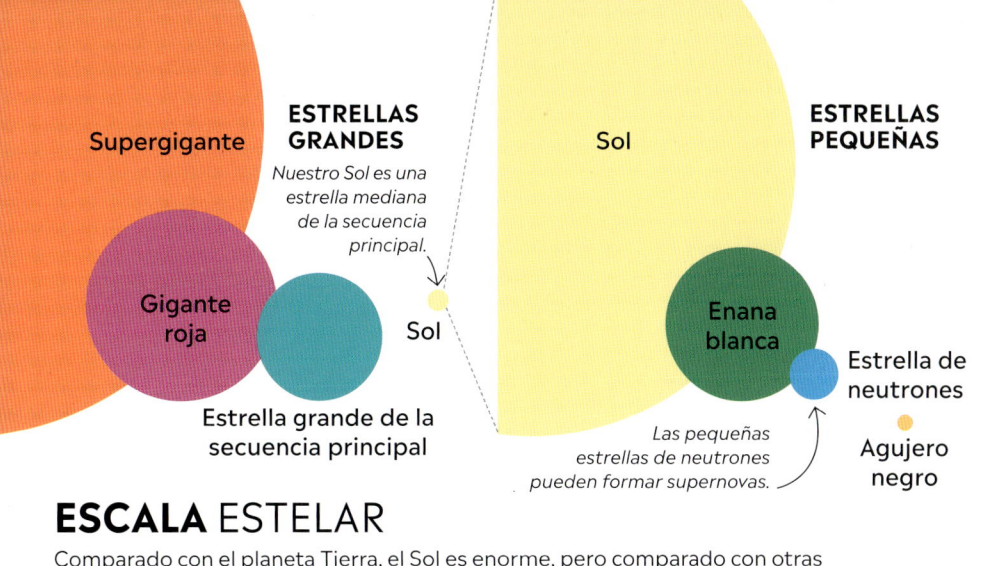

Supergigante

ESTRELLAS GRANDES

Nuestro Sol es una estrella mediana de la secuencia principal.

Gigante roja

Sol

Estrella grande de la secuencia principal

Sol

ESTRELLAS PEQUEÑAS

Enana blanca

Estrella de neutrones

Las pequeñas estrellas de neutrones pueden formar supernovas.

Agujero negro

ESCALA ESTELAR

Comparado con el planeta Tierra, el Sol es enorme, pero comparado con otras estrellas es mediana: hay supergigantes unas 1500 veces mayores. Algunas estrellas menores que nuestro Sol son restos de estrellas mayores que murieron.

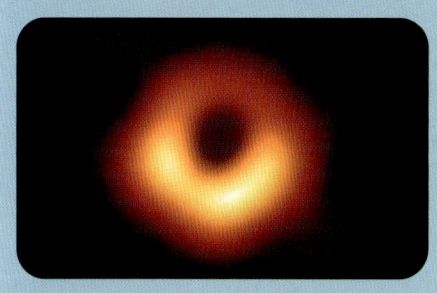

OSCURO Y DENSO

Esta imagen, la primera fotografía que se tomó de un agujero negro, muestra el agujero negro supermasivo en el centro de la galaxia M87. Los agujeros negros del centro de las galaxias son miles de veces mayores que los formados por estrellas al morir.

Los picos gruesos de polvo y gas densos miden unos siete años luz de altura.

NACIMIENTO ESTELAR

Esta masa arremolinada de polvo y gas es parte de la nebulosa de Carina, captada en 2022 por el telescopio espacial James Webb, de la NASA. Carina es una nebulosa formadora de estrellas a unos 7600 años luz de la Tierra: muchas estrellas jóvenes nacen aquí.

Estrellas jóvenes calientes que forma la gravedad emiten un viento estelar fuerte.

VIDA Y MUERTE

Todas las estrellas tienen un ciclo vital de miles de millones de años en el que se forman, cambian y acaban muriendo. El tipo de ciclo vital de una estrella depende de su masa. Aquí hay tres ejemplos de las posibles fases.

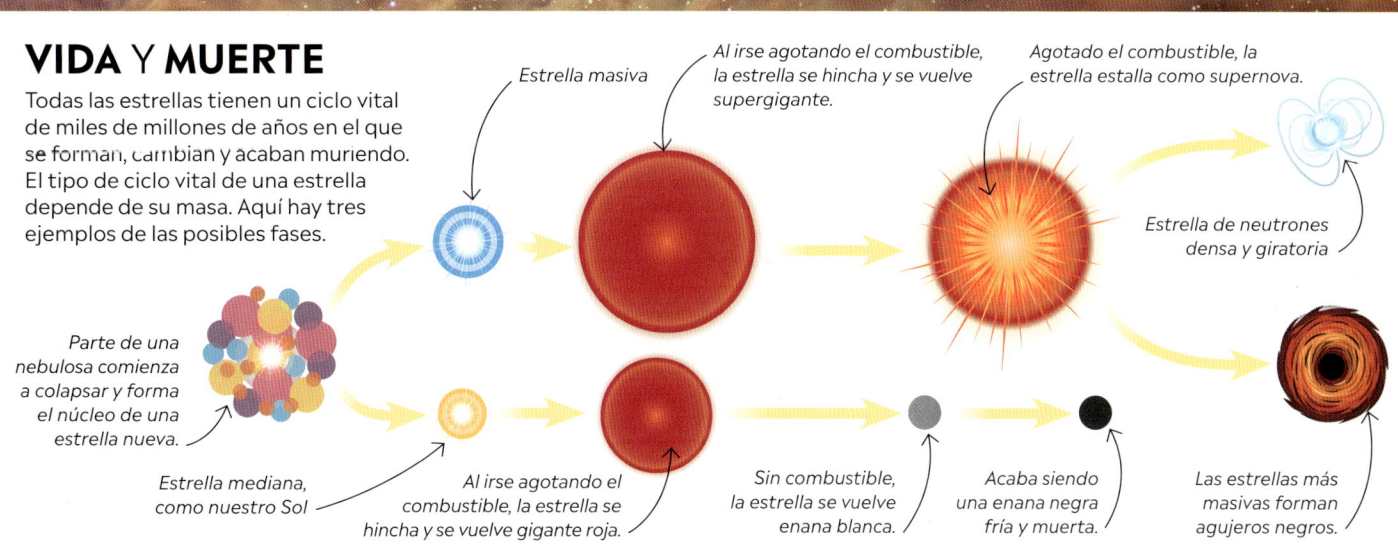

Estrella masiva

Al irse agotando el combustible, la estrella se hincha y se vuelve supergigante.

Agotado el combustible, la estrella estalla como supernova.

Estrella de neutrones densa y giratoria

Parte de una nebulosa comienza a colapsar y forma el núcleo de una estrella nueva.

Estrella mediana, como nuestro Sol

Al irse agotando el combustible, la estrella se hincha y se vuelve gigante roja.

Sin combustible, la estrella se vuelve enana blanca.

Acaba siendo una enana negra fría y muerta.

Las estrellas más masivas forman agujeros negros.

El **Sol**

Nuestra estrella es una bola gigante de gas con carga eléctrica, o plasma. Es tan grande que dentro cabrían un millón de Tierras. Su gravedad mantiene el Sistema Solar en su lugar, y su energía sostiene toda la vida de la Tierra. Brillará durante otros 5000 millones de años antes de que se le agote el combustible.

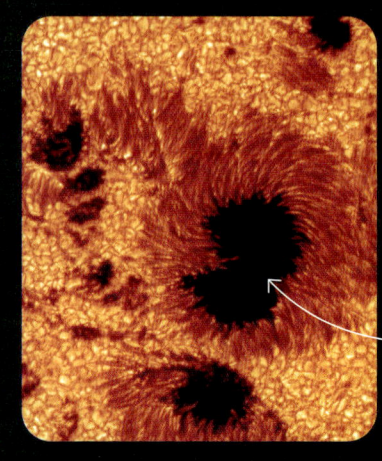

MANCHAS **SOLARES**

Las manchas oscuras del Sol son partes algo más frías de su superficie, donde la alta actividad magnética impide a los gases calientes alcanzar la superficie. El número de manchas fluctúa en un ciclo de 11 años.

Aunque más frías que las áreas circundantes, las manchas solares alcanzan los 3600 °C.

La superficie tiene una textura como de piel de naranja, o «granulación».

La parte más exterior de la atmósfera solar se llama la corona.

TORMENTAS **SUPERFICIALES**

La atmósfera del Sol es un lugar turbulento. Chorros de plasma supercalentado salen lanzados y vuelven a caer como lluvia coronal. Las ondas de choque de estas tormentas solares pueden interferir con la tecnología de la Tierra, y causar incluso apagones.

Chorros de gas llamados prominencias surgen de la superficie. Pueden alcanzar cientos de miles de kilómetros de altura.

Las prominencias se deben al magnetismo solar, y pueden durar días o meses.

El Sol se compone de hidrógeno y helio eléctricamente cargados.

¡CADA SEGUNDO, EL SOL LIBERA **MEDIO MILLÓN DE VECES** MÁS ENERGÍA DE LA QUE **USA EN UN AÑO** LA POBLACIÓN MUNDIAL!

¿QUÉ HAY **DENTRO**?

El Sol es una bola gigante de dos gases: hidrógeno y helio. Las reacciones nucleares de su denso núcleo producen cantidades inmensas de energía, y generan temperaturas de hasta 15 millones de °C.

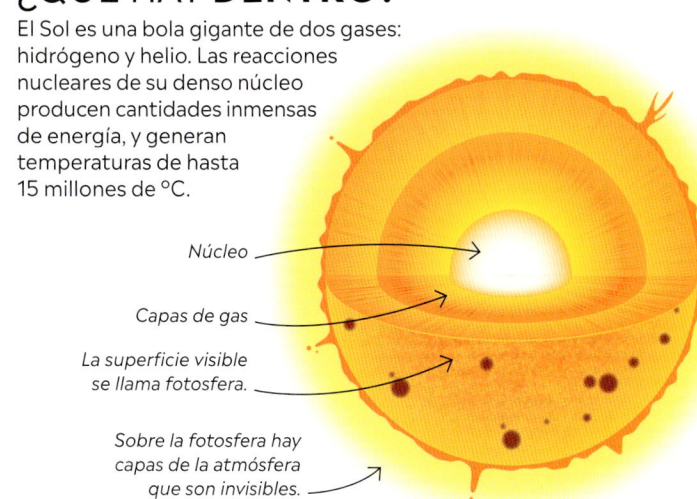

Núcleo

Capas de gas

La superficie visible se llama fotosfera.

Sobre la fotosfera hay capas de la atmósfera que son invisibles.

La aurora austral alrededor de la Antártida, vista desde la Estación Espacial Internacional (EEI)

VIENTO SOLAR

El Sol emite una corriente continua de plasma, llamada viento solar. El campo magnético terrestre atrapa algunas de sus partículas, que pueden luego recorrer la atmósfera y formar auroras relucientes en los cielos alrededor de los polos norte y sur de la Tierra.

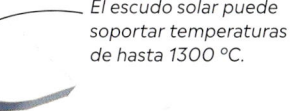

El escudo solar puede soportar temperaturas de hasta 1300 °C.

ENCUENTROS CERCANOS

La misión de la sonda solar Parker, lanzada en 2018, es volar a través de la atmósfera solar para estudiarla de cerca. Es el objeto más rápido fabricado por humanos, capaz de alcanzar los 532 000 km/h.

Paneles solares alimentan la sonda.

LA ENERGÍA DEL NÚCLEO DEL SOL TARDA **100 000 AÑOS** EN LLEGAR A LA SUPERFCIE, ¡Y, LUEGO, SOLO **8 MINUTOS** EN LLEGAR A LA TIERRA!

¡COINCIDENCIA CÓSMICA!

Un eclipse solar total se produce cuando la Luna pasa entre el Sol y la Tierra. La imagen única que se ve desde la Tierra se debe a que el Sol es 400 veces mayor que la Luna, pero está también 400 veces más lejos.

LA INFLUENCIA DEL SOL

La nube de Oort contiene billones de cometas.

La gravedad del Sol no solo mantiene en órbita a los planetas, sino también a incontables objetos más allá. El cinturón de Kuiper se compone de asteroides, planetas enanos y cometas. La remota nube de Oort se extiende hasta la mitad de la distancia de la estrella más próxima.

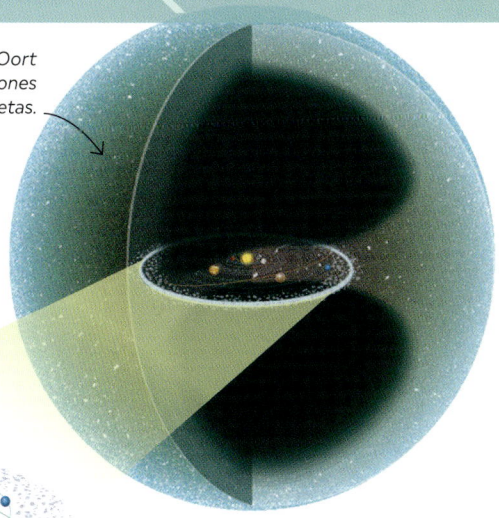

El cinturón de Kuiper está más allá de Neptuno.

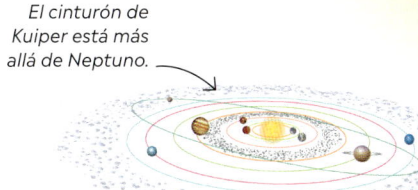

NUESTRO **SISTEMA SOLAR**

Alrededor de nuestro Sol orbitan ocho planetas, además de millones de asteroides, cometas y otros cuerpos que componen el Sistema Solar. Aquí se muestran los planetas en orden desde el Sol, pero no su tamaño relativo ni la distancia entre ellos.

1
2
3
4
5

Planetas **perfectos**

Los planetas son esferas de roca o gas licuado en órbita alrededor de una estrella. Cada uno sigue su propia trayectoria, girando como una peonza al avanzar. Nuestro planeta, la Tierra, es el tercero más próximo al Sol, y hasta ahora es el único que conocemos que puede albergar vida.

EL GIGANTE JÚPITER

El gigante gaseoso Júpiter es el mayor planeta del Sistema Solar: en él cabrían más de mil planetas Tierra. Vientos fuertes dan forma a sus franjas de nubes.

La Gran Mancha Roja de Júpiter, una gran tormenta giratoria, se ve azul en esta imagen infrarroja.

¡URANO ES EL ÚNICO PLANETA QUE GIRA SOBRE SU COSTADO, COMO UNA BOLA RODANDO!

EXOPLANETAS **DISTANTES**

Los planetas fuera de nuestro Sistema Solar se llaman exoplanetas, y se han descubierto más de 5000 hasta ahora. Esta imagen es la primera foto de un exoplaneta, que está a unos 170 años luz de la Tierra.

¡El pegadizo nombre de este exoplaneta rojo es 2M1207b!

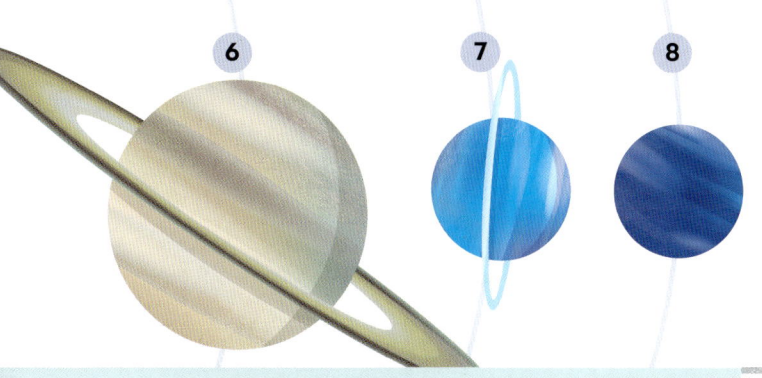

6   7   8

1. Mercurio es el menor planeta y el que orbita más cerca del Sol.

2. Venus es el planeta más caliente, con capas gruesas de nubes.

3. La Tierra es el único planeta donde consta que hay agua en forma líquida.

4. Marte es frío y seco, con una atmósfera escasa.

5. Júpiter tiene más de 90 satélites en órbita.

6. Saturno está rodeado de anillos hechos de fragmentos de hielo.

7. Urano es el planeta más frío del Sistema Solar.

8. Neptuno tiene vientos feroces, los más rápidos del Sistema Solar.

EN **MERCURIO**, ¡LA **TEMPERATURA DE LA SUPERFICIE** LLEGA A LOS **430 °C** DE DÍA, Y SE DESPLOMA HASTA LOS **-180 °C** DE NOCHE!

TIPOS DE **PLANETAS**

Los planetas del Sistema Solar se dividen en dos tipos principales. Los cuatro planetas rocosos orbitan más cerca del Sol, y los gigantes gaseosos, más lejos.

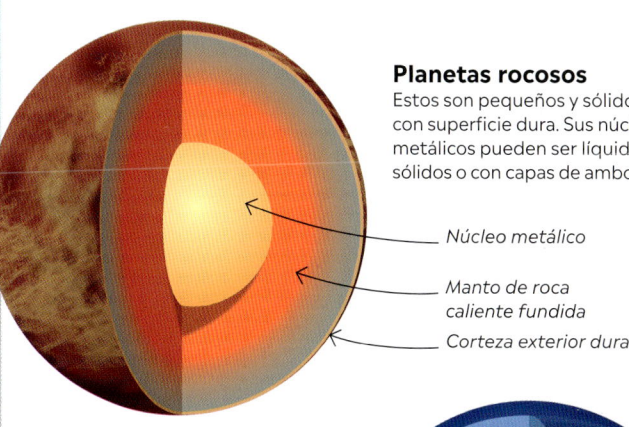

Planetas rocosos
Estos son pequeños y sólidos, con superficie dura. Sus núcleos metálicos pueden ser líquidos, sólidos o con capas de ambos tipos.

Núcleo metálico

Manto de roca caliente fundida

Corteza exterior dura

Las nubes cerca del ecuador de Júpiter se mueven a más de 500 km/h.

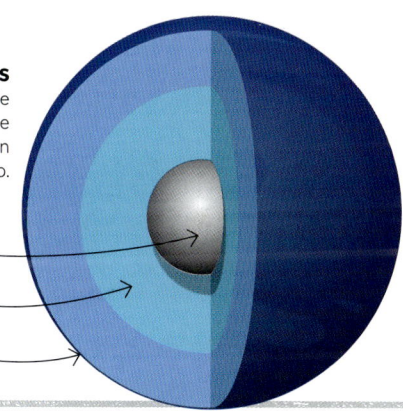

Planetas gaseosos gigantes
Estos planetas enormes sin superficie sólida están hechos principalmente de gas licuado, pero contienen también algún material rocoso.

Núcleo interno rocoso

Capas de gas licuado

Atmósfera de gas

PLANETA ROJO

Como la Tierra, Marte tiene una corteza rocosa, nubes y estaciones, pero tiene un medio ambiente mucho más extremo, en el que las tormentas de polvo pueden durar semanas.

A Marte se le llama el planeta rojo debido a su suelo rico en hierro, de color óxido.

Katie Stack Morgan es geóloga, trabaja en el Laboratorio de Propulsión a Chorro (JPL) de la NASA, y forma parte del equipo de investigadores de la misión Mars 2020 del Programa de Exploración de Marte.

Pregúntale a una...
EXPERTA EN MARTE

P. ¿Cómo se controla el róver desde tan lejos?
R. Hay quien cree que controlamos el róver, o astromóvil, con una palanca de mando en tiempo real. En realidad, preparamos un plan diario que le dice al róver qué hacer, adónde ir y qué observaciones recopilar. Trabajamos en este plan mientras el róver se recarga en Marte durante la noche, y lo enviamos a través de la Red del Espacio Profundo (una red de antenas en la Tierra) a tiempo para que el róver «despierte» para un día dedicado a actividades científicas y de ingeniería en Marte.

P. ¿Cómo se mantiene en marcha el róver tanto tiempo? ¿Tiene una batería muy grande?
R. Muchos róveres y módulos de aterrizaje de Marte empleaban energía solar, pero el róver Perseverance está alimentado por un generador termoeléctrico de radioisótopos (RTG). Este sistema convierte el calor de la desintegración natural del combustible nuclear (principalmente plutonio-238) en electricidad. Los RTG son muy fiables, de vida larga, y no les afectan el polvo ni las tormentas de polvo de Marte.

P. ¿Cuál es la parte más difícil de la misión?
R. El lanzamiento y el aterrizaje son, sin duda, los momentos de mayores nervios. Son las fases de mayor riesgo; si algo sale mal, el resultado puede ser catastrófico. Todos los miembros del equipo suspiraron de alivio cuando el róver llegó a Marte sin contratiempos.

P. ¿Crees que se encontrarán signos de vida?
R. El Perseverance ha estudiado ya algunas muestras prometedoras, pero haría falta enviarlas a la Tierra para su análisis antes de poder confirmar la presencia de vida. La NASA está planeando una misión para recoger las muestras y traerlas a la Tierra en la década de 2030.

P. ¿Cómo sabéis dónde buscar?
R. Aplicamos nuestra experiencia en la búsqueda de vida antigua en las rocas de la Tierra. Buscamos indicios de la presencia de agua y una fuente de energía, y también los tipos de roca que sabemos son adecuadas para preservar rastros de vida.

P. ¿Qué tiene de especial el cráter Jezero?
R. Una de las razones por las que la NASA escogió el cráter Jezero como lugar de aterrizaje es que contiene muchos tipos de roca y de entornos potencialmente habitables. Explorar este área nos está ofreciendo una imagen más completa de cómo era Marte en el pasado remoto, ¡y es probable que el róver explore algunas de las rocas más antiguas y misteriosas del Sistema Solar en el futuro!

¿VIDA EN MARTE?

El róver Perseverance de la NASA, del tamaño de un automóvil, se posó sobre la superficie de Marte en febrero de 2021. Está explorando el cráter Jezero, que se cree es un antiguo delta fluvial, en busca de posibles rastros de vida. Un pequeño helicóptero, el Ingenuity (a la izda. en la imagen), ha demostrado que es posible el vuelo a motor en la atmósfera poco densa de Marte.

¡Impacto de asteroide!

Además de planetas, hay millones de otros cuerpos en la órbita del Sol: masas de roca, metal y hielo sobrantes del nacimiento del Sistema Solar. En ocasiones, una roca espacial atraviesa nuestra atmósfera y se estrella contra la Tierra.

MEGA **METEORITO**

La mayoría de los meteoritos que llegan a la Tierra son fragmentos rocosos minúsculos, pero algunos son lo bastante grandes como para causar un impacto importante. Esta gran masa de hierro es el meteorito Willamette, el mayor hallado en EE. UU., y pesa 14 toneladas. Los meteoritos metálicos como este son bastante raros.

> EL **CRÁTER DE IMPACTO UTOPIA PLANITIA**, EN MARTE, TIENE 3330 KM DE DIÁMETRO: ¡CASI **EL TAMAÑO DE AUSTRALIA!**

MUNDOS **PEQUEÑOS**

En el Sistema Solar hay incontables objetos espaciales menores que los planetas. Hasta la fecha se han detectado algo más de 1,1 millones de asteroides, pero se descubren cuerpos nuevos constantemente.

Oquedades formadas al reaccionar el metal con agua de lluvia en la Tierra

El meteorito mide 3 m de alto, tres veces más que un niño de cuatro años de altura media.

Planetas enanos
Semejantes a planetas pero menores, los planetas enanos comparten órbita con otros objetos.

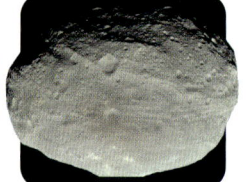

Asteroides
Objetos de roca, metal o hielo en la órbita de estrellas, los asteroides pueden ser esféricos o irregulares.

Satélites
Estos son cuerpos rocosos o helados pequeños en la órbita de un planeta o asteroide.

Cometas
Hechos de roca, polvo y gases congelados, los cometas tienen colas de gas y polvo.

Sonda DART

Después del impacto, Dimorphos formó una cola doble difusa.

MISIÓN **DART**

En 2022, la NASA envió la sonda DART contra un asteroide llamado Dimorphos para ver si el impacto lo desviaba. En tal caso, sería posible proteger la Tierra de la amenaza del impacto de asteroides grandes. ¡Los primeros resultados indican que parece haber funcionado!

CADA DÍA CAEN A LA TIERRA 44 TONELADAS DE ROCA ESPACIAL, ¡PERO LA MAYOR PARTE SE VAPORIZA ANTES DE TOCAR EL SUELO!

La superficie se fundió al atravesar el objeto la atmósfera terrestre.

El meteorito es de metal, principalmente hierro.

Meteoroide

Meteoro

Meteorito

La Tierra

Asteroide

Un asteroide es una gran roca en órbita alrededor del Sol.

Los meteoros comienzan a arder al entrar en la atmósfera.

NOMBRES **CAMBIANTES**

Usamos nombres distintos para las rocas del espacio que llegan a la Tierra. Las separadas de un asteroide o cometa se llaman meteoroides; si entran en la atmósfera, se les llama meteoros; y si impactan en la superficie, se les llama meteoritos.

IMPACTO **DE ALTA ENERGÍA**

Los asteroides pueden chocar contra la Tierra a unos 70 km por segundo y liberar una cantidad enorme de energía. Esta vaporiza el meteorito, así como gran parte del suelo contra el que impacta.

El impacto levanta el suelo y forma un borde.

El material eyectado forma cráteres menores.

Se forman anillos de crestas en el cráter.

Impacto inicial
El asteroide impacta a una velocidad inmensa, generando una explosión de energía.

Segundos después
Los restos expulsados del cráter forman cráteres secundarios.

Mucho después
Con el tiempo, el suelo se iguala. El lugar queda rodeado por material eyectado.

CRÁTER **COLOSAL**

El cráter de Barringer, en Arizona (EE. UU.), se formó hace 50 000 años por el impacto de un meteorito de 50 m. Con la fuerza de una bomba nuclear de 10 megatones, formó una nube de ceniza y polvo que bloqueó la luz solar y afectó al clima local.

El cráter tiene un diámetro de 1,3 km.

Cráter en forma de cuenco de 174 m de profundidad

Magnífica Luna

Un satélite natural propio, la Luna, orbita alrededor de la Tierra. Entre los más de 250 satélites conocidos en el Sistema Solar, esta esfera seca y polvorienta es uno de los mayores. Hasta hoy, solo doce seres humanos han caminado sobre ella, pero hay planes para volver en la década de 2020.

¡EN LA DISTANCIA QUE HAY ENTRE LA **LUNA** Y LA **TIERRA** CABRÍAN **30 TIERRAS**!

PAISAJE LUNAR

Montañas y valles recorren la superficie de la Luna, que está salpicada de grandes fragmentos de roca. Esta panorámica de 1972 es del valle de Taurus-Littrow, lugar de alunizaje de la misión Apolo 17.

El 83 % de la superficie lunar lo forman áreas elevadas.

Los peñascos son restos de impactos de meteoritos.

NACIMIENTO DE LA LUNA

Nuestra Luna se formó hace unos 4500 millones de años, al chocar dos planetas, Gaia y Tea. El colosal impacto creó un planeta nuevo, la Tierra, y una nube de roca y polvo que acabó aglutinándose y dando lugar a la Luna.

Tea Gaia

Aproximación
La gravedad de Gaia atrajo al planea menor hasta que ambos chocaron.

Las rocas despedidas formaron un anillo.

Restos del impacto
El impacto de los planetas generó fragmentos de metal y roca.

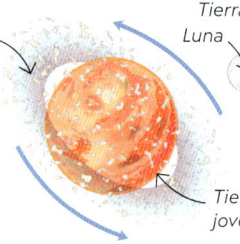

Tierra joven

Un planeta nuevo
Al fusionarse los restos se formó un nuevo planeta, la Tierra.

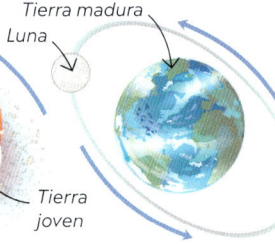

Tierra madura
Luna

La Luna
La gravedad de la Tierra reúne las rocas en órbita a su alrededor, que forman la Luna.

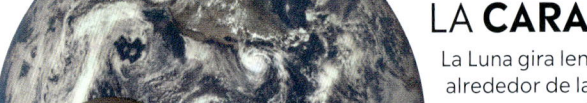

LA CARA OCULTA

La Luna gira lentamente en su órbita alrededor de la Tierra. Una rotación completa tarda lo mismo que una órbita completa, y por tanto vemos siempre la misma cara. Esta imagen, obtenida por un satélite en órbita a 1,6 millones de km de la Tierra, muestra su cara oculta.

POR LA **BAJA GRAVEDAD LUNAR**, ¡ALLÍ SE PUEDE SALTAR **6 VECES MÁS ALTO** QUE EN LA TIERRA!

RASGOS SUPERFICIALES

Esta es la cara de la Luna que vemos siempre desde la Tierra. Tiene áreas oscuras de terreno bajo, llamadas mares, y áreas elevadas más claras. De noche, la Luna brilla con la luz que refleja del Sol.

Cientos de cráteres marcan la superficie lunar.

Los mares de la luna fueron de lava fundida en el pasado.

Algunos cráteres tienen una corona de «rayos» formada por rocas que salieron despedidas en el impacto.

Las áreas más claras son áreas montañosas, salpicadas de cráteres.

¡HUELLA PERMANENTE!

A diferencia de nuestra Tierra, en la Luna no hay viento, agua ni clima, y como resultado, cada huella que dejó un astronauta sigue allí intacta, exactamente como estaba.

La misión Apolo 17 empleó un róver para explorar la superficie de la Luna.

El piloto del Apolo 17 Harrison Schmitt es uno de los últimos humanos que han pisado la Luna.

VISTA CAMBIANTE

La vista de la Luna cambia a lo largo de un mes, desde un círculo completo hasta un creciente delgado, al iluminar el Sol distintas partes. Durante un eclipse lunar (en la imagen) su forma también cambia. La Tierra, al moverse entre el Sol y la Luna, proyecta una sombra sobre esta. Alguna luz solar alcanza la Luna al refractar (doblarse) alrededor de la Tierra, haciendo que la Luna se vea roja.

CORTEZA DESCENTRADA

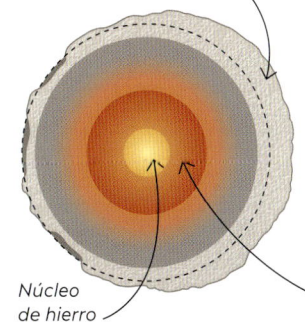

Corteza más gruesa en el lado más alejado de la Tierra

La Luna está hecha de roca alrededor de un núcleo de hierro. Cuando la Luna se formó, toda la roca estaba fundida. El lado más alejado de la Tierra caliente cercana se enfrió antes; al solidificarse allí más corteza lunar, esta está descentrada.

Núcleo de hierro

Roca más próxima al núcleo parcialmente fundida

¡LA **LUNA** SE ESTÁ **ALEJANDO DE LA TIERRA** A UNA TASA DE **3,8 CM AL AÑO!**

VISTAS **VARIADAS**

Algunos telescopios captan luz visible, y otros captan energía en otras longitudes de onda. Esto puede ofrecer una visión muy distinta del universo. Todas las imágenes de la secuencia de abajo son de la nebulosa del Cangrejo, el resto reluciente de la explosión de una supernova, pero son de telescopios distintos.

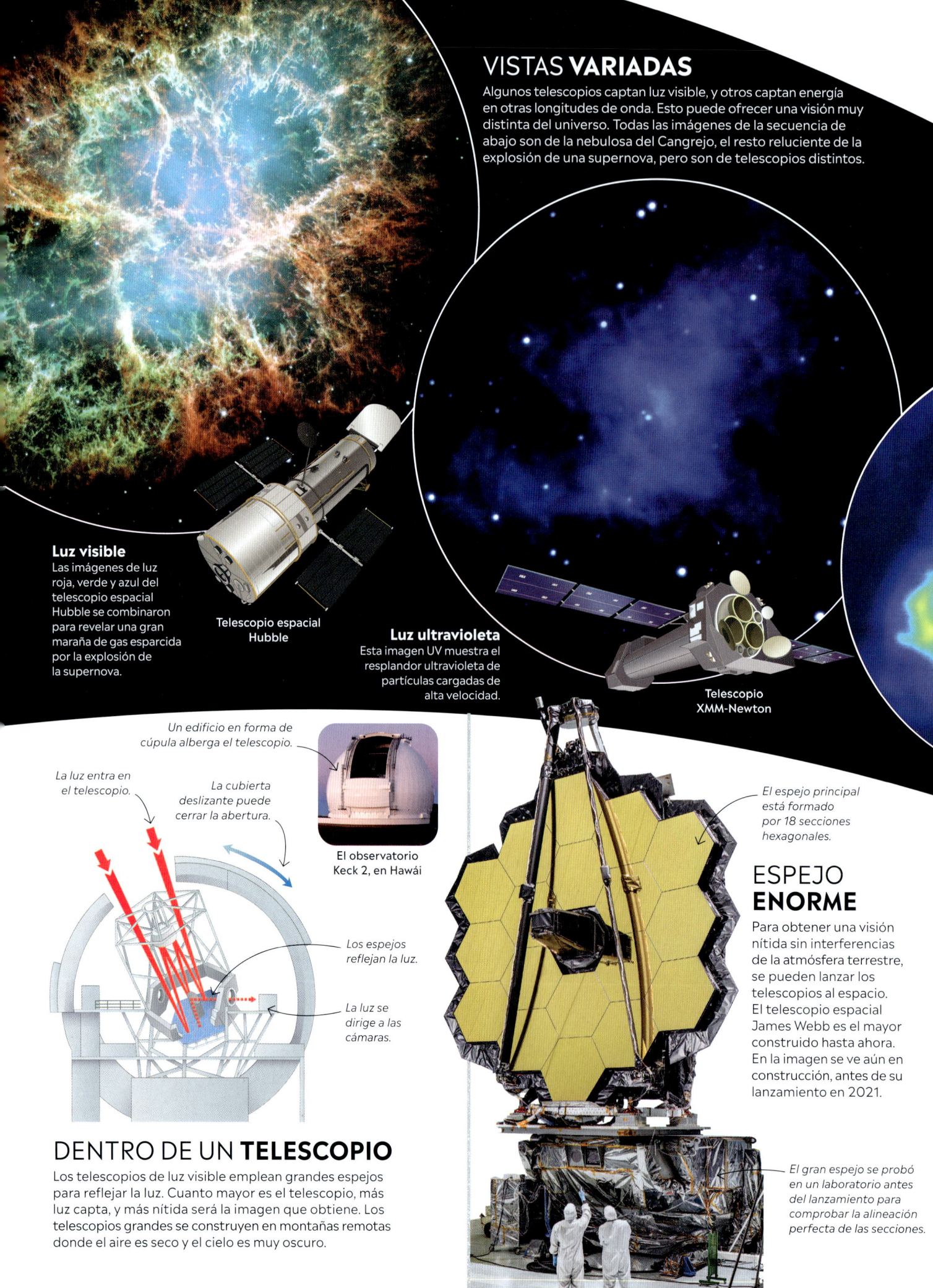

Luz visible

Las imágenes de luz roja, verde y azul del telescopio espacial Hubble se combinaron para revelar una gran maraña de gas esparcida por la explosión de la supernova.

Telescopio espacial Hubble

Luz ultravioleta

Esta imagen UV muestra el resplandor ultravioleta de partículas cargadas de alta velocidad.

Telescopio XMM-Newton

Un edificio en forma de cúpula alberga el telescopio.

La luz entra en el telescopio.

La cubierta deslizante puede cerrar la abertura.

El observatorio Keck 2, en Hawái

Los espejos reflejan la luz.

La luz se dirige a las cámaras.

El espejo principal está formado por 18 secciones hexagonales.

ESPEJO **ENORME**

Para obtener una visión nítida sin interferencias de la atmósfera terrestre, se pueden lanzar los telescopios al espacio. El telescopio espacial James Webb es el mayor construido hasta ahora. En la imagen se ve aún en construcción, antes de su lanzamiento en 2021.

El gran espejo se probó en un laboratorio antes del lanzamiento para comprobar la alineación perfecta de las secciones.

DENTRO DE UN **TELESCOPIO**

Los telescopios de luz visible emplean grandes espejos para reflejar la luz. Cuanto mayor es el telescopio, más luz capta, y más nítida será la imagen que obtiene. Los telescopios grandes se construyen en montañas remotas donde el aire es seco y el cielo es muy oscuro.

Ver el espacio

Para ver el espacio en detalle, los astrónomos usan telescopios potentes de alta tecnología, algunos en tierra, y otros en órbita alrededor del planeta. Muchos telescopios revelan lo que el ojo no puede ver.

¡EL PLATO DEL RADIOTELESCOPIO FAST DE CHINA TIENE UN ÁREA DEL TAMAÑO DE 750 PISTAS DE TENIS!

Ondas de radio
Este mapa de colores muestra la fuerza variable de las emisiones de gas caliente en la nebulosa.

Very Large Array (EE. UU.)

Infrarrojos
La imagen de infrarrojos muestra filamentos de gas en rosa sobre el fondo blanco de las partículas cargadas.

Telescopio espacial Spitzer

¡LOS ESPEJOS DEL TELESCOPIO ESPACIAL JAMES WEBB ESTÁN RECUBIERTOS DE ORO PURO DE 24 QUILATES!

Rayos X
Los rayos X muestran el púlsar en el centro de la nebulosa. Esta estrella de neutrones de giro rápido lanza chorros potentes de partículas.

Observatorio de rayos X Chandra

Rayos gamma
Esta gran deflagración de rayos gamma muestra la potencia inmensa del púlsar en el centro de la nebulosa.

Estrella artificial

Haz láser

DAR CON EL **ENFOQUE**
Algunos telescopios emplean láser para superar la interferencia de la cambiante atmósfera terrestre. Los haces láser apuntan al cielo para crear una «estrella artificial», y ordenadores registran cambios minúsculos en su posición. Esto permite al telescopio enfocar con mayor precisión.

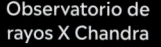

Telescopio espacial Fermi

Explorar el espacio

A los humanos les ha fascinado desde hace mucho tiempo el desafío de explorar el espacio. Para los científicos, observarlo desde la Tierra no es suficiente: para comprenderlo mejor, ¡hay que ir allí! Hasta ahora, el único lugar que se ha visitado fuera de la Tierra es la Luna.

BASE **LUNAR**

La Luna fue visitada por humanos por última vez en la década de 1970, pero el programa Artemis de la NASA proyecta regresar en 2024 y construir una base permanente para las misiones a Marte o más allá.

ENTRE LOS **OBJETOS DEJADOS EN LA LUNA** POR LOS ASTRONAUTAS DE LA NASA HAY **SEIS BANDERAS, DOS PELOTAS DE GOLF** Y UNA **FOTO DE FAMILIA.**

Vehículo para explorar la superficie lunar

Cúpula de vidrio para cultivos vegetales

Los paneles solares suministrarán energ a la base lunar.

DÓNDE **HEMOS ESTADO**

La ciencia espacial ha progresado enormemente desde las primeras misiones. Estos son algunos de los mayores avances en la historia de la exploración espacial.

1957 Sputnik 1
El primer satélite artificial fue lanzado por la URSS. Permaneció tres meses en la órbita de la Tierra.

1961 Vostok 1
El primer humano en el espacio fue Yuri Gagarin, quien orbitó alrededor de la Tierra en esta nave soviética.

1965 Venera 3
La primera sonda en alcanzar la superficie de otro planeta fue la soviética Venera 3, que impactó en el suelo de Venus tras un aterrizaje forzoso.

1969 Apolo 11
Los estadounidenses Buzz Aldrin y Neil Armstrong fueron los primeros humanos en pisar la Luna, mientras Mike Collins orbitaba en el módulo de mando.

La carga va en la cápsula Orión de la parte superior.

Los grandes depósitos de combustible se desprenden una vez vacíos.

El escape de gases del cohete SLS aporta el empuje necesario para llevarlo al espacio.

INGENIERÍA AEROESPACIAL

Escapar de la gravedad terrestre requiere una cantidad de energía descomunal. Cohetes como el Space Launch System (SLS), usado para lanzar Artemis 1 en 2022, lo logran quemando una enorme cantidad de combustible. Al arder este, surge gas caliente del cohete y lo impulsa.

CÓMO EXPLORAMOS EL ESPACIO

Tipo	Función
Vehículos de lanzamiento 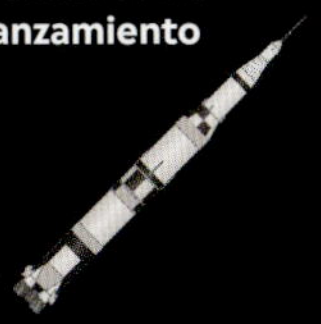	Estas máquinas superpotentes sirven para lanzar naves y sondas espaciales. Tras separarse de estas, caen a la Tierra.
Sondas 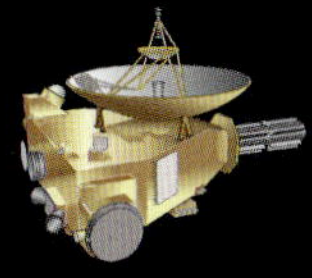	Estas naves no tripuladas sobrevuelan u orbitan en torno a cuerpos celestes. Reúnen datos e imágenes que envían a la Tierra.
Módulos de aterrizaje y róveres 	Algunas naves y sondas transportan vehículos robóticos (róveres) que exploran sobre el terreno y obtienen imágenes y muestras.
Naves tripuladas 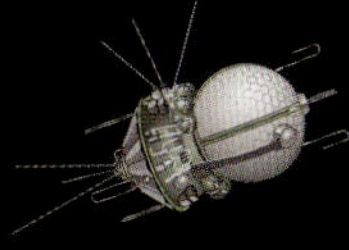	Hasta ahora, las naves espaciales han llevado personas a la Luna y a estaciones espaciales, y las han traído de estas.
Estaciones espaciales 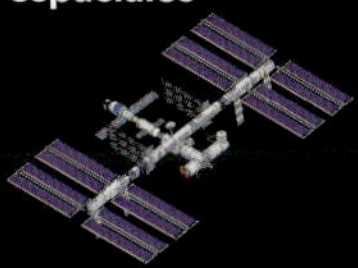	Los científicos viven y trabajan durante semanas o meses en estas estaciones en órbita alrededor de la Tierra.

La sonda Dawn de la NASA, con un propulsor iónico, ha recorrido 6900 millones de km desde 2007.

ENERGÍA ELÉCTRICA

La propulsión iónica es un modo nuevo de impulsar naves una vez llegan al espacio. Funciona ionizando (cargando) átomos y luego expulsándolos, lo cual permite lograr velocidades increíbles.

¡EL ASTEROIDE ARROKOTH ES EL OBJETO ESPACIAL MÁS LEJANO QUE SE HAYA EXPLORADO!

Arrokoth se encuentra a 6400 millones de km de la Tierra.

¡El expiloto de la NASA Wally Funk voló al espacio a los 82 años!

TURISTAS ESPACIALES

Algunas empresas ofrecen a astronautas aficionados la ocasión de viajar al espacio. Un viaje de noventa minutos cuesta unos 450 000 euros, y una semana en la Estación Espacial Internacional, ¡casi 50 millones!

1971 Salyut 1
La URSS lanzó la primera estación espacial en órbita alrededor de la Tierra. La estación, de forma cilíndrica, pasó 175 días en órbita.

1973 Pioneer 10
Esta sonda espacial llegó a Júpiter, siendo con ello la primera nave en atravesar el cinturón de asteroides.

1997 Mars Pathfinder
Al llegar a Marte, este módulo de aterrizaje fue el primero en llevar con éxito un róver, el Sojourner, a otro planeta.

2015 New Horizons
Esta veloz sonda llegó hasta el planeta enano Plutón, y continuó después para explorar el cinturón de Kuiper.

2022 Artemis 1
El lanzamiento de este orbitador lunar no tripulado marcó el reinicio de las misiones a la Luna.

Vivir en el espacio

La Estación Espacial Internacional (EEI) ofrece una base permanente en el espacio, con todas las instalaciones necesarias para vivir y trabajar. Los trajes espaciales disponen de sistemas de soporte vital para las misiones fuera de la nave.

¡SUPERVIVIENTE ESPACIAL!

Los astronautas hacen experimentos para aprender más sobre el espacio. ¡En 2007 averiguaron que los microanimales llamados tardígrados pueden sobrevivir diez días fuera de la nave!

Los tardígrados miden menos de 1 mm de largo.

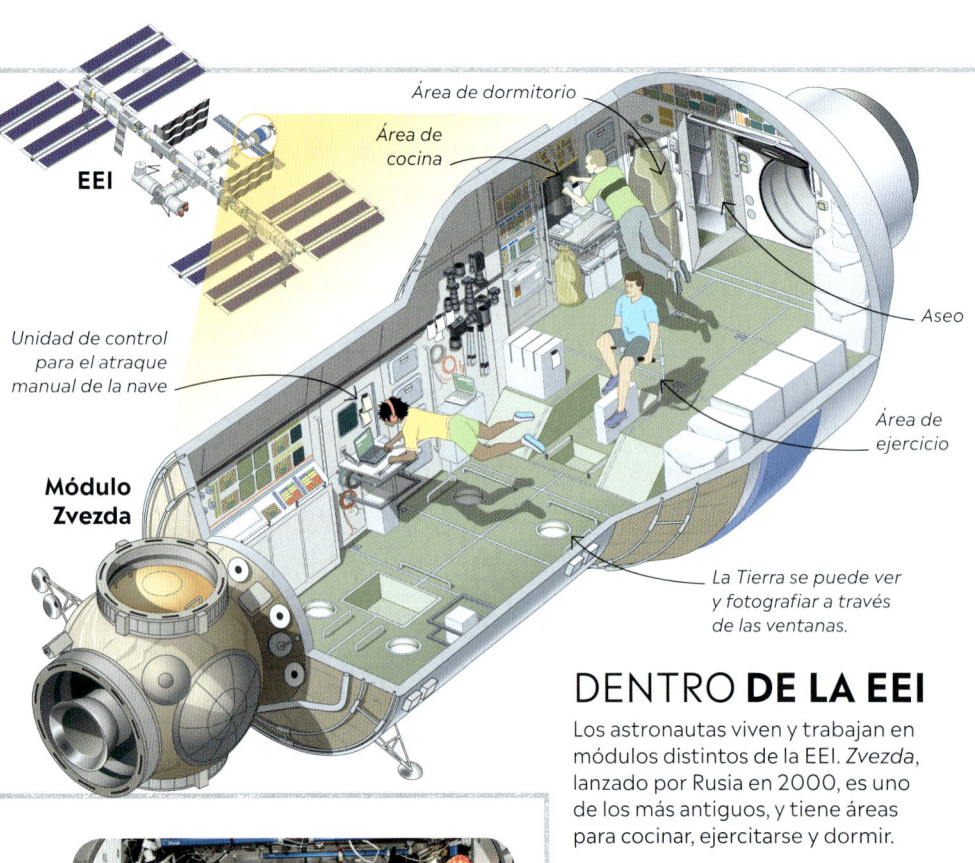

EEI

Área de dormitorio

Área de cocina

Unidad de control para el atraque manual de la nave

Módulo Zvezda

Aseo

Área de ejercicio

La Tierra se puede ver y fotografiar a través de las ventanas.

DENTRO **DE LA EEI**

Los astronautas viven y trabajan en módulos distintos de la EEI. *Zvezda*, lanzado por Rusia en 2000, es uno de los más antiguos, y tiene áreas para cocinar, ejercitarse y dormir.

El Sol

Pueden acoplarse cámaras y linternas al casco.

Para cada misión se diseña una insignia de colores.

MANTENERSE EN FORMA

Vivir en condiciones de microgravedad puede causar daños a largo plazo al cuerpo. Para evitarlo, los astronautas deben mantenerse en forma, y emplean máquinas para ejercitarse dos horas al día, con arnés, ¡para no salir flotando!

¡LOS ASTRONAUTAS DE LA EEI BEBEN AGUA EN PARTE RECICLADA A PARTIR DE SUS PROPIOS SUDOR Y ORINA!

GALLETAS
MICROGRAVITATORIAS

En 2021, los astronautas de la EEI cruzaron una nueva frontera: la del horneado espacial. Sus galletas tardaron dos horas en hacerse, mucho más que en la Tierra. Tristemente, nadie las pudo probar, por si no era seguro comerlas.

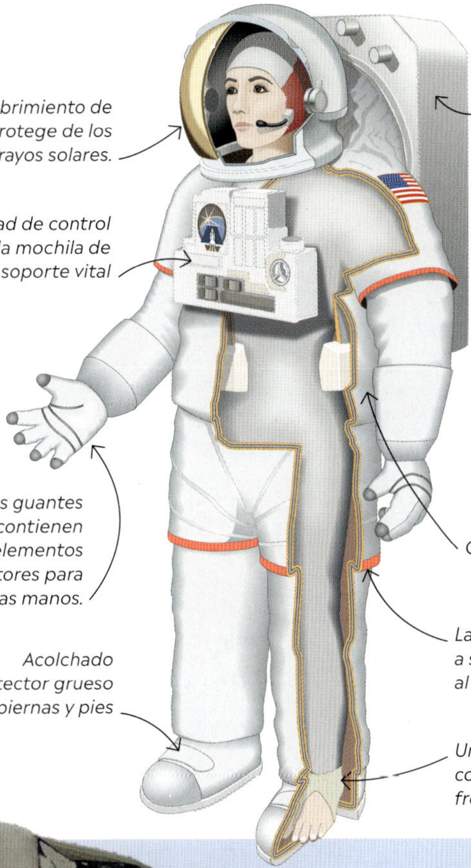

CÓMO FUNCIONA UN **TRAJE ESPACIAL**

Los trajes espaciales están diseñados para mantener al usuario con vida fuera de la nave. Mantienen la temperatura del cuerpo, y un sistema de soporte vital aporta oxígeno.

El recubrimiento de oro protege de los rayos solares.

Mochila con filtros de aire y un depósito de agua

Unidad de control para la mochila de soporte vital

Los guantes contienen elementos calefactores para las manos.

Acolchado protector grueso para piernas y pies

Capa exterior rígida

Las rayas de color permiten a sus compañeros identificar al astronauta.

Una capa reforzada está revestida con tubos de agua para mantener fresco al astronauta.

¡EL ASTRONAUTA BRITÁNICO **TIM PEAKE** CORRIÓ UNA **MARATÓN** EN LA CINTA DE LA EEI EN **3 HORAS Y 35 MINUTOS!**

SELFIE **EN** EL ESPACIO

Como toda estructura, la EEI debe mantenerse y repararse. Los astronautas deben ponerse a veces el traje espacial y salir a inspeccionar el exterior. Esta *selfie* la tomó el ingeniero Aki Hoshide.

La EEI, y la Tierra más allá, se reflejan en el visor de Hoshide.

Megan McArthur, en la Estación Espacial Internacional en 2021 en la imagen, es astronauta de la NASA. Allí pasó seis meses como parte de la misión SpaceX Crew-2 de la NASA.

Pregúntale a una...
ASTRONAUTA

P. **¿Qué se siente al salir disparada hacia el espacio?**
R. Que vas más rápido de lo que has ido nunca en tu vida..., ¡porque así es!

P **¿Qué se siente al estar en el espacio?**
R Es como flotar en el agua, pero no se avanza al patear.

P. **¿Cuál es la mejor parte de tu trabajo?**
R. Me encanta poder aprender tantas cosas diferentes para hacerlo, como operar un brazo robótico, hacer experimentos en el espacio y reparar equipo averiado.

P. **¿Qué es lo más asombroso que has visto?**
R. Lo más asombroso es la aurora polar. Es un espectáculo de luz natural hermoso causado por la interacción del sol con los gases de nuestra atmósfera. ¡Me siento muy afortunada de verlas desde arriba!

P. **¿Cómo se llega a ser astronauta?**
R. Se empieza por ir a la escuela y estudiar ciencias, matemáticas o ingeniería. Ayuda si te gusta trabajar con herramientas y ser parte de un equipo. Una vez te contratan como astronauta, normalmente pasas otro par de años aprendiendo sobre la nave en la que volarás y la misión que vas a realizar.

P. **¿En qué consiste el trabajo en la EEI?**
R. ¡La Estación Espacial Internacional es un laboratorio científico en el espacio! Trabajamos en experimentos para científicos de todo el mundo, en campos como la biología, la física y la química. Los resultados de estos experimentos pueden ayudarnos a crear nuevos medicamentos y motores de combustión más limpia para la gente en la Tierra.

P. **¿Qué hacéis para distraeros? ¿Juegan los astronautas con videojuegos o tienen teléfonos móviles?**
R. Para entretenerme me gusta mirar por las ventanas y sacar fotos de la Tierra, leer libros y ver películas. Hemos creado incluso la Olimpiada Espacial, con deportes que solo pueden practicarse en el espacio, como la flotación sincronizada. No tenemos teléfonos móviles, pero podemos usar el *software* de nuestros ordenadores portátiles para hacer llamadas.

P. **¿Está buena la comida espacial?**
R. ¡Sí! Mi favorita era la macedonia de mango.

P. **¿Tendré alguna vez la ocasión de visitar el espacio?**
R. Creo que más gente podrá viajar al espacio en el futuro próximo. Pronto habrá personas viviendo durante largos períodos en la Luna, y, con el tiempo, en Marte. Espero vivir para ver a alguien llegar a Marte. ¡Podrías ser tú!

EN **ÓRBITA**

La nave Crew Dragon Endeavour, de SpaceX, se aproxima a la Estación Espacial Internacional en abril de 2021, con el morro abierto y lista para atracar. La nave transportaba a cuatro astronautas de la misión Crew-2, entre ellos Megan McArthur, la piloto. El equipo pasó seis meses a bordo de la EEI, y recorrió más de 136 millones de km en 3194 órbitas alrededor de la Tierra antes de regresar a la misma.

LA TIERRA

El planeta Tierra

Nuestro planeta tiene 4500 millones de años. Es una esfera de roca y metal con una corteza delgada y quebradiza. Con su atmósfera y sus océanos de agua, es el único lugar capaz de albergar vida que conocemos en el universo.

La corteza tiene un grosor de entre 10 y 70 kilómetros.

La corteza continental, que forma las tierras emergidas, es más ligera y gruesa que la oceánica.

El manto transfiere calor del núcleo de la Tierra a la litosfera.

CÓMO SE FORMÓ LA TIERRA

Nuestro Sistema Solar comenzó como una nube gigante de gas y polvo. Su centro se aglutinó lentamente y formó el Sol, y las rocas en órbita a su alrededor chocaron formando objetos cada vez mayores. En su juventud, la Tierra estaba caliente y fundida por la energía de estas colisiones.

1. El núcleo interno
En el centro de la Tierra hay una esfera de hierro denso y caliente. La presión por todo el peso que soporta lo mantiene sólido, pese al intenso calor.

El centro se encuentra a 6370 km por debajo de la corteza.

¡LA TIERRA ESTÁ VIAJANDO ALREDEDOR DEL SOL A UNA VELOCIDAD DE 108 000 KM/H!

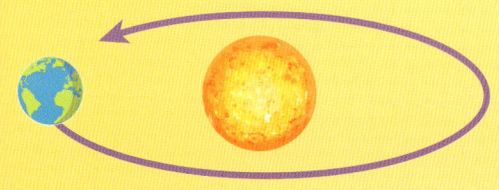

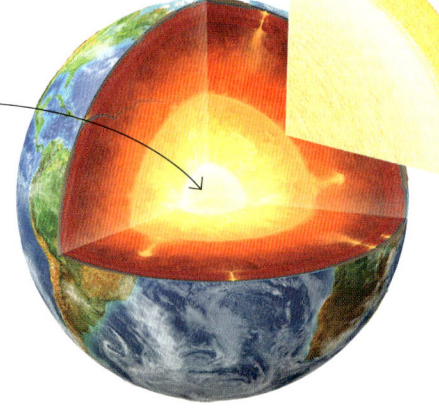

DENTRO DE LA TIERRA

Lo más profundo que se ha llegado a perforar nunca en la Tierra son 12,2 km, un mero arañazo en un planeta de 12 756 km de diámetro. Los científicos conocen las capas que hay bajo la corteza por estudiar las ondas sísmicas generadas por terremotos y cómo estas se desplazan por el planeta.

El núcleo externo es principalmente de hierro, pero contiene también níquel, cobalto, carbono y azufre.

2. El núcleo externo
Aquí, el metal está fundido y fluye libremente, movimiento que genera corrientes eléctricas que crean el campo magnético terrestre.

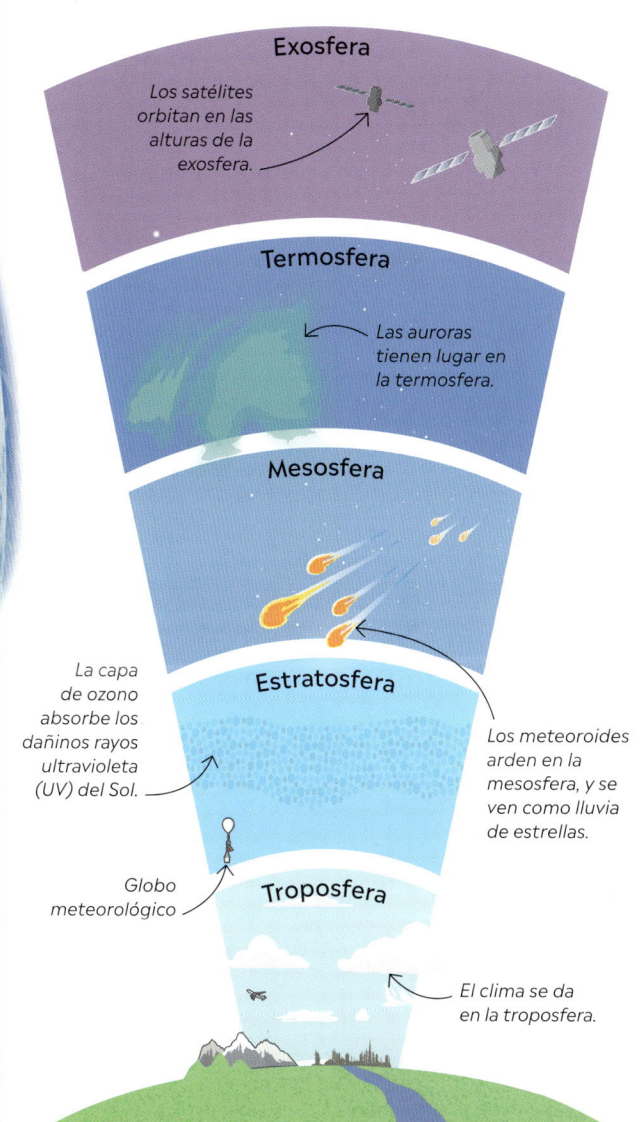

La atmósfera

El delgado manto de gases que rodea el planeta atrapa el calor del Sol, mantiene la temperatura de la Tierra y filtra los dañinos rayos ultravioleta.

La atmósfera es una mezcla de gases, principalmente nitrógeno y oxígeno.

Algunas partes del manto se calientan más y ascienden hacia la superficie.

La capa superior del manto está fusionada con la corteza, y ambas forman la litosfera.

La corteza delgada bajo los océanos está hecha de roca densa.

3. El manto

Esta capa rocosa gruesa conforma el 84 % del volumen de la Tierra. Es principalmente roca maciza, pero hay partes donde la roca fluye lentamente.

4. La litosfera

La parte exterior del planeta se llama litosfera. La componen la corteza y la parte superior del manto, fusionadas.

LA ATMÓSFERA DE LA TIERRA

Un 80 % de todo el gas de la atmósfera se encuentra en la capa más baja, la troposfera. Las capas son menos densas cuanto más altas, y la capa superior, la exosfera, se va fundiendo progresivamente con el espacio.

Exosfera

Los satélites orbitan en las alturas de la exosfera.

Termosfera

Las auroras tienen lugar en la termosfera.

Mesosfera

La capa de ozono absorbe los dañinos rayos ultravioleta (UV) del Sol.

Los meteoroides arden en la mesosfera, y se ven como lluvia de estrellas.

Estratosfera

Globo meteorológico

Troposfera

El clima se da en la troposfera.

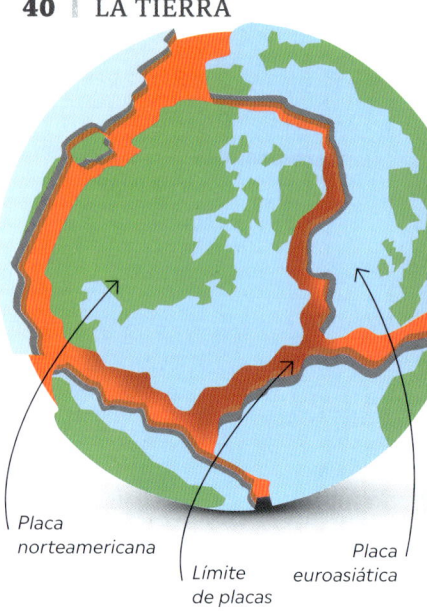

Placa norteamericana

Límite de placas

Placa euroasiática

LA TIERRA
ROMPECABEZAS

Las placas tectónicas encajan como piezas de un rompecabezas que flotan sobre el manto terrestre. Al moverse, mueven con ella las tierras emergidas, y así, a lo largo de millones de años, la forma de los continentes va cambiando.

¡LAS **PLACAS TECTÓNICAS** MÁS RÁPIDAS **VIAJAN** A LA **VELOCIDAD A LA QUE CRECEN LAS UÑAS!**

EN **ASCENSO**

Los Alpes es una cordillera en Europa formada a lo largo de millones de años al elevarse el suelo por el choque de las placas africana y euroasiática. Parte de la cordillera sigue creciendo en altura unos 80 cm cada mil años.

BORDE DIVERGENTE

La fisura de Silfra, en Islandia, está en el límite entre las placas norteamericana y euroasiática. Este límite es divergente: las placas se están separando, y la grieta resultante atraviesa Islandia. En Silfra, la grieta se ha llenado de agua de la fusión de un glaciar, y los buceadores pueden nadar en el agua cristalina entre ambas placas continentales.

Placas
poderosas

La corteza terrestre se compone de enormes fragmentos rocosos llamados placas tectónicas. Estas se mueven lentamente, y en sus límites se desencadenan fuerzas tremendas. Algunas se desgarran y crean lecho oceánico nuevo; otras chocan y forman cordilleras.

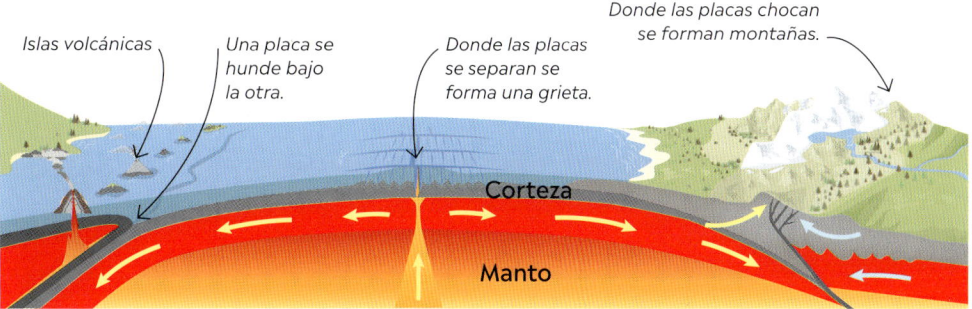

Islas volcánicas

Una placa se hunde bajo la otra.

Donde las placas se separan se forma una grieta.

Donde las placas chocan se forman montañas.

Corteza

Manto

CÓMO FUNCIONAN LAS **PLACAS TECTÓNICAS**

Las placas tectónicas de la Tierra se mueven lentamente, impulsadas por corrientes de calor del manto. Donde dos placas se encuentran, una puede hundirse bajo otra. Esto se conoce como subducción, y forma cordilleras o cadenas de islas volcánicas. Donde se separan, el magma asciende desde el manto y forma lecho oceánico nuevo.

EN **250 MILLONES DE AÑOS**, ¡LA MAYORÍA DE **LOS CONTINENTES** ESTARÁN **UNIDOS** EN **UN SUPERCONTINENTE!**

CINTURÓN DE **FUEGO**

Un 75 % de los volcanes activos se encuentra a lo largo de límites de placas en el perímetro del océano Pacífico. Forman una cadena de 452 volcanes conocida como el Cinturón de Fuego, entre ellos el Tungurahua de Ecuador, en la imagen.

Planeta rocoso

Las rocas de la corteza terrestre están hechas de minerales, y a veces de los restos de plantas y animales. Las rocas de la Tierra cambian constantemente en un ciclo lento de millones de años.

LA MAYOR ROCA ESPACIAL DE LA TIERRA ES EL METEORITO DE HOBA. ¡CAYÓ EN NAMIBIA HACE 80 000 AÑOS!

TIPOS DE ROCA

Hay tres tipos principales: las rocas sedimentarias se forman al comprimirse fragmentos de roca u organismos muertos durante millones de años; las ígneas, al enfriarse magma sobre o bajo el suelo; y las metamórficas pueden crearse a partir de ambas por el calor y la presión.

Brecha
Esta roca sedimentaria combina fragmentos de diferentes formas y tamaños.

Granito rosa
El granito, una roca ígnea, se forma al enfriarse magma bajo tierra.

Gneis
La gran presión y calor forman el gneis, una roca metamórfica.

EL CICLO LITOLÓGICO

Las rocas no son inalterables. Las de la superficie se desgastan hasta convertirse en pequeñas partículas, que son arrastradas, mientras que a las subterráneas les afectan el calor y la presión. A lo largo de millones de años, los tres tipos de roca cambian en un proceso largo y lento llamado ciclo litológico.

En las rocas sedimentarias, las capas inferiores suelen ser más antiguas que las superiores, salvo que se hayan volteado.

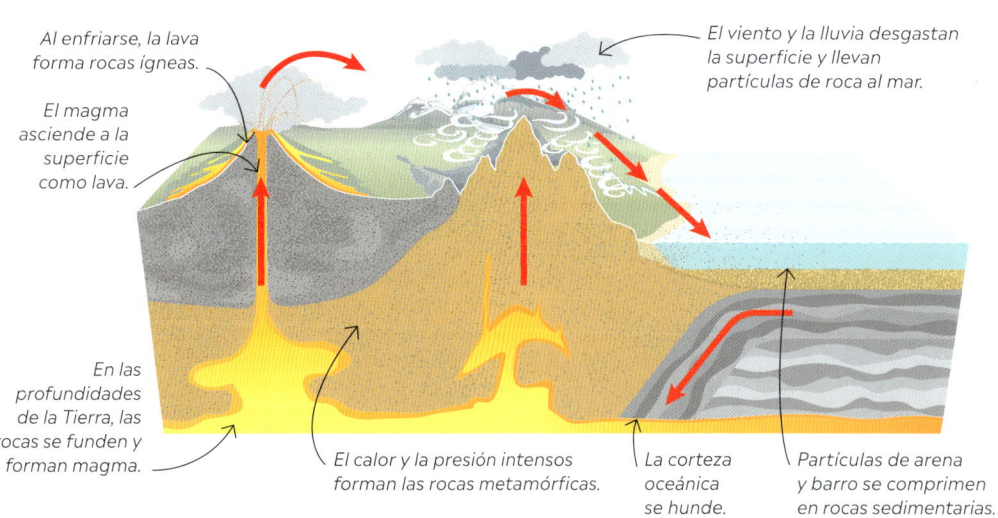

Al enfriarse, la lava forma rocas ígneas.

El magma asciende a la superficie como lava.

El viento y la lluvia desgastan la superficie y llevan partículas de roca al mar.

En las profundidades de la Tierra, las rocas se funden y forman magma.

El calor y la presión intensos forman las rocas metamórficas.

La corteza oceánica se hunde.

Partículas de arena y barro se comprimen en rocas sedimentarias.

LAS ROCAS MÁS ANTIGUAS CONOCIDAS DE LA TIERRA TIENEN 4280 MILLONES DE AÑOS: ¡CASI TANTO COMO LA TIERRA MISMA!

CAVERNAS DE MÁRMOL

Las Capillas de Mármol, en Chile, son de roca metamórfica. A lo largo de 6000 años, las aguas heladas del lago General Carrera erosionaron la roca, formando cavernas, columnas y pilares. Miles de turistas acuden allí en barco cada año.

TORRE DEL DIABLO

La Torre del Diablo, en Wyoming (EE. UU.), es una formación de roca ígnea de 264 m de altura, y un lugar sagrado para los indígenas del lugar. Se formó hace 50 millones de años al ascender magma entre la roca sedimentaria y enfriarse. La roca sedimentaria se fue erosionando, dejando al descubierto la torre.

La cima tiene el tamaño de un campo de fútbol.

Cocolitóforo único rodeado de placas

¡CRIATURAS CALIZAS!

La creta es una roca sedimentaria hecha de los restos de antiguos organismos marinos microscópicos llamados cocolitóforos, algas unicelulares envueltas en placas duras llamadas cocolitos que viven en los océanos aún hoy.

La arenisca se compone principalmente de los minerales cuarzo y feldespato.

En la arenisca pueden crecer plantas y árboles, ya que es porosa (contiene pequeños orificios).

CAPAS DE ARENISCA

Rocas sedimentarias como la arenisca se acumulan por capas. Movimientos del interior de la Tierra pueden inclinar, comprimir y plegar las capas. Esta formación cerca de Nares Point, en el noroeste de Australia, es un ejemplo drástico de plegado.

CRISTALES COTIDIANOS

La sal que utilizamos en la cocina es un cristal. Visto de cerca, cada grano de sal es un cubo perfecto. El azúcar también lo forman cristales, y los copos de nieve son cristales de agua congelada.

Cada aguja es un único cristal.

Los cristales se parecen a la hoja de un cuchillo.

Acicular
Estos cristales de escolecita tienen hábito acicular: agujas agudas que crecen a partir del centro.

Los cristales botrioidales parecen un racimo de uvas.

Botrioidal
Los cristales globulares que crecen en racimos, como esta malaquita, se llaman botrioidales.

Cristales coloridos

Un cristal es un sólido de estructura interna simétrica y repetida. Cualquier mineral puede ser un cristal, pero algunos pueden cortarse y pulirse como gemas para hacer joyas. Las gemas más raras y hermosas son muy estimadas.

Foliado
Esta cianita foliada forma cristales largos, delgados y planos.

SISTEMAS CRISTALINOS

Los cristales crecen en seis formas geométricas, llamadas sistemas. El sistema de un cristal lo determina el patrón de sus átomos.

Cúbico
Este sistema simple tiene seis caras cuadradas.

Tetragonal
Este sistema cuboide tiene algunas caras rectangulares.

Ortorrómbico
Este cristal en forma de bloque tiene extremos rectangulares.

Monoclínico
Este prisma tiene un paralelogramo como base.

Triclínico
Este es el sistema cristalino de menor simetría.

Hexagonal
El corte transversal de este sistema es un hexágono.

PATRÓN REPETIDO

Los átomos de un cristal se organizan en un patrón 3D repetido. Este diagrama muestra cómo una molécula de galena forma un cubo, que se repite en todas direcciones y forma un cristal cúbico.

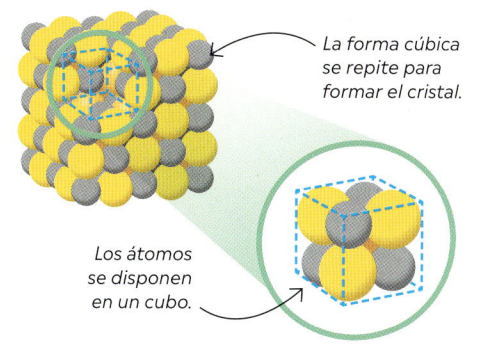

La forma cúbica se repite para formar el cristal.

Los átomos se disponen en un cubo.

¡LOS **RELOJES DE CUARZO** USAN UN **CRISTAL VIBRATORIO MINÚSCULO** PARA LOGRAR UN PRECISO **REGISTRO DEL TIEMPO!**

Los cristales tabulares pueden parecerse a naipes o libros.

Las caras cristalinas forman naturalmente cuadrados lisos.

Los cristales prismáticos tienen seis caras paralelas.

Prismático
Estas amatistas se formaron en hábito prismático, con puntas piramidales.

Cúbico
Estos cristales de pirita de hábito cúbico tienen cada uno seis caras cuadradas simétricas.

HÁBITOS **DE FORMACIÓN**

La forma final en la que crece un cristal o grupo de cristales se llama hábito. Este lo determina el sistema cristalino, pero también el entorno en el que se forma el cristal, tal como el espacio disponible para crecer. Como resultado, no hay dos cristales exactamente iguales, y todos son únicos.

Tabular
Los cristales tabulares, como estos de vanadinita roja, son más largos y anchos que gruesos.

Esta esmeralda cortada en cuadrado se montó en un broche con 129 diamantes.

¡EL **DIAMANTE CULLINAN** FUE EL **MAYOR DIAMANTE EN BRUTO** JAMÁS HALLADO!

¡Era del tamaño de un mango!

ESMERALDA ENORME

Las esmeraldas son una variedad del mineral berilo estimadas por su verde intenso y su transparencia. Cortarlos con caras lisas realza su belleza.

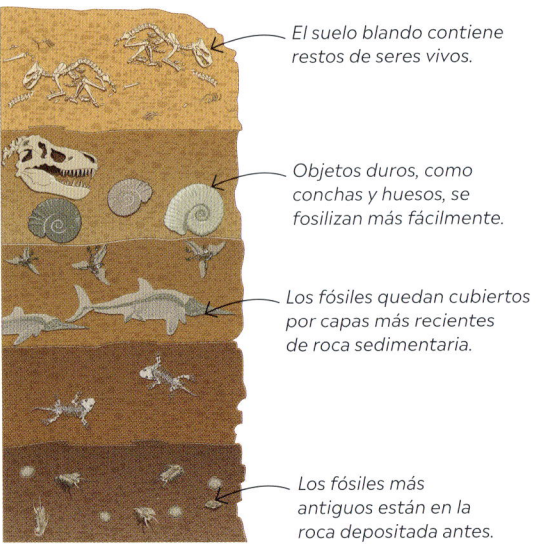

El suelo blando contiene restos de seres vivos.

Objetos duros, como conchas y huesos, se fosilizan más fácilmente.

Los fósiles quedan cubiertos por capas más recientes de roca sedimentaria.

Los fósiles más antiguos están en la roca depositada antes.

FÓSILES **POR CAPAS**

A lo largo de millones de años, se forman estratos de roca con fósiles unos encima de otros. Los fósiles más antiguos están en los estratos más profundos, pero la tectónica y la erosión pueden desplazarlos y exponerlos.

Fósiles
fantásticos

Por lo general, cuando un ser vivo muere, se pudre y desaparece para siempre, pero, a veces, aunque muy raramente, se conserva como fósil. Los fósiles ofrecen asombrosos testimonios de formas de vida muy anteriores a los humanos.

¡PIEL DE **PIEDRA!**

En 2011, en Alberta (Canadá), se halló el fósil de un nodosaurio de 110 millones de edad, ¡tan bien conservado que la piel y el contenido estomacal estaban intactos!

Piel gruesa y acorazada

¡Este nodosaurio medía 5,5 m de largo!

Ojo complejo de múltiples cristalinos

Cuernos largos curvados hacia atrás desde los ojos

ANIMALES **ANTIGUOS**

Los trilobites fueron invertebrados que dominaron los océanos antiguos durante 270 millones de años. Sus fósiles son tan abundantes que se emplean como fósiles guía para datar las rocas en que se encuentran. Se extinguieron hace 252 millones de años.

Cuerpo articulado para desplazarse sobre el lecho marino

Las espinas pudieron servir para la defensa.

¡LOS CIENTÍFICOS HAN HALLADO MÁS DE 20 000 ESPECIES DISTINTAS DE TRILOBITES!

FÓSIL **COLOSAL**

Este enorme fémur es de un saurópodo de cuello largo que vivió a inicios del periodo Cretácico. Los saurópodos fueron los mayores de todos los dinosaurios, y los mayores animales terrestres de todos los tiempos.

¡El fémur mide 2 m de largo!

CONCHAS **ESPIRALES**

Los amonites fueron moluscos marinos de concha espiral y tentáculos como los del pulpo. Sus conchas duras son fósiles muy comunes. Este fósil de amonites se cortó para mostrar las cámaras y los minerales formados en ellas.

Los amonites añadían cámaras nuevas a la concha al crecer.

HUELLAS **FOSILIZADAS**

A veces se conservan como fósiles rastros de actividad animal. En esta llanura costera de hace 98 millones de años en Colorado (EE. UU.) se hallaron más de mil huellas de dinosaurio.

Hormiga del Cretácico

Plumas ralas

ATRAPADOS EN **ÁMBAR**

El ámbar es resina vegetal fosilizada, en la que pueden quedar atrapados animales y fosilizarse. El de la imagen contiene la cola emplumada de un dinosaurio de hace 99 millones de años.

¡EL MAYOR COPROLITO DE UN CARNÍVORO ES UN EXCREMENTO DE TIRANOSAURIO DE 67,5 CM!

Cocker Spaniel

CÓMO SE FORMAN **LOS FÓSILES**

Para fosilizarse, un ser vivo debe morir en condiciones concretas. Debe quedar cubierto rápidamente por capas de sedimento, como barro o arena; luego, a lo largo de millones de años, el peso de estas capas convierte el sedimento en roca, y el cuerpo del organismo, en fósil.

Muerte
El animal muere en un lugar en el que barro o arena cubren rápidamente el cuerpo.

Enterramiento
Las partes blandas del animal se descomponen, y se acumula sedimento sobre los restos.

Reemplazo
Las capas se convierten en roca y entran minerales en los huesos, que se convierten en roca también.

Descubrimiento
Con el tiempo, la erosión puede retirar las capas de roca y dejar expuesto el fósil.

EL PODER **DE LAS OLAS**

Las olas se crean cuando el viento bate sobre el océano. Comienzan como ondas pequeñas que crecen y acumulan energía al seguir soplando el viento sobre la superficie. Al aproximarse a la costa, crecen en altura, y se juntan hasta romper contra la misma.

Esta ola gigante rompió en Portugal, donde los surfistas cabalgan olas que llegan a los 26 m.

Al llegar a la costa, la cresta de las olas se vuelve inestable, se inclina hacia delante y forma un rompiente.

El océano Pacífico cubre casi un tercio del planeta.

EL AGUA CUBRE MÁS DEL 70 % DE LA SUPERFICIE TERRESTRE. ¡MENOS DEL 30 % ES TIERRA EMERGIDA!

Mundo acuático

Llamamos «Tierra» a nuestro planeta, pero visto desde el espacio es azul. El agua nos rodea por todas partes, en océanos y mares, ríos y lagos, en el subsuelo y hasta el aire. Sin agua, no habría vida en la Tierra. Los humanos pueden sobrevivir unas tres semanas sin alimento, ¡pero solo tres días sin agua!

La humedad del aire cálido forma rocío en las hojas frescas.

Todos los seres vivos —desde hormigas y ballenas hasta plantas y bacterias— necesitan agua para sobrevivir.

SUSTENTO **VITAL**

El agua es clave para toda forma de vida en la Tierra: ningún ser vivo conocido sobrevive sin ella. Por ahora no se conoce otro planeta con agua líquida en su superficie, ni se ha encontrado vida en otra parte del universo.

EL CICLO **DEL AGUA**

La cantidad de agua en el planeta Tierra nunca cambia. De hecho, ¡bebemos la misma agua que bebieron los dinosaurios hace millones de años! El agua se mueve constantemente entre la tierra, el mar y el cielo en un ciclo impulsado por el Sol.

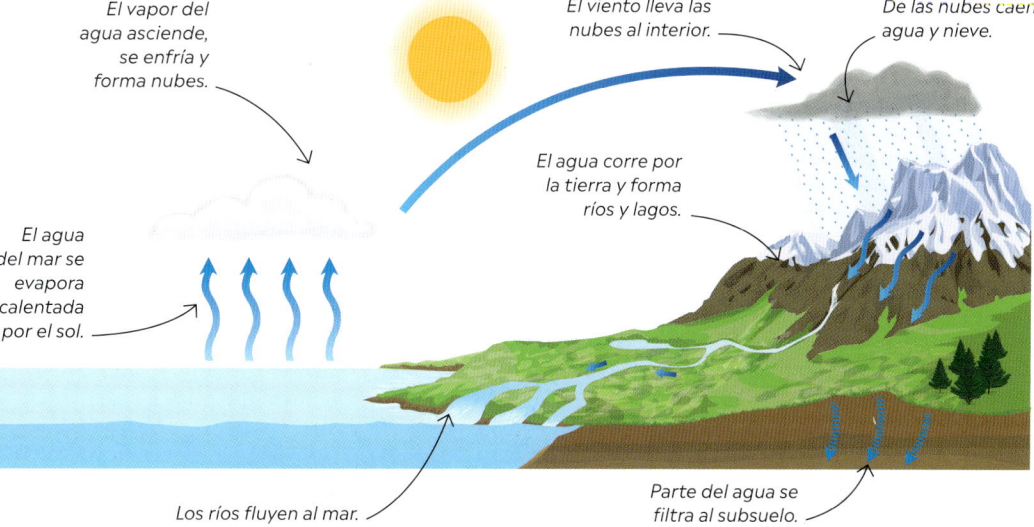

El vapor del agua asciende, se enfría y forma nubes.

El agua del mar se evapora calentada por el sol.

El viento lleva las nubes al interior.

De las nubes caen agua y nieve.

El agua corre por la tierra y forma ríos y lagos.

Los ríos fluyen al mar.

Parte del agua se filtra al subsuelo.

BAJO NUESTROS PIES

Gran parte del agua está oculta bajo el suelo. En áreas volcánicas, las bolsas de agua subterránea pueden calentarse y salir en erupción como géiseres, chorros de agua supercalentada que brotan de la superficie.

¿**DÓNDE** ESTÁ EL AGUA?

La mayor parte del agua de la Tierra es agua marina salada. La mayor parte del agua dulce está solidificada en forma de hielo o bajo tierra.

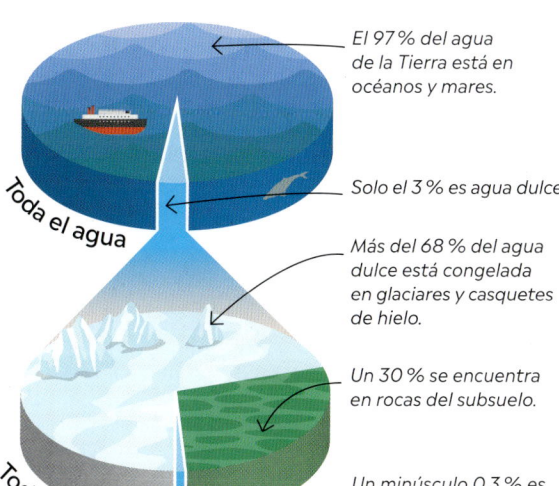

Toda el agua

Toda el agua dulce

El 97 % del agua de la Tierra está en océanos y mares.

Solo el 3 % es agua dulce.

Más del 68 % del agua dulce está congelada en glaciares y casquetes de hielo.

Un 30 % se encuentra en rocas del subsuelo.

Un minúsculo 0,3 % es agua líquida superficial.

¡ESPEJO **ENORME**!

En lo alto de una meseta en Bolivia está el salar de Uyuni, una vasta llanura de sal. En la estación de los monzones se cubre de una capa de agua de lluvia, ¡y refleja las nubes como un espejo enorme!

CON SUS 979 M, EL **SALTO DEL ÁNGEL**, EN VENEZUELA, ES LA **CASCADA MÁS ALTA** DEL MUNDO.

VIDA SALVAJE DE HUMEDAL

Cuando el agua no puede correr, se acumula y forma humedales, tales como pantanos y marjales. El mayor es el Pantanal, en el centro de América del Sur, donde viven especies acuáticas animales y vegetales, como estos nenúfares gigantes.

En el Pantanal habita el yacaré.

LAGO ROJO

La laguna Colorada, en Bolivia, debe su color a las algas rojas que crecen en ella. Estas atraen a los flamencos andinos, aves que nacen con plumaje blanco, pero que se va volviendo gradualmente rosa por las algas de las que se alimentan.

Ríos y lagos

Los ríos son agentes de cambio potentes: con el tiempo se abren paso entre la roca y crean paisajes nuevos. Junto con los lagos, son recursos vitales, ya que aportan el agua dulce necesaria a humanos, animales y plantas.

EL MAYOR DELTA

Un delta es un área extensa de barro y arena donde un río llega al mar. Esta imagen de satélite muestra el delta del Ganges, que cubre parte de India y la mayor parte de Bangladés. El azul claro es sedimento que el río deposita en el mar.

CÓMO PROGRESAN **LOS RÍOS**

Los ríos nacen como corrientes de alta montaña creadas por el agua de deshielo, de lluvia y del subsuelo que fluye sobre o bajo el suelo. Al fluir cuesta abajo, los ríos se ralentizan, forman meandros y erosionan la tierra en su avance.

Una corriente pequeña fluye rápido cuesta abajo.

En el curso alto, el río crea valles.

A menor altura, el flujo se ralentiza y forma meandros.

Un brazo muerto es un meandro separado del curso del río y cerrado.

El río se encuentra con el mar en su desembocadura.

¡HAY UNOS **117 MILLONES DE LAGOS** EN LA TIERRA!

LAGO ÁCIDO

El lago del cráter del volcán Ijen, en Indonesia, puede parecer un lugar tentador para nadar, pero su intenso color turquesa se debe a metales disueltos que lo vuelven muy ácido. Lagos de otro tipo se forman por glaciares, erosión fluvial, movimiento de placas tectónicas, avalanchas y hasta castores que construyen presas con ramas de los árboles.

RÍOS SERPENTEANTES

Al llegar los ríos a tierra más llana, desarrollan curvas llamadas meandros, formados al erosionar el agua de flujo rápido la curva exterior de un río y depositar sedimentos en el interior de la siguiente. Con el tiempo se forman curvas pronunciadas, como la de la bahía de Phang Nga (Tailandia).

¡EL **RÍO AMAZONAS** LLEVA EL **20 %** DE **TODA EL AGUA DULCE** DE LA TIERRA!

Hielo increíble

Un 10 % de la Tierra está cubierta de hielo, en forma de glaciares, casquetes y mares helados. Los glaciares fluyen por valles de montaña de todo el mundo, pero la mayor parte del hielo está en las regiones polares, hogar de océanos helados e icebergs gigantes.

HACIA **2035**, SI EL **CLIMA** SE SIGUE CALENTANDO, **NO HABRÁ BANQUISAS EN VERANO** EN EL ÁRTICO.

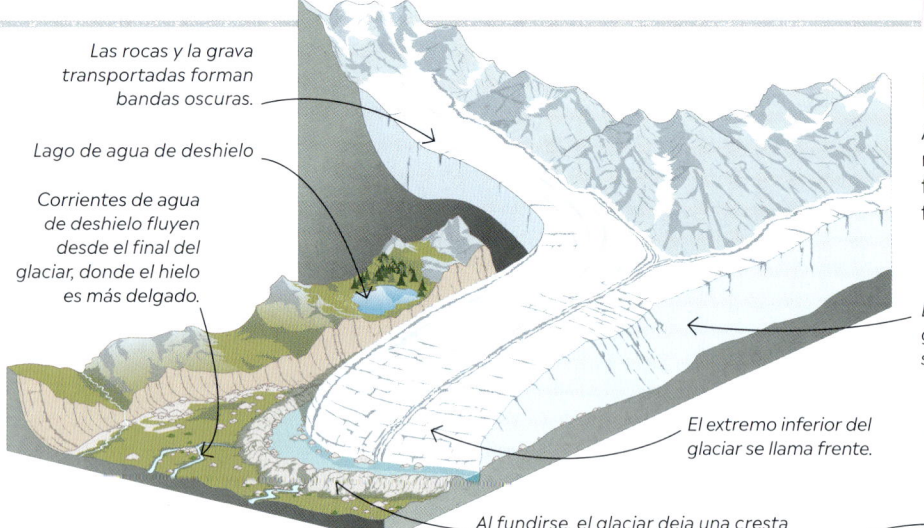

Las rocas y la grava transportadas forman bandas oscuras.

Lago de agua de deshielo

Corrientes de agua de deshielo fluyen desde el final del glaciar, donde el hielo es más delgado.

Los tributarios son glaciares menores que se unen a los mayores.

El extremo inferior del glaciar se llama frente.

Al fundirse, el glaciar deja una cresta de rocas y tierra, la morrena terminal.

RÍOS **DE HIELO**

A lo largo de los siglos, capas sobre capas de nieve se comprimen bajo su propio peso y forman glaciares. La gravedad tira de ellos y fluyen despacio cuesta abajo como ríos de hielo.

Este iceberg pesa más de 9 millones de toneladas.

Cada copo es único, pero todos tienen seis brazos.

CRISTALES **DE HIELO**

Los copos de nieve comienzan como partículas de polvo en una nube. Al pegarse el vapor de agua al polvo y congelarse, forma hermosos cristales de hielo. El copo cae a tierra cuando pesa más que el aire.

¡ALREDEDOR DEL **90 %** DE UN ICEBERG ESTÁ **BAJO EL AGUA!**

PAISAJE ESCULPIDO POR HIELO

Los glaciares excavan fiordos profundos. Muchos glaciares se fundieron después de la última glaciación, dejando valles en forma de «U», como el fiordo de Geiranger, en Noruega.

ICEBERGS **A LA DERIVA**

Los icebergs son grandes masas de hielo desprendidas de los glaciares y casquetes glaciares, y flotan por el mar. Este iceberg enorme pasó flotando cerca de la aldea de Innaarsuit, en el norte de Groenlandia, en 2018. Hubo que evacuar a la población por si se rompía.

CASQUETE **MENGUANTE**

En verano parte del hielo ártico se funde, y en otoño se vuelve a congelar, pero desde 1979 se funde más hielo del que se recupera. El mapa de abajo muestra la rápida pérdida de la capa helada estival.

Capa de hielo en 1980
2000
2021

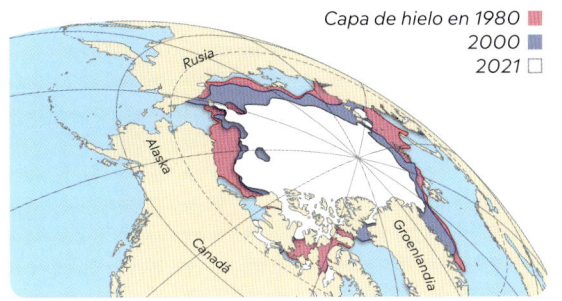

BUQUE **ROMPEHIELOS**

Barcos especialmente diseñados con casco reforzado, llamados rompehielos, abren pasillos a través de los mares polares helados. El casco apuntado se desliza sobre el hielo, lo rompe y despeja la ruta para otros barcos.

Los rompehielos potentes pueden abrirse paso entre témpanos de hasta 3 m de grosor.

PLATAFORMAS **DE HIELO**

En la Antártida hay enormes plataformas de hielo flotante, formadas por grandes casquetes de hielo grueso unidos a tierra y que se extienden por el mar. La mayor es la plataforma de hielo de Ross, de 472 000 km², casi el tamaño de Francia.

¡DOS TERCIOS DEL **AGUA DULCE** DEL MUNDO ESTÁ ATRAPADA EN **GLACIARES!**

Los icebergs sobresalen al menos 5 m sobre la superficie. Las masas menores se consideran fragmentos.

Algunos icebergs tienen picos llamados pináculos.

El tamaño y la escala de los icebergs deja pequeña esta casa.

DESINTEGRACIÓN GRADUAL

La meteorización es el proceso por el que las rocas se van desintegrando muy gradualmente. Hay cuatro tipos de meteorización.

Física
El agua entra en grietas de la roca, donde, si se congela, se expande y agranda las grietas hasta romperla.

Química
El agua de lluvia es ligeramente ácida. El ácido produce una reacción química en las rocas que las va desgastando.

Térmica
Al calentarse, las rocas se expanden ligeramente, y se contraen de nuevo al enfriarse. Esta acción las debilita y las acaba rompiendo.

Biológica
Los animales que cavan pueden romper así rocas; y las raíces de las plantas pueden entrar en sus grietas y agrandarlas.

ATASCADA

Esta gran roca está firmemente atascada en una fractura del monte Kjerag, en Noruega. Fue transportada hasta allí por un glaciar en la última glaciación, hace unos 50 000 años. El glaciar esculpió la fractura y luego se fundió, dejando allí la roca, donde seguirá durante otros varios miles de años.

Un montañero osado posa sobre la roca de Kjerag para una foto. ¡La caída sería de 948 m de altura!

¡UNA DOLINA DE 200 M DE ANCHO SE ABRIÓ DE LA NOCHE A LA MAÑANA EN UNA GRANJA DE NUEVA ZELANDA EN 2018!

LIJADO POR ARENA

En los desiertos, la arena levantada por el viento impacta en el paisaje. Al moverse cerca del suelo, las partículas pesadas tallan la parte más baja de las rocas, más expuesta.

Formaciones de roca caliza en el Sáhara (Egipto)

Erosión
extrema

La superficie rocosa de la Tierra puede parecer inalterable, pero la desgastan constantemente el viento, el agua y el hielo. A lo largo de millones de años, la erosión da forma al paisaje.

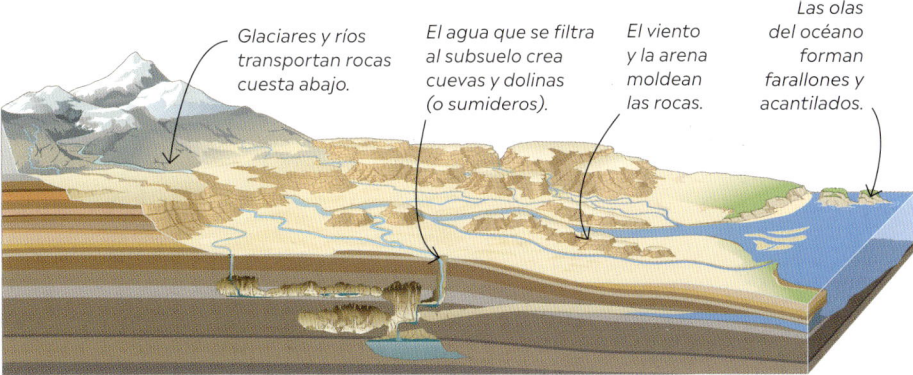

Glaciares y ríos transportan rocas cuesta abajo.

El agua que se filtra al subsuelo crea cuevas y dolinas (o sumideros).

El viento y la arena moldean las rocas.

Las olas del océano forman farallones y acantilados.

CÓMO **FUNCIONA LA EROSIÓN**

La erosión consiste en el desgaste y transporte de fragmentos de roca por hielo, agua o viento. Glaciares y ríos esculpen el paisaje y transportan rocas por su curso. El viento levanta arena que moldea rocas y forma dunas. Las olas y el viento desgastan y dan forma a la costa, y llevan sedimentos al mar.

EL PODER
DE LAS OLAS

Las olas que golpean la costa desgastan los acantilados rocosos y retiran material de las playas. La erosión costera puede esculpir pilares, denominados farallones, y arcos, como la Ventana Azul, en Malta. Al final, este arco de 28 m de alto se vino abajo durante una tormenta en 2017.

EROSIÓN **FLUVIAL**

Los ríos dan forma a la tierra que atraviesan. El agua va retirando suelo y transporta rocas corriente abajo, formando lentamente gargantas y valles. El Gran Cañón, en EE. UU., fue excavado por el río Colorado. Este meandro cerrado, llamado Curva de la Herradura, se formó a lo largo de 5 millones de años.

EL **FARALLÓN MÁS ALTO** DEL MUNDO ES LA **PIRÁMIDE DE BALL**, EN EL OCÉANO PACÍFICO. ¡MIDE **561 M**!

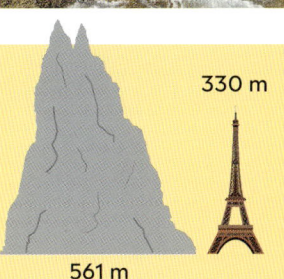

330 m

561 m

En lo **profundo**

Bajo el suelo hay oculto un mundo de cavernas y túneles, lugares oscuros que a menudo contienen extrañas y hermosas rocas formadas a lo largo de milenios.

Los minerales se acumulan durante miles de años.

CUEVAS SUBTERRÁNEAS

A lo largo de la península de Yucatán, en México, hay dolinas gigantes, llamadas cenotes, llenas de agua cristalina de ríos o agua de lluvia. Estas piscinas subterráneas pueden estar abiertas al cielo u ocultas a la luz, como esta.

Las estalagmitas crecen desde el suelo de la cueva.

Los buceadores necesitan focos potentes para explorar cuevas oscuras.

Con el tiempo, una estalactita y una estalagmita pueden unirse en una columna.

CÓMO SE FORMAN LAS CUEVAS

Las cuevas subterráneas suelen formarse en roca caliza. El agua de lluvia se filtra por grietas y disuelve lentamente la piedra blanda a lo largo de millones de años. El agua de arroyos y ríos penetra en las grietas, las ensancha, y crea complejos vastos de cuevas.

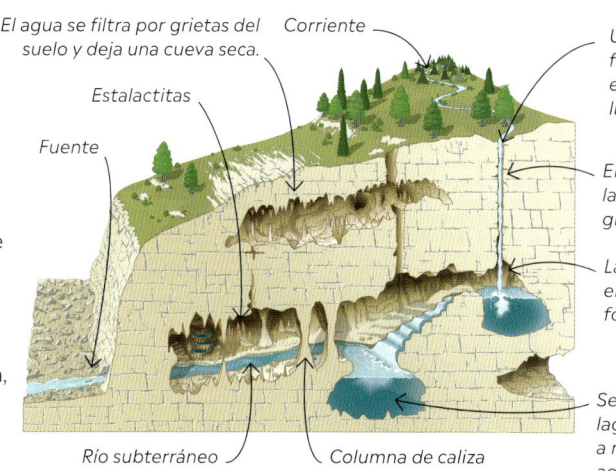

El agua se filtra por grietas del suelo y deja una cueva seca.

Corriente

Estalactitas

Fuente

Una corriente fluye a un agujero en el suelo, llamado dolina.

El agua disuelve la caliza y abre grietas.

Las grietas se ensanchan y forman cuevas.

Río subterráneo

Columna de caliza

Se forma un lago subterráneo a medida que el agua llena la cueva.

LA **MAYOR CUEVA** QUE HAY ES **SON DOONG**, EN VIETNAM. ¡MIDE **9,4 KM** DE LARGO!

ROCAS **QUE CRECEN**

Muchas cuevas están cubiertas de formaciones rocosas verticales, formadas por el goteo de agua desde el techo y los minerales depositados. Las estalactitas crecen hacia abajo como carámbanos, y las estalagmitas, del suelo hacia arriba.

¡EN LA **CUEVA BRACKEN** (EE. UU.) VIVEN MÁS DE **20 MILLONES DE MURCIÉLAGOS!**

Miles de estalactitas cuelgan como pinchos desde el techo de la cueva.

CUEVAS DE HIELO

Cuando el agua de deshielo de un glaciar forma un arroyo, este puede fluir bajo el glaciar y abrir una cueva entre el hielo, como esta en Islandia. El hielo glaciar refleja la luz azul, lo cual da al interior de esta cueva su color espectacular.

Los cristales pueden alcanzar unos 12 m de largo y 1 m de ancho.

CUEVA DE CRISTAL

Profundamente bajo tierra, en la cueva de los Cristales (en la montaña de Naica), en México, hay enormes cristales lechosos de yeso. Los cristales se formaron al disolverse calcio y azufre en el agua caliente que llenaba la cueva hace millones de años.

¡**CRIATURAS** CAVERNARIAS!

Salamandras ciegas llamadas proteos viven en cuevas bajo los Alpes Dináricos, en el sur de Europa adriático. En la oscuridad total no hay necesidad alguna de ver, y localizan a sus presas gracias a un olfato prodigioso.

Volcanes violentos

Al entrar en erupción los volcanes, pueden desencadenar algunas de las fuerzas más destructivas de la Tierra y expulsar rocas, ceniza, gases y lava.

ENTERRADO EN **CENIZA**

Cuando entró en erupción el volcán de Cumbre Vieja, en La Palma (Canarias, España), en 2021, lanzó una cantidad enorme de ceniza a la atmósfera. Al depositarse esta, cubrió miles de hogares.

EN 1815, LA ERUPCIÓN DEL **TAMBORA**, EN INDONESIA, CAUSÓ UNA HAMBRUNA MORTÍFERA QUE MATÓ A **80 000 PERSONAS**.

Las erupciones explosivas lanzan lava hacia lo alto.

Río de lava fundida

MÁS **ACTIVO**

El Kilauea, en Hawái (EE. UU.), que lleva en erupción casi continua desde 1983, es la masa volcánica más activa de la Tierra. La lava fluye del volcán al océano, a 16 km de distancia.

¿CUÁL ES **CUÁL?**

Distintos tipos de lava y de erupción crean volcanes de formas diferentes. Estos son los tres más habituales que se dan.

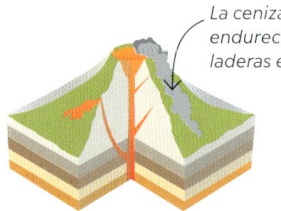

La ceniza y lava endurecidas forman laderas empinadas.

Cráter en forma de caldera

La lava líquida produce laderas bajas.

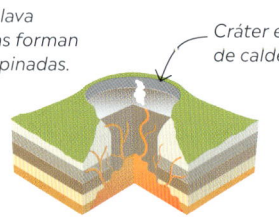

Estratovolcán
Un volcán empinado en forma de cono hecho de capas de lava viscosa que no fluye con facilidad.

Caldera
Erupciones violentas pueden destruir la cima del volcán, y dejar un vasto cuenco de paredes verticales.

Volcán en escudo
Los volcanes más activos no crecen en altura, pero pueden ser muy anchos.

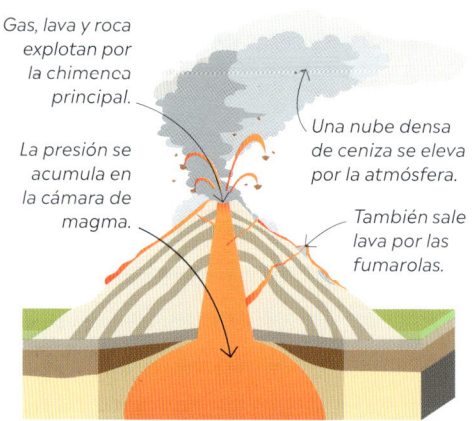

Gas, lava y roca explotan por la chimenea principal.

La presión se acumula en la cámara de magma.

Una nube densa de ceniza se eleva por la atmósfera.

También sale lava por las fumarolas.

Los polluelos de talégalo maleo nacen bajo tierra y cavan para salir.

AVE **VOLCÁNICA**

La mayoría de las aves incuban los huevos con el propio cuerpo, pero el talégalo maleo de las Célebes (Indonesia) deja que la ceniza volcánica caliente haga el trabajo: cavan una madriguera en la que ponen un huevo, y se marchan.

¡CONVERTIDO EN **PIEDRA!**

En la erupción del Vesubio (Italia) en 79 d. C., personas y animales quedaron atrapadas en la ceniza. Sus cuerpos dejaron huecos que los arqueólogos llenaron con escayola.

Este perro guardián murió en su puesto.

LISTO PARA **EXPLOTAR**

Los volcanes se dan cuando roca fundida (magma) de las profundidades sale por una abertura en la superficie. Los volcanes suelen estar en el límite entre placas tectónicas o en puntos calientes de la corteza terrestre.

En 2021, algunos tuvieron ocasión de acercarse a ver el volcán Fagradalsfjall, en Islandia; no corrían peligro, ya que la viscosa lava fluía muy lentamente.

FLUJO DE LAVA

La lava puede alcanzar unos abrasadores 1200 °C, 12 veces más que el agua hirviendo. Reluce rojo vivo al salir, y cuanto más caliente está, más rápido se mueve. Al enfriarse, la cubre una gruesa piel negra, pierde velocidad y acaba convertida en roca maciza.

¡DENTRO DEL VOLCÁN!

En 2014, el explorador Sam Cossman entró dentro de un volcán, y se acercó a 15 m de un lago de lava. Un traje especial le protegía del intenso calor y los gases tóxicos.

Janine Krippner es vulcanóloga, y estudia lo que ocurre cuando un volcán entra en erupción. Actualmente trabaja en el volcán Ngauruhoe de Nueva Zelanda.

Pregúntale a una...
VULCANÓLOGA

P. ¿Cómo es ser vulcanóloga?
R. Puede ser emocionante, pero también difícil. Es como ser detective. Buscamos pistas para conocer la actividad pasada, presente y hasta futura de volcanes de todo el mundo.

P. ¿Sueles ir a visitar volcanes?
R. ¡Sí! El trabajo de campo es mi tarea favorita, y es muy importante para conocer el carácter de cada volcán. Reúno muestras y hago observaciones, como, por ejemplo, de los flujos de lava, para estudiar las erupciones.

P. ¿Pueden predecirse las erupciones?
R. Si se observa con las herramientas adecuadas, se detectan señales de aviso. Un volcán a punto de entrar en erupción emite gases y causa pequeños temblores de tierra, por lo general tan débiles que no se sienten, pero que pueden elevar ligeramente la superficie del terreno, cambiar la química del agua de fuentes próximas o calentar la superficie.

P. ¿Cómo saber que un volcán está extinto?
R. En el laboratorio podemos averiguar el tiempo que ha pasado desde la última erupción. Pasado un millón de años, es improbable otra nueva. También se pueden estudiar los alrededores: los volcanes pueden alejarse de una fuente de magma, como un punto caliente bajo la corteza.

P. ¿Qué es lo más interesante que has aprendido?
R. ¡Que las erupciones producen rayos! Esto es habitual incluso en las erupciones pequeñas, pero las grandes pueden producir miles de descargas de rayos en las formaciones de ceniza volcánica.

P. ¿Cuán cerca de una erupción has llegado a estar? ¿Cómo es?
R. Estuve en el volcán Sakurajima, en Japón, durante unas erupciones menores, ¡y fue tan emocionante ver las columnas grises de ceniza elevándose! Fue hermoso y asombroso experimentar la actividad de las fuerzas de nuestro muy activo planeta.

MONTE ETNA

El Etna, en Italia, es uno de los volcanes más activos del mundo. Lleva miles de años realizando erupciones casi continuas. Cada cierto tiempo erupciona con gran estruendo. Esta espectacular erupción explosiva tuvo lugar en 2015. La gran columna de humo y cenizas alcanzó los 8 km de altura.

VIDAS DESTRUIDAS

En 1995, un terremoto mortífero asoló la ciudad de Kobe, en Japón. Murieron 6400 personas, y 40 000 resultaron heridas. Gran parte de la ciudad quedó destruida, así como miles de hogares y parte de la autopista Hanshin.

TIPOS DE FALLAS

El límite entre placas tectónicas es una línea de falla. La mayoría de los terremotos se dan en ellas, al moverse las placas en direcciones distintas.

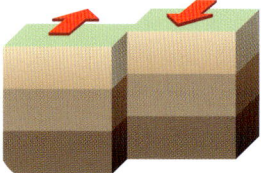

Falla de desgarre
En esta las placas se mueven en dirección opuesta en un plano horizontal.

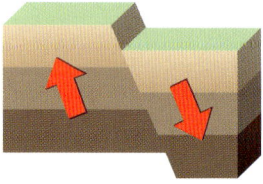

Falla normal
Las placas se separan y una de ellas se hunde.

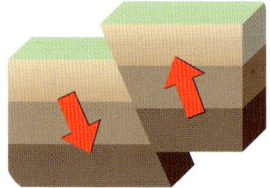

Falla inversa
Las placas chocan y una de ellas es empujada hacia arriba.

¡EL **90 %** DE LOS **TERREMOTOS** SE DAN EN EL **CINTURÓN DE FUEGO**, ALREDEDOR DEL **PACÍFICO**!

Tierra inestable

CADA AÑO HAY UNOS CIEN TERREMOTOS LO BASTANTE FUERTES COMO PARA CAUSAR GRANDES DAÑOS.

Donde se encuentran placas tectónicas en la corteza terrestre, la presión se acumula y causa movimientos repentinos, los terremotos. A diario hay miles de ellos muy pequeños para sentirlos, pero algunos son desastrosos.

AVISO DE TSUNAMI

Esta ola gigante es un tsunami que alcanzó la costa de Japón en 2011. Los tsunamis se deben a terremotos submarinos. Las olas pueden recorrer distancias enormes desde el foco, e impactan contra la costa a velocidades de hasta 805 km/h.

En la planta 126, este peso suspendido se balancea para compensar el movimiento del edificio por terremotos y viento fuerte.

EDIFICIOS RESISTENTES

En lugares próximos a líneas de falla, la ingeniería puede proteger del viento y de los terremotos. La Torre Shanghái, en China, uno de los edificios más altos del mundo, está hecha de material flexible para que se mueva en lugar de quebrarse, y cuenta con un peso amortiguador en las plantas superiores.

CÓMO SE PRODUCEN LOS TERREMOTOS

Cuando las placas tectónicas empujan o se deslizan una sobre otra, la presión se acumula entre ellas hasta que se mueven. La energía se libera en ondas desde el foco al epicentro, en la superficie, donde se siente el terremoto con mayor fuerza.

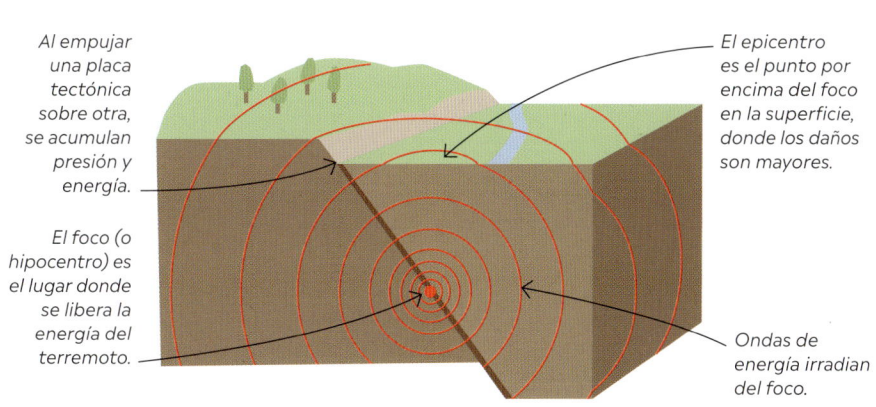

Al empujar una placa tectónica sobre otra, se acumulan presión y energía.

El foco (o hipocentro) es el lugar donde se libera la energía del terremoto.

El epicentro es el punto por encima del foco en la superficie, donde los daños son mayores.

Ondas de energía irradian del foco.

LOS TERREMOTOS SE DAN TAMBIÉN EN LA LUNA. ¡SE LLAMAN LUNAMOTOS!

Clima **cambiante**

El clima es el estado de la atmósfera en un tiempo y lugar dados, y está cambiando constantemente. Lo trae todo, desde sol y lluvia hasta tornados dramáticos, vientos por todo el globo y nubes que flotan por encima de la superficie terrestre.

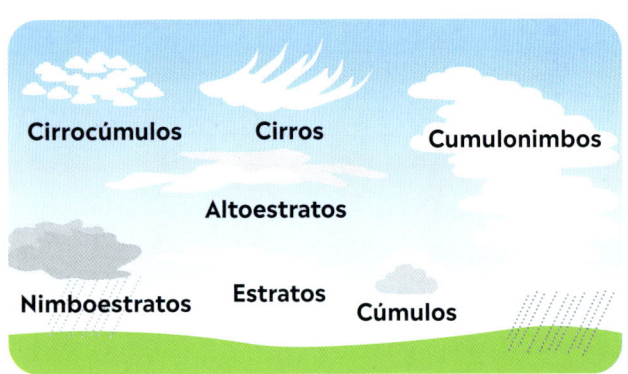

Cirrocúmulos Cirros Cumulonimbos

Altoestratos

Nimboestratos Estratos Cúmulos

TIPOS DE NUBES

Las nubes se forman a partir de gotas minúsculas de hielo o agua. Se clasifican en función de su forma, tamaño y altura. Los cumulonimbos son nubes de tormenta colosales.

¡ESPECTROS **ROJOS!**

Muchas tormentas producen rayos, pero algunas generan algo más raro: espectros. Como los rayos, los espectros son descargas breves de electricidad, pero se ven rojos y tienen lugar en lo alto de la atmósfera. Son débiles, y solo se ven de noche en lugares sin contaminación lumínica.

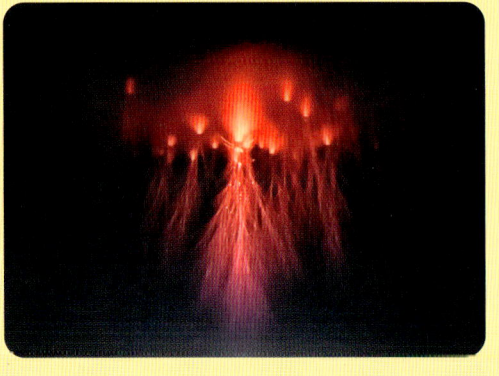

TORNADOS

Los tornados, columnas giratorias de aire formadas en nubes de tormenta, ¡son los vientos más rápidos de la Tierra! Los más fuertes pueden arrancar árboles, derribar ciertos edificios y levantar automóviles. Son más comunes en Norteamérica, en la región del Medio Oeste conocida como Tornado Alley («Paseo de los Tornados»).

AIRE EN MOVIMIENTO

El clima de la Tierra lo causa el movimiento del aire por el globo. El Sol calienta algunas áreas más que otras, el aire cálido asciende, y entra aire frío que ocupa su lugar. Esto genera los vientos, que cambian las condiciones climáticas.

Desde el espacio se ven las nubes desplazándose por la superficie del planeta.

CLIMA EXTREMO

Cualquier clima puede ser peligroso para la gente y el entorno si es muy violento. Los vientos fuertes —como los hay en Saltcoat (Escocia), en la imagen— traen tormentas violentas, la lluvia produce inundaciones, y el sol excesivo causa sequías y olas de calor mortíferas.

EN 2001 CAYÓ **LLUVIA ROJA** EN **KERALA (INDIA).** ¡EL COLOR DE LA LLUVIA SE DEBÍA A **ALGAS MINÚSCULAS!**

El granizo es como una cebolla de hielo, hecho de capas de microgotas heladas.

GRANIZADO **HELADO**

Cuando el viento lleva las gotas de lluvia hasta la atmósfera superior, se convierten en granizo. El granizo más pesado registrado cayó en Gopalganj (Bangladés) en 1986. ¡Cada grano llegaba a pesar hasta 1,02 kg!

Una columna de aire giratorio se extiende de la nube al suelo.

Los tornados pueden destruir todo lo que hallan a su paso.

Los tornados estrechos se llaman «de cuerda», y pueden ser más intensos incluso que los grandes.

MASAS **DE AIRE**

Una masa de aire es una bolsa de aire en la atmósfera con temperatura y humedad uniformes. Las masas pueden ser enormes y llegar a cubrir países enteros o más. Se mueven con el viento, afectando al clima donde estén. Donde se encuentran dos, el límite entre ambas se conoce como frente.

El aire cálido asciende rápido y forma nubes grandes.

Masa de aire frío

Masa de aire cálido

Frentes de aire frío

Un frente frío se da cuando una masa fría entra en otra de aire cálido. El tiempo se enfría, y se forman grandes nubes de lluvia.

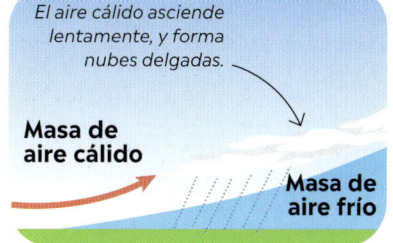

El aire cálido asciende lentamente, y forma nubes delgadas.

Masa de aire cálido

Masa de aire frío

Frentes de aire cálido

Un frente cálido se da cuando una masa cálida entra en otra de aire frío. Trae tiempo cálido y a menudo lloviznas.

¡LA **VELOCIDAD DEL VIENTO** EN UN **TORNADO** PUEDE SUPERAR LOS **480 KM/H!**

Chris Wright es el meteorólogo jefe de WTTV-4 en Indiana (EE. UU.). Presenta la predicción del tiempo para el público televisivo tres veces al día.

Pregúntale a un...
METEORÓLOGO

P. ¿Cómo de precisas son las predicciones del tiempo?

R. A cinco días se acierta un 90 % de las veces, y a siete, como el 80 %. ¡Pero una predicción a diez días solo acierta la mitad de las veces!

P. ¿Qué tecnología usáis?

R. Usamos las observaciones que obtienen toda clase de instrumentos: radar, globos meteorológicos, satélites y boyas. Los datos se introducen en modelos predictivos que calculan superordenadores. Los modelos usan ecuaciones y datos climáticos nuevos y pasados para orientar sus predicciones.

P. ¿En qué consiste tu trabajo cuando no estás en la tele?

R. Primero me reúno con el personal de la redacción para hablar de la emisión siguiente. Luego, analizo los datos del tiempo para la predicción, y después preparo los gráficos del tiempo con programas de ordenador. Hecho eso, ¡ya estoy listo para salir en la tele!

P. ¿Has estado en algún acontecimiento climático extremo?

R. Una vez cubrí la llegada de una tormenta tropical. ¡El viento era tan fuerte que la lluvia se sentía como piedras!

P. ¿Cuál es el acontecimiento climático más aterrador del que has informado?

R. En 2004 hubo un brote de tornados, y hubo 24 en Indiana. Uno tocó tierra a menos de 16 km del Indianapolis Motor Speedway, donde 250 000 personas asistían a una carrera. Pudo ser una tragedia catastrófica.

P. ¿Ha cambiado algo desde el inicio de tu carrera?

R. Los avances tecnológicos han traído predicciones mucho más detalladas y precisas. Cuando empecé, hace casi cuarenta años, solo podíamos predecir con precisión a tres días. Hoy, los meteorólogos tienen una capacidad mucho mayor para predecir las tendencias del clima.

TORMENTA
SUPERCELDA

Esta enorme tormenta en rotación se conoce como supercelda. Las superceldas son las tormentas mayores y más potentes, y desencadenan el tiempo más violento, con lluvias torrenciales, granizo gigante y hasta tornados destructores. Son frecuentes en el centro de Norteamérica, donde el aire cálido y húmedo del ecuador choca con aire frío procedente de las Montañas Rocosas.

Montañas
imponentes

La mayoría de los puntos más altos del mundo se formaron por el choque de las placas tectónicas hace millones de años. Algunas cordilleras siguen creciendo, mientras que otras se desgastan. Hoy día, aproximadamente un 20 % de la superficie de la Tierra es montañosa.

ALTURAS
MAREANTES

Con sus 1343 m de altura, Ben Nevis, en Escocia, es la montaña más alta de Reino Unido. Fue un volcán activo que colapsó sobre sí mismo hace unos 410 millones de años. Actualmente, más de 150 000 personas tratan de alcanzar la cima cada año.

Un montañero cuelga de un saliente en una de las rutas más difíciles hacia la cima.

Hay una cuerda de seguridad anclada a la pared rocosa para engancharse.

La cubierta de hielo y nieve hace que la escalada sea especialmente retadora.

CÓMO **SE FORMAN** LAS MONTAÑAS

Las cordilleras se forman por el choque de dos placas tectónicas o por la presión del magma ascendente sobre la corteza. Los volcanes (pp. 58-59) también forman montañas.

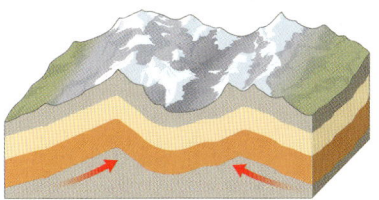

Plegamiento

Este es el tipo más habitual de montañas, formadas al ser empujada hacia arriba la corteza tras la colisión de las placas tectónicas.

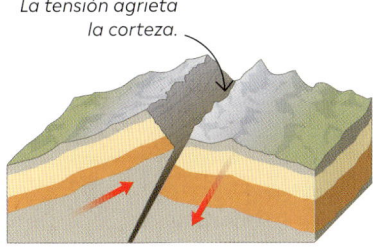

La tensión agrieta la corteza.

Bloques de falla

Las tensiones en y entre las placas tectónicas pueden agrietar la corteza terrestre y hacer que asciendan o se hundan bloques.

Rocas superficiales empujadas por el magma

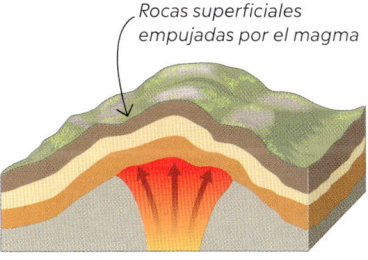

Cúpula

Asciende magma desde el manto que empuja la corteza rocosa y forma montañas en forma de cúpula.

DESDE EL LECHO MARINO AL PICO, EL **MAUNA KEA,** EN HAWÁI, MIDE **10 211 M** DE ALTURA, **¡MÁS QUE EL EVEREST!**

Bajo el agua

Everest   Mauna Kea

AVISO DE AVALANCHA

Algunos picos son tan altos que están siempre fríos y cubiertos de nieve. Cuando se desprende una masa gigante de nieve y hielo, se desploma por la ladera, gana velocidad y acumula nieve, tumbando todo lo que encuentra en su camino.

Las avalanchas pueden alcanzar los 320 km/h.

PICOS MÁS ALTOS

Los cinco picos más altos se encuentran en Asia, donde chocaron las placas india y euroasiática hace entre 40 y 50 millones de años.

1 **Everest** 8848 m

2 **K2 (Godwin Austen)** 8611 m

3 **Kangchenjunga** 8586 m

4 **Lhotse** 8516 m

5 **Makalu** 8485 m

EL **EVEREST** ESTÁ **CRECIENDO. ¡SU** ALTURA AUMENTA EN **5 MM CADA AÑO!**

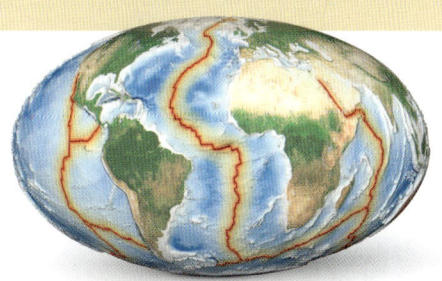

EN 1951 SE ENCONTRÓ UNA **HUELLA** ENORME DE **33 CM** EN EL EVEREST, QUE FUE ATRIBUIDA AL **MÍTICO YETI.**

CORDILLERA **MÁS LARGA**

La cordillera más larga de la Tierra se encuentra en lo profundo del océano. El sistema de dorsales oceánicas (arriba, en rojo) mide 65 000 km de largo, nueve veces más que los Andes, la cordillera emergida más larga.

El pelaje blanco aporta camuflaje en las montañas nevadas.

VIDA **EN LO ALTO**

Los animales de montaña se han adaptado a condiciones duras. Las cabras montesas tienen un pelaje grueso para mantener el calor, y cuentan con pezuñas fuertes para trepar por peñascos y cuestas empinadas.

Desiertos
drásticos

Un quinto de la tierra emergida son desiertos. Solemos imaginarlos como arenosos, pero estas regiones pueden ser también rocosas, terrosas, montañosas, o heladas. Los desiertos se definen como áreas con menos de 250 mm de precipitación anual.

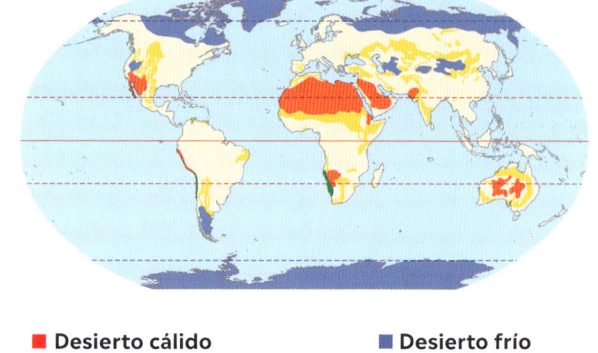

■ **Desierto cálido**　　　　■ **Desierto frío**
■ **Desierto costero**　　　　■ **Desierto semiárido**

¿DÓNDE EN EL MUNDO?

Este mapa muestra los desiertos del mundo. Los desiertos secos y cálidos, como el Sáhara, están cerca de los trópicos, y los fríos, en las regiones polares y en Asia central y oriental.

¡EL **LUGAR MÁS CALIENTE** DE LA TIERRA ES EL **VALLE DE LA MUERTE**, EN EL **DESIERTO DE MOJAVE (EE. UU.)**!

TIPOS DE DESIERTOS

Solo un 20 % de los desiertos del mundo están cubiertos de arena. A menudo experimentan temperaturas extremas, tanto frías como tórridas.

Desierto frío
En los desiertos antárticos y árticos, de climas muy fríos, la mayor parte del agua está congelada.

Desierto cálido
En los trópicos, los desiertos son cálidos todo el año, pero la temperatura se desploma de noche.

Desierto semiárido
Más frescos que los desiertos cálidos, aquí los veranos son largos y secos, y llueve en invierno.

Desierto costero
En los desiertos próximos al océano puede no llover casi nunca, pero la niebla puede traer humedad.

Las dunas del desierto del Namib, las más altas del mundo, alcanzan los 300 m de altura.

Los órices del Cabo son antílopes nómadas. Pastan al amanecer y al anochecer para aprovechar el rocío en las plantas.

VIDA DESÉRTICA

El desierto del Namib, en Namibia, de 55 millones de años de edad, es el más antiguo del mundo. Se extiende por más de 2000 km² de dunas gigantes formadas por el viento, y puede parecer un hábitat sin vida, pero algunas plantas y animales altamente especializados son capaces de sobrevivir en él.

¡EL VIENTO SE LLEVA A OTRA PARTE **90 MILLONES DE TONELADAS** DE **POLVO** DEL **SÁHARA AL AÑO!**

PORTADORES DE AGUA

En el desierto de Sonora, en América del Norte, los cactos saguaro se han adaptado para sobrevivir sin agua durante periodos largos. Almacenan agua en su tallo macizo, y pueden expandirse para aumentar su capacidad. Las espinas del exterior protegen el contenido.

Los carpinteros del Gila anidan y crían a sus polluelos en huecos de los saguaros.

TORMENTA DE POLVO

En las regiones desérticas, vientos fuertes levantan arena y polvo en tormentas que pueden llegar a los 97 km/h. Las tormentas de arena transportan toneladas de partículas a lo largo de distancias enormes, y lo cubren todo a su paso.

LA **ANTÁRTIDA** ES EL **MAYOR DESIERTO DEL MUNDO.** ¡TIENE **DOS VECES** EL **TAMAÑO DE AUSTRALIA!**

DESIERTOS DE SOMBRA OROGRÁFICA

En cordilleras próximas a la costa pueden formarse desiertos en la llamada sombra orográfica. El agua del océano se evapora y forma nubes, que descargan en la vertiente oceánica; en la otra, donde sopla aire fresco y seco, se forma un desierto.

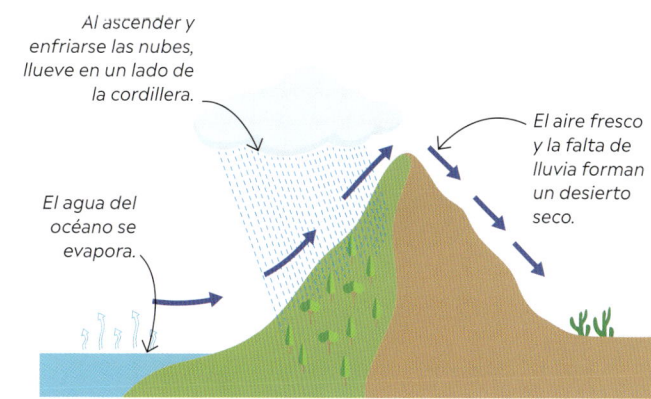

Al ascender y enfriarse las nubes, llueve en un lado de la cordillera.

El agua del océano se evapora.

El aire fresco y la falta de lluvia forman un desierto seco.

Los perezosos bayos cuelgan de ramas en lo alto del dosel arbóreo de la pluvisilva.

LA **PLUVISILVA AMAZÓNICA**

La pluvisilva del Amazonas, que se extiende por ocho países de Sudamérica, es con mucho la mayor del mundo. Alberga al menos el 10 % de las especies vegetales y animales conocidas, ¡y de media se descubre allí una especie nueva cada dos días!

Bosques
fabulosos

¡HAY UNOS **TRES BILLONES** DE **ÁRBOLES** EN LA TIERRA!

Los árboles son las plantas más grandes de la Tierra. Son el hogar de más de tres cuartas partes de la vida terrestre, y tienen un papel vital en la lucha contra el cambio climático, ya que absorben el dióxido de carbono de la atmósfera. La extensión forestal está menguando gradualmente, pues cada año se talan millones de árboles.

TIPOS DE BOSQUES

Hay tres tipos principales de bosque: la pluvisilva, densa y rica en vida salvaje, se da principalmente cerca del ecuador; los bosques boreales, en regiones frías próximas al Ártico; y los bosques templados, en zonas de clima templado y cuatro estaciones marcadas.

Los árboles más altos forman la capa emergente.

Pluvisilva tropical
Estos bosques cálidos y húmedos tienen cuatro capas con niveles distintos de humedad y luz solar.

Bosque boreal
En estos bosques fríos y secos se dan las coníferas de hojas aciculares, como píceas, pinos y abetos.

Bosque templado
La mayoría de estos bosques tienen árboles de hojas anchas y planas que caen en otoño y crecen en primavera.

LA «WOOD WIDE WEB»

Bajo el suelo del bosque vive una red de hongos, apodada «wood wide web», a la que se atribuye una edad de casi 500 millones de años. Muchos científicos creen que la red sirve a los árboles para compartir recursos como agua y nutrientes, e incluso para comunicarse, advirtiendo, por ejemplo, de ataques de insectos.

UNA **GOTA DE AGUA** PUEDE TARDAR **10 MINUTOS** EN DESLIZARSE **DESDE LO ALTO DEL DOSEL ÁRBOREO DE LA PLUVISILVA** HASTA **EL SUELO.**

BOSQUE HELADO

Casi un cuarto de los árboles del mundo se encuentran en los bosques boreales, sobre todo coníferas, como los pinos y abetos, bien adaptados para soportar temperaturas bajas todo el año. Su forma cónica y estrecha ayuda a evitar la acumulación de nieve que podría romper las ramas, y a captar y absorber la mayor cantidad de luz solar posible.

GUARDIANES DEL BOSQUE

Muchas comunidades indígenas dependen de las pluvisilvas para su supervivencia, y ayudan a proteger estas áreas de la deforestación. El muchacho de la imagen es del pueblo paiter-suruí, de Brasil, que se encarga de conservar y vigilar 248 147 hectáreas de bosque amazónico.

Plantar árboles es una de las maneras en que los paiter-suruí conservan el bosque.

CADA MINUTO SE **DESTRUYE** EL EQUIVALENTE DE **27 CAMPOS DE FÚTBOL** DE **BOSQUE.**

CAUSAS DEL CAMBIO

La quema de combustibles fósiles (carbón, petróleo y gas) para obtener energía aumenta los niveles del gas de efecto invernadero CO_2 en la atmósfera. Esta es la principal causa del cambio climático desde la industrialización. Fuentes renovables como el viento y el sol pueden ayudar a reducir las emisiones.

IMPACTOS CLIMÁTICOS

La temperatura media de la Tierra ha aumentado 1,1 °C en los últimos 150 años. El ascenso térmico tiene consecuencias en todo el mundo.

Fusión del hielo
El deshielo de los casquetes glaciares está haciendo subir el nivel del mar. El hielo blanco refleja la luz solar; al fundirse, se refleja menos luz, y el mar se calienta más.

Destrucción de hábitats
Al calentarse la Tierra, los hábitats animales cambian y se destruyen. Muchas especies están en peligro de extinción.

Clima extremo
El ascenso de las temperaturas globales produce un clima más extremo e impredecible, desde olas de calor y sequías hasta huracanes e inundaciones.

Daños al océano
El exceso de dióxido de carbono se disuelve en los océanos y los acidifica, con efectos devastadores para las especies marinas.

Vidas destruidas
El clima extremo y la amenaza a los suministros de alimentos y agua llevan a personas a la pobreza y a tener que abandonar sus hogares.

EL NÚMERO DE DESASTRES RELACIONADOS CON EL CLIMA SE HA TRIPLICADO DESDE 1980.

Emergencia climática

La actividad humana causa cambios drásticos en el clima. Las mayores temperaturas traen un clima más extremo —desde tormentas hasta olas de calor— y la subida del nivel del mar. Detener el cambio climático exige reducir la emisión de gases de efecto invernadero.

PROLIFERACIÓN DE INCENDIOS

Las altas temperaturas y las sequías extremas están causando incendios generalizados. En 2019-2020, en Australia, los incendios forestales destruyeron casi 3000 hogares y mataron o desplazaron a unos 3000 millones de animales. Las columnas de humo, que ascendían hasta 25 km por la atmósfera, eran visibles desde el espacio.

Bomberos enfrentándose con agua a llamas intensas de avance rápido.

EFECTO INVERNADERO

Determinados gases en la atmósfera terrestre atrapan el calor del Sol. Sin este efecto invernadero, el planeta sería demasiado frío para que existiera la vida, pero la actividad humana está haciendo crecer el nivel de estos gases, que atrapan más calor y hacen subir la temperatura media global.

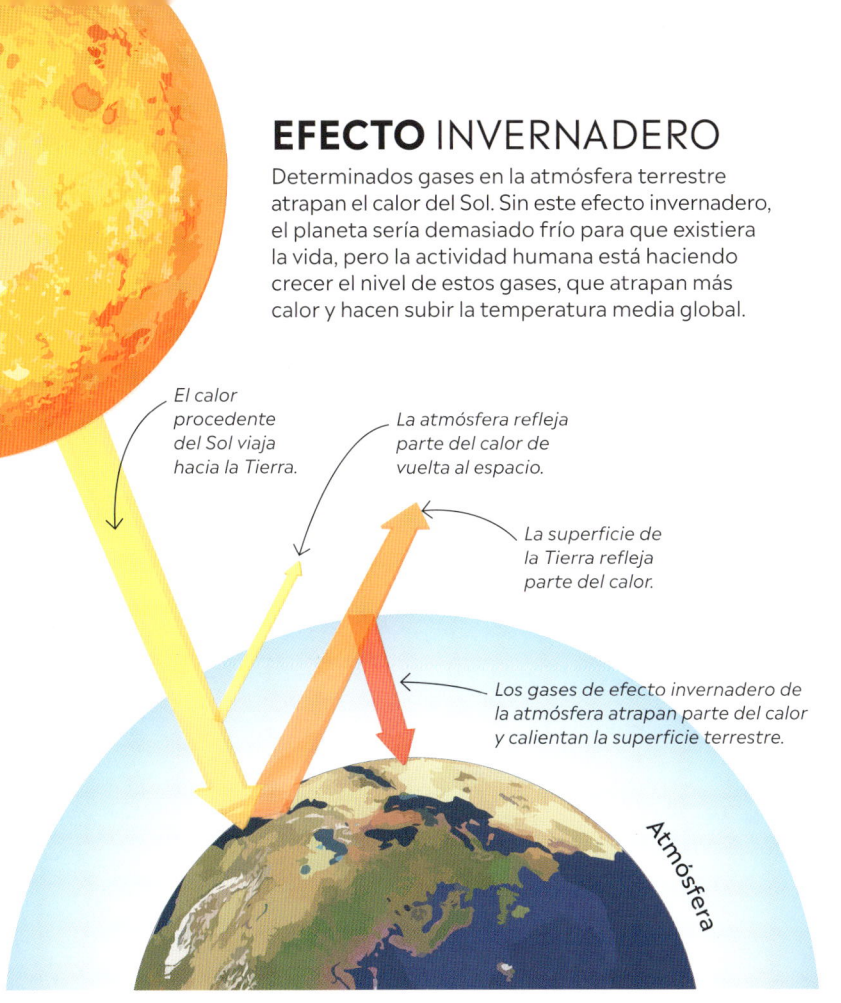

El calor procedente del Sol viaja hacia la Tierra.
La atmósfera refleja parte del calor de vuelta al espacio.
La superficie de la Tierra refleja parte del calor.
Los gases de efecto invernadero de la atmósfera atrapan parte del calor y calientan la superficie terrestre.
Atmósfera

LOS ÁRBOLES **ABSORBEN** Y ALMACENAN **CO_2**. LA **PÉRDIDA DE BOSQUES** CAUSA EL **10 % DEL CALENTAMIENTO.**

CAPTAIN CLIMATE
CAPTAIN CLIMATE

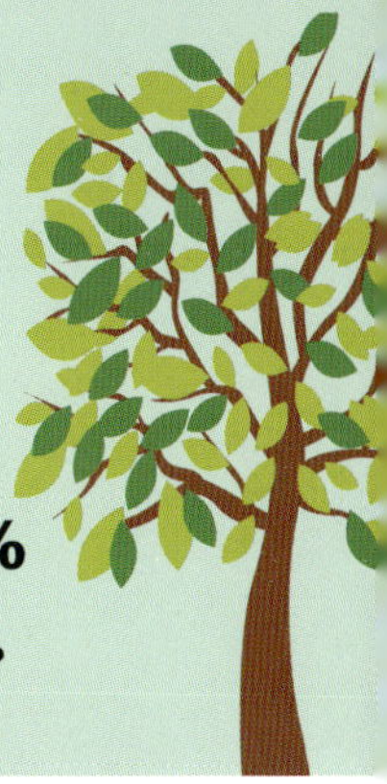

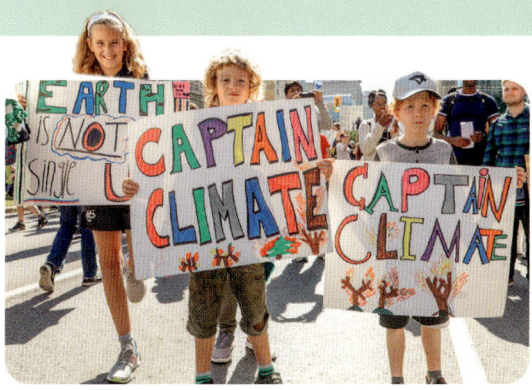

SALVAR EL PLANETA

Todos podemos contribuir a evitar el cambio climático comprando menos y reutilizando y reciclando más. No obstante, para lograrlo, gobiernos y empresas deben fomentar y usar energías limpias y detener la deforestación.

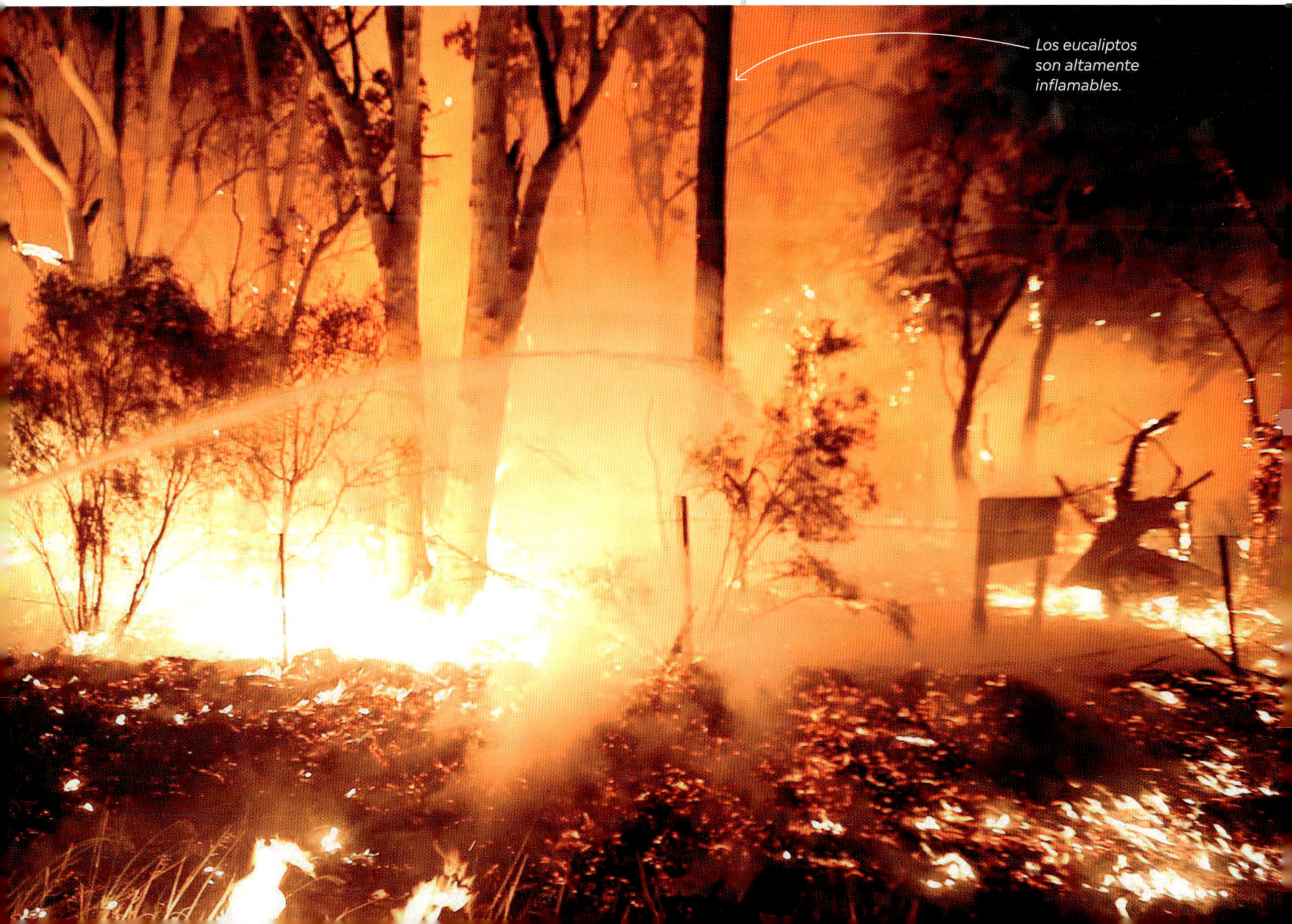

Los eucaliptos son altamente inflamables.

Proteger nuestro planeta

A lo largo de los siglos, la humanidad ha usado los recursos naturales de la Tierra, destruido hábitats y generado montañas de desechos, pero podemos proteger el planeta y evitar el daño colaborando y con la ayuda de nuevas tecnologías.

¡MURALLA DE **ÁRBOLES**!

A través de África se está plantando una «muralla de árboles» para detener la desertificación y extender las tierras agrícolas. La franja verde, de unos 15 km de anchura, se extenderá a lo largo de unos 8000 kilómetros.

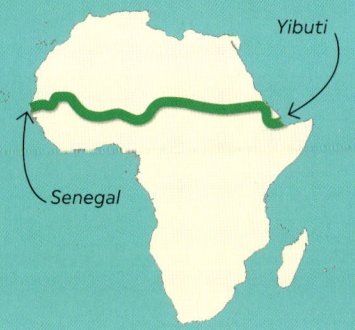

Yibuti

Senegal

RECOGIDA DE DESPERDICIOS

Mucha de nuestra basura, en particular los desechos plásticos, va a los océanos, llega a las costas y acaba en todos los niveles de la cadena alimenticia marina. Recoger desperdicios es un modo en que todos podemos ayudar.

RESILVESTRACIÓN DE HÁBITATS

Resilvestrar es dejar que los espacios vuelvan a estar como antes de que los humanos los cambiaran, dejando que la naturaleza regenere zonas agrícolas o permitiendo desbordamientos de los ríos. Con el tiempo, esto puede lograr que vuelva la vida salvaje. En América del Norte, esto ha llevado a la reintroducción de especies, como el lobo.

LIMPIEZA **OCEÁNICA**

Cada año, millones de toneladas de plástico entran en los océanos desde los ríos, o bien como desechos de la pesca. The Ocean Cleanup es un proyecto para recogerlo y reciclarlo.

Recogida
Dos barcos remolcan una barrera en forma de «U» que recoge el plástico flotante.

Extracción
Cuando la red de la barrera se llena, el plástico se sube a bordo de los barcos para clasificarlo.

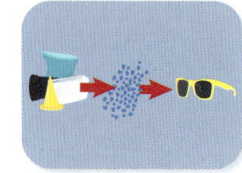

Reciclaje
El plástico se lleva a tierra y se convierte en *pellets* para hacer productos, como gafas de sol.

RESTAURACIÓN DE **ARRECIFES**

Los arrecifes de coral están amenazados por el calentamiento y la acidificación del océano, la sobrepesca y la contaminación. En la isla indonesia de Bali, los científicos están restaurando arrecifes creando estructuras artificiales para que crezca el coral; son piezas hechas de Biorock®, «cemento marino» creado a partir de minerales del agua por medio de leves corrientes eléctricas que atraviesan estructuras metálicas, como las de estas bicicletas.

Los conservacionistas colocan en el nuevo arrecife fragmentos de corales vivos desprendidos de arrecifes existentes.

¡INSECTOS COMO LAS **MARIQUITAS** PUEDEN **PROTEGER** LOS **CULTIVOS** EN LUGAR DE LOS PESTICIDAS!

Los corales crecen en arrecifes vivos nuevos que formarán un ecosistema vital.

Sobre las estructuras metálicas prosperan también cirrípedos.

Bicicletas de acero ya inservibles proporcionan una estructura para el crecimiento de los corales.

La estructura será también un hábitat para peces tropicales.

ENERGÍA SOSTENIBLE

El viento, el sol, las olas y las mareas son fuentes alternativas más limpias que los combustibles fósiles. Estos «árboles» con turbinas eólicas producen electricidad verde en espacios públicos para alumbrar las calles y cargar teléfonos móviles y hasta automóviles.

ALTERNATIVAS **ECOLÓGICAS**

Se están desarrollando nuevos materiales para sustituir otros dañinos para el medio ambiente. Los plásticos vegetales biodegradables, por ejemplo, están sustituyendo a aquellos derivados del petróleo. También podemos reutilizar más y consumir menos.

Una bolsa de cáñamo puede usarse muchas veces.

El bambú y el papel se pueden reciclar.

¡SOLO SE **RECICLA** EL **9 %** DEL **PLÁSTICO** A NIVEL GLOBAL!

LA VIDA

¿Qué es **la vida?**

Desde su primer surgimiento en la Tierra, la vida ha evolucionado hasta conformar una variedad asombrosa de formas. Hoy hay muchos tipos de seres vivos, desde minúsculas bacterias que no se ven a simple vista hasta descomunales ballenas azules, y existen ecosistemas exuberantes repletos de vida vegetal y animal.

REINOS
DE LA VIDA

Los científicos clasifican toda la vida en siete reinos. Tres de ellos –arqueas, bacterias y protozoos– son microscópicos, y otras formas de vida no podrían existir sin ellos. Los otros cuatro, de tamaño variable, son cromistas, plantas, hongos y animales.

ARQUEAS

Estos organismos unicelulares simples viven en hábitats extremos, como estanques calientes y ácidos o mares helados.

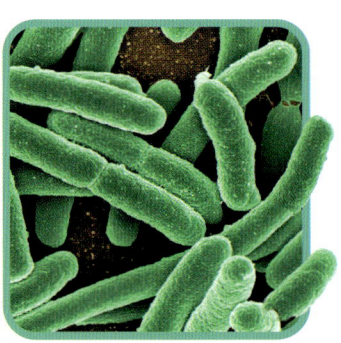

BACTERIAS

Las bacterias unicelulares viven en todos los hábitats, muchas de ellas sobre plantas y animales, pero pocas causan enfermedades.

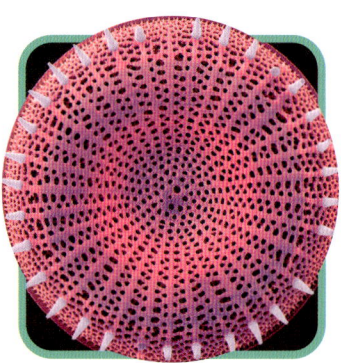

PROTOZOOS

Más complejos que las bacterias, la mayoría de los protozoos se mueven y alimentan como animales microscópicos.

REPLETO DE VIDA

Todos los seres vivos comparten siete características que los distinguen de lo no vivo: movimiento, respiración, excreción, nutrición, sensibilidad, reproducción y crecimiento. Toda la vida en este arrecife de coral exhibe estos rasgos.

¡LOS **CIENTÍFICOS ESTIMAN** QUE HAY **8,7 MILLONES** DE **ESPECIES VIVAS** EN LA **TIERRA!**

Movimiento
Todos los seres vivos se mueven: las plantas y los hongos se mueven estando fijados en un punto, pero los animales, como este crinoideo, se desplazan.

Respiración
Las células liberan energía del alimento en el proceso de la respiración. Los peces extraen oxígeno del agua para ello.

Excreción
Todos los seres vivos producen sustancias de desecho en sus células, y las eliminan en la excreción. Los peces las excretan en la orina.

Árboles y hierbas fabrican alimento a partir de la energía solar.

Los leones son depredadores que cazan cebras y antílopes herbívoros.

Las cebras obtienen nutrición y energía de las plantas.

Las hienas son carroñeras. Se alimentan de restos de animales muertos.

ECOSISTEMAS

Ninguna vida existe por sí misma. Plantas, hongos, animales y otras formas de vida viven juntas en ecosistemas, que son ámbitos conformados por el paisaje y el clima. Un ejemplo es la sabana africana.

CROMISTAS
Desde diatomeas microscópicas hasta algas pardas gigantes, los cromistas suelen ser acuáticos, y, como las plantas, fabrican alimento a partir de la energía del sol.

PLANTAS
Hechas de muchas células, la mayoría de las plantas son terrestres y fabrican su propio alimento mediante la energía de la luz solar.

HONGOS
Unicelulares o multicelulares, los hongos suelen obtener energía de materia vegetal y animal en descomposición.

ANIMALES
Casi todos los animales son multicelulares y tienen sentidos y nervios que les ayudan a moverse para encontrar comida.

Nutrición
Todas las formas de vida necesitan alimento para vivir, y la nutrición es el proceso por el que lo fabrican u obtienen. Los peces anthias comen plancton.

Sensibilidad
Todos los seres vivos sienten y responden a cambios en el entorno. Los peces pueden ver, oler, saborear, oír y tener sensaciones táctiles.

Reproducción
Toda la vida se reproduce para garantizar su supervivencia. Las hembras de los peces ponen huevos, que fecundan los machos.

Crecimiento
Todos los seres vivos nacen pequeños, y luego crecen y se desarrollan. Los crinoideos regeneran los miembros perdidos, y pueden generar hasta 150 brazos.

¡UN CUARTO DE LAS ESPECIES VIVE EN LOS OCÉANOS!

NO VIVOS

Los virus son organismos minúsculos, y algunos de ellos causan enfermedades. No se consideran seres vivos, ya que no presentan varios rasgos propios de la vida. Solo se reproducen invadiendo células vivas.

Virus del sarampión

¡EL **99,9 %** DE LA **VIDA** QUE HA **EXISTIDO** EN LA TIERRA ESTÁ HOY **EXTINTA!**

EN EL **PRINCIPIO**

Los estromatolitos, fósiles de aspecto rocoso de cianobacterias (algas verdiazuladas) atrapadas en sedimentos, son prueba de esta forma de vida que apareció hace 3500 millones de años. Como primera forma de vida fotosintetizadora, añadieron oxígeno a la atmósfera, creando las condiciones para que evolucionara la vida.

LA VIDA **EVOLUCIONA**

La evolución es la teoría de que las especies cambian a lo largo de muchas generaciones. La impulsa la selección natural, en la que los individuos más capaces de sobrevivir transmiten sus genes.

Escarabajos de color variable
Una especie de escarabajo que vive en las hojas de un helecho arbóreo se da en colores diferentes.

Un depredador come los escarabajos de colores vivos
Un depredador insectívoro come los escarabajos naranjas, más fáciles de ver en el helecho.

Los escarabajos camuflados sobreviven
Los escarabajos verdes camuflados sobreviven y transmiten sus genes; los naranjas se extinguen.

Eusthenopteron
Este pez tenía aletas musculosas y pulmones para respirar aire. Su cuerpo se adaptó para sobrevivir en tierra, quizá para escapar de los depredadores.

Los huesos de las aletas carnosas se reforzaron.

Tiktaalik
Medio pez, medio tetrápodo terrestre, este animal podía caminar sobre sus aletas grandes y fuertes.

¡EL **MAYOR INSECTO** QUE HA HABIDO FUE UNA **LIBÉLULA GIGANTE**, DEL GÉNERO *MEGANEUROPSIS*, QUE EXISTIÓ DURANTE **250 MA**!

Sobre un balón de fútbol, para ver la escala

71 cm de envergadura

Primera vida

La primera vida apareció en la Tierra hace 3700 millones de años. Durante cientos de millones de años, los únicos seres vivos fueron unicelulares y microscópicos, hasta que hace unos 542 millones de años (MA), se produjo una explosión extraordinaria de formas.

BOSQUES **PANTANOSOS**

Las primeras plantas simples flotaban en el agua, y pasaron a tierra hace unos 500 MA. De plantas minúsculas semejantes al musgo evolucionaron helechos arbóreos, equisetos y cícadas en bosques densos.

Los Lepidonderon, o árboles escamosos, alcanzaron los 50 m de altura.

Fósil de corteza con patrón escamoso

SALIDA **A TIERRA**

La vida evolucionó primero en el agua, donde permaneció cientos de millones de años. Hace alrededor de 390 MA, algunos peces comenzaron a vivir parcialmente en tierra, y de ellos evolucionarían los primeros tetrápodos, antepasados de muchos animales terrestres actuales.

Ichthyostega
Ichthyostega, uno de los primeros animales vertebrados con extremidades, vivía en pantanos someros. Las patas y los dedos de los pies podían levantar el cuerpo del suelo.

No hay certeza de cuantos dedos tenía el Ichthyostega.

EXPLOSIÓN DE VIDA

Hace unos 542 MA creció de modo drástico la variedad de la vida en la Tierra, en la llamada explosión cámbrica. El océano se llenó de extrañas criaturas, reptantes y nadadoras, que atrapaban partículas de alimento y se comían unas a otras.

Pikaia, *primer antepasado conocido de los vertebrados*

Artrópodo depredador Anomalocaris

Artrópodo nadador Marrella

Hallucigenia *espinosa con forma de gusano*

Aysheaia *cavadora de cuerpo blando*

¡LOS **CANGREJOS DE HERRADURA** EVOLUCIONARON HACE **480 MA** Y **EXISTEN AÚN HOY!**

CRONOLOGÍA DE LA VIDA

Es difícil concebir la vasta cronología de la evolución de la vida. Para hacerse una idea, este reloj representa la existencia de la Tierra como 12 horas. En la primera hora, el planeta fue una bola ardiente de gas y roca, y luego comenzó la lenta evolución de la vida. ¡La humanidad aparece en el último segundo!

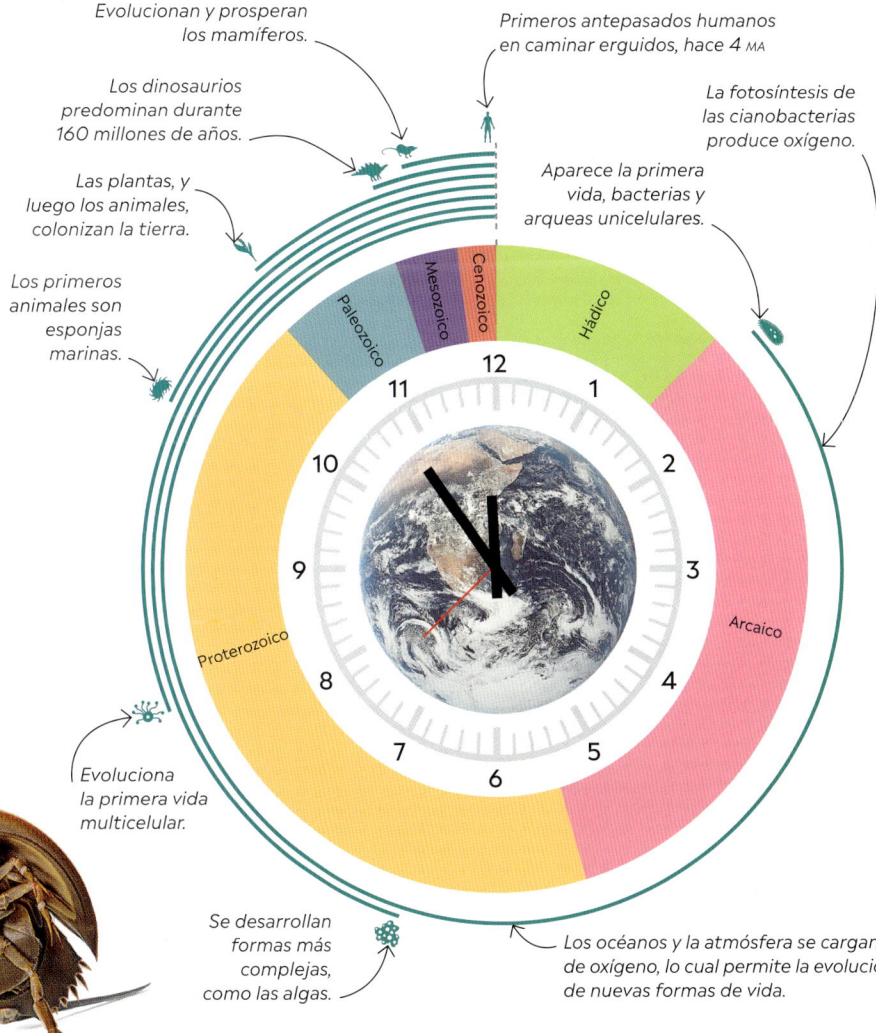

Evolucionan y prosperan los mamíferos.

Primeros antepasados humanos en caminar erguidos, hace 4 MA

Los dinosaurios predominan durante 160 millones de años.

La fotosíntesis de las cianobacterias produce oxígeno.

Las plantas, y luego los animales, colonizan la tierra.

Aparece la primera vida, bacterias y arqueas unicelulares.

Los primeros animales son esponjas marinas.

Evoluciona la primera vida multicelular.

Se desarrollan formas más complejas, como las algas.

Los océanos y la atmósfera se cargan de oxígeno, lo cual permite la evolución de nuevas formas de vida.

Paleozoico
Mesozoico
Cenozoico
Hádico
Arcaico
Proterozoico

Monstruos
mesozoicos

Los dinosaurios, los animales más conocidos de entre los que vivieron en el Mesozoico, no estaban solos. Reptiles gigantescos nadaban en los océanos y volaban en el cielo a su alrededor, y aparecieron los primeros mamíferos, de muchas formas y tamaños.

SUPERNADADOR

Este esqueleto fósil de un plesiosaurio da idea de cómo nadaba este poderoso depredador marino en las aguas del Jurásico. Surcaba el océano impulsado por cuatro enormes aletas, y extendía su largo cuello para atrapar presas entre sus grandes mandíbulas.

Aleta trasera

«Volaba» bajo el agua moviendo las aletas como remos, como los pingüinos.

El cuello estaba formado por unas 40 vértebras.

Las mandíbulas de su estrecho cráneo se abrían mucho.

Pico largo y dentado

El hueso del ojo en forma de rosquilla soportaba un gran globo ocular.

LAGARTOS PECES

Los ictiosaurios eran reptiles marinos cuyos cuerpos flexibles parecidos a los de los peces les permitían nadar rápido. Medían hasta 26 m, y el cráneo de este espécimen mide 2 m de largo.

¡EL **MAYOR ANIMAL VOLADOR** QUE HAYA VIVIDO, EL PTEROSAURIO *QUETZALCOATLUS* TENÍA CASI LA **ENVERGADURA** DE UN **AVIÓN SPITFIRE!**

Sus dientes largos y cónicos le permitían atrapar presas resbaladizas.

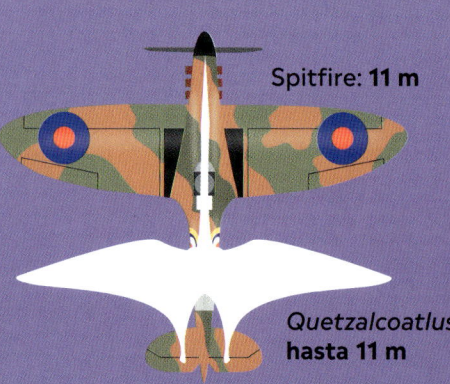

Spitfire: **11 m**

Quetzalcoatlus: **hasta 11 m**

LA EDAD DE LOS **REPTILES**

La era mesozoica duró entre hace 252 y 66 millones de años (MA). Se divide en los periodos Triásico, Jurásico y Cretácico. Los reptiles dominaron la tierra, el mar y el cielo durante esa era.

El plesiosaurio medía 4,5 m de largo.

REPTILES **VOLADORES**

Los pterosaurios fueron los primeros vertebrados voladores. Aleteaban para despegar y, luego, planear; y dominaron los cielos durante 150 millones de años.

El *Caupedactylus ybaka* tenía una cresta llamativa.

Dedos con garras

Envergadura de más de 3 m

EL PLESIOSAURIO **ALBERTONECTES** TENÍA EL **CUELLO MÁS LARGO** QUE CUALQUIER ANIMAL, ¡DE **7 M**!

El *Morganucodon* fue un primo cercano de los primeros mamíferos.

MAMÍFEROS **DENTADOS**

Los primeros mamiferos evolucionaron hace al menos 225 millones de años, y eran animales parecidos a musarañas y que vivían en madrigueras. Durante los siguientes 160 MA se diversificaron como animales trepadores, planeadores e incluso nadadores. Al extinguirse los grandes reptiles, sus cuerpos y cerebros adquirieron mayor tamaño.

En los huesos del hombro se anclaban los músculos de las aletas.

Aletas anchas como remos impulsaban al reptil por el agua.

ERA PALEOZOICA	ERA MESOZOICA			ERA CENOZOICA
Pérmico	Triásico	Jurásico	Cretácico	
	252 MA	201 MA	145 MA	66 MA	Hoy

Los primeros humanos modernos aparecieron hace 300 000 años.

Pérmico
Una extinción masiva pone fin al Pérmico, y comienza la edad de los reptiles.

Triásico
Aparecen los crocodilios gigantes, dinosaurios y pterosaurios voladores.

Jurásico
Los dinosaurios prosperan en tierra, y muchos reptiles marinos, en los mares.

Cretácico
Viven más dinosaurios que nunca antes. Los enormes mosasaurios son los mayores depredadores marinos.

Cenozoico
Una extinción masiva pone fin a la edad de los grandes reptiles, y los mamíferos pasan a ser los mayores animales terrestres.

El dominio de los dinosaurios

Los dinosaurios dominaron la Tierra durante más de 160 millones de años. Desde titanes escamosos hasta criaturas emplumadas minúsculas, la gran mayoría fue exterminada hace 66 millones de años.

GRANDES O PEQUEÑOS

Muchos dinosaurios eran gigantescos: el mayor conocido fue el *Argentinosaurus*, un saurópodo enorme. Otros eran minúsculos: las huellas de un dromeosáurido, quizá una cría, miden 1 cm de largo, lo cual indica que tenía el tamaño de un gorrión.

Argentinosaurus

Dromeosáurido
Pudo medir 15 cm de largo

Unos 33,5 m de alto

¿QUÉ ES UN DINOSAURIO?

Hubo dinosaurios de todas las formas y tamaños, pero los paleontólogos los identifican por los rasgos que compartían, mostrados en este *Herrerasaurus*.

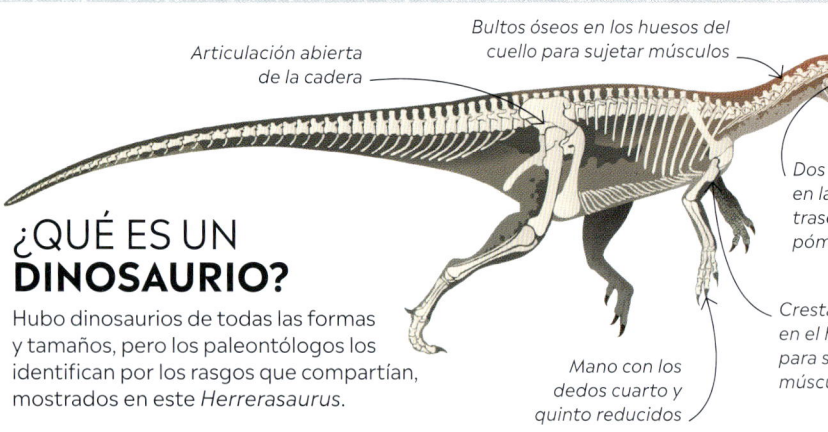

Articulación abierta de la cadera

Bultos óseos en los huesos del cuello para sujetar músculos

Dos puntas en la parte trasera del pómulo

Cresta grande en el húmero para sujetar músculos

Mano con los dedos cuarto y quinto reducidos

TIPOS DE DINOSAURIO

Hubo cinco grupos principales de dinosaurios. Algunos estudiosos proponen que hubo unas 2000 especies distintas, pero pudo haber muchas más, aún no descubiertas.

Terópodos
Los terópodos, principalmente carnívoros de dientes afilados, eran bípedos. Son ejemplos el *Archaeopteryx*, la primera ave, y el *Velociraptor*.

Saurópodos
Herbívoros de cuello largo, los saurópodos fueron las mayores bestias que hollaron la Tierra. Un ejemplo es el *Diplodocus*.

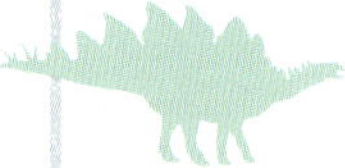

Tireóforos
Los tireóforos característicos, como el *Stegosaurus*, tenían una gruesa armadura ósea y la cola armada con pinchos o mazas.

Ornitópodos
Conocidos por sus cabezas de forma peculiar y su morro ancho, muchos ornitópodos, como el *Edmontosaurus*, tenían dentadura compleja.

Marginocéfalos
El cráneo duro y los cuernos del *Pachycephalosaurus* y otros miembros de este grupo servían para exhibirse y luchar, pero eran herbívoros.

EL *STRUTHIOMIMUS* PUDO ALCANZAR UNA VELOCIDAD DE 60 KM/H: ¡CASI LA DE UN **GALGO** DE CARRERAS!

MANADAS **DE** DINOSAURIOS

¡Algunos dinosaurios se movían realmente en manadas! Los saurópodos de cuello largo vagaban en grupos grandes, comiendo hojas de las partes altas de coníferas, ginkgos y cícadas.

Muchos herbívoros grandes eran animales sociables que permanecían juntos para defenderse de los depredadores.

TIRANOSAURIO **ATERRADOR**

Tyrannosaurus rex fue uno de los mayores carnívoros que han vivido nunca, y cazaba herbívoros como el *Triceratops*, de gola ósea protectora del cuello. Estos fósiles reconstruidos muestran ejemplares de ambas especies trabados por una mordedura feroz.

La larga cola asistía al equilibrio del T. rex.

El cráneo ancho aportaba potencia a la mordedura del T. rex, la más formidable de cualquier animal terrestre.

Manos como garras

Las fuertes patas traseras soportaban el peso del T. rex.

La gola ósea protectora del cuello del Triceratops muestra marcas de los dientes del T. rex.

Enorme cráneo con pico y filas de dientes para cortar plantas

El Triceratops usaba su largo cuerno de punta afilada para atraer pareja y luchar por ella.

HUEVO EMBRIONARIO

Todos los dinosaurios ponían huevos. Este embrión fósil de un terópodo sin dientes, llamado Bebé Yingliang, fue hallado intacto en el sur de China.

Embrión en postura «agachada», como las aves modernas

El Caihong juji tenía plumas iridiscentes en la cabeza y la cola.

PLUMAS DE **COLORES**

Hallazgos fósiles recientes han revelado que muchos dinosaurios tenían plumas. Ahora se han hallado rastros de células con pigmento que indican que estos dinosaurios aviares tenían plumas de colores.

EXTINCIÓN **MASIVA**

El impacto de un meteorito hace 66 millones de años puso fin abruptamente al reinado de los dinosaurios. La mayoría de ellos murieron al quedar destruidos sus ecosistemas, pero una rama de los terópodos sobrevivió, y sigue hoy presente: las aves.

EXCAVACIÓN
DE DINOSAURIO

Paul Sereno excava junto a un esqueleto fósil de saurópodo de 18 m en el desierto del Sáhara en Níger. Él y su equipo han desenterrado muchos fósiles en África, entre ellos un extraño dinosaurio piscívoro de grandes garras llamado *Spinosaurus*, y el mayor cocodrilo que haya vivido, el *Sarcosuchus*.

Pregúntale a un...
PALEONTÓLOGO

El paleontólogo estadounidense Paul Sereno es profesor en la Universidad de Chicago, donde fundó el Fossil Lab. Ha descubierto dinosaurios desde los Andes al desierto de Gobi, y en años recientes ha desenterrado toda una colección de especies nuevas en el Sáhara, en África.

P. ¿Están descubriendo todavía los paleontólogos dinosaurios nuevos?

R. Hubo un tiempo en que los nuevos descubrimientos de dinosaurios eran raros, pero hoy se han disparado a unos 50 al año, ya que son muchos más quienes buscan y excavan. ¡Es un renacimiento dinosáurico!

P. ¿Dónde puedo buscar fósiles?

R. Los fósiles se encuentran en todo tipo de rocas, desde en estratos de caliza marina hasta en estratos de arenisca en tierra. En las guías para aficionados a los fósiles podrás consultar mapas de yacimientos que estén cerca de donde vives.

P. **¿Cuál ha sido tu hallazgo más emocionante?**
R. El que me ocupa ahora mismo, un extraño raptor cavador africano. Nadie habría podido imaginar que existiera, de no ser por un único esqueleto fósil que encontramos en el Sáhara.

P. **¿Cómo se sabe la manera en que encajan los huesos de dinosaurio para formar un esqueleto?**
R. No es difícil unir el rompecabezas, pues todos los esqueletos de dinosaurio están formados por el mismo conjunto de huesos,

algo más de trescientos. Todos los huesos tienen los mismos nombres y van unidos a algunos de los mismos músculos, e incluso guardan algún parecido con los huesos de un esqueleto humano.

P. **¿Qué se puede saber de un dinosaurio viendo fósiles?**
R. Mucho. Incluso una sola mandíbula con dientes informa de lo que comía, a qué grupo pertenece y, a veces, si se trata de una especie nueva o no. Si tienes la mayor parte del esqueleto, puedes saber cómo caminaba y corría, y también si cazaba o comía plantas.

P. **¿Qué aspecto tenían los dinosaurios?**
R. Algunos murieron y se secaron al sol, y la piel se volvió cuero duro. Si estas momias quedan enterradas rápido, se puede conservar un molde de la piel escamosa en el sedimento. El color de la piel, sin embargo, es un misterio.

P. **¿Podría hacerse realidad Parque Jurásico?**
R. No. En los fósiles no se conserva el ADN antiguo. El más antiguo que se conserva es de hace unos dos millones de años, de un mastodonte que vivió más de 60 millones de años después de los últimos dinosaurios.

Vida vegetal

Hay más de 390 000 especies conocidas de plantas, adaptadas para sobrevivir por casi todo el mundo. A diferencia de los animales, las plantas fabrican su propio alimento a partir de la energía de la luz solar, y aportan el alimento a los animales.

Cada planta es del tamaño de un grano de azúcar.

¡LA **MENOR PLANTA** DEL MUNDO ES LA **WOLFFIA**, UNA PLANTA ACUÁTICA SIN RAÍCES!

TIPOS DE PLANTAS

Hay plantas de muchas formas y tamaños. Todas pertenecen a uno de estos seis grupos, y las plantas con flores son las más comunes.

Hepáticas
Están entre las primeras plantas que crecieron en la Tierra, no tienen hojas, raíces ni tallo.

Musgos y antoceros
Viven en lugares húmedos, y crecen como alfombras o almohadillas.

Licópsidas
Plantas minúsculas con tubos que transportan agua y alimento, y de hojas duras y escamosas.

Helechos y equisetos
Estas plantas frondosas se reproducen por esporas, no por semillas.

Coníferas
Estas forman semillas en conos (o piñas). Muchas tienen hojas aciculares.

Plantas con flores
Para reproducirse, estas plantas desarrollan flores que atraen a polinizadores.

CÓMO FUNCIONAN **LAS PLANTAS**

La mayoría de las plantas tienen tallos que las soportan, raíces que absorben agua y nutrientes y hojas que captan la energía de la luz del sol. Tubos del tallo transportan agua, nutrientes y energía en forma de azúcares por la planta.

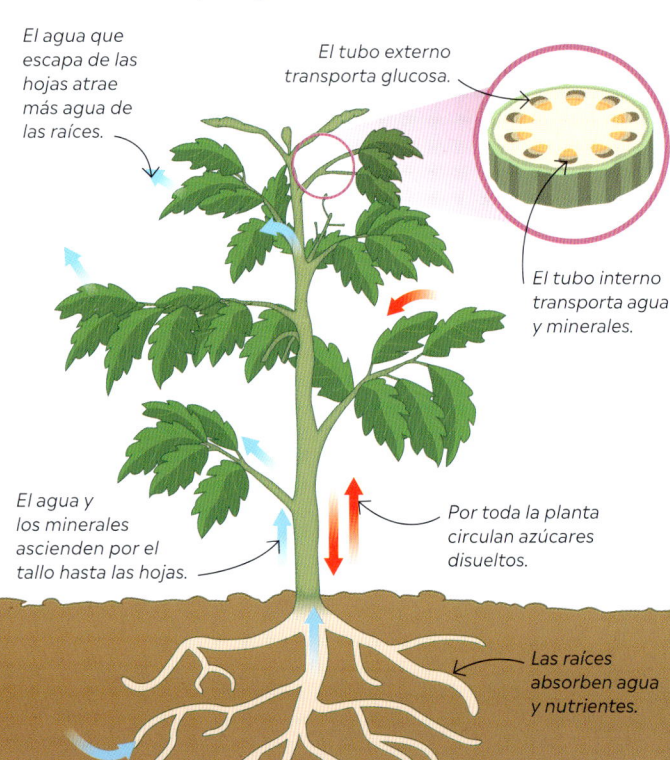

El agua que escapa de las hojas atrae más agua de las raíces.

El tubo externo transporta glucosa.

El tubo interno transporta agua y minerales.

El agua y los minerales ascienden por el tallo hasta las hojas.

Por toda la planta circulan azúcares disueltos.

Las raíces absorben agua y nutrientes.

CALABAZA **GIGANTE**

Se cultivan unas 200 especies de plantas como alimento. Hay cultivos de tamaño descomunal para participar en concursos, y esta calabaza ganadora de un premio pesa tanto como un automóvil pequeño. Alcanzar los 1205 kg de peso requirió 300 litros diarios de agua.

La calabaza tiene una piel gruesa que retiene el agua y protege la carne.

Las calabazas crecen en plantas rastreras.

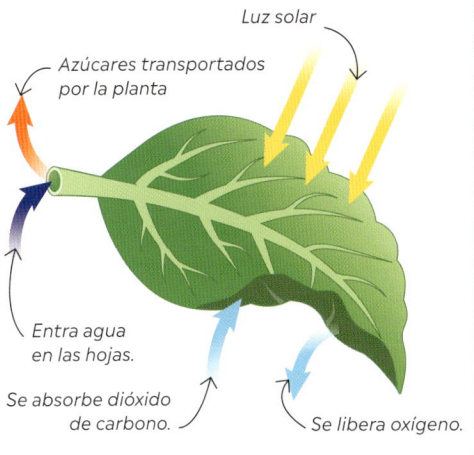

Luz solar

Azúcares transportados por la planta

Entra agua en las hojas.

Se absorbe dióxido de carbono.

Se libera oxígeno.

FABRICAR **ALIMENTO**

Las plantas usan la energía de la luz del sol para convertir agua y dióxido de carbono en oxígeno y azúcares. El proceso, llamado fotosíntesis, tiene lugar en las hojas, con la ayuda del pigmento verde clorofila.

PLANTAS CARNÍVORAS

La venus atrapamoscas se cierra de repente y atrapa insectos, como esta avispa. Al posarse la presa en la hoja, activa pelos sensibles que hacen que se cierre. Esta es una de las 630 especies conocidas de plantas carnívoras.

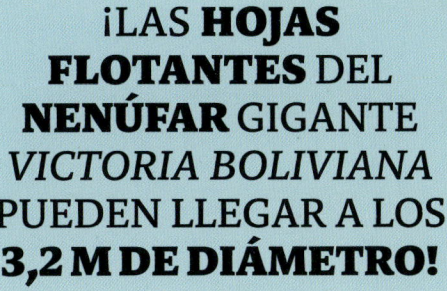

Cilios largos impiden escapar a la avispa.

La atrapamoscas digiere a la avispa para obtener nutrientes.

¡LAS **HOJAS FLOTANTES** DEL **NENÚFAR** GIGANTE *VICTORIA BOLIVIANA* PUEDEN LLEGAR A LOS **3,2 M DE DIÁMETRO!**

Pequeñas gemelas de un año sobre la inmensa calabaza

Los zarcillos buscan donde sujetarse.

PLANTAS TREPADORAS

Las trepadoras, como esta pasionaria, crecen enredándose en soportes para alcanzar la luz. La mayoría de las plantas están fijadas a un solo lugar, pero muchas se inclinan u orientan hacia la luz, el agua o los nutrientes para tener más posibilidades de sobrevivir.

Pasionaria

¡LAS **PLANTAS PESAN MÁS** QUE TODAS LAS OTRAS **FORMAS DE VIDA** EN LA TIERRA!

FORMAS **DE FLORES**

Hay flores de muchas formas, tamaños y colores para atraer a abejas, mariposas y otros insectos. He aquí algunos ejemplos de los diferentes tipos.

En forma de cono
Los narcisos amarillos tienen seis pétalos rodeando un tubo floral.

En forma de estrella
Un anillo de pétalos irradia del centro de las coloridas gerberas.

En forma de campana
Las campánulas moradas tienen forma de copa con cinco pétalos.

En forma de cúpula
En las hortensias muchas flores pequeñas forman grandes corimbos (o ramilletes).

En forma de roseta
Las rosas tienen los pétalos dispuestos en espiral, vueltas o círculos.

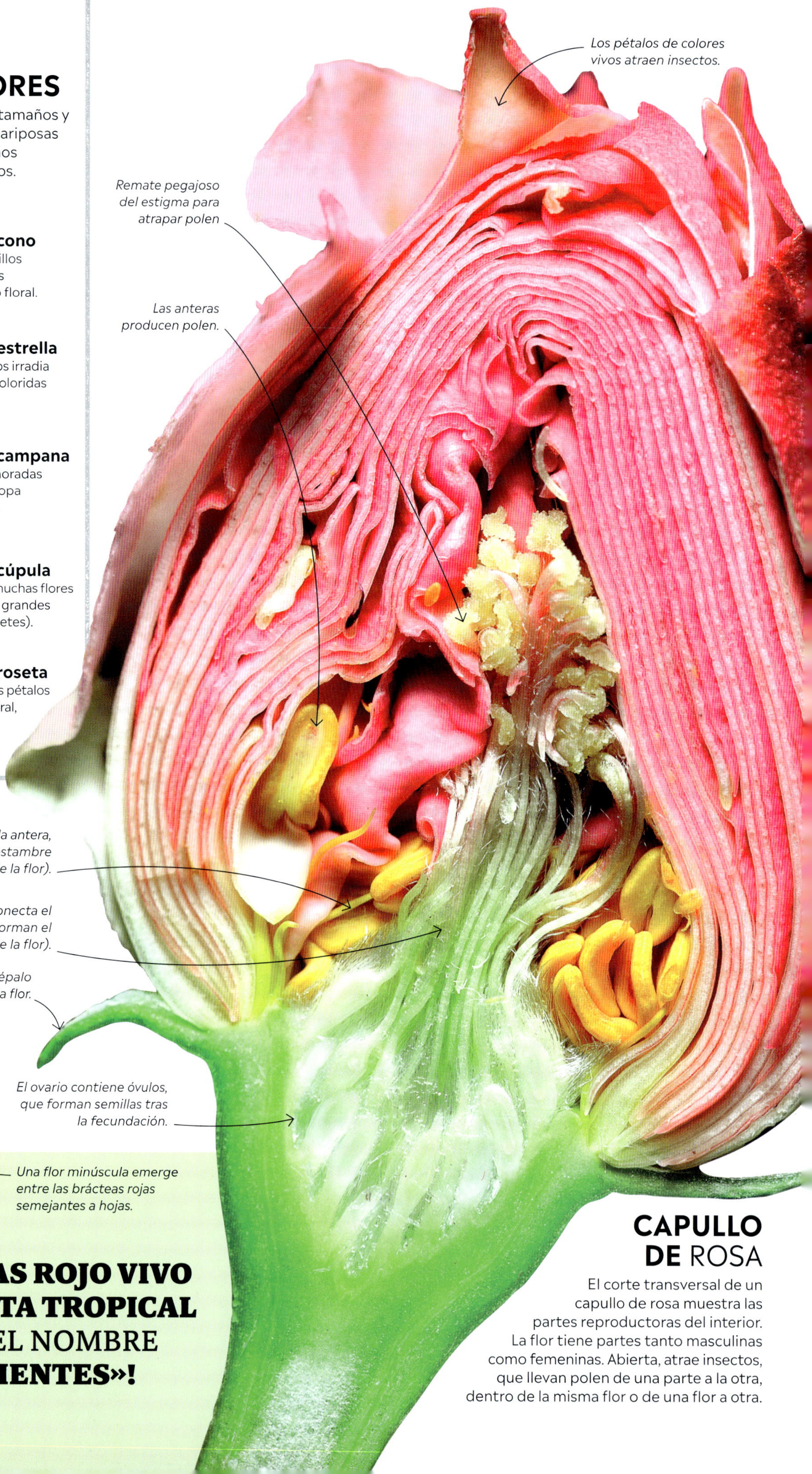

Los pétalos de colores vivos atraen insectos.

Remate pegajoso del estigma para atrapar polen

Las anteras producen polen.

El filamento soporta la antera, y juntos forman el estambre (parte masculina de la flor).

El estilo es un tubo que conecta el estigma al ovario; juntos forman el pistilo (parte femenina de la flor).

El sépalo protege la flor.

El ovario contiene óvulos, que forman semillas tras la fecundación.

Una flor minúscula emerge entre las brácteas rojas semejantes a hojas.

¡LAS **BRÁCTEAS ROJO VIVO** DE ESTA **PLANTA TROPICAL** LE GANARON EL NOMBRE **«LABIOS ARDIENTES»**!

CAPULLO DE ROSA

El corte transversal de un capullo de rosa muestra las partes reproductoras del interior. La flor tiene partes tanto masculinas como femeninas. Abierta, atrae insectos, que llevan polen de una parte a la otra, dentro de la misma flor o de una flor a otra.

Flores
fabulosas

Las plantas con flores, el 90 % de todas las plantas de la Tierra, producen una variedad enorme de flores llamativas para reproducirse. En las flores polinizadas se forman semillas que formarán plantas nuevas.

El pelaje del lémur propaga el polen de plátano (o banano).

¡LA **SEMILLA** DE LA PALMERA **COCO DE MAR**, LA **MÁS PESADA** DEL MUNDO, ALCANZA LOS **25 KG!**

POLINIZACIÓN **ANIMAL**

Los polinizadores más habituales son insectos, que transfieren polen al alimentarse, pero también pueden serlo otros animales, como murciélagos, colibríes y este lémur rufo rojo.

Estigma

Grano de polen

Estilo

Un tubo polínico crece hacia abajo por el estilo.

Ovario

El polen fecunda el óvulo, formando semillas.

Pistilo (partes femeninas)

ORQUÍDEA ABEJA

Algunas plantas con flores han evolucionado métodos inusuales para atraer insectos polinizadores. Esta orquídea tiene partes cuyo aspecto de abeja atraen a estas.

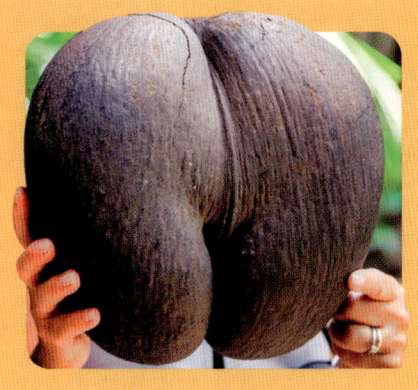

MELÓN ESPINOSO

Muchas plantas con flores dispersan semillas produciendo frutos, como este melón espinoso. Los animales los comen y diseminan las semillas al defecarlas en otro lugar.

FECUNDACIÓN **DE LAS FLORES**

Al llegar polen al estigma de una flor, se forma un pequeño tubo por el estilo que lleva el polen al ovario, donde se produce la fecundación. Se forman las semillas, y el ovario se convierte en fruto.

CON HASTA **1 M DE DIÁMETRO,** ¡EL **ARO GIGANTE** ES LA **MAYOR FLOR** DEL MUNDO!

La flor de Rafflesia arnoldii, *planta sin hojas, ramas ni raíces, crece sobre raíces de árboles tropicales.*

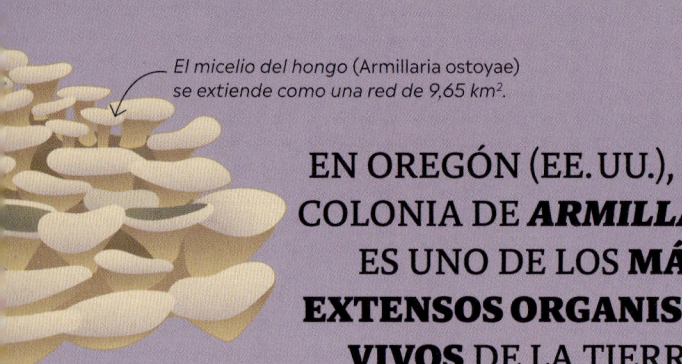

El micelio del hongo (Armillaria ostoyae) se extiende como una red de 9,65 km².

EN OREGÓN (EE. UU.), UNA COLONIA DE **ARMILLARIA** ES UNO DE LOS **MÁS EXTENSOS ORGANISMOS VIVOS** DE LA TIERRA.

¿QUÉ ES UN **HONGO?**

Lo principal de un hongo está bajo tierra, como vasta red de hilos, llamados hifas, que forman el micelio. Las setas que vemos en la superficie son el cuerpo fructífero de algunos hongos, y crecen a partir de esporas.

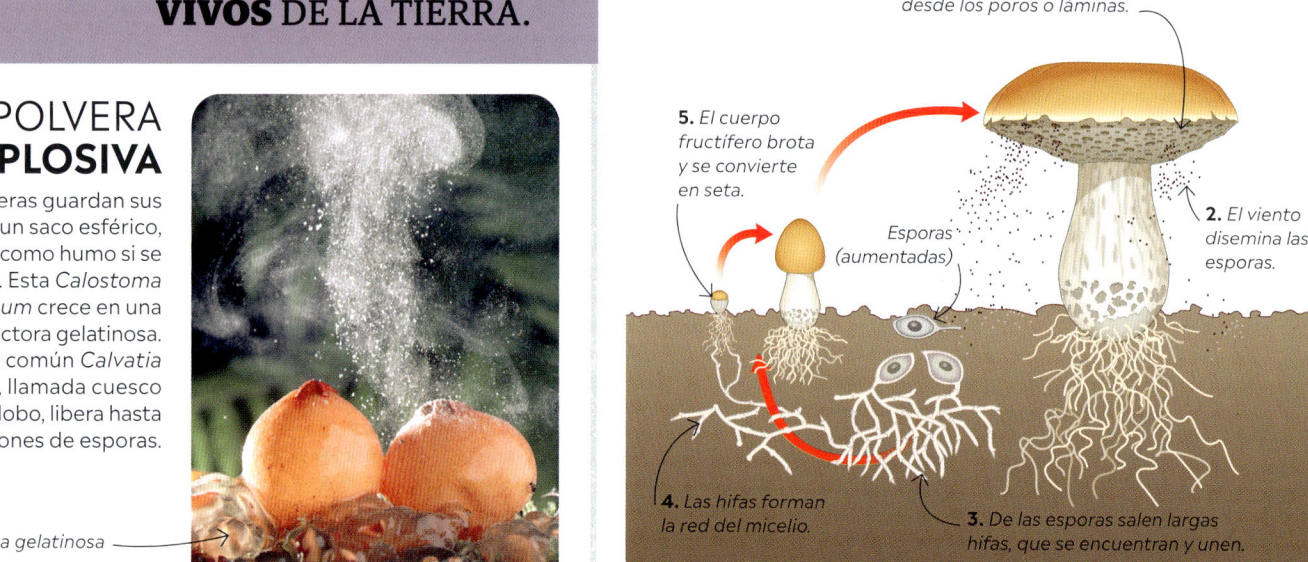

1. *La seta madura libera esporas desde los poros o láminas.*

5. *El cuerpo fructífero brota y se convierte en seta.*

Esporas (aumentadas)

2. *El viento disemina las esporas.*

4. *Las hifas forman la red del micelio.*

3. *De las esporas salen largas hifas, que se encuentran y unen.*

POLVERA **EXPLOSIVA**

Las polveras guardan sus esporas en un saco esférico, y las liberan como humo si se las aprieta. Esta *Calostoma cinnabarinum* crece en una capa protectora gelatinosa. La más común *Calvatia gigantea*, llamada cuesco grande de lobo, libera hasta 7 billones de esporas.

Capa gelatinosa

HONGOS **IMPONENTES**

Hay hongos de muchas formas, tamaños y colores. Distintos hongos tienen formas diferentes de diseminar sus esporas. Esta selección de especímenes de aspecto extraño da una idea de su enorme variedad.

Dedos del diablo
Este hongo faláceo desprende una mucosidad que huele a carne podrida para atraer a las moscas, que transportan sus esporas.

Amanita muscaria
El sombrero rojo y blanco de este hongo tóxico puede advertir a los animales de que no lo coman.

Sombrero rojo punteado de restos del velo blanco que cubría el hongo antes de madurar

Calocera viscosa
Este hongo viscoso de color amarillo anaranjado vivo crece sobre coníferas en descomposición.

Sus entre cinco y ocho brazos le dan otro nombre: seta calamar.

Láminas donde crecen las esporas

Anillo que protegía las láminas al crecer el hongo

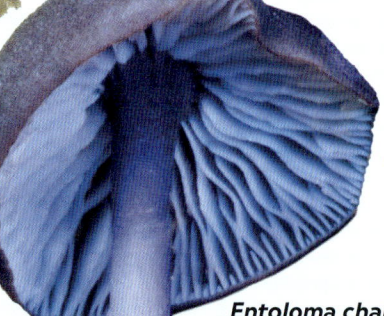

Pie

Entoloma chalybeum
Al madurar, las láminas de este hongo pasan de blanco azulado a rosa. El color azul es muy raro en la naturaleza.

Hongos fantásticos

Los hongos pueden parecer plantas, pero en realidad son parientes más próximos de los animales. Tienen un papel vital en la vida en la Tierra, ya que descomponen materia y liberan energía y nutrientes. Algunos son comestibles, pero los hay tóxicos.

¡HONGOS Y ÁRBOLES FORMAN UNA RED SUBTERRÁNEA, APODADA «WOOD WIDE WEB», QUE USAN PARA COMUNICARSE Y COMPARTIR ALIMENTO!

HONGO FOSFORESCENTE

Esta es una de las más de cien especies de hongos que brillan en la oscuridad. Los científicos creen que es para atraer insectos, que ayudan a diseminar sus esporas.

TIPOS DE **HONGOS**

Los científicos han identificado 144 000 especies de hongos, pero podría haber hasta cuatro millones de ellas, desde mohos microscópicos hasta hongos masivos. Estos son los cuatro grupos principales.

Setas
Estas son los cuerpos fructíferos de un grupo de hongos. Fabrican esporas, que producen hongos nuevos.

Ascomicetos
Este es el mayor grupo de hongos. Producen esporas en pequeños recipientes o sacos.

Mohos
Estos hongos de aspecto peludo consisten en hifas, que descomponen la materia vegetal y animal.

Levaduras
Estos hongos unicelulares se alimentan de azúcares y producen CO_2. Algunos se usan para hacer subir la masa del pan.

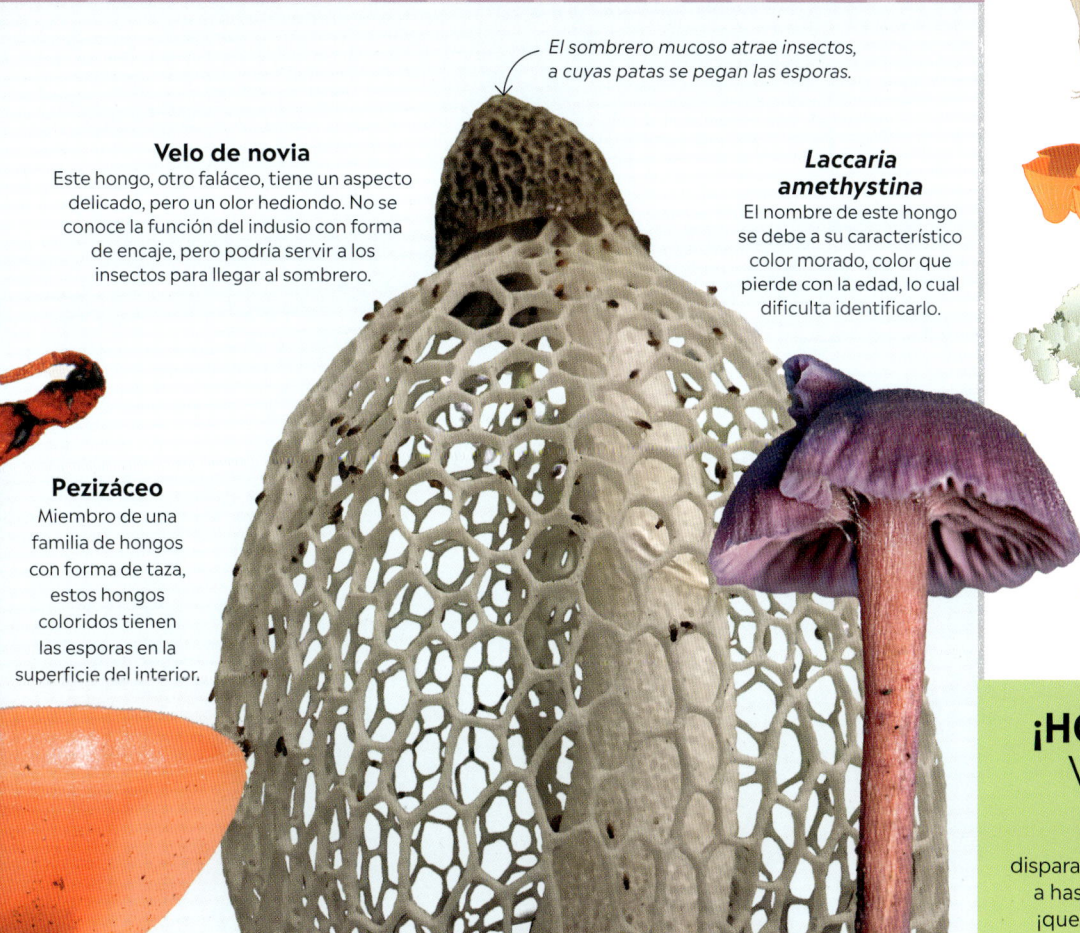

El sombrero mucoso atrae insectos, a cuyas patas se pegan las esporas.

Velo de novia
Este hongo, otro faláceo, tiene un aspecto delicado, pero un olor hediondo. No se conoce la función del indusio con forma de encaje, pero podría servir a los insectos para llegar al sombrero.

Laccaria amethystina
El nombre de este hongo se debe a su característico color morado, color que pierde con la edad, lo cual dificulta identificarlo.

Pezizáceo
Miembro de una familia de hongos con forma de taza, estos hongos coloridos tienen las esporas en la superficie del interior.

Copa en la que crecen las esporas

¡HONGO VELOZ!

El *Pilobolus crystallinus* dispara sus esporas a hasta 90 km/h, ¡que alcanzan su velocidad máxima antes que una bala!

Invertebrados

Los invertebrados son animales carentes de columna vertebral y esqueleto interno. Constituyen el 97 % de los animales, y van desde insectos minúsculos a calamares gigantes con tentáculos de más de 10 m de largo.

¡HASTA **90 000 NEMATODOS** PUEDEN VIVIR EN UNA **MANZANA PODRIDA!**

Gusanos microscópicos comen bacterias de la fruta.

TIPOS DE INVERTEBRADOS

Los invertebrados son increíblemente diversos. Hay más de 30 grupos principales, y estos son seis de los más comunes.

Moluscos
La mayoría de los moluscos, como los caracoles y las ostras, tienen concha, pero no otros, como las babosas.

Cnidarios
Medusas, anémonas y corales (izda.) son animales acuáticos armados con tentáculos urticantes.

Anélidos
Gusanos de cuerpo segmentado, que incluyen lombrices, sanguijuelas y poliquetos marinos.

Equinodermos
Estos animales marinos son de cuerpo espinoso. Incluyen a las estrellas (izda.), erizos y pepinos de mar.

Esponjas
Animales muy simples, las esponjas se fijan al lecho marino y filtran alimento del agua.

Artrópodos
Es el mayor grupo, e incluye a insectos y crustáceos, de esqueleto externo rígido y patas articuladas.

ALMEJA **GIGANTE**

La concha de estos moluscos puede alcanzar los 1,4 m de largo. Se alimentan de azúcares que fabrican algas minúsculas en sus tejidos blandos.

ANÉMONAS **DE MAR**

Las anémonas, que suelen confundirse con plantas, son depredadores que se fijan al lecho marino. Sus tentáculos urticantes paralizan a sus presas, como peces o plancton (crustáceos minúsculos), y se las llevan a la boca.

CANGREJOS **LUCHADORES**

Los cangrejos rojos de roca macho luchan por las hembras tratando de romper las pinzas del adversario. El vencedor ahuyenta a su rival y se hace con la hembra como pareja.

La concha oscura camufla a los cangrejos jóvenes.

La vela atrapa el viento.

Flotador lleno de gas

El cuerpo viejo puede seguir viviendo durante días.

Las patas delanteras inyectan un veneno potente en las presas.

Tentáculos urticantes de hasta 30 m

COLONIAS LARGAS

Esta carabela portuguesa parece una medusa, pero es en realidad una colonia de animales que comparten un solo cuerpo. Cada uno tiene su papel: algunos atrapan presas, y otros las digieren o ayudan a flotar. Trabajan juntos, pero ninguno tiene cerebro.

¡ALGUNAS **BABOSAS MARINAS** PUEDEN **ARRANCARSE LA CABEZA** Y HACER UN **CUERPO NUEVO!**

CIEMPIÉS GIGANTE

La temible *Scolopendra hardwickei* puede alcanzar los 16 cm de largo. Con sus garras delanteras venenosas mata a presas como ratones, aves y murciélagos.

El atacante se lanza con sus pinzas poderosas.

La concha gruesa protege el cuerpo blando del cangrejo.

Las más largas patas traseras hacen de ganchos.

Con las patas articuladas avanzan en cualquier dirección.

Criaturas inteligentes

Los cefalópodos —pulpos, calamares y sus parientes— son cazadores ágiles de vista aguda con un cerebro desarrollado y estrategias astutas contra los depredadores.

TRAJE DE CONCHA

Este pulpo reticulado se oculta de depredadores y espera a sus presas en una concha de almeja. Otras especies de estos animales inteligentes se camuflan cambiando de color, o bien confunden a sus atacantes con chorros de tinta.

PULPO DUMBO

Así llamado porque sus aletas parecen orejas de elefante, estos extraños pulpos viven a profundidades increíbles de hasta 7 km.

Ojo

Ocho brazos cortos ayudan al pulpo a girar.

Dos grandes aletas impulsan al pulpo.

1. Refugio móvil
El pulpo encuentra una concha, y camina con ella con los tentáculos como patas hasta un buen lugar para cazar.

El pulpo aferra la concha con los brazos.

¡LOS **OJOS** DEL **CALAMAR GIGANTE** SON **MÁS GRANDES** QUE LOS DE CUALQUIER **ANIMAL!**

Ojo humano   Ojo de ballena   Ojo de calamar gigante

TIPOS DE CEFALÓPODOS

Todos los cefalópodos tienen brazos o tentáculos, y algunos, ambos. La mayoría se mueven rápido por propulsión a chorro, expulsando agua con fuerza para avanzar. Hay cuatro grupos principales.

Sepias
Las sepias tienen una concha interna flotante y un cerebro grande para su tamaño

Calamares
Los calamares tienen dos tentáculos largos, además de brazos como los de los pulpos.

CALAMARES **VOLADORES**

Para escapar de los depredadores, el calamar volador japonés puede impulsarse con su sifón 30 m por el aire, por el que planea aplanando las aletas de cola y extendiendo los brazos.

Las ventosas ayudan a atrapar presas.

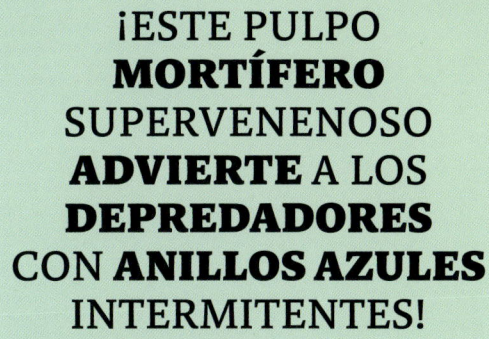

¡ESTE PULPO **MORTÍFERO** SUPERVENENOSO **ADVIERTE** A LOS **DEPREDADORES** CON **ANILLOS AZULES** INTERMITENTES!

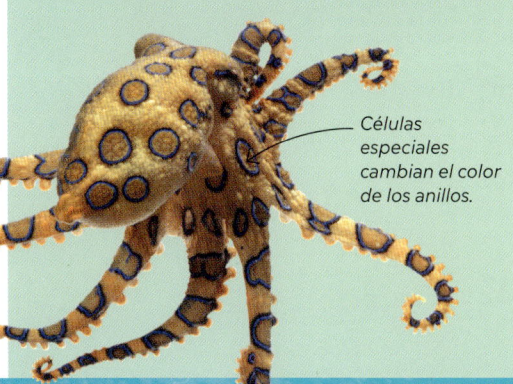

Células especiales cambian el color de los anillos.

SUBMARINO **VIVIENTE**

El nautilo perlado es lo más semejante a un submarino que hay en el mundo natural. Asciende y se hunde expulsando gas y agua de las cámaras de la concha.

2. Escondite
Se adhiere al interior de la concha con las ventosas e introduce los brazos.

El pulpo vigila el entorno con un ojo atento.

3. Emboscada
Está seguro y listo para lanzarse a la acción cuando se acerquen posibles presas, como cangrejos o gambas.

Nautilos
Estos animales tropicales son los únicos cefalópodos con concha externa.

Pulpos
Con su sangre azul, tres corazones, ocho brazos y nueve cerebros, ¡estos animales son asombrosos!

¡CALAMAR **BICOLOR!**

Los calamares de arrecife caribeños macho se vuelven rojos para atraer a las hembras, y blancos para espantar a los rivales. ¡Pueden incluso tener rojo un lado del cuerpo y blanco el otro! Aquí dos machos compiten por una hembra.

Un mundo de insectos

Los insectos son el mayor grupo de animales de la Tierra. Se han identificado más de un millón de especies, y los científicos estiman que podría haber diez veces más.

VISTA **EXTRAORDINARIA**

Este escarabajo tigre iridiscente tiene ojos compuestos, que le permiten detectar movimientos rápidos y le dan una visión de casi 360 grados. Esta supervista le ayuda a evitar ser atacado.

El ojo compuesto tiene miles de cristalinos minúsculos.

Las antenas detectan obstáculos y captan olores.

Los pelos sienten vibraciones.

Las mandíbulas sirven para sujetar insectos pequeños.

Las cuatro alas controlan el vuelo moviéndose independientemente.

Patas erizadas para agarrarse

ATACANTE AÉREO

Muchos insectos son alados, pero las libélulas son los más aerodinámicos, lo cual los convierte en cazadores letales. Controlan la velocidad y el ángulo de cada ala para cambiar de dirección, cernerse en el aire y atrapar presas.

TIPOS DE INSECTOS

Hay unos 30 grupos principales de insectos. La mayoría de las especies pertenece a una de estas siete.

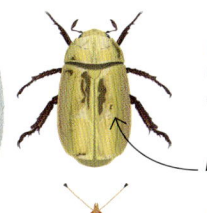

Escarabajos
Unas 350 000 especies conocidas

Élitros duros

Mariposas y polillas
Unas 160 000 especies conocidas

Hormigas, abejas y avispas
Unas 150 000 especies conocidas

Libélulas y zigópteros
Unas 5600 especies conocidas

Grillos y saltamontes
Unas 24 000 especies conocidas

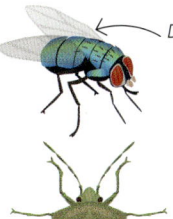

Dos alas

Moscas
Unas 152 000 especies conocidas

Hemípteros
Unas 100 000 especies conocidas

BICHO GRANDE

Uno de los insectos más pesados del mundo es el weta gigante, un grillo colosal de Nueva Zelanda. Puede pesar hasta 71 g, el equivalente de lo que pueden pesar tres ratones.

¡UN CUARTO DE TODAS LAS ESPECIES ANIMALES CONOCIDAS SON ESCARABAJOS!

Los cléridos se encuentran por todo el mundo.

NUBE DE MARIPOSAS

Cada año millones de mariposas monarca emprenden una de las migraciones más épicas del reino animal: 5000 km de Canadá a México, y otros tantos de regreso. Para completarla hacen falta cinco generaciones.

¿QUÉ ES UN INSECTO?

Los insectos son un grupo diverso, pero la mayoría comparte ciertos rasgos clave. Todos tienen exoesqueleto y el cuerpo dividido en tres partes: cabeza, tórax y abdomen.

Muchos insectos son alados, pero no todos.

Tórax

Cabeza

Ojo compuesto

Abdomen

Aguijón

Todos los insectos tienen seis patas.

Par de antenas

ESCARABAJO PELOTERO

Algunos insectos comen plantas, néctar u otros insectos, pero el escarabajo pelotero come excrementos. Algunos llevan bolas de él a sus túneles, y otros viven en el estiércol.

El escarabajo hace rodar estiércol con las patas traseras.

¡LA PICADURA DE LA HORMIGA BALA CAUSA UN DOLOR INTENSO QUE DURA 25 HORAS!

¡LA **MORDEDURA** DE LA **ARAÑA DE EMBUDO AUSTRALIANA** PUEDE **MATAR** A UN HUMANO!

Crías de araña

BABY BOOM

Cuando nacen las crías de licósido, la madre carga con ellos para mantenerlos a salvo de peligros. Es capaz de transportar a más de cien crías a la vez.

Tremendas arañas

Hay más de 45 000 especies conocidas de arañas. Son cazadoras astutas que tejen telas complejas para atrapar presas, o bien tienden emboscadas a sus víctimas y las matan con sus colmillos venenosos. La mayoría son inofensivas para los humanos.

ARAÑA SALTADORA

Las minúsculas arañas saltadoras miden solo 5 mm de largo, y a simple vista no parecen gran cosa, pero, vistos con aumento, los machos presentan vivos colores, con los que atraen a las hembras.

Dos ojos primarios ven con detalle y, cosa rara en las arañas, en color.

Los ojos secundarios dan una visión de 360 grados.

Las patas pueden enderezarse a una velocidad explosiva para hacer que la araña vuele por los aires.

Estructuras pilosas como brazos sujetan a las presas.

Los pelos de las patas permiten a la araña oír sonidos desde muy lejos.

TEJER UNA **TELA**

Distintas arañas tejen diferentes telarañas (o telas) para atrapar insectos. Una curiosidad es que más de la mitad de las especies no tejen telas, sino que cazan de otras maneras.

Tela espiral
Estas telarañas planas, redondas y de patrón circular en espiral a partir del centro son el tipo más conocido.

Tela en zigzag
Los patrones en zigzag camuflan a la araña o evitan que las aves vuelen a través de la telaraña.

Tela enmarañada
Algunas telarañas son como mantas de filamentos al azar. Parecen chapuceras, pero es difícil escapar de ellas.

ATRAPAR **COMIDA**

Una vez ha atrapado a su presa, la *Argiope lobata* la envuelve en seda apretada y le inyecta jugos digestivos que la licúan. A continuación, se bebe su cena.

En el cuerpo, la seda es líquida, pero se vuelve sólida e increíblemente resistente en contacto con el aire.

¡LAS **TARÁNTULAS** LANZAN **PELOS URTICANTES** QUE **IRRITAN** LA **PIEL** Y LOS **OJOS** DE LOS **DEPREDADORES!**

UNA ARAÑA **POR DENTRO**

El cuerpo de las arañas se divide en dos partes. A la parte menor delantera van unidas las ocho patas, y la trasera, mayor, contiene las hileras productoras de seda. Un exoesqueleto duro encierra los órganos vitales.

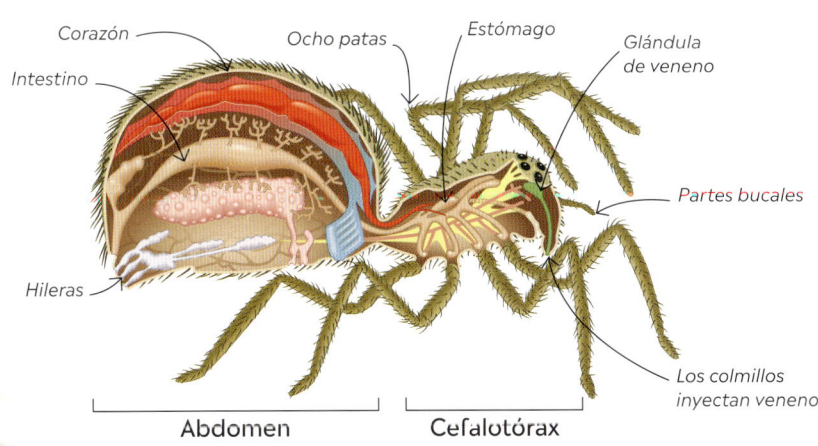

Corazón
Intestino
Ocho patas
Estómago
Glándula de veneno
Partes bucales
Hileras
Los colmillos inyectan veneno.
Abdomen
Cefalotórax

¡MANDÍBULAS **POTENTES!**

Las arañas camello son arácnidos de mandíbulas poderosas. Cazan bichos que cortan con las mandíbulas antes de comerlos, a diferencia de las arañas que digieren antes de tragar.

Mandíbulas aferrando un crustáceo

OTROS **ARÁCNIDOS**

Las arañas pertenecen a la clase de los arácnidos, de cuerpo dividido en dos partes, exoesqueleto duro y, por lo general, ocho patas articuladas.

Escorpiones
Estos arácnidos temibles tienen pinzas para aferrar a sus presas, y disponen de un aguijón venenoso en su cola flexible.

Garrapatas y ácaros
Las garrapatas son parásitos chupadores de sangre. Los ácaros son tan minúsculos que no se ven a simple vista.

Escorpiones látigo
Estos arácnidos cazadores nocturnos caminan sobre las seis patas traseras, y el primer par les sirve de antenas.

Araña de patas largas
Estos arácnidos (fólcidos) tienen patas extremadamente largas. Las hembras transportan los huevos en la boca.

Peces diversos

Hay unas 32 000 especies de peces nadando en las aguas de la Tierra, y de una variedad asombrosa. Desde pequeños ciprinodóntidos de pantanos tropicales a masivos tiburones ballena que nadan en mares soleados, sobreviven de formas sorprendentes.

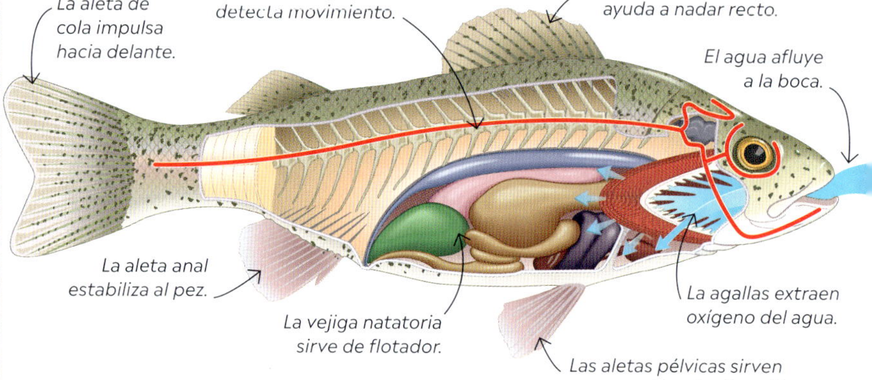

La línea lateral detecta movimiento.

La aleta de cola impulsa hacia delante.

La aleta dorsal ayuda a nadar recto.

El agua afluye a la boca.

La aleta anal estabiliza al pez.

La vejiga natatoria sirve de flotador.

La agallas extraen oxígeno del agua.

Las aletas pélvicas sirven para cambiar de dirección.

UN PEZ **POR DENTRO**

Hay tres grupos principales de peces: peces óseos; peces cartilaginosos, como tiburones y rayas (pp. 106–109); y peces agnatos, como la lamprea marina. La ilustración de arriba muestra la anatomía de un pez óseo típico, el tipo más común.

BANCO **DE PECES**

Muchos tipos de peces nadan juntos en grupos, llamados cardúmenes. Esto mejora las probabilidades de detectar peligros y evadir a los depredadores. Los grupos de una sola especie de peces, como estos *Plectorhinchus vittatus* de los arrecifes, se llaman bancos.

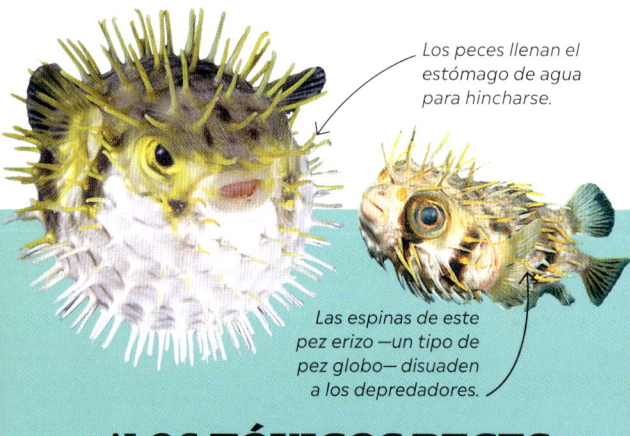

Los peces llenan el estómago de agua para hincharse.

Las espinas de este pez erizo —un tipo de pez globo— disuaden a los depredadores.

¡LOS **TÓXICOS PECES GLOBO** SE **INFLAN** COMO **UNA BOLA ESPINOSA** PARA ESPANTAR A LOS **DEPREDADORES!**

Aleta dorsal llamativa alzada para atraer pareja

Las aletas pectorales musculosas sirven para saltar, caminar y trepar.

La aleta anal ayuda al macho a saltar hasta 60 cm en el aire.

Los machos extienden la aleta caudal para parecer mayores y atraer a las hembras.

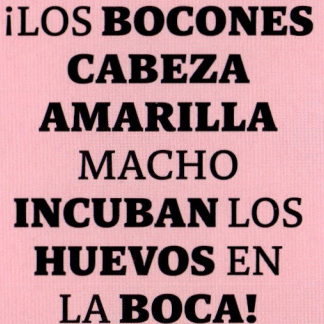

¡LOS **BOCONES CABEZA AMARILLA** MACHO **INCUBAN** LOS **HUEVOS** EN LA **BOCA!**

LUCHADORES CON VOLANTES

Muchos peces tropicales son de colores vivos, para atraer pareja, espantar a los rivales y ocultarse de los depredadores. Los peces luchadores se Siam, como este, han sido criados selectivamente por su gran colorido y sus vistosas aletas desde hace unos mil años.

¿QUÉ ES UN **PEZ?**

Hay más especies de peces que de todos los demás animales vertebrados —mamíferos, aves, reptiles y anfibios— juntos, pero, aún siendo tantos y tan diversos, todos los peces tienen ciertos rasgos en común.

Vertebrados
Todos los peces tienen columna, y la mayoría, esqueleto óseo.

De sangre fría
La gran mayoría de los peces son de sangre fría. Una excepción es el pez luna real (gitanilla).

Agallas
Los peces absorben oxígeno en su sangre a partir del agua que fluye por sus agallas.

Acuáticos
La inmensa mayoría de los peces viven en el agua. Solo unos pocos peces anfibios sobreviven fuera de ella.

Piel escamosa
Las escamas, solapadas para permitir el movimiento, protegen la piel de los peces.

PEZ **FUERA DEL AGUA**

La mayoría de los peces nadan y no sobreviven fuera del agua, pero unos pocos «caminan» y respiran en tierra. Estos saltarines del fango gatean por los lodazales usando las aletas como patas. Pasan horas en tierra, absorbiendo oxígeno por la piel.

Las hembras tienen espinas alargadas en la aleta dorsal.

¡VAMPIRO DEL MAR!

La lamprea marina es un parásito. Carece de mandíbulas, y se adhiere a peces óseos, de cuyos tejidos y sangre se alimenta gracias a una lengua rasposa.

Tiburones feroces

Algunos tiburones, depredadores hábiles, están en lo alto de la cadena alimenticia oceánica, y cazan peces y otros animales marinos como aves y tortugas, pero hay entre ellos gigantes pacíficos y especies menores que dependen de sus sentidos para la defensa tanto como para el ataque.

UN TIBURÓN **POR DENTRO**

El esqueleto de los tiburones no es óseo, sino de cartílago, tejido resistente y flexible como el de las orejas humanas. Cazan empleando sentidos desarrollados, y con su potente cola y sus aletas avanzan y giran por el agua.

La cola da impulso.

La aleta dorsal mantiene derecho al tiburón.

El gran hígado aceitoso controla la flotabilidad para ascender y bajar.

Las agallas absorben oxígeno del agua.

La línea lateral tiene terminaciones nerviosas sensibles bajo la piel.

Aleta pélvica

El par de aletas pectorales equilibra y permite girar.

SENTIDOS **EXTRAORDINARIOS**

Este pez martillo caza presas como peces menores, calamares y crustáceos. Los tiburones tienen la habilidad asombrosa de detectar las señales eléctricas que emiten los seres vivos mediante una serie de poros en el morro, y su línea lateral capta sus vibraciones en el agua.

Los ojos del pez martillo, en los lados de la cabeza, le aportan un campo visual amplio.

Minúsculas escamas esmaltadas como dientes cubren la piel del tiburón.

La línea lateral de nervios en los costados recoge las vibraciones de las presas.

El vientre pálido dificulta ver el tiburón desde abajo.

MANTARRAYA MONSTRUOSA

La mantarraya oceánica gigante es pariente de los tiburones. En las mayores, la envergadura (distancia entre las puntas de las aletas) puede alcanzar los 7 m.

Aleta triangular enorme

EL **TIBURÓN LINTERNA ENANO** ES EL **TIBURÓN MÁS PEQUEÑO:** ¡MIDE SOLO **20 CM!**

NACIMIENTO DE UN TIBURÓN

Los tiburones se reproducen de distintas maneras: algunos ponen huevos que eclosionan fuera del cuerpo de la madre, y los de otros lo hacen dentro, mientras que otros tiburones son vivíparos.

Tiburón globo
Estos tiburones ponen huevos en sacos (cápsulas) en las que se desarrolla el embrión.

Mielga
Estos tiburones se desarrollan en huevos dentro de la madre. Este recién nacido conserva aún la yema.

Tiburón limón
En estos tiburones, las crías crecen dentro de la madre, y nacen plenamente desarrolladas.

PARIENTES DE LOS TIBURONES

Los tiburones no son los únicos peces cartilaginosos. Hay otros dos grupos: las quimeras y las rayas. Los tiburones, con cientos de especies, son el mayor.

Quimeras
Viven principalmente en el mar profundo. Los ojos grandes les sirven para orientarse en la oscuridad.

Pez rata

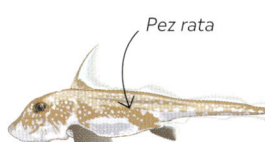

Pastinaca

Rayas
Peces de cuerpo ancho y plano, muchos de ellos de cola larga y delgada.

Tiburones
Tienen, por lo general, dientes afilados, sentidos agudos y mandíbulas potentes.

Tiburón leopardo

LAS **QUIMERAS** NADABAN YA **HACE 420 MILLONES DE AÑOS**, ¡MUCHO **ANTES DE** EVOLUCIONAR **LOS DINOSAURIOS!**

El morro sirve para buscar presas entre la arena.

DIENTES DE TIBURÓN

Los dientes de este tiburón toro crecen en tres hileras desiguales. Cuando se caen, hay otros listas para ocupar su lugar. Algunos tiburones pueden tener 30 000 dientes a lo largo de su vida.

Poros en el moro llamados ampollas de Lorenzini detectan corrientes eléctricas que emiten los peces.

Los dientes son agudos, de punta afilada y bordes serrados.

Cabeza en punta y morro cónico

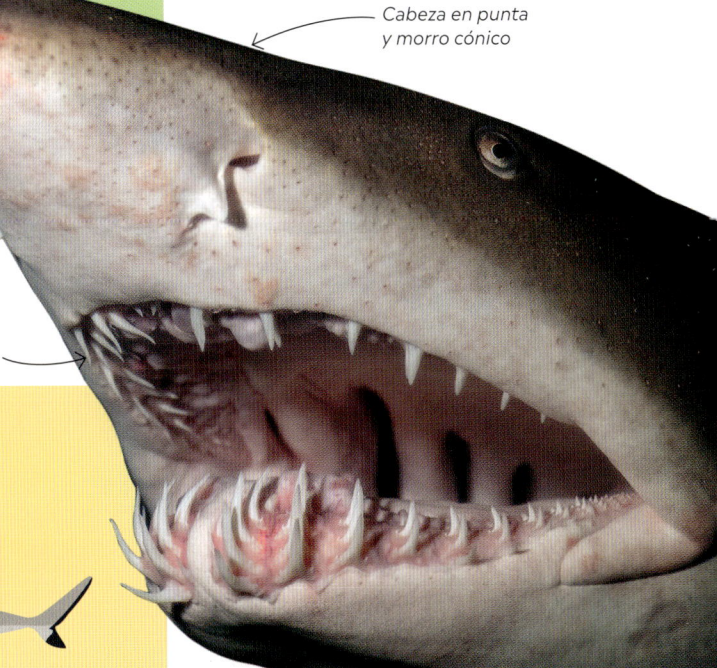

¡LOS **TIBURONES PUNTA NEGRA** PUEDEN **DETECTAR PRESAS** A **1 KM** DE DISTANCIA!

Brad Norman es el fundador de ECOCEAN, programa de ciencia ciudadana que monitoriza a los tiburones ballena. Es miembro investigador de la Universidad de Murdoch, en Australia Occidental.

Pregúntale a un...
BIÓLOGO MARINO

P. ¿En qué consiste tu trabajo con los tiburones ballena?
R. Establecí la biblioteca ECOCEAN en 1995 para monitorizarlos, que hoy se ha convertido en Sharkbook, en el que intervienen científicos ciudadanos de más de 50 países. Cualquiera que tenga una cámara impermeable puede ayudar a estudiarlos, tomando fotos si ven uno al bucear y subiéndola a Sharkbook.

P. ¿Qué es lo más interesante que has aprendido?
R. Hemos identificado a miles de individuos hasta ahora, y también «puntos calientes» de los tiburones ballena, lugares que son hábitats importantes para ellos; pero, sorprendentemente, aún no sabemos dónde crían. También es muy raro ver tiburones ballena muy pequeños o muy grandes.

P. ¿Viajan lejos los tiburones ballena?
R. Pueden viajar miles de kilómetros, pero algunos vuelven al mismo lugar todos los años, como Stumpy (el primer tiburón ballena con el que nadé, en 1995), que lleva más de 25 años volviendo al arrecife de Ningaloo, en Australia Occidental.

P. ¿Cómo es nadar con tiburones ballena?
R. ¡Es una experiencia verdaderamente asombrosa! A mí me cambió la vida. Llevo casi 30 años nadando con estos grandes peces, y aún no he pensado en parar. A veces, un tiburón se muestra curioso (lo cual es divertido, y no da miedo), pero, por lo general, lo ignoran a uno.

P. ¿Perturba a los tiburones ballena nadar con ellos?
R. Si estás nadando junto a tiburones ballena, hay que dejarles espacio, sin atosigarlos ni nadar por delante de ellos. Hay que mantener siempre una distancia mínima de 3 m, y no intentar tocarlos. Esto es por la seguridad de uno mismo, además de la de los tiburones.

P. ¿Cómo podemos proteger a los tiburones ballena?
R. Mantener limpios los océanos es la mejor manera de protegerlos. Todo el mundo puede contribuir generando menos desechos y respetando el planeta en su conjunto.

P. ¿Qué consejo darías a un aspirante a biólogo marino?
R. Sigue tu pasión. Si amas los océanos, haz que tu objetivo sea ayudar de todas las formas que puedas.

BOCA ABIERTA DE PAR EN PAR
El mayor pez del mundo, el tiburón ballena, puede alcanzar los 12 m de largo, pero son gigantes apacibles que comen plancton. Suelen nadar junto a ellos peces pequeños, para protegerse. Cada uno tiene un patrón único de manchas y rayas que lo identifican, como una huella dactilar.

¿QUÉ ES UN ANFIBIO?

Todos los anfibios son vertebrados de sangre fría y piel lisa que respiran aire. La mayoría ponen huevos, y pasan parte de su vida en el agua.

Vertebrados
Todos los anfibios tienen columna vertebral y esqueleto interno óseo.

Sangre fría
La temperatura corporal de los anfibios es la misma que la del entorno.

Ovíparos
La mayoría de los anfibios pone huevos blandos en lugares húmedos donde no se sequen.

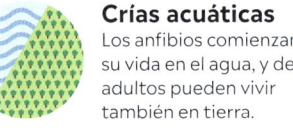

Crías acuáticas
Los anfibios comienzan su vida en el agua, y de adultos pueden vivir también en tierra.

Piel húmeda
Todos los anfibios pueden respirar bajo el agua a través de su piel delgada y húmeda.

CANTO **DE RANA**

Algunas especies de ranas, como esta europea común, tienen sacos vocales (bolsas de piel que llenan de aire para amplificar sonidos). ¡Sus llamadas se pueden oír hasta a 1,6 km!

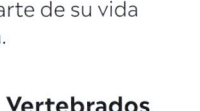

Las libélulas son un bocado tentador para las ranas insectívoras.

¡RANA PARADÓJICA!

La mayoría de las especies de ranas salen del huevo como renacuajos hasta desarrollarse como adultos. Los renacuajos de rana patito alcanzan un tamaño tres veces el que tendrán de adultos.

Rana

Renacuajo

El lomo azul verdoso aporta camuflaje visto desde arriba.

Los ojos saltones ofrecen un campo visual amplio.

Los colores vivos del vientre disuaden a los depredadores.

Los dedos viscosos se aferran a las ramas.

Usan los dedos para aferrarse.

Patas traseras largas y potentes

CECILIA GIGANTE

Hay casi 200 especies conocidas de cecilias. Esta gigante de 1,5 m es la mayor, y, como la mayoría de las cecilias, es buena cavadora.

Cabeza dura y apuntada para apartar la tierra

Dientes agudos como agujas para atrapar presas

¡LAS **RANAS TORO** NORTEAMERICANAS PUEDEN SALTAR **20 VECES** SU **LONGITUD!**

Las ranas toro, las mayores ranas, alcanzan los 15 cm de largo.

La rana toro puede saltar **3 m.**

Asombrosos anfibios

Los anfibios evolucionaron a partir de peces hace millones de años, y tienen una capacidad asombrosa: de adultos viven tanto en tierra como en el agua.

Patas parcialmente palmeadas

¡LA **SALAMANDRA GIGANTE** DEL SUR DE CHINA ES EL **MAYOR ANFIBIO!**

Esta salamandra gigante mide **1,8 m de largo**.

TRITÓN **CRESTADO**

Los anfibios jóvenes, como este tritón crestado, viven bajo el agua y respiran con agallas. Después, las agallas menguan, y el animal respira con los pulmones, y puede así salir del agua.

Agallas largas y plumosas

RANAS ARBORÍCOLAS

Estas ranas voladoras malayas viven en lo alto del dosel arbóreo de la pluvisilva. Se aferran a las ramas con sus patas anchas, y planean de un árbol a otro usando los pies palmeados como paracaídas. Ponen los huevos en las hojas que están sobre el agua, de modo que los renacuajos caen a ella al salir.

TIPOS DE ANFIBIO

Hay solo tres grupos de anfibios, pero tienen un aspecto muy distinto unos de otros. En conjunto hay unas 8100 especies de anfibios.

Cecilias
Las cecilias, sin patas y con aspecto de gusanos, viven bajo tierra o en el agua, y rara vez se ven.

Salamandras y tritones
Anfibios con aspecto de lagartija, con cola larga y cuatro extremidades.

Ranas y sapos
El mayor grupo de anfibios tiene patas traseras largas, y las delanteras son más cortas.

Reptiles reinantes

TIPOS DE REPTILES

Hay cuatro grupos principales de reptiles, pero uno de ellos contiene solo dos especies vivas: los tuátaras.

Lagartos y serpientes
Este es el mayor grupo. Contiene diversos lagartos y lagartijas, así como serpientes sin miembros.

Tortugas
Fácilmente reconocibles por la concha, las tortugas habitan tanto en el mar como en tierra.

Crocodilios
Cocodrilos, aligátores y caimanes están entre los reptiles más formidables. Viven principalmente en el agua.

Tuátaras
Semejantes a lagartos, estos son los únicos supervivientes de un grupo que convivió con los dinosaurios.

Entre estos supervivientes escamosos hay algunos de los animales más temibles del mundo, desde los dragones de Komodo hasta grandes serpientes y cocodrilos feroces.

¡EL BASILISCO VERDE ES CAPAZ DE CAMINAR SOBRE LA SUPERFICIE DEL AGUA CON LAS PATAS TRASERAS!

LAGARTOS FOGOSOS

Dragones de Komodo, los mayores lagartos, luchan por la supremacía y por la pareja forcejeando y escupiendo veneno el uno al otro.

Piel cubierta de una capa protectora de escamas óseas duras

Cada ojo tiene un párpado escamoso en forma de cono.

La cola de este camaleón pantera se aferra a las ramas para sujetarse mientras trepa.

CAMBIAR DE COLOR

A los camaleones se les conoce sobre todo por cambiar de color según su estado de ánimo y temperatura. Sus ojos se mueven independientemente uno del otro, lo cual les da una visión de 360 grados.

TORTUGAS GIGANTES

Las tortugas de las Galápagos son las mayores del mundo. Algunas pesan más de 225 kg y miden hasta 1,5 m de la cabeza a la cola. También están entre los animales más longevos, pudiendo superar los cien años de edad.

Las escamas de la concha son de queratina, la misma sustancia de las uñas humanas.

Una concha dura protege el cuerpo blando.

¿QUÉ ES UN **REPTIL**?

Todos los reptiles son vertebrados de sangre fría y piel resistente e impermeable que permite sobrevivir en lugares secos.

Sangre fría
Los reptiles dependen del calor del entorno para mantener el del cuerpo.

Vertebrados
Los reptiles tienen columna vertebral y un esqueleto óseo.

Piel escamosa
Las escamas protegen la piel, limitan la pérdida de agua y dejan escapar el calor.

Ovíparos en su mayoría
Los reptiles suelen poner huevos de cáscara impermeable.

Vivíparos
Algunas serpientes y lagartos paren crías plenamente formadas.

¡EL **CAMALEÓN BROOKESIA NANA**, EL **MENOR REPTIL** DEL MUNDO, MIDE **13,5 MM**!

PELEA DE REPTILES

Las serpientes *Chrysopelea ornata* van de árbol en árbol en busca de presas. Esta ha atacado a un geco tokay de manchas rojas y lo está estrangulando. Esta serpiente ha ganado, pero estos gecos se les imponen a veces.

La serpiente se enrolla alrededor del geco.

El cuerpo largo y musculoso de la serpiente es fuerte y flexible.

Los gecos, trepadores asombrosos, tienen pelillos en las almohadillas plantares para aferrarse a paredes y techos.

Las mandíbulas de la serpiente aferran a la presa.

Los ojos del geco se abultan mientras se ahoga.

PIEL ESCAMOSA

Todos los reptiles tienen una capa externa como armadura protectora. Los lagartos y las serpientes tienen escamas, y las tortugas y crocodilios, placas óseas.

Piel de serpiente
El dibujo bajo las escamas de una boa constrictora la oculta mientras caza.

Piel de lagarto
Las escamas de un lagarto ocelado cambian de color al crecer, y forman patrones como un laberinto.

Piel de cocodrilo
Las placas óseas de los crocodilios se llaman escudos, y son más gruesas en el lomo.

Increíbles cocodrilos

Los cocodrilos, los mayores reptiles, son cazadores feroces y nadadores rápidos que acechan bajo la superficie de ríos y pantanos tropicales, a la espera del momento perfecto para atacar a su presa.

¡LA MORDEDURA MÁS POTENTE!

Los cocodrilos tienen la mordedura más potente de todos los animales terrestres, lo bastante fuerte para aplastar cráneos. El único animal terrestre en superarlos fue el aterrador *Tyrannosaurus rex*, cuya mordedura era más de tres veces más potente.

¿QUIÉN ES QUIÉN?

Hay 24 especies de crocodilios, pertenecientes a tres familias: aligátores y caimanes, cocodrilos y gaviales. Se distinguen por los siguientes rasgos.

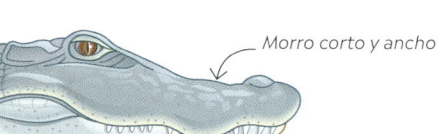
Morro corto y ancho

Aligátores y caimanes
Cuando tienen la boca cerrada, a estos reptiles no se les ven los dientes de abajo. Habitan en aguas dulces en América.

Morro apuntado

Cocodrilos
Los cocodrilos viven en agua tanto dulce como salada en los trópicos. En su morro largo en forma de «V», los dientes son visibles con la boca cerrada.

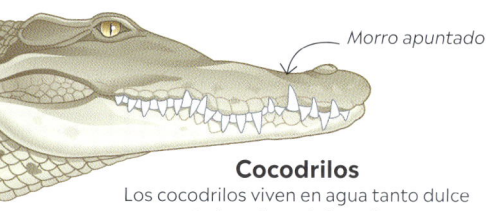
Morro largo y estrecho para atrapar peces

Gaviales
En el morro delgado de los gaviales hay 110 dientes, y en los machos lo remata un pomo característico. Viven en agua dulce.

GAVIAL EN PELIGRO

El gavial es nativo de ríos de orillas arenosas en el norte de India y Nepal, pero la construcción de presas ha destruido gran parte de su hábitat. Otra amenaza es la pesca, en la que quedan atrapados en redes.

Los adultos pueden medir 6,5 m de largo.

La cola musculosa aplanada impulsa al gavial por el agua.

Un tercer párpado transparente protege el ojo bajo el agua.

El cocodrilo americano tiene el lomo gris.

¡EL **MAYOR** Y EL **MENOR**!

El mayor de los crocodilios es el cocodrilo marino, también el más grande de todos los reptiles vivos. El menor es el caimán enano de Cuvier.

Caimán enano: **1,4 m**

Cocodrilo marino: **7 m**

ATAQUE POR SORPRESA

Los cocodrilos son cazadores sigilosos que acechan a sus presas en el agua. Emergen de forma repentina, apresan a su víctima y la arrastran hacia el fondo para ahogarla. Tragan animales enteros, o si son grandes, los desmiembran.

Al acecho
El cocodrilo se acerca a su víctima.

Agarre mortal
Aferra al animal con las mandíbulas.

Giro mortal
El cocodrilo arrastra a la presa bajo el agua.

Diente de huevo en el extremo del morro

CRÍA DE COCODRILO MARINO

Cuando están listos para salir del huevo, los cocodrilos rompen la cáscara con un «diente de huevo» especial. Las pequeñas crías gorjean, y la madre las transporta hasta el agua llevándolas en la boca.

Escudos óseos cubren el cuerpo.

Pies palmeados para nadar

Dientes agudos para sujetar presas

¿QUÉ ES UN **CROCODILIO**?

Los crocodilios son grandes reptiles carnívoros acuáticos. Tienen una piel dura y reforzada, y mandíbulas potentes con dientes afilados. También tienen los ojos, los oídos y las fosas nasales en lo alto de la cabeza, para poder ver, oír y oler casi totalmente sumergidos bajo el agua, mientras acechan a sus presas.

Los dientes de cocodrilo pueden medir 10 cm.

¡LOS **DIENTES DE UN COCODRILO** SE **PIERDEN** Y **SUSTITUYEN** A MENUDO, Y PUEDEN TENER **HASTA 3000** A LO LARGO DE SU VIDA!

Serpientes reptantes

Estos reptiles sinuosos viven en casi todos los países del mundo, y hay más de 3000 especies distintas. Aunque temidas, la mayoría son inofensivas para los humanos. Pueden ser letales, pero por lo general solo para animales menores, como ratas y ranas.

MORDEDURA DE SERPIENTE

Esta boa esmeralda pasa el día enrollada sobre una rama, aferrada con su potente cola. De noche, pasa a la acción cazando aves, que aferra con sus mandíbulas móviles. La serpiente engancha a la presa con los colmillos, se enrolla a su alrededor y la aprieta hasta que muere.

Las pupilas se contraen en ranuras verticales de día.

Los colmillos agudos no son venenosos, pero aferran a la presa con un efecto letal.

La boa arborícola adulta es verde vivo y con el vientre pálido.

Las mandíbulas se desencajan por detrás, y cada una se mueve por separado, lo cual le permite abrir mucho la boca para tragar a las presas.

Músculos potentes recorren todo el cuerpo.

Los colmillos curvados hacia dentro dificultan escapar a la presa.

CASCABEL DE ADVERTENCIA

El extremo de la cola de la serpiente de cascabel está formado por escamas duras, que suenan al agitarlas para espantar a los depredadores. Si no desisten, la mordedura puede ser mortal.

¡EN LA **MORDEDURA** DE UNA **TAIPÁN DEL INTERIOR** HAY SUFICIENTE **VENENO** PARA MATAR A **100 PERSONAS**!

¡LA **PITÓN RETICULADA** PUEDE ALCANZAR LOS **10 M** DE **LONGITUD!**

La cría de serpiente perfora la cáscara con un diente de huevo.

La cría sale después a través del agujero.

ECLOSIÓN

La mayoría de las serpientes son ovíparas. Una hembra puede poner hasta cien huevos en arena o suelo cálidos; la cáscara es como el cuero, para conservar la humedad. La madre suele abandonar los huevos a su suerte.

VÍBORAS VENENOSAS

Las víboras, como esta rara *Trimeresurus insularis*, tienen colmillos que se proyectan para inyectar veneno, y quedan doblados junto al paladar cuando no se usan.

Las escamas solapadas permiten a la víbora doblarse y girar.

¡ASESINA SONRIENTE!

No hay que dejarse engañar por la cara sonriente al dorso del capuchón de la cobra de anteojos, una de las serpientes más venenosas de India. La pose y el capuchón extendido disuaden de atacarla.

SENTIDOS SERPENTINOS

Gracias a un órgano llamado órgano de Jacobson, las serpientes «saborean» el aire con la lengua, en busca del olor de una posible presa.

Los nervios llevan señales al cerebro.

La lengua recoge partículas olfativas.

La lengua se retrae al órgano de Jacobson.

BOCADOS DE SERPIENTE

Esta pitón trata de tragarse un gamo hembra entero al que ha estrangulado. Casi todas las serpientes, venenosas o no, tragan sin masticar, utilizando sus mandíbulas extensibles para empujar las presas hacia el estómago.

DISFRAZ DE COLORES

Hay serpientes inofensivas que se mimetizan para defenderse. Para resultar menos tentadoras a los depredadores, sus colores imitan los de otras más peligrosas.

Los colores de la serpiente de coral disuaden a los depredadores.

La falsa coral no es venenosa, pero sus colores pueden engañar a los depredadores.

Aves asombrosas

No todas las aves vuelan, pero algunas hacen acrobacias aéreas asombrosas. Hay aves con alas potentes surcando los cielos en todos los continentes, y en muchos hábitats diferentes, desde humedales hasta desiertos.

4. El ave regresa a su rama y disfruta de su presa.

1. Avista a su presa en el agua e inicia el descenso.

REY DEL **PICADO**

Cuando un martín pescador se lanza en picado a por un pez, la cosa acaba en segundos. Se mueve a tal velocidad que, a simple vista, todo es un borrón azul y rojo.

3. Al ave le bastan unos pocos aleteos para elevarse de nuevo por el aire.

CÁSCARA **DE** HUEVO

Un huevo de ave contiene todo lo que necesita el embrión para desarrollarse. La cáscara protege al embrión dejando entrar y salir aire, y la yema lo nutre.

Albumen (clara)

Yema

Cáscara dura

Celda de aire con oxígeno

Embrión

2. El pico alargado toca el agua primero, listo para atrapar un pez.

PUNTALES **FUERTES**

Como muestra esta imagen aumentada, los huesos de las aves no son macizos, sino huecos y porosos, y con una estructura muy resistente.

¿QUÉ ES UN **AVE**?

Hay unas 10 000 especies de aves, desde pequeños gorriones pardos a coloridas aves del paraíso. Todas ellas comparten ciertas características clave.

Sangre caliente
Como los mamíferos, las aves regulan su propia temperatura corporal: son de «sangre caliente».

Vertebradas
Todas las aves tienen un esqueleto óseo interno rígido, al que van unidos los músculos.

Emplumadas
El plumón mantiene el calor; las plumas rígidas de vuelo aportan sustentación.

Ovíparas
Las aves ponen huevos de cáscara rígida, y los incuban en nidos hasta que los polluelos salen y vuelan del nido.

La mayoría vuela
Aunque hay excepciones, como el avestruz, la mayoría de las aves vuelan.

Colibrí zunzuncito

¡PEQUEÑO Y GRANDE!
El avestruz es la mayor ave del mundo, con 2,8 m de altura. El colibrí zunzuncito, de solo 5,5 cm de largo, es la menor, y podría posarse sobre la punta de un lápiz.

Avestruz

Albatros viajero

MAYOR ENVERGADURA
El albatros viajero tiene las alas más largas del mundo natural, con una envergadura de hasta 3,5 m. Pasa la vida planeando por el aire sobre el océano Austral.

LIGERO COMO UNA PLUMA
Las plumas de las aves aportan algo más que vistosidad. Están hechas de un material ligero, la queratina, y su forma aerodinámica facilita el vuelo.

Raquis central rígido

¡UN **HALCÓN PEREGRINO** VA A MÁS DE 300 KM/H AL VOLAR EN PICADO!

Alas plegadas junto al cuerpo para lograr una forma más aerodinámica

Barbas

Bárbulas

Barbicelos

Primer plano
Cada pluma está compuesta de muchas ramificaciones.

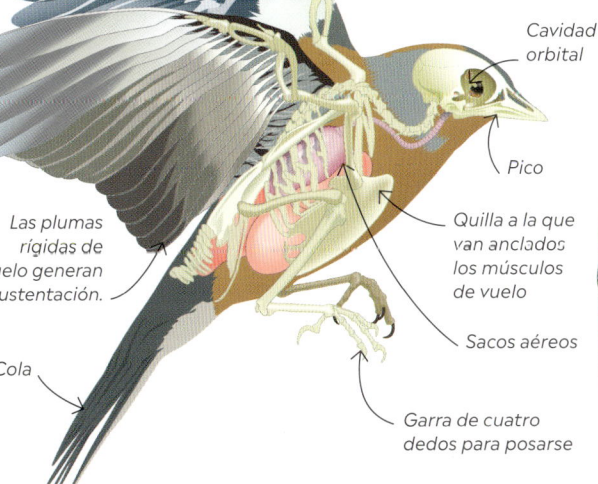

Las plumas rígidas de vuelo generan sustentación.

Cola

Cavidad orbital

Pico

Quilla a la que van anclados los músculos de vuelo

Sacos aéreos

Garra de cuatro dedos para posarse

¿QUÉ HAY **DENTRO**?
Tienen huesos fuertes y músculos de vuelo potentes. Su cuerpo contiene sacos aéreos que mantienen un suministro constante de oxígeno a los pulmones, y con ello la energía para volar.

CONSTRUCTOR DE NIDOS
Muchas aves ponen los huevos en nidos, pero el del tejedor común es más elaborado que la mayoría: está hecho de hierba entretejida, y cuelga del árbol.

Personajes australes

Los pingüinos no vuelan, pero son supernadadores. Estas aves están más en su elemento en el agua que en tierra: sus cuerpos aerodinámicos surcan el océano impulsados por alas como aletas.

DIVERSIDAD DEL PINGÜINO

Hay 18 especies de pingüinos. Estos representan cuatro de los grupos principales.

Barbijo
Este pingüino sin cresta es común en la Antártida.

Azul
La menor de las especies se llama pingüino enano.

Macaroni
El nombre de este pingüino alude a su cresta amarilla.

De El Cabo
Este pingüino listado es la única especie africana.

Pingüinos de las Galápagos

Ecuador

Pingüinos antárticos

Pingüinos subantárticos

HOGAR AUSTRAL

Los pingüinos (distribución en rojo) viven en el hemisferio sur, la Antártida y las islas subantárticas y los continentes próximos. Solo los de las Galápagos llegan alguna vez al norte del ecuador.

¡LOS PINGÜINOS EMITEN SONIDOS TANTO EN TIERRA COMO BAJO EL AGUA PARA COMUNICARSE CON OTROS!

HUEVO PRECIOSO

El pingüino emperador macho pasa casi todo el invierno incubando el huevo de su pareja. Lo mantiene sobre los pies, para que no toque el hielo.

LENGUA ESPINOSA

Los pingüinos cazan animales marinos pequeños y resbaladizos, como peces y calamares. Para que no escapen antes de tragarlos, tienen la lengua cubierta de púas.

Las púas apuntan hacia la garganta en este pingüino saltarrocas.

¡MEGAPINGÜINO!

Los pingüinos emperador son los mayores que aún existen, pero hace 40 millones de años había una especie hoy extinta que medía unos tremendos 2 m del pico al pie.

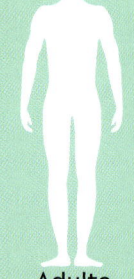

1,36 m

1,65 m

2 m

Pingüino emperador

Adulto medio

Pingüino coloso

COLONIA **DE PINGÜINOS**

Para sobrevivir al invierno antártico, grupos de pingüinos emperador se apiñan juntos. Sus posiciones van rotando, para que todos puedan pasar algún tiempo al calor del centro del grupo.

EL **PINGÜINO DE ADELIA** COME **UN QUINTO DE SU PESO CORPORAL** AL DÍA. ¡ES COMO SI TE COMIERAS **30 HAMBURGUESAS!**

DARSE UN **CHAPUZÓN**

Las aletas de los pingüinos están perfectamente adaptadas para impulsarles por el agua. Si el peligro amenaza, son capaces de saltar al aire desde el agua.

Zambullida
Los pingüinos se lanzan al agua en busca de presas como peces.

Natación
El pingüino usa las aletas para impulsarse, y gira con la cola.

Salto
Nadando rápido, los pingüinos son capaces de saltar a tierra.

Los pingüinos viven en grupos grandes, llamados colonias.

Las aletas rígidas y estrechas funcionan como remos.

EMPERADORES **SALTARINES**

Este pingüino emperador ha salido lanzado del agua al hielo, posiblemente para huir de un depredador. Los pingüinos emperador alcanzan velocidades de hasta 24 km/h al nadar, ¡y pueden contener la respiración durante 20 minutos seguidos!

¿QUÉ ES UN MAMÍFERO?

Los rasgos definitorios de los mamíferos son que la mayoría tienen pelo y amamantan a las crías con leche, entre otros.

Sangre caliente
Los mamíferos regulan la temperatura corporal, convirtiendo alimento en calor.

Vertebrados
Todos los mamíferos tienen esqueleto interno óseo.

Pelaje o pelo
Casi todos tienen algún tipo de pelo, que atrapa aire para retener calor.

Vivíparos
La mayoría de los mamíferos paren crías vivas; los monotremas ponen huevos.

Producen leche
Las madres amamantan a las crías con leche, que aporta nutrientes vitales.

Dientes o colmillos grandes

LOS **HIPOPÓTAMOS** SON LOS **MAMÍFEROS** TERRESTRES **MÁS MORTÍFEROS**: ¡**MATAN** A HASTA **500 PERSONAS** AL AÑO!

OSO HORMIGUERO GIGANTE

Los osos hormigueros son mamíferos insectívoros. No tienen dientes, y usan una lengua larga y pegajosa para atrapar hormigas y termitas. Pueden comer hasta 35 000 insectos en un solo día.

El morro largo es perfecto para sondear termiteros y nidos de hormigas.

La lengua puede medir 61 cm de largo.

El pelaje repele el agua para mantener caliente y seca a la cría.

¡MONADA DE NUTRIAS!

Las nutrias marinas pasan la mayor parte de la vida en el agua, en la que las madres paren incluso. Flotan sobre la espalda para cuidar de las crías, que maman sobre el pecho.

ZORRO VOLADOR

Hay un número sorprendente de mamíferos que vuelan o planean, entre ellos, más de 1100 especies de murciélagos. *Pteropus lylei*, la mayor especie de murciélago del mundo, alcanza una envergadura de 2 m.

Una cría de zorro volador se aferra a su madre y mama en vuelo.

Mamíferos peludos

Los mamíferos son los animales más conocidos para nosotros, que somos también mamíferos. Se conocen unas 5500 especies, desde nuestro pariente más próximo, el chimpancé, hasta los puercoespines, los topos de nariz estrellada y las ballenas.

TIPOS DE MAMÍFEROS

Hay mamíferos de muchos tipos, pero todos pertenecen a uno de tres grupos, en función de cómo se reproducen.

Hembra de alce amamantando

Mamíferos placentarios
La mayoría de los mamíferos paren crías vivas. Las madres cuidan de sus crías durante periodos variables.

Marsupiales
Las madres marsupiales paren crías prematuras a las que crían en bolsas (marsupios). Canguros, koalas y zarigüeyas son marsupiales.

Canguro gris occidental con su cría

Ornitorrinco cazando bajo el agua

Monotremas
Estos raros mamíferos ponen huevos. Solo hay cinco especies de monotremas: el ornitorrinco y cinco especies de equidna.

La nutria marina tiene el pelaje más grueso de todos los mamíferos. Un adulto puede llegar a tener 124 millones de pelos por cm².

Ballenas **enormes**

Inmensas ballenas habitan en los océanos, donde el agua soporta su gran peso. Son mamíferos, y deben ascender a la superficie para respirar oxígeno a través de sus espiráculos.

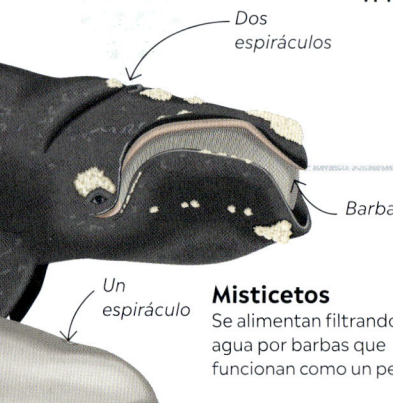

Dos espiráculos

Barbas

Un espiráculo

Dientes

Misticetos
Se alimentan filtrando agua por barbas que funcionan como un peine.

Odontocetos
Estos cetáceos tienen dientes con los que atrapan presas.

¿QUÉ ES UNA BALLENA?

Las ballenas pertenecen a un grupo de mamíferos marinos llamados cetáceos, que incluye a los delfines y las marsopas. Hay dos tipos de cetáceos: dentados (odontocetos) y no dentados (misticetos).

MANADAS DE ORCAS

Las orcas son los mayores delfines. Viven en grupos familiares o manadas de hasta 40 animales. Inteligentes y juguetonas, cazan de maneras diversas, comunicándose por medio de silbidos y chasquidos.

¡DELFINES FLEXIBLES!

Solo hay unos pocos delfines de agua dulce, como, por ejemplo, los rosados del Amazonas, animales inteligentes con columnas muy flexibles, capaces de torcer la cabeza en ángulo recto con el cuerpo.

UNICORNIOS DEL MAR

Los narvales son ballenas dentadas. Los machos tienen un único colmillo espiral, en realidad un diente proyectado desde la mandíbula superior. Se cree que sirven para exhibirse ante hembras y rivales.

El colmillo puede medir hasta 3 m.

FRENESÍ ALIMENTARIO

Los misticetos filtran krill y otros animales minúsculos del agua de mar con las barbas a modo de peine.

Succión
La ballena se acerca nadando rápido y succiona tanto agua como krill.

El krill consiste en pequeños crustáceos.

Apertura
La ballena pierde velocidad, abre mucho la boca y expande los pliegues de la garganta para tomar más agua.

Expulsión de agua
La ballena cierra la garganta y expulsa el agua a través de las barbas, mientras retiene el krill en la boca.

¡LOS **ZIFIOS DE CUVIER** PUEDEN BUCEAR A CASI **3 KM** DE PROFUNDIDAD Y **CONTENER LA RESPIRACIÓN** DURANTE MÁS DE **DOS HORAS!**

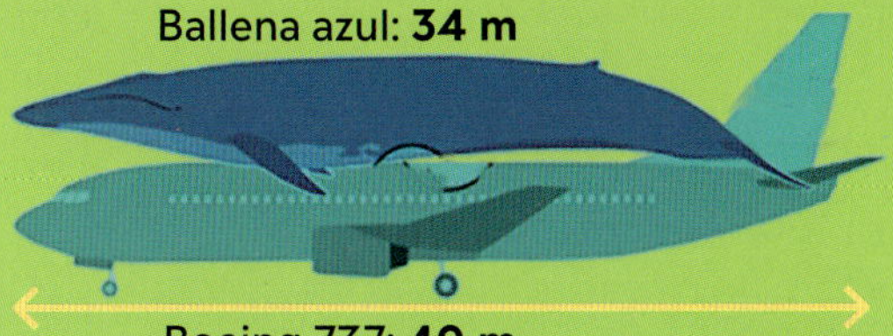

Ballena azul: **34 m**

Boeing 737: **40 m**

¡LAS **BALLENAS AZULES** SON LOS **MAYORES ANIMALES** QUE HAN **VIVIDO** EN LA **TIERRA!**

¡SNOTBOTS EN ACCIÓN!

¿Está sana esa ballena? Un modo de averiguarlo es enviar un SnotBot®. Estos drones toman muestras del agua expulsada por el espiráculo de la ballena, y la llevan luego a los científicos para su estudio.

El barco de estudio de las ballenas es minúsculo al lado de estas.

El morro de la ballena asoma del agua antes de salir a la superficie.

LA ESCALA DE UNA BALLENA

Las ballenas pueden ser absolutamente enormes. La jorobada es la segunda mayor especie después de la azul. Puede medir 17 m de largo, y esta está a punto de emerger, saliendo del agua para ver por encima de la superficie.

Los pliegues por debajo de la garganta permiten que esta se expanda al alimentarse por filtración.

Hay cirrípedos adheridos a lo largo del borde de la aleta de la ballena.

CLANES DE FÉLIDOS

En la familia de los félidos hay dos grupos principales, los grandes y los menores. Los guepardos y las panteras nebulosas no pertenecen a ninguno de ambos.

Grandes félidos

Entre estos se cuentan el leopardo de las nieves (arriba), el león, el tigre y el leopardo, todos los cuales rugen.

Félidos menores

Este grupo incluye el ocelote (arriba), el puma y los gatos domésticos, que ronronean, pero no rugen.

Guepardos

Estos félidos corredores son conocidos por su estilo de caza único (p. 128).

Panteras nebulosas

Estas no rugen como los grandes félidos, ni ronronean como los menores.

LOS GUEPARDOS ACELERAN RÁPIDO: ¡PASAN DE 0 A 95 KM/H EN TRES SEGUNDOS!

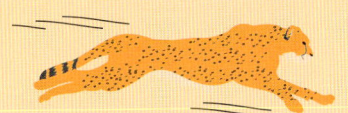

La poderosa zarpa es capaz de derribar presas de un golpe.

Félidos letales

Los félidos son carnívoros depredadores de sentidos desarrollados, capaces de saltar o correr rápido, y con dientes afilados para la caza. Hay 38 especies de félidos salvajes y domésticos, todos de la misma familia.

PODEROSO **TIGRE**

Los tigres, los félidos de mayor tamaño y fuerza, pueden alcanzar hasta los 300 kg de peso. Cazadores temibles, sus rayas los camuflan entre la hierba alta. Son nativos de partes de Asia, como India y Siberia oriental.

Músculos fuertes del hombro, flexionados para saltar

¡LOS **ANTIGUOS EGIPCIOS** VENERABAN A UNA **DIOSA FÉLIDA** CON **CABEZA DE LEÓN!**

Las garras se extienden al contraer el félido sus músculos y tendones.

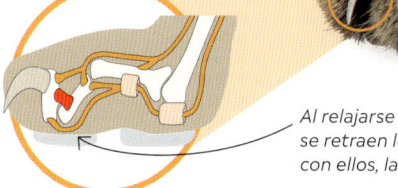

Al relajarse los tendones se retraen los dedos y, con ellos, las garras.

GARRAS **RETRÁCTILES**

La mayoría de los félidos extiende las garras para trepar y cazar, pero las retrae para caminar y cuando reposan.

MANADA DE LEONES

Los leones viven y cazan en manada, y esto les permite atrapar presas mayores que ellos mismos. Hay más hembras que machos en la manada, y son las principales cazadoras.

La cola asiste al equilibrio del jaguar.

Huesos fuertes en los miembros delanteros soportan los grandes músculos necesarios para cazar.

Jaguar extendido en pleno salto

SALTO DE UN **JAGUAR**

Todos los félidos son extremadamente ágiles y capaces de realizar grandes saltos. Determinan el lugar al que caen con gran precisión, algo esencial para los jaguares como el de la imagen, que cazan presas veloces.

¡HAY **DIEZ VECES MÁS GATOS SILVESTRES** QUE HUMANOS EN LA **ISLA DE LOS GATOS** DE JAPÓN, AOSHIMA!

LEOPARDO **TREPADOR**

Los leopardos son los únicos grandes félidos que trepan y se ponen a salvo en los árboles. La mayoría son pardos y con manchas, pero los hay oscuros, como el de la imagen.

Las manchas son visibles en algunos leopardos negros.

SUPERADO EN PERSECUCIÓN

El guepardo es el animal terrestre más veloz del mundo, pero atrapar presas como este impala sigue siendo un desafío. Comienza a cazar pegado a tierra, y acelera hasta los 95 km/h cuando se aproxima. El impala corre rápido en zigzag por la sabana, y, en la imagen, el guepardo apenas acaba de atraparlo.

Pregúntale a una...
ZOÓLOGA

La profesora Sarah Durant es científica y profesional de la conservación en el Instituto de Zoología de la Sociedad Zoológica de Londres. Dirige el Serengeti Cheetah Project en Tanzania desde 1991, y también la Africa Range-wide Cheetah Conservation Initiative.

P. ¿Cuántos guepardos quedan en el mundo?
R. Se estima que viven 6500 guepardos adultos en estado salvaje, con las principales poblaciones en África oriental y meridional. Su número está cayendo, y la especie está amenazada.

P. ¿Dónde se desarrolla el proyecto de los guepardos?
R. Mi proyecto en marcha desde hace más tiempo es en el ecosistema Serengeti, en Tanzania, que limita con el Masái Mara, en Kenia. Allí habita gran parte de una de las mayores poblaciones de guepardos que quedan, en los territorios entre los parques del Serengeti y de Tsavo, y

está amenazada por la pérdida y fragmentación del hábitat, la escasez de presas, el predominio de la ganadería en gran parte del hábitat de los antílopes salvajes y el conflicto con los humanos. El cambio climático agrava estas amenazas.

P. ¿Son peligrosos los guepardos para la gente?
R. A veces cazan ganado, como cabras y ovejas, sobre todo a falta de presas salvajes disponibles, y esto causa conflictos con los ganaderos. Es muy raro que ataquen a las personas, y parte del trabajo de los conservacionistas es ayudar a las comunidades locales a convivir con los guepardos.

P. ¿Cómo puedo proteger a los animales?
R. Para salvar a las especies amenazadas hay que aprender a vivir con la vida salvaje. Esto puede suponer eliminar pesticidas para permitir que prosperen los insectos o convivir con especies mayores, como los osos.

P. ¿Cómo es un día típico en tu vida?
R. No hay un día típico. Mientras escribo esto, me dirijo al Serengeti para poner collares con localizador GPS a guepardos que viven en los límites del parque. Estaré trabajando con mi equipo para localizar, dormir a los animales y poner los collares. Monitorizaremos

a los guepardos para comprobar que están sanos. Después podremos descargar localizaciones por satélite cada dos horas, para conocer cómo se mueven los guepardos por el ecosistema.

P. ¿Cómo podemos salvar a los grandes félidos?
R. ¡No olvidando a las personas! Comprender la ecología y el comportamiento de los grandes félidos es importante para su conservación, pero la clave está en la gente. Las personas son la causa de los problemas, al hostigar cada vez más, pero son también la clave para resolver estos problemas, como, por ejemplo, cambiando su propio comportamiento.

¡LOS **OSOS MALAYOS** TIENEN UNA **LENGUA PEGAJOSA** DE 25 CM CON LA QUE **EXTRAEN MIEL** DE LAS COLMENAS!

El pelaje del vientre es más suave que el del lomo.

Pelaje marrón con puntas plateadas o doradas

RASCARSE **LA ESPALDA**

Muchas especies de osos usan los troncos de los árboles para rascarse la espalda. En pie sobre las patas traseras, se apoyan en el árbol y se frotan de lado a lado. Esta osa gris está enseñando a su osezno cómo hacerlo.

Las zarpas ayudan a trepar y nadar.

Zarpas delanteras con garras largas para cavar

¡LOS **OSOS NEGROS** AMERICANOS Y ASIÁTICOS SON **TREPADORES ÁGILES!**

Osos
habilidosos

Los osos, grandes mamíferos peludos de América, Europa y Asia, son ferozmente inteligentes. Son animales grandes y muy dotados de recursos para hallar alimento, desde raíces, brotes y bayas hasta pescado y carne.

Los osos bezudos sacan termitas del nido con las garras.

GARRAS **DE OSO**

Todos los osos tienen garras fuertes que usan de modos diversos, desde excavar madrigueras y trepar a los árboles hasta pescar salmones.

LOS **PANDAS GIGANTES** SOLO COMEN **BAMBÚ.** ¡PASAN COMIENDO HASTA **16 HORAS** AL DÍA!

TIPOS DE **OSOS**

Solo hay ocho especies de osos, pero algunas incluyen varias subespecies. Tanto los osos Kodiak como los grises, por ejemplo, son osos pardos.

Oso Kodiak

| Oso pardo | Oso polar | Oso de anteojos | Panda gigante | Humano (para la escala) | Oso bezudo | Osos negros americano y asiático | Oso malayo |

MADRIGUERA **INVERNAL**

Las osas polares cavan madrigueras en las que paren a sus crías en invierno y donde permanecen bajo la nieve hasta la primavera.

Los oseznos tienen una cámara menor propia.

La madre duerme en la cámara principal.

DE **PESCA**

Cada verano, los osos pardos acuden a los ríos para atrapar los salmones que remontan la corriente. Cuando saltan del agua, los osos los atrapan en el aire. Los salmones representan la mitad del alimento anual de los osos, y son su sustento durante la hibernación.

Este oso ha atrapado un salmón rojo hembra lleno de huevas.

CAZA **DE FOCAS**

Los osos polares son los únicos osos exclusivamente carnívoros. Para cazar focas, esperan junto a agujeros en el hielo. Cuando una foca emerge para respirar, comienza la caza.

Los caninos agudos perforan y aferran a la presa. Pueden medir 6 cm de largo.

Los molares aplastan la carne hasta que se puede tragar.

Los carnasiales se solapan como tijeras, para cortar la carne.

DIENTES **DE CÁNIDO**

Los cánidos tienen una dentadura imponente, adaptada para cazar presas vivas y comer carne. Este cráneo de lobo gris muestra los tres tipos de dientes en unas mandíbulas potentes, de mordedura tres veces más fuerte que la humana.

¡LOS **LOBOS** PUEDEN **ALCANZAR** VELOCIDADES DE **60 KM/H!**

Cabriolas
caninas

Los perros con los que convivimos son los descendientes domésticos del lobo gris salvaje. Perros y lobos son miembros de una familia mayor y más diversa, la de los cánidos.

AULLIDO **DEL LOBO**

Los lobos son animales sociales que viven en grupos familiares, las manadas. Su aullido puede ser una llamada a cazar o un modo de informar a otros lobos de dónde está.

ZORRO ÁRTICO

El zorro ártico cambia de pelaje con la estación, de tal modo que está siempre camuflado en el paisaje cambiante. En verano es gris para mimetizarse con el terreno rocoso, y en invierno es blanco, a juego con la nieve.

Pelaje estival

Pelaje invernal

Un olfato desarrollado identifica a los miembros de la manada y detecta presas.

LA FAMILIA **DE LOS CÁNIDOS**

Hay 34 especies de cánidos, entre ellos zorros, chacales y coyotes. Estos seis representan algunos de los grupos principales que han evolucionado. Todos comparten rasgos, como un olfato desarrollado para cazar.

Zorro rojo
Estos zorros tienen orejas y morro puntiagudos y cola larga y peluda.

Lobo etíope
Estos lobos viven en manada, pero solo la hembra alfa pare cachorros.

Chacal dorado
Los chacales viven en parejas que permanecen y cazan juntas toda la vida.

Coyote
Estos parientes del lobo viven en manada, y se comunican con gruñidos y chillidos.

Lobo gris
Los lobos grises son los mayores cánidos salvajes. El color del pelaje varía.

Perro
Los canes domésticos se separaron del lobo gris hace unos 40 000 años.

¡LA **MAYOR CAMADA** REGISTRADA FUE DE **24 CACHORROS** DE **MASTÍN NAPOLITANO**!

ZORRO URBANO

Por todo el mundo se han adaptado zorros a la vida en ciudades cerca de los humanos: cavan madrigueras en jardines suburbanos, cazan ratas y palomas y revuelven en la basura.

PERROS **SALVAJES**

Estos cazadores feroces se enfrentan a menudo a otros depredadores al perseguir a antílopes en la sabana africana. Cazando en manadas de diez o más, los licaones pueden llegar a correr a 70 km/h.

Las orejas grandes mejoran la audición e irradian calor para mantenerse frescos.

Cada perro tiene un dibujo único, de donde su nombre científico Lycaon pictus («lobo pintado»).

SIMIO BRACEANDO

Las pluvisilvas tropicales son el hogar de todos los simios del mundo y de la mayoría de los monos. Algunos simios, como los gibones, se desplazan colgados de las ramas, en la llamada braquiación.

Muñecas giratorias
La articulación esferoidea de los gibones permite girar la muñeca.

Rotación y balanceo
Las muñecas permiten al gibón rotar al avanzar.

Largo alcance
El gibón puede avanzar 2,25 m entre uno y otro agarre.

De lado a lado
El cuerpo se balancea de lado a lado mientras mueve las manos.

USO DE HERRAMIENTAS

Los chimpancés son hábiles para fabricar y usar herramientas para todo tipo de tareas. Este chimpancé está atrapando insectos en un tronco con un palo. También utilizan piedras para abrir frutos secos, así como manojos de hojas para quitar la tierra; y se les ha visto limpiarse los dientes con ramitas.

¡OJOS COMO PLATOS!

Los tarseros tienen ojos enormes con los que ven de noche. Si tuviéramos ojos de este tamaño en relación con el cuerpo, serían como pomelos.

Fiesta primate

Los primates —el orden de mamíferos que incluye a los humanos— tienen cerebros grandes y dedos hábiles, y viven en grupos sociales complejos. A pesar de tener esos rasgos en común, forman un grupo diverso.

Los mandriles macho de África central tienen la cara de colores vivos rojo y azul.

Pulgares oponibles para agarrar y braquiar

La cola es prensil: puede doblarse y aferrarse a las ramas.

La cola anillada blanca y negra no sirve para agarrar ramas.

Manos de cuatro dedos y pulgares pequeños

Lémur de cola anillada
Los lémures son prosimios endémicos de Madagascar. Otros prosimios son los loris y los gálagos.

Tarsero fantasma
Los tarseros forman un grupo propio. Habitan en el sudeste asiático y cazan de noche.

Mono araña
Los monos araña de pelo largo son monos del Nuevo Mundo. Estos viven en Sudamérica.

Mandril
Los mayores monos, los mandriles, son monos del Viejo Mundo. Viven en África y Asia.

Gibón crestado
Entre los simios menores están los gibones del sudeste asiático. Las hembras son blancas, y los machos, negros.

MONOS SOCIABLES

Los primates suelen vivir en grupos familiares y mantienen vínculos sociales estrechos. Las hembras de macaco japonés permanecen toda la vida en el mismo grupo. Viven en zonas frías, ¡y se bañan y acicalan en fuentes termales!

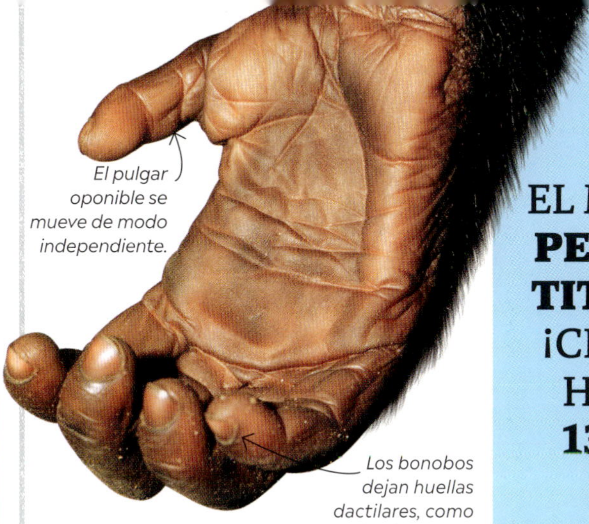

El pulgar oponible se mueve de modo independiente.

Los bonobos dejan huellas dactilares, como los humanos.

MANOS COMO LAS NUESTRAS

Simios como los bonobos tienen manos con cuatro dedos y un pulgar oponible, lo cual les permite agarrarse a ramas grandes para trepar y más control y precisión en el uso de objetos como herramientas.

EL MONO **MÁS PEQUEÑO**, EL **TITÍ PIGMEO**, ¡CRECE SOLO HASTA LOS **13,5 CM DE LARGO**!

TIPOS DE PRIMATES

Hay cientos de especies de primates. Esta serie refleja algunos de los principales grupos. Los humanos pertenecen al de los grandes simios, junto con los orangutanes, gorilas y chimpancés.

Rostro sin pelo y pecho y hombros anchos

Los chimpancés pueden caminar erguidos.

Los dedos gordos oponibles permiten al orangután balancearse con pies y manos.

Orangután
Estos grandes simios son endémicos de Borneo y Sumatra, en el sudeste asiático. Cuidan de las crías durante nueve años.

Gorila
Estos grandes simios, gigantes pacíficos que expresan emociones como la risa y la tristeza, son omnívoros.

Chimpancé
Los chimpancés hacen muchas de las cosas que hacen los humanos, como usar herramientas y acicalarse.

¡HORMIGAS **ZOMBIS!**

Los hongos *Cordyceps* usan hormigas para diseminar sus esporas. El comportamiento de las hormigas infectadas por el hongo cambia, y trepan a la altura indicada para que prospere. Luego fructifica en su cabeza un tallo, del que salen esporas que infectan a otras hormigas y reinician el ciclo.

Un tallo largo crece de la cabeza de la hormiga.

La hormiga muerde una hoja y espera hasta morir.

Vivir juntos

Animales, hongos y plantas dependen en muchos casos unos de otros para sobrevivir, en una relación llamada simbiosis. Esta puede beneficiar a ambas partes, y a veces solo a una, pero a menudo el final es siniestro para una de las dos.

Un carángido se atasca en la medusa con las aletas.

El carángido es inmune al veneno de los tentáculos de la medusa.

El pez y la medusa atraviesan las corrientes nadando juntos.

1. Pez
Un carángido joven busca un escondite

2. Medusa
El pez se resguarda en el interior de una medusa *Thysanostoma*

ESCONDITE

A primera vista podría parecer que este pez está atrapado, pero se sabe que los carángidos jóvenes se refugian en las medusas para protegerse de los depredadores sin sufrir daño

TIPOS DE **SIMBIOSIS**

Parasitismo
Parásitos como los mosquitos viven de otro organismo al que perjudican.

La rémora viaja a lomos del tiburón para estar a salvo.

Comensalismo
La relación entre tiburones y rémoras beneficia a las rémoras sin perjudicar a los tiburones.

La abeja se alimenta de néctar.

Mutualismo
La polinización de las flores por abejas es una relación que beneficia a ambos.

El pelaje es verde debido a las algas que crecen entre el pelaje del perezoso.

¡HAY UN **PIOJO** QUE **SE ALIMENTA DE** LA SANGRE DE LA **LENGUA DE UN PEZ** Y ACABA POR **SUSTITUIRLA!**

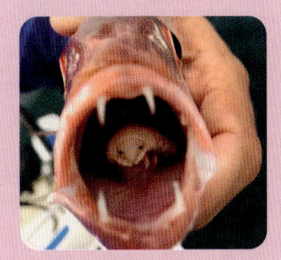

VENENO **PROTECTOR**

Las mariposas monarca se alimentan de néctar en las asclepias, llevando polen de flor en flor. Sus orugas comen luego las plantas, que contienen sustancias venenosas. Esto protege a las mariposas, al volverlas tóxicas para las aves.

PARÁSITOS **DE PUESTA**

Los cucos son parásitos de puesta, una especie que usa a otras para criar a su descendencia.

Huevo de cuco

1. Un huevo extra
La hembra del cuco pone un huevo en el nido del ave anfitriona.

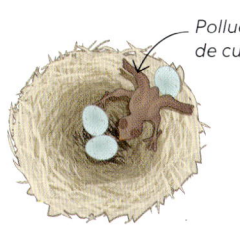

Polluelo de cuco

2. Expulsados
El polluelo de cuco sale antes del huevo y saca del nido los del ave anfitriona.

El polluelo es mayor que su anfitriona.

3. El cuco crece
El cuco hace una llamada como la de una nidada pidiendo de comer.

PELAJE DE CAMUFLAJE

El pelaje de los perezosos alberga un ecosistema, algas incluidas, que hallan en su pelaje el lugar perfecto para prosperar. Así, el perezoso se camufla para evitar a los depredadores y se alimenta de las algas ricas en nutrientes.

ALARMA **AVIAR**

Al comer parásitos tales como las garrapatas que viven en el cuerpo del impala, los picabueyes ofrecen control de plagas a cambio de alimento, y además ayudan a sus anfitriones con llamadas de advertencia en caso de peligro.

LUGAR **ACOGEDOR**

Los murciélagos *Kerivoula hardwickii* y las plantas jarra mantienen una relación de beneficio mutuo: los primeros usan las segundas como lugar de reposo, y estas aprovechan los excrementos ricos en nutrientes de los murciélagos como alimento.

¡EL **80 %** DE LAS **ESPECIES CONOCIDAS** SON **PARÁSITOS!**

La tenia es un parásito que vive en el intestino de los animales.

PROTECCIÓN DEL PANGOLÍN

Los pangolines son los mamíferos objeto de más tráfico ilegal del mundo; se venden por sus escamas y su carne. Pese a la prohibición global de su comercio desde 2017, se han cazado más de un millón desde aproximadamente 2013. El pangolín chino está en peligro crítico, pero se está recuperando en algunas regiones con la ayuda de programas de rescate.

¡MÁS DE **10 000 ESPECIES** DE LA **PLUVISILVA AMAZÓNICA** ESTÁN **AMENAZADAS!**

Conservación de
la vida salvaje

La vida salvaje va hacia la extinción a un ritmo alarmante, y constan más de 42 000 especies en riesgo. Se está trabajando de formas a veces sorprendentes para rescatar áreas naturales y especies del borde del abismo.

ETIQUETADO DE TORTUGAS

El rastreo por satélite informa a los científicos sobre las tortugas marinas. La tortuga boba migra a cientos de kilómetros desde donde se alimenta hasta donde anida.

Tortuga atrapada
Un buceador atrapa en el agua a una tortuga boba joven.

Localizador adherido
Los científicos adhieren un localizador a la concha con pegamento.

Tortuga liberada
Se libera a la tortuga en el océano y se la rastrea.

RINOCERONTE AEROTRANSPORTADO

A este raro rinoceronte negro se le está transportando para protegerlo de los cazadores furtivos. Su número está creciendo, y hoy hay más de 6000 viviendo en libertad.

RESILVESTRAR ABEJAS

Las abejas son especies clave por su papel en la polinización de las plantas, que mantiene los ecosistemas y es esencial para la agricultura. Reducir el uso de pesticidas y resilvestrar ayuda a incrementar la población de abejas.

Las abejas melíferas diseminan polen y hacen miel.

Un águila rescatada recibe atención de su adiestrador.

RETO AQUILINO

La construcción de carreteras amenaza la pluvisilva que comparten águilas filipinas e indígenas dumagat. Solo quedan unas 500 aves en estado salvaje, y grupos ecologistas trabajan con los dumagat para proteger el bosque y las águilas.

El rinoceronte de 2,5 toneladas respira mejor en posición invertida.

¡HOY HAY **10 000** PARQUES NACIONALES Y RESERVAS NATURALES EN EL MUNDO!

Millones de cangrejos migran a la vez cada año.

El enrejado de acero evita que los cangrejos resbalen.

PODER INDÍGENA

Los pueblos indígenas son custodios de un quinto de la tierra del planeta y de sus zonas neurálgicas en cuanto a la biodiversidad. Su relación con la naturaleza es vital para conservarla. En la imagen, alumnos polinesios de Tokelau se manifiestan contra el cambio climático.

PASO PARA CANGREJOS

En parajes naturales por los que discurren carreteras, para los animales es difícil y peligroso cruzarlas en busca de alimento o pareja; así, en algunos lugares se han instalado pasarelas. En la imagen, los cangrejos rojos de la isla de Navidad usan una pasarela para migrar del bosque al océano para criar.

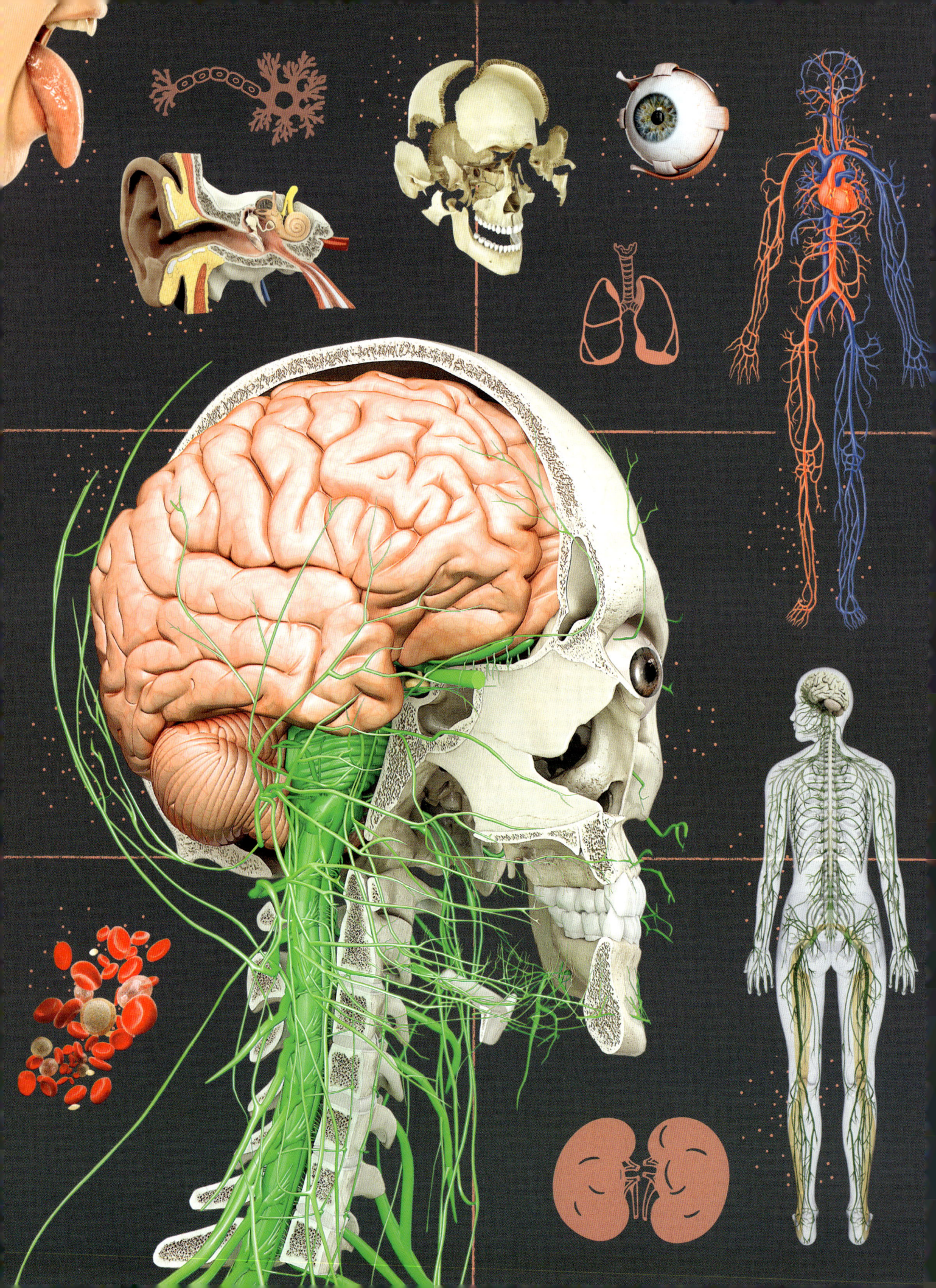

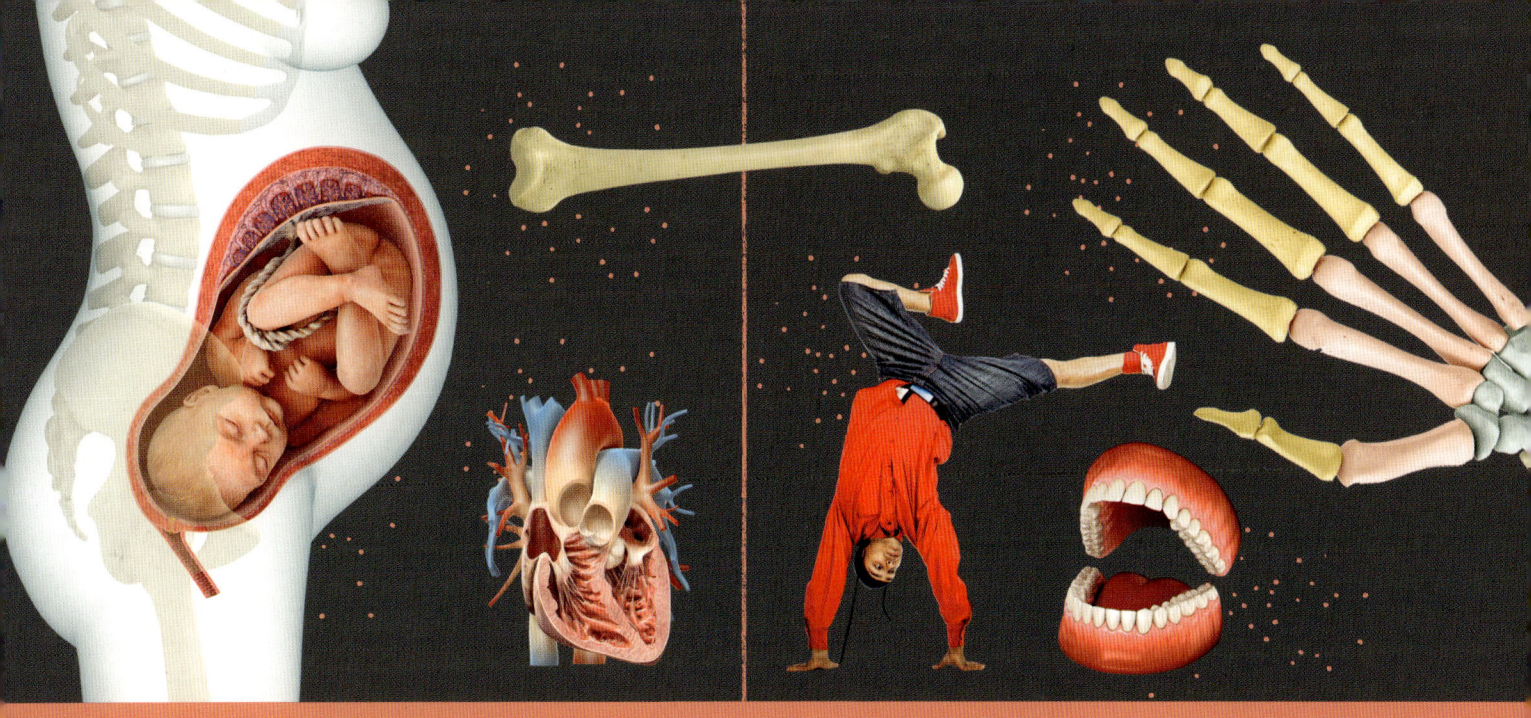

EL CUERPO
HUMANO

Fundamentos
del cuerpo

El cuerpo humano es una estructura asombrosamente compleja, hecha de cientos de partes que trabajan juntas para mantenernos vivos y sanos. Aunque hoy se conoce mejor que nunca antes, gran parte de su funcionamiento sigue siendo un misterio.

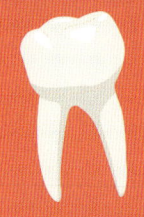

¡EL **ESMALTE** QUE CUBRE LOS **DIENTES** ES EL **TEJIDO MÁS DURO** DEL **CUERPO HUMANO!**

CONSTRUIR UN CUERPO

Como todos los seres vivos, el cuerpo se compone de billones de células minúsculas. En tu cuerpo, grupos de células forman tejidos, y estos, a su vez, crean órganos. Múltiples órganos trabajan juntos en sistemas para realizar tareas vitales.

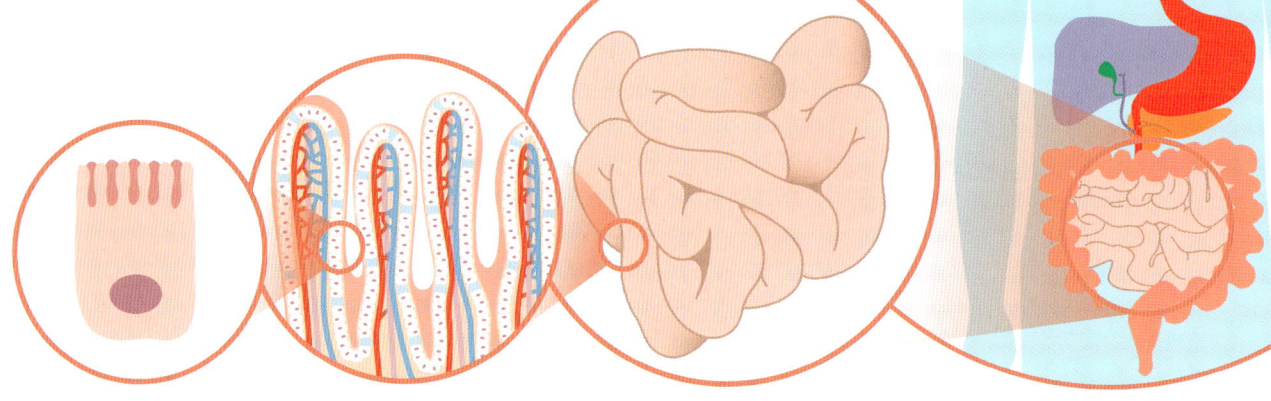

Célula
Las células son la menor unidad de la vida. Cada una tiene una función especializada. Esta es del epitelio intestinal.

Tejido
Células del mismo tipo forman tejidos. Los intestinos, por ejemplo, están recubiertos por dentro de un tejido que fabrica enzimas digestivas.

Órgano
Tejidos de distinto tipo se unen para formar órganos, como el intestino delgado.

Sistema corporal
Los órganos trabajan juntos como un sistema en tareas como la digestión y otras.

¡HAY **TANTAS CÉLULAS BACTERIANAS** EN TU **CUERPO** COMO **CÉLULAS HUMANAS!**

MAYORMENTE ES **AGUA**

Al nacer, casi tres cuartas partes de tu cuerpo consisten en agua. Al crecer, la composición del cuerpo va cambiando, y la cantidad de agua se va reduciendo gradualmente. Los ancianos tienen menos agua, al perder tejido muscular rico en agua.

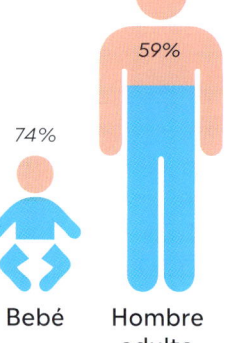

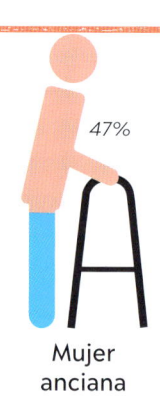

74% — Bebé

59% — Hombre adulto

50% — Mujer adulta

47% — Mujer anciana

RASGOS MISTERIOSOS

Al evolucionar los humanos, algunas de sus estructuras corporales perdieron su función original. Estas estructuras se llaman vestigiales, lo cual indica que se conservan en forma reducida o subdesarrollada.

Terceros molares, llamados muelas del juicio

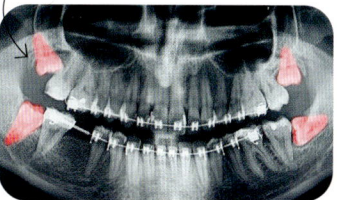

Muelas del juicio

Los terceros molares fueron vitales para la dura dieta de nuestros antepasados, pero la evolución redujo nuestras mandíbulas. Hoy se extraen a menudo por causar complicaciones.

El repliegue ayuda a drenar lágrimas.

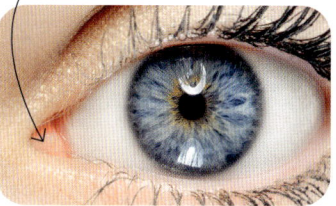

Tercer párpado

Los humanos ya no tienen un tercer párpado para proteger el ojo, solo un repliegue, pero muchos otros animales lo tienen.

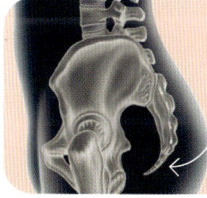

El coxis ocupa el extremo inferior de la columna.

Coxis

Los científicos consideran el coxis un vestigio de la cola de nuestros antepasados, que hoy solo ayuda a soportar el peso del cuerpo.

¡EL **CUERPO HUMANO** CONTIENE **MINÚSCULAS TRAZAS** DE **ORO!**

El cerebro funciona como un ordenador, procesando información de nervios de todo el cuerpo.

El pulmón izquierdo es menor que el derecho, para dejar sitio al corazón.

SISTEMAS **CORPORALES**

Este diagrama muestra una selección de los principales sistemas del cuerpo humano. Cada uno tiene una tarea específica, pero todos trabajan juntos para mantenerte con vida.

Las células linfáticas transportan el fluido llamado linfa desde los tejidos hasta el torrente sanguíneo.

Sistema nervioso
El cerebro y los nervios controlan cómo respondes al entorno, y también funciones automáticas tales como la respiración.

Sistema respiratorio
Las vías respiratorias y los pulmones traen oxígeno al cuerpo y retiran dióxido de carbono.

Sistema circulatorio
El corazón bombea sangre por el cuerpo a través de vasos sanguíneos para llevar oxígeno a las células.

Sistema digestivo
El aparato digestivo procesa el alimento para liberar energía y nutrientes.

Sistema reproductor
Distinto en hombres y mujeres, estos órganos producen la descendencia.

Órganos reproductores masculinos

Sistema muscular
Cada movimiento que realizas lo producen músculos unidos al esqueleto. Músculos de otros tipos hacen latir el corazón o empujan el alimento por el intestino.

Sistemas linfático e inmunitario
El sistema linfático funciona junto con el inmunitario para proteger el cuerpo de infecciones y enfermedades.

Sistema esquelético
Los huesos son la estructura de soporte del cuerpo, protegen órganos internos y permiten el movimiento.

Supercélulas
humanas

Billones de células demasiado minúsculas para ser vistas sin instrumentos constituyen el cuerpo humano. Juntas forman los tejidos del cuerpo, y cada tipo de célula tiene una tarea especializada propia.

¡HAY UNOS 37 BILLONES DE CÉLULAS EN EL CUERPO HUMANO!

TIPOS DE CÉLULAS

Hay unos 200 tipos distintos de células del organismo que tienen funciones diversas. Abajo se muestran en visión aumentada algunas de ellas.

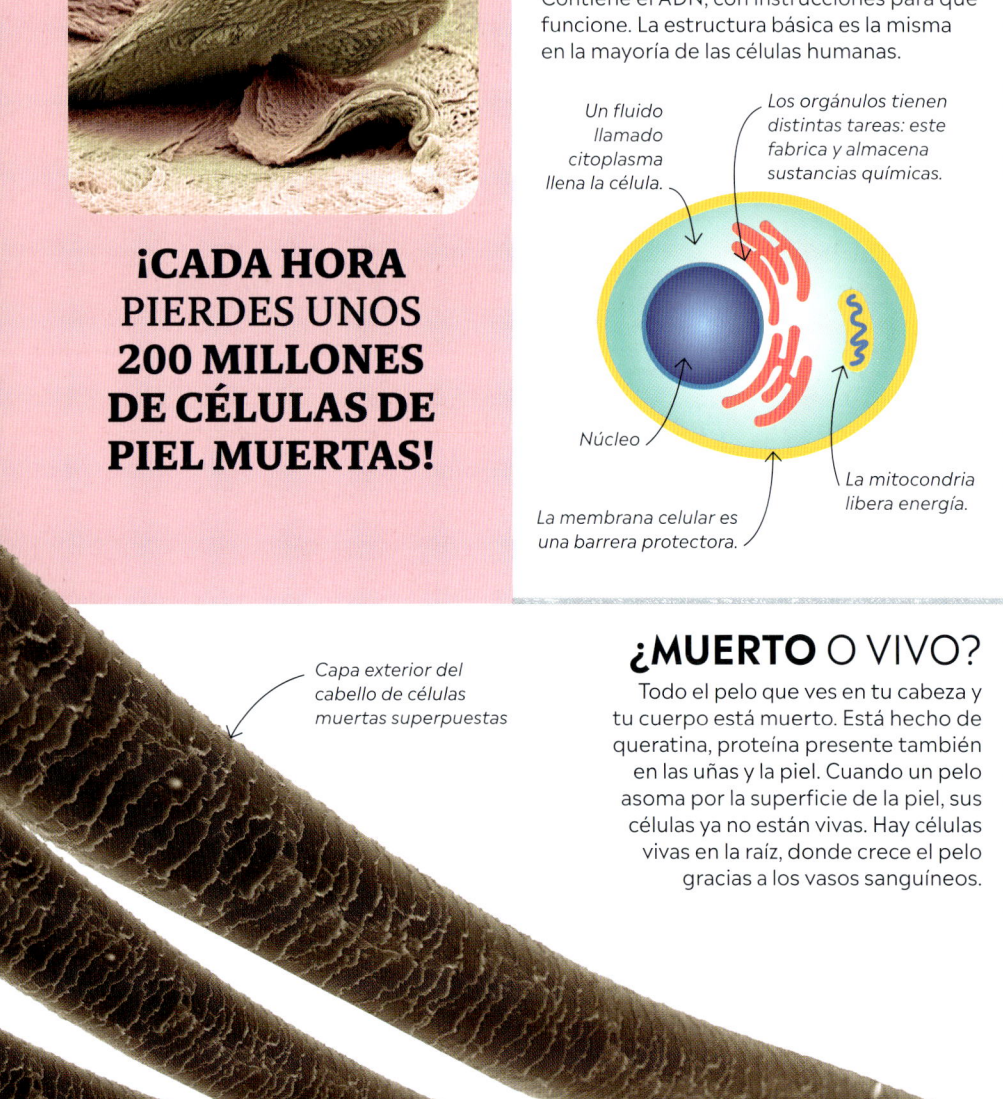

Las células de piel muerta se desprenden, y las nuevas aparecen debajo.

¡CADA HORA PIERDES UNOS 200 MILLONES DE CÉLULAS DE PIEL MUERTAS!

INTERIOR DE UNA CÉLULA

El núcleo es el centro de control de la célula. Contiene el ADN, con instrucciones para que funcione. La estructura básica es la misma en la mayoría de las células humanas.

Un fluido llamado citoplasma llena la célula.

Los orgánulos tienen distintas tareas: este fabrica y almacena sustancias químicas.

Núcleo

La mitocondria libera energía.

La membrana celular es una barrera protectora.

Capa exterior del cabello de células muertas superpuestas

¿MUERTO O VIVO?

Todo el pelo que ves en tu cabeza y tu cuerpo está muerto. Está hecho de queratina, proteína presente también en las uñas y la piel. Cuando un pelo asoma por la superficie de la piel, sus células ya no están vivas. Hay células vivas en la raíz, donde crece el pelo gracias a los vasos sanguíneos.

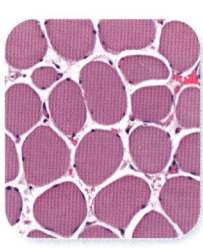

Células musculares
Las células musculares, o miocitos, se contraen para mover partes del cuerpo.

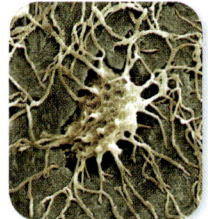

Células óseas
Estas células son las responsables del crecimiento nuevo y la reparación óseos.

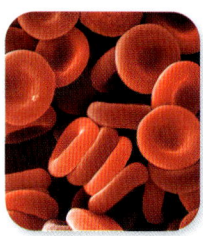

Glóbulos rojos
Los glóbulos rojos absorben oxígeno y lo liberan por el cuerpo.

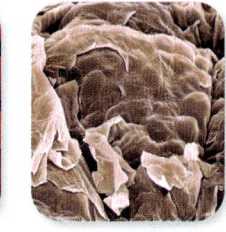

Células cutáneas
Forman una barrera fuerte alrededor del cuerpo, y son vitales para su protección.

Neuronas
Como parte del sistema nervioso, las neuronas envían señales eléctricas por el cuerpo.

Células adiposas
Estas células almacenan grasas. Son una fuente importante de energía y calor.

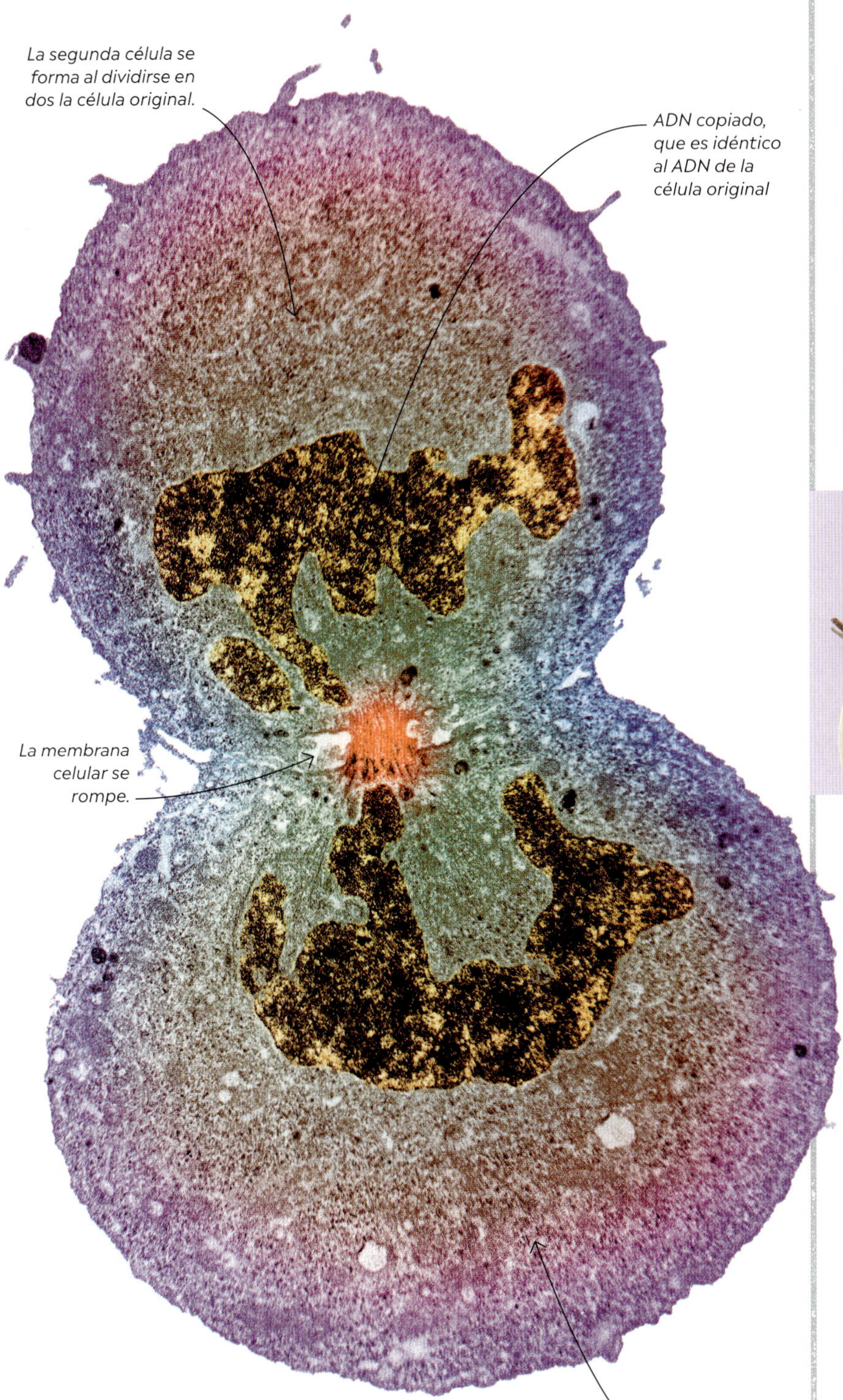

La segunda célula se forma al dividirse en dos la célula original.

ADN copiado, que es idéntico al ADN de la célula original

La membrana celular se rompe.

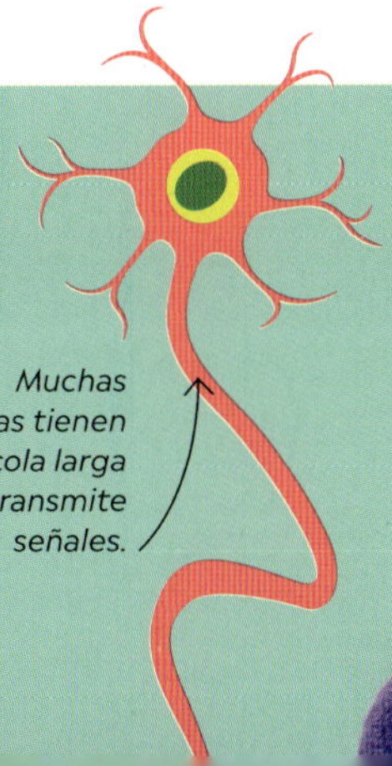

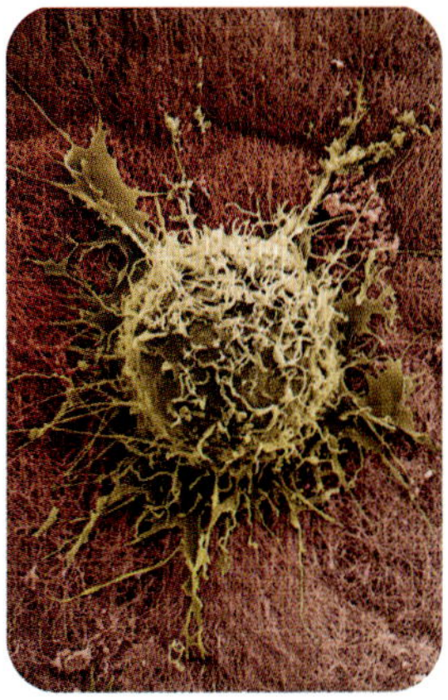

CÉLULAS MADRE

Las asombrosas células madre, con la capacidad única de convertirse en células de cualquier tipo, son los elementos constructivos fundamentales del cuerpo. En la imagen, una célula madre de la médula ósea (marrón) sobre tejido cartilaginoso (rosa).

¡LA **MAYOR CÉLULA** DEL **REINO ANIMAL** ES EL **HUEVO DE AVESTRUZ**, DE 15 CM DE LARGO!

MAYOR Y MENOR

Sobre la punta de un alfiler en la imagen, el óvulo; apenas visible sin instrumentos, es la mayor célula humana. La célula más minúscula, el espermatozoide, es unas 10 000 veces menor. Como la mayoría de las células, solo se puede ver con la ayuda de un microscopio.

Óvulo femenino

Punta de un alfiler

DIVISIÓN CELULAR

Las células del cuerpo se renuevan constantemente. Cada célula duplica el ADN del núcleo y se divide en dos para hacer una copia perfecta de sí misma. La imagen aumentada es de una célula renal dividiéndose.

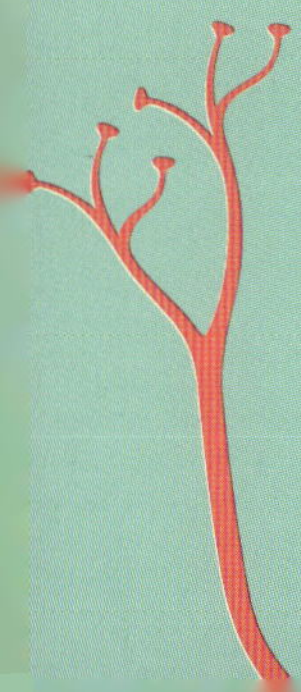

Célula original del riñón

LAS **CÉLULAS MÁS LARGAS** SON LAS **NEURONAS.** ¡ALGUNAS MIDEN **1 M DE LARGO!**

Muchas neuronas tienen una cola larga que transmite señales.

En los **huesos**

Tu esqueleto óseo representa casi el 15 % de tu peso corporal. Le da estructura a tu cuerpo —para que no seas como una muñeca de trapo—, protege órganos vitales y te permite moverte.

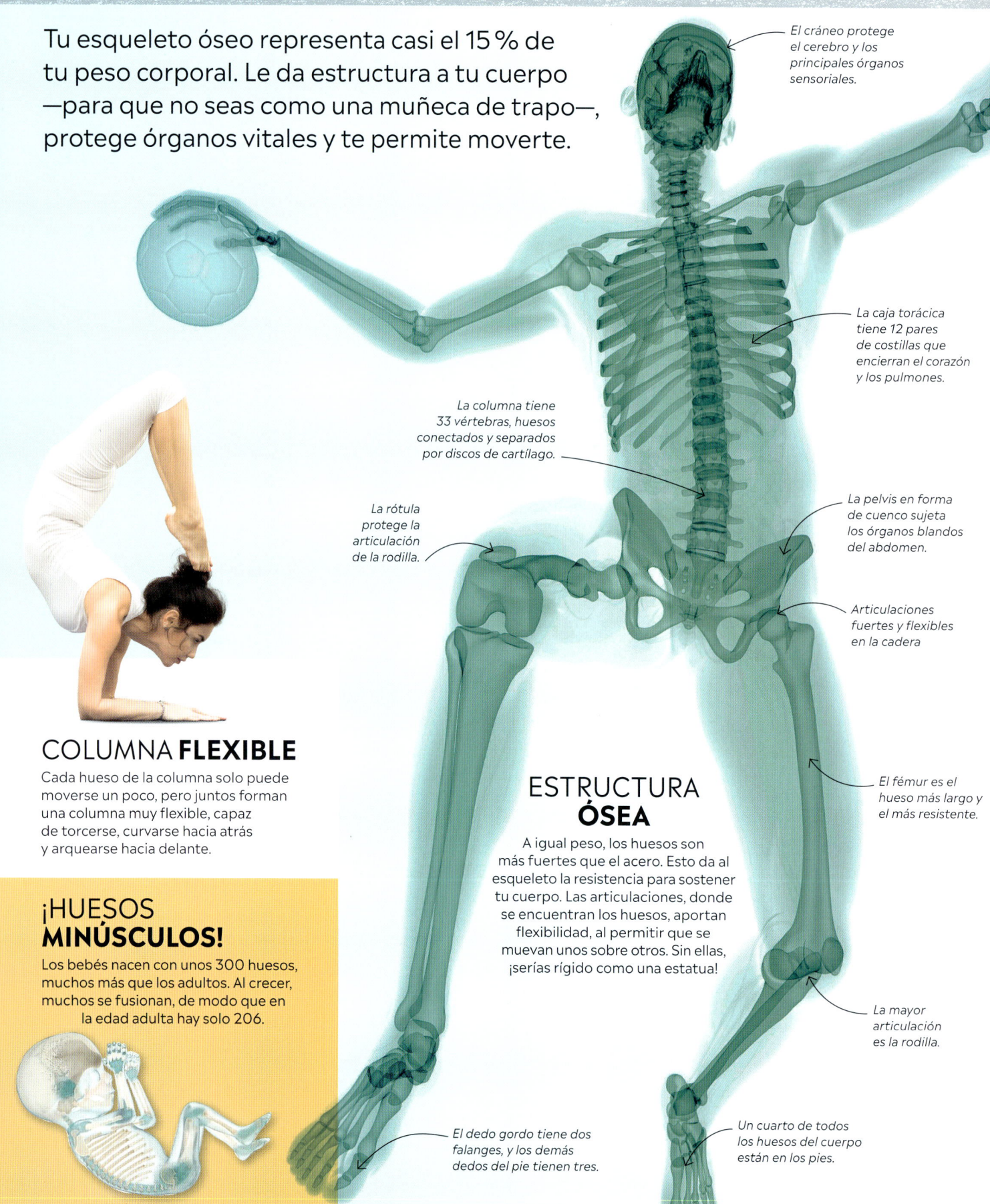

El cráneo protege el cerebro y los principales órganos sensoriales.

La caja torácica tiene 12 pares de costillas que encierran el corazón y los pulmones.

La columna tiene 33 vértebras, huesos conectados y separados por discos de cartílago.

La pelvis en forma de cuenco sujeta los órganos blandos del abdomen.

La rótula protege la articulación de la rodilla.

Articulaciones fuertes y flexibles en la cadera

El fémur es el hueso más largo y el más resistente.

La mayor articulación es la rodilla.

El dedo gordo tiene dos falanges, y los demás dedos del pie tienen tres.

Un cuarto de todos los huesos del cuerpo están en los pies.

COLUMNA **FLEXIBLE**

Cada hueso de la columna solo puede moverse un poco, pero juntos forman una columna muy flexible, capaz de torcerse, curvarse hacia atrás y arquearse hacia delante.

¡HUESOS **MINÚSCULOS!**

Los bebés nacen con unos 300 huesos, muchos más que los adultos. Al crecer, muchos se fusionan, de modo que en la edad adulta hay solo 206.

ESTRUCTURA **ÓSEA**

A igual peso, los huesos son más fuertes que el acero. Esto da al esqueleto la resistencia para sostener tu cuerpo. Las articulaciones, donde se encuentran los huesos, aportan flexibilidad, al permitir que se muevan unos sobre otros. Sin ellas, ¡serías rígido como una estatua!

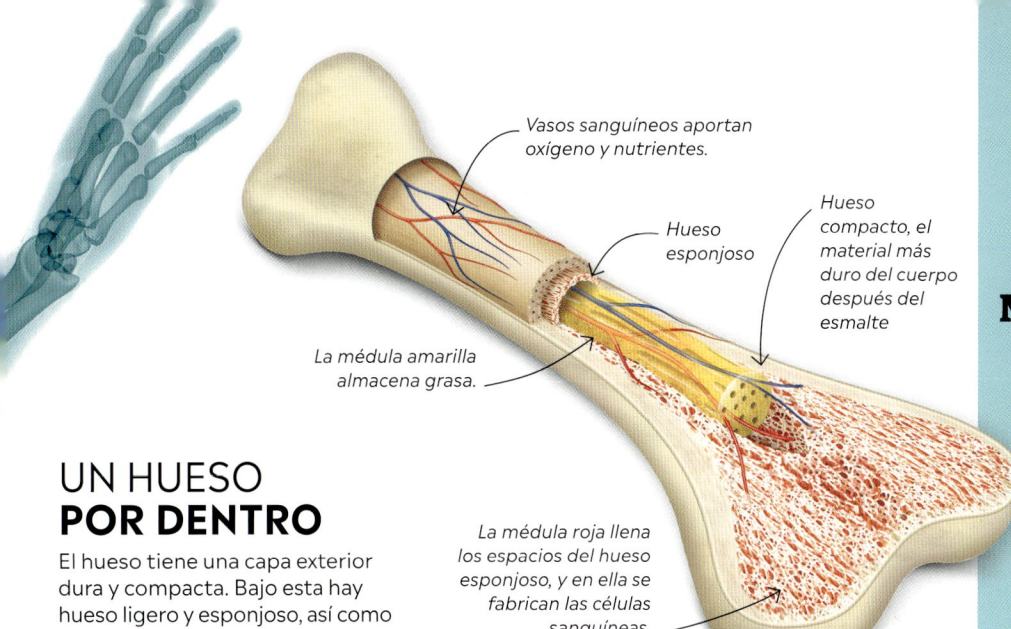

Vasos sanguíneos aportan oxígeno y nutrientes.

Hueso esponjoso

Hueso compacto, el material más duro del cuerpo después del esmalte

La médula amarilla almacena grasa.

La médula roja llena los espacios del hueso esponjoso, y en ella se fabrican las células sanguíneas.

UN HUESO **POR DENTRO**

El hueso tiene una capa exterior dura y compacta. Bajo esta hay hueso ligero y esponjoso, así como tejido blando, la llamada médula.

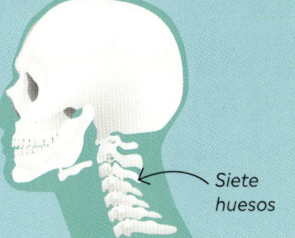

Siete huesos

¡LOS **HUMANOS** TIENEN EL **MISMO NÚMERO** DE **HUESOS EN EL CUELLO** QUE LAS **JIRAFAS**!

Siete huesos

¡ERES **LIGERAMENTE MÁS ALTO** POR LA **MAÑANA** QUE ANTES DE ACOSTARTE, PUES **TU COLUMNA SE ESTIRA** MIENTRAS **DUERMES**!

CRÁNEO **FUERTE**

El cráneo lo forman 22 huesos. El único hueso móvil es la mandíbula; el resto encajan en articulaciones fijas, las suturas, y juntos forman una estructura protectora resistente.

Ocho huesos forman el cráneo en forma de cúpula.

El hueso temporal es el más denso del cuerpo.

Catorce huesos faciales

Músculos potentes mueven la mandíbula.

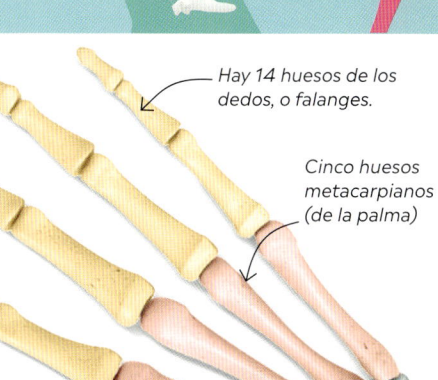

Hay 14 huesos de los dedos, o falanges.

Cinco huesos metacarpianos (de la palma)

Ocho carpianos forman la muñeca.

MANOS **ÚNICAS**

Articulaciones múltiples y pulgares oponibles a cada dedo permiten a la mano humana agarrar con fuerza y manipular con delicadeza y precisión. Ningún otro mamífero tiene manos tan versátiles.

FRACTURA **REPARADA**

El hueso está hecho de tejido vivo que crece, se renueva y repara cualquier fisura o fractura que pueda haber.

Primeras horas
Se forma un coágulo alrededor de la fractura para sellar la herida.

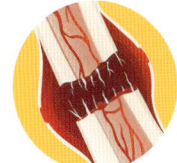

Días después
Comienzan a formarse fibras de hueso nuevo en el hueco entre las partes.

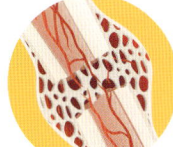

Semanas después
Hueso esponjoso sustituye a las fibras y se regeneran los vasos sanguíneos.

Meses después
Nuevo hueso compacto sustituye al esponjoso, reparando la fractura.

Martillo

¡LOS HUESOS MÁS PEQUEÑOS!

Tres minúsculos huesos del oído, llamados martillo, yunque y estribo, son los menores del cuerpo humano. Estos huesos amplifican los sonidos captados por el tímpano.

Poder muscular

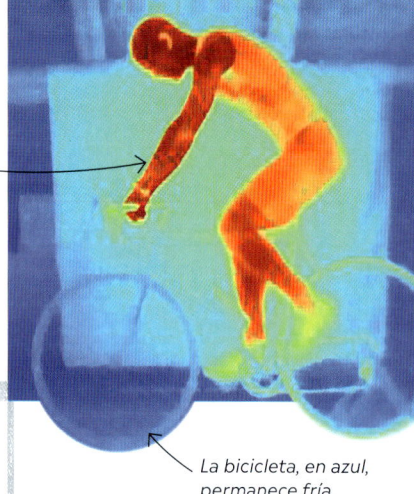

Las áreas más calientes se ven en rojo en la termografía.

En tu cuerpo hay más de 600 músculos unidos a tu esqueleto. Representan el 40 % de tu peso corporal, e intervienen en cada movimiento que realizas, pero también te permiten hablar; además, mueven los alimentos por tu aparato digestivo y envían sangre vital a todas las partes de tu cuerpo.

La bicicleta, en azul, permanece fría.

CALOR CORPORAL

Cuando tus músculos se esfuerzan durante el ejercicio, como al montar en bicicleta, producen calor. Este termograma muestra en rojo las áreas en las que el cuerpo libera calor excedente.

Los músculos de la lengua ayudan a hablar, comer y tragar.

LENGUA FUERTE

Tu lengua contiene ocho músculos diferentes. La mitad de ellos unen la lengua a la cabeza y el cuello. El resto dan a tu lengua la flexibilidad para estirarse, hablar y mover alimento por la boca.

EL MÚSCULO MÁS FUERTE PARA SU TAMAÑO ES EL MASETERO. ¡ES CAPAZ DE EJERCER UNA FUERZA DE HASTA 90 KG!

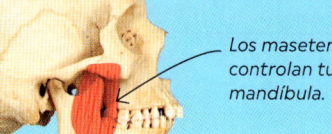

Los maseteros controlan tu mandíbula.

CÓMO FUNCIONAN LOS MÚSCULOS

Los músculos tiran de huesos, y no los empujan de vuelta a su lugar. Suelen disponerse en pares opuestos para mover los huesos en dos direcciones distintas. Dos músculos del brazo, por ejemplo, trabajan juntos para mover el antebrazo.

Para extender el antebrazo, el bíceps se relaja.

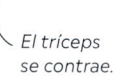

El tríceps se contrae.

UN MÚSCULO POR DENTRO

Semejante a un cable eléctrico, un músculo se compone de cientos de células largas juntas, las fibras musculares. Cada una consiste en miofibrillas, pequeñas estructuras que se contraen y relajan. Los vasos sanguíneos aportan oxígeno y energía para mover los músculos.

Para levantar el antebrazo, el bíceps se contrae.

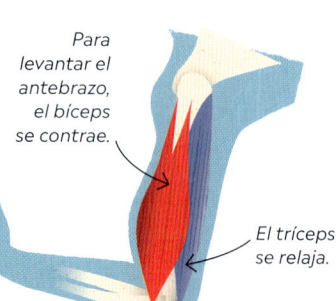

El tríceps se relaja.

Vista aumentada de fibras musculares (rojo) y tejido conectivo (blanco)

¡LOS **MÚSCULOS** QUE CONTROLAN TUS **OJOS** SE MUEVEN MÁS DE **100 000** VECES AL DÍA!

¡CARNE DE GALLINA!

Cada uno de los cinco millones de pelos de tu cuerpo cuenta con un músculo erector, o *arrector pili*. Cuando tienes frío o miedo, se contraen y ponen los pelos de punta. Así se atrapa una capa de aire junto a la piel, que sirve para calentarse.

Estirarse mantiene flexibles los músculos.

El músculo más largo es el sartorio, que va de la cadera a la rodilla.

El glúteo mayor, en la nalga, es el mayor de tus músculos.

El húmero se conecta al omóplato por medio de siete músculos.

Los músculos tonificados se ven definidos bajo la piel.

MUSCULACIÓN

Cuanto más trabajan tus músculos esqueléticos, más se refuerzan. El ejercicio regular, como bailar, crea rasguños minúsculos en las fibras musculares. El cuerpo los repara, creando músculos más voluminosos.

Músculos fuertes del brazo mantienen el equilibrio al danzar.

TIPOS DE MÚSCULOS

Los músculos del cuerpo se dividen en tres tipos. Los músculos esqueléticos se controlan conscientemente; los lisos y el miocardio funcionan de forma automática.

Tejido muscular liso

Músculo liso
Este tipo de músculo se halla en los órganos y en todos los vasos sanguíneos que transportan sangre y nutrientes del alimento.

Tejido muscular del corazón

Miocardio
Presente solo en el corazón, el miocardio bombea sangre por el cuerpo sin interrupción. ¡Es el único músculo que nunca se cansa!

Tejido muscular esquelético

Músculo esquelético
Unido a los huesos del cuerpo, estos haces de fibras musculares mueven el esqueleto, miembros incluidos.

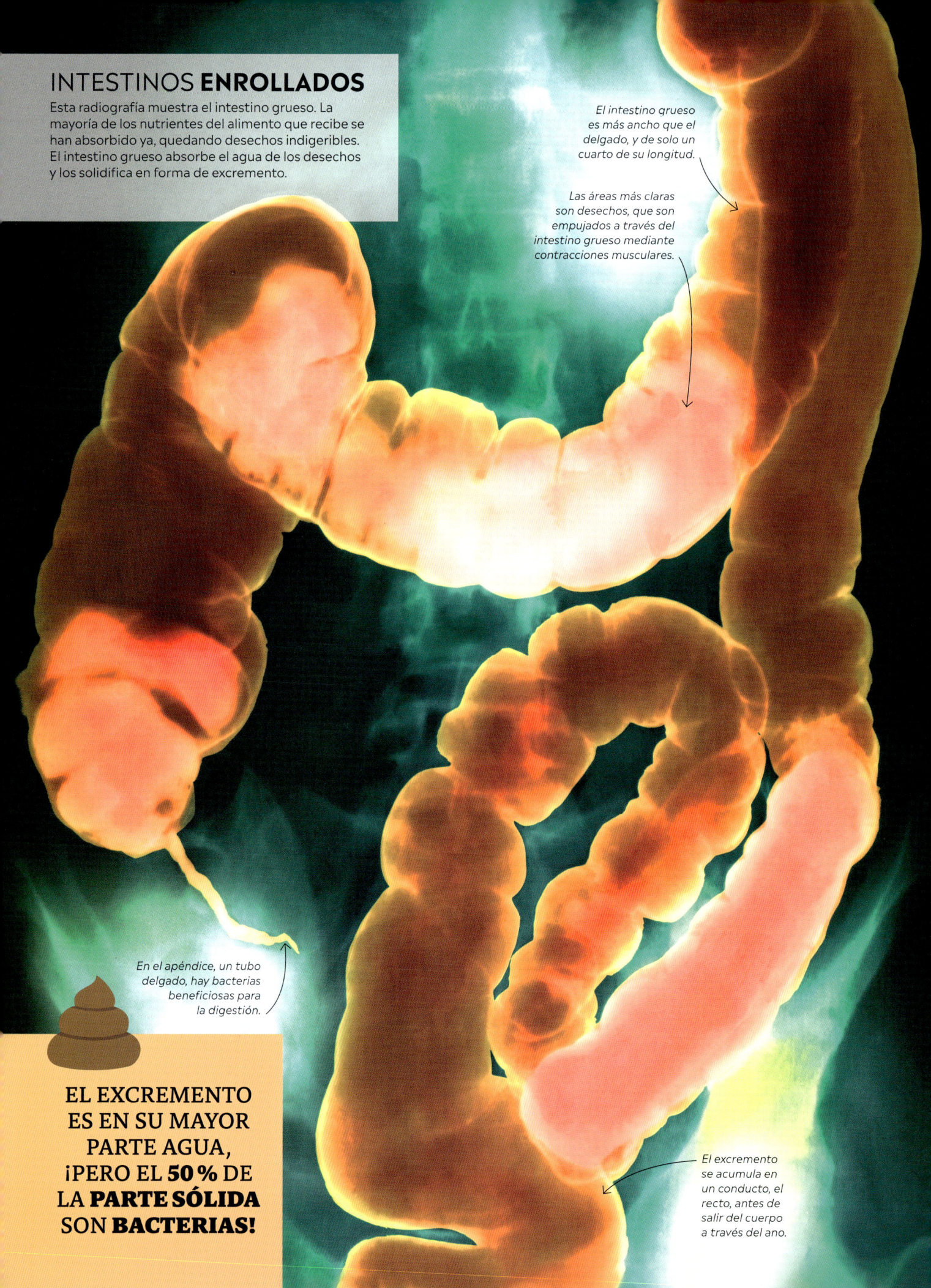

INTESTINOS **ENROLLADOS**

Esta radiografía muestra el intestino grueso. La mayoría de los nutrientes del alimento que recibe se han absorbido ya, quedando desechos indigeribles. El intestino grueso absorbe el agua de los desechos y los solidifica en forma de excremento.

El intestino grueso es más ancho que el delgado, y de solo un cuarto de su longitud.

Las áreas más claras son desechos, que son empujados a través del intestino grueso mediante contracciones musculares.

En el apéndice, un tubo delgado, hay bacterias beneficiosas para la digestión.

El excremento se acumula en un conducto, el recto, antes de salir del cuerpo a través del ano.

EL EXCREMENTO ES EN SU MAYOR PARTE AGUA, ¡PERO EL 50 % DE LA PARTE SÓLIDA SON BACTERIAS!

Procesador de alimentos

El aparato digestivo descompone decenas de miles de ingestas a lo largo de una vida. Cada ingesta se convierte en nutrientes y energía al ir recorriendo unos 9 m de órganos digestivos.

¡PRODUCES HASTA 1,5 LITROS DE SALIVA CADA DÍA!

La saliva de un día llenaría una botella grande.

ATAQUE ÁCIDO

El estómago musculoso bate el alimento y lo mezcla con jugos digestivos que lo descomponen. Los jugos contienen un ácido potente que mata bacterias dañinas.

Pared gruesa con tres capas de músculo

Cada día se producen cuatro litros de jugos gástricos.

¡Una mucosa gruesa evita que el estómago se digiera a sí mismo!

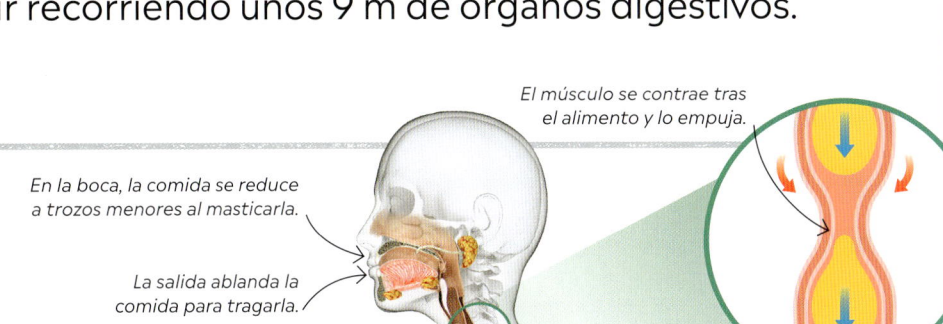

El músculo se contrae tras el alimento y lo empuja.

En la boca, la comida se reduce a trozos menores al masticarla.

La salida ablanda la comida para tragarla.

Esófago

Avance a empujones
Músculos de la garganta y de los intestinos se contraen y relajan para empujar la comida, en la llamada peristalsis.

El hígado segrega bilis, fluido que descompone grasas.

El estómago convierte la comida en un líquido grumoso, el quimo.

El intestino delgado absorbe nutrientes.

Intestino grueso

Ano

SISTEMA DIGESTIVO

La comida tarda entre 24 y 72 horas en recorrer el aparato digestivo. En el proceso se descompone el alimento y se absorben nutrientes vitales y agua. Los desechos no digeridos se expulsan como heces.

¡LA PERSONA MEDIA DEVORA UNOS 675 KG DE ALIMENTOS AL AÑO!

¿POR QUÉ ERUCTAMOS?

Cuando se beben refrescos con gas puede quedar atrapado aire en el esófago. El cuerpo responde eructando: expulsando el aire excedente por la boca. ¡Es normal eructar hasta unas 30 veces al día!

¡EXPULSAS HASTA 2,2 LITROS DE GAS CADA DÍA!

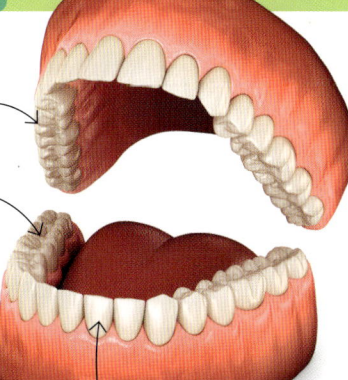

Caninos afilados ayudan a sujetar y desgarrar.

Los premolares y molares aplastan y muelen.

DIENTES DUROS

Los dientes inician el proceso de la digestión reduciendo la comida a trozos menores. La saliva de las glándulas de la boca la ablandan.

Los incisivos cortan y muerden.

Corazón y sangre

Tu corazón es una bomba motriz que hace circular sangre por tu cuerpo sin parar. Cada día, tu corazón late unas 100 000 veces, enviando cinco litros de sangre en una travesía épica a tus órganos y músculos.

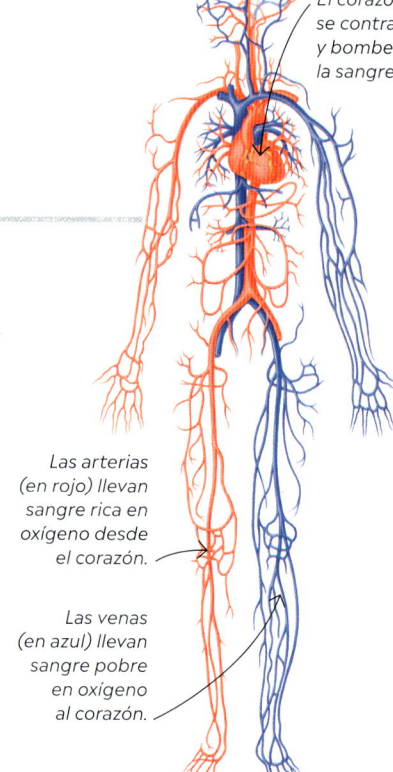

El corazón se contrae y bombea la sangre.

LOS VASOS SANGUÍNEOS DEL CUERPO MIDEN **100 000 KM:** **¡LO SUFICIENTE PARA RODEAR LA TIERRA DOS VECES!**

VASOS **SANGUÍNEOS**

Hay tres tipos de vasos sanguíneos: las arterias transportan sangre desde el corazón; las venas devuelven la sangre al corazón; y los capilares conectan las venas con las arterias.

Arterias
Tienen paredes gruesas y musculosas.

Venas
Estas tienen paredes delgadas.

Capilares
Estos son los vasos más pequeños.

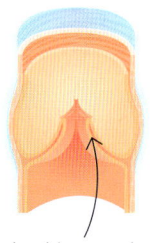
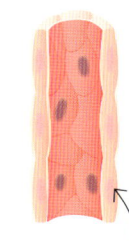

Las válvulas de las venas impiden a la sangre fluir hacia atrás.

Las paredes son del grosor de una célula.

Las arterias (en rojo) llevan sangre rica en oxígeno desde el corazón.

Las venas (en azul) llevan sangre pobre en oxígeno al corazón.

LA **CIRCULACIÓN**

El sistema cardiovascular se compone del corazón y una red intrincada de vasos sanguíneos. Tu corazón envía sangre con oxígeno y nutrientes a todas las células, músculos y órganos del cuerpo.

EN LA **SANGRE**

Un fluido acuoso llamado plasma constituye el 55 % de la sangre, y los glóbulos rojos representan el 44 %. El 1 % restante consiste en leucocitos y plaquetas.

Las plaquetas sirven a la sangre para coagularse y cerrar heridas.

Los leucocitos atacan a microbios invasores.

EL HIERRO DA A LA SANGRE SU COLOR **ROJO**, ¡Y EL **COBRE**, EL COLOR **AZUL** A LA SANGRE DE PULPO!

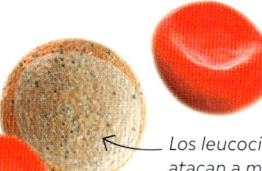

Los glóbulos rojos llevan oxígeno desde los pulmones.

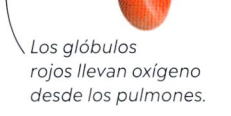

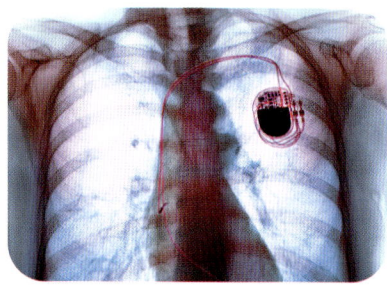

SALVAVIDAS

Los marcapasos, pequeños dispositivos electrónicos colocados bajo la piel, corrigen el latido irregular. Esta radiografía muestra uno conectado a un cable guiado a través de un vaso sanguíneo hasta el corazón.

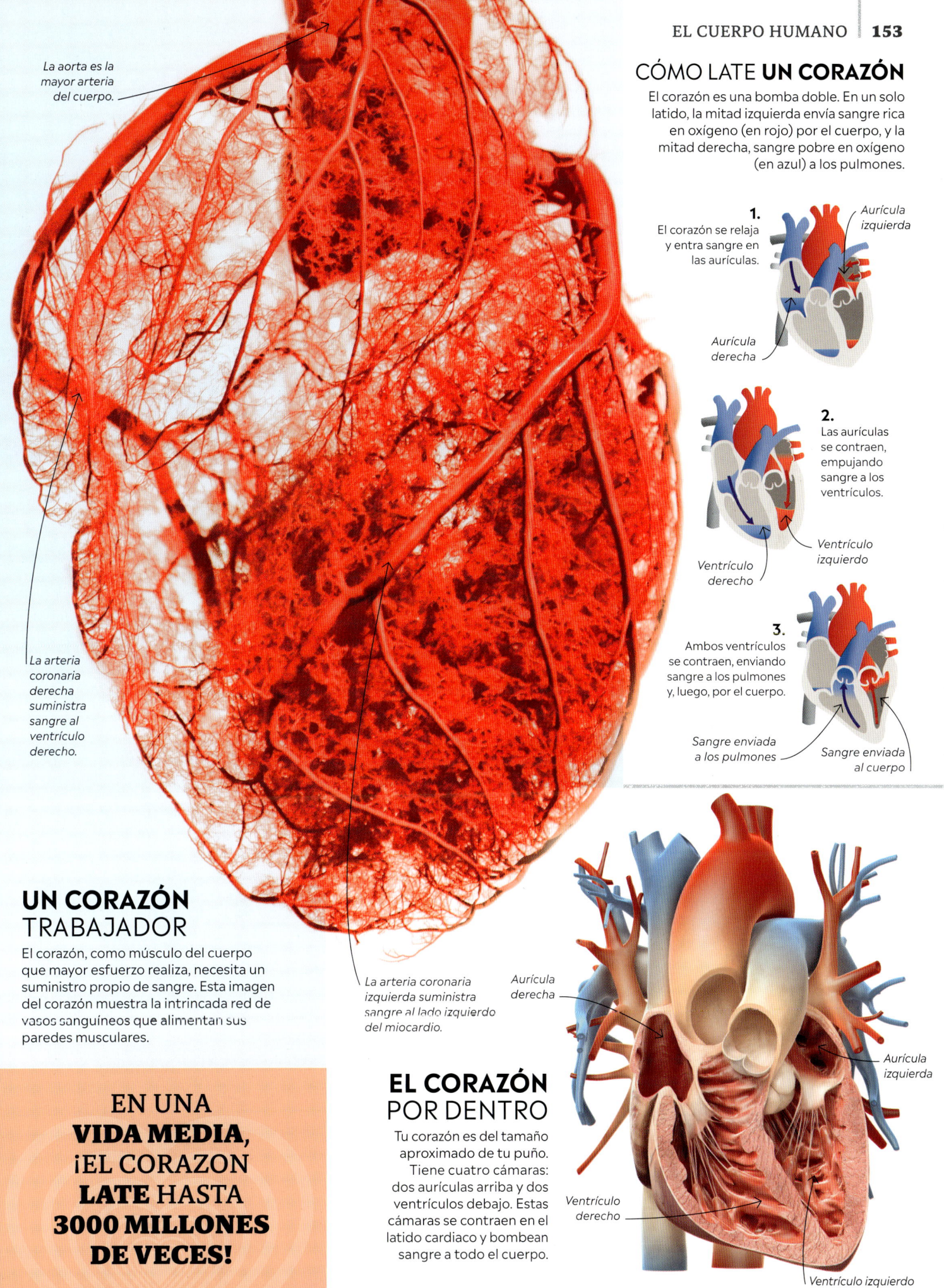

La aorta es la mayor arteria del cuerpo.

La arteria coronaria derecha suministra sangre al ventrículo derecho.

CÓMO LATE **UN CORAZÓN**

El corazón es una bomba doble. En un solo latido, la mitad izquierda envía sangre rica en oxígeno (en rojo) por el cuerpo, y la mitad derecha, sangre pobre en oxígeno (en azul) a los pulmones.

1.
El corazón se relaja y entra sangre en las aurículas.

Aurícula izquierda

Aurícula derecha

2.
Las aurículas se contraen, empujando sangre a los ventrículos.

Ventrículo izquierdo

Ventrículo derecho

3.
Ambos ventrículos se contraen, enviando sangre a los pulmones y, luego, por el cuerpo.

Sangre enviada a los pulmones

Sangre enviada al cuerpo

UN CORAZÓN
TRABAJADOR

El corazón, como músculo del cuerpo que mayor esfuerzo realiza, necesita un suministro propio de sangre. Esta imagen del corazón muestra la intrincada red de vasos sanguíneos que alimentan sus paredes musculares.

La arteria coronaria izquierda suministra sangre al lado izquierdo del miocardio.

Aurícula derecha

Aurícula izquierda

EN UNA **VIDA MEDIA**, ¡EL CORAZON **LATE** HASTA 3000 MILLONES DE VECES!

EL CORAZÓN
POR DENTRO

Tu corazón es del tamaño aproximado de tu puño. Tiene cuatro cámaras: dos aurículas arriba y dos ventrículos debajo. Estas cámaras se contraen en el latido cardiaco y bombean sangre a todo el cuerpo.

Ventrículo derecho

Ventrículo izquierdo

CONTROL **RESPIRATORIO**

La respiración es un proceso automático, pero, al ejercitarte, el cerebro percibe la necesidad de más oxígeno, y te hace respirar más hondo y rápido. Se puede controlar conscientemente la respiración. Los nadadores se entrenan para respirar de modo rítmico, suministrando regularmente oxígeno a los músculos.

El nadador espira bajo el agua dejando un reguero de burbujas, y después alza la cabeza sobre la superficie para tomar más aire.

Músculos abdominales fuertes asisten al diafragma y a los músculos intercostales para lograr un buen control respiratorio.

RUTA A **LOS PULMONES**

El aire viaja a los pulmones a través de la tráquea, tubo que se extiende como un árbol invertido, con dos grandes ramas, los bronquios, y múltiples otras menores, los bronquiolos. Al extremo de los bronquiolos hay sacos aéreos microscópicos, los llamados alvéolos.

Los bronquios llevan aire a los pulmones.

Tráquea

Los bronquiolos llevan aire a los alvéolos.

Tomar **aliento**

Los dos pulmones esponjosos en tu pecho te permiten respirar unas 22 000 veces al día. Con cada aliento (o respiración) tiene lugar un vital intercambio de gases. El oxígeno inhalado del aire pasa a la sangre, a la vez que el dióxido de carbono de desecho de las células del cuerpo pasa de la sangre al aire de los pulmones, y es expulsado.

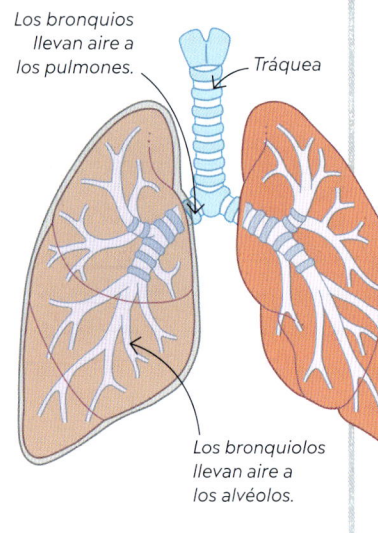

AL APRENDER A CONTENER MÁS TIEMPO LA RESPIRACIÓN, ¡ALGUNOS **BUCEADORES LIBRES** BUCEAN MÁS DE **100 M** SIN **TANQUE DE OXÍGENO!**

MOCO **VISCOSO**

El moco es un líquido viscoso que atrapa el polvo y las bacterias que inhalamos, ayudando así a combatir infecciones. La nariz, la garganta y los pulmones segregan hasta 1,5 litros de moco al día.

Los músculos necesitan un suministro regular de oxígeno para esforzarse hasta terminar la prueba.

¡EL **ÁREA SUPERFICIAL** DE TUS **PULMONES** ES UNAS **30 VECES MAYOR** QUE EL **ÁREA SUPERFICIAL** DE TU **PIEL!**

INTERCAMBIO **DE GASES**

El intercambio de gases en los pulmones se produce a través de vasos sanguíneos minúsculos, los capilares, que rodean unos 480 millones de sacos aéreos, los alvéolos (o alveolos).

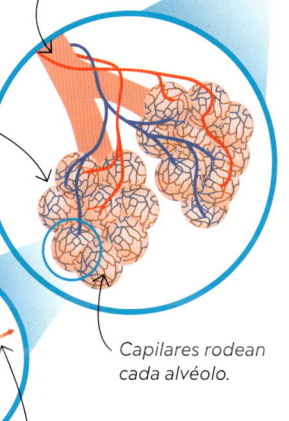

Pulmones

Bronquiolo

Alvéolos

Ruta del oxígeno

Ruta del dióxido de carbono

Llega sangre desoxigenada a un capilar.

Pasa dióxido de carbono de la sangre al aire.

Capilares rodean cada alvéolo.

La sangre sale oxigenada.

Pasa oxígeno del aire a la sangre.

INSPIRAR Y ESPIRAR

El diafragma es una lámina de músculo bajo los pulmones. Al inspirar, tu diafragma se contrae y aplana, lo cual aumenta el volumen de la cavidad torácica para que los pulmones se llenen de aire. Al relajarse el diafragma, se expulsa el aire de los pulmones.

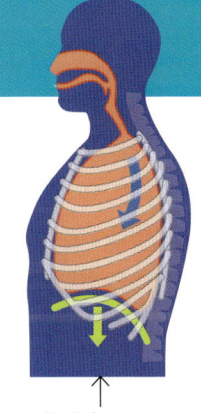

El diafragma (amarillo) se aplana, y los músculos levantan las costillas, llevando así aire a los pulmones.

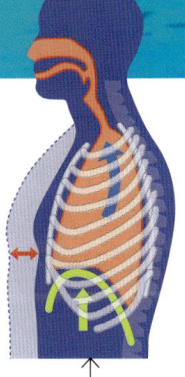

El diafragma se alza, y las costillas bajan, reduciendo así la cavidad torácica y expulsando el aire.

¡CADA ALVÉOLO PUEDE SER MENOR QUE UN GRANO DE ARENA!

AIRE DE MONTAÑA

A gran altitud hay menos oxígeno en el aire, y cuesta más respirar. Los habitantes de la montaña, como estos sherpas de Nepal, producen glóbulos rojos extra para que los pulmones aporten más oxígeno.

CAPACIDAD PULMONAR

Los pulmones se pueden entrenar para albergar mucho más aire del habitual. Los músicos que tocan instrumentos de viento como la trompeta suelen tener pulmones más capaces y mayor control respiratorio.

MAPA **CEREBRAL**

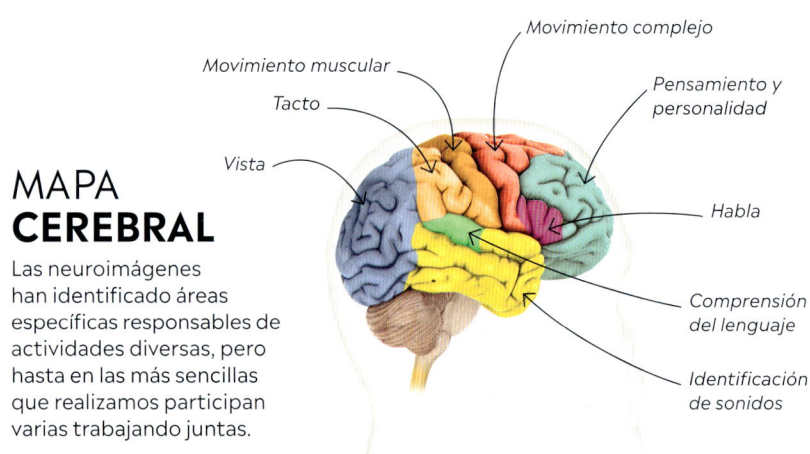

Movimiento complejo

Movimiento muscular

Tacto

Pensamiento y personalidad

Vista

Habla

Comprensión del lenguaje

Identificación de sonidos

Las neuroimágenes han identificado áreas específicas responsables de actividades diversas, pero hasta en las más sencillas que realizamos participan varias trabajando juntas.

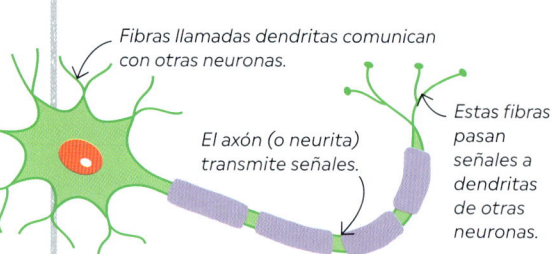

Fibras llamadas dendritas comunican con otras neuronas.

El axón (o neurita) transmite señales.

Estas fibras pasan señales a dendritas de otras neuronas.

ENVÍO DE SEÑALES

El sistema nervioso consiste en una red de células nerviosas, las neuronas, mensajeras que transmiten información como señales eléctricas. Solo en el cerebro hay 86 000 millones.

¡ALGUNAS **SEÑALES NERVIOSAS** VIAJAN **TAN RÁPIDO** COMO UN **COCHE DE CARRERAS DE FÓRMULA 1!**

Centro
de control

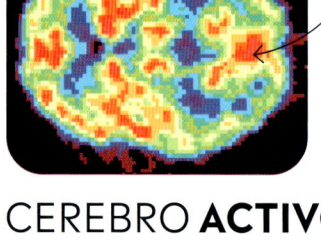

Las áreas activas del cerebro se ven en rojo.

CEREBRO **ACTIVO**

Las neuroimágenes muestran las partes más activas del cerebro. Esta muestra que, durante el sueño REM (de movimientos oculares rápidos), el cerebro está activo y soñando, y tan ocupado como cuando estás despierto.

Tu cerebro es el órgano más complejo de tu cuerpo. Controla tus actos, procesos corporales, pensamientos, sentimientos y memoria, ¡todo a la vez! Con la médula espinal y los nervios, forma el sistema nervioso.

El cerebro es el mayor órgano del sistema nervioso.

¡EL **CEREBRO** ES MÁS QUE NADA **GRASA**, Y MUY **BLANDO**, COMO LA **GELATINA!**

ACTOS **REFLEJOS**

No todas las acciones son controladas por el cerebro. Si tocas algo que pincha, la mano se aparta en menos de medio segundo, antes de que una señal pueda llegar hasta el cerebro. Esto se conoce como acto reflejo, y lo controla directamente la médula espinal.

Los nervios son grandes haces de células, las neuronas.

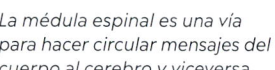

La médula espinal es una vía para hacer circular mensajes del cuerpo al cerebro y viceversa.

SISTEMA **NERVIOSO**

El sistema nervioso te permite sentir y responder al mundo que te rodea. Los nervios transmiten señales de los órganos sensoriales al cerebro, y luego señales de este y de la médula espinal dicen qué hacer a los músculos, los órganos y las glándulas.

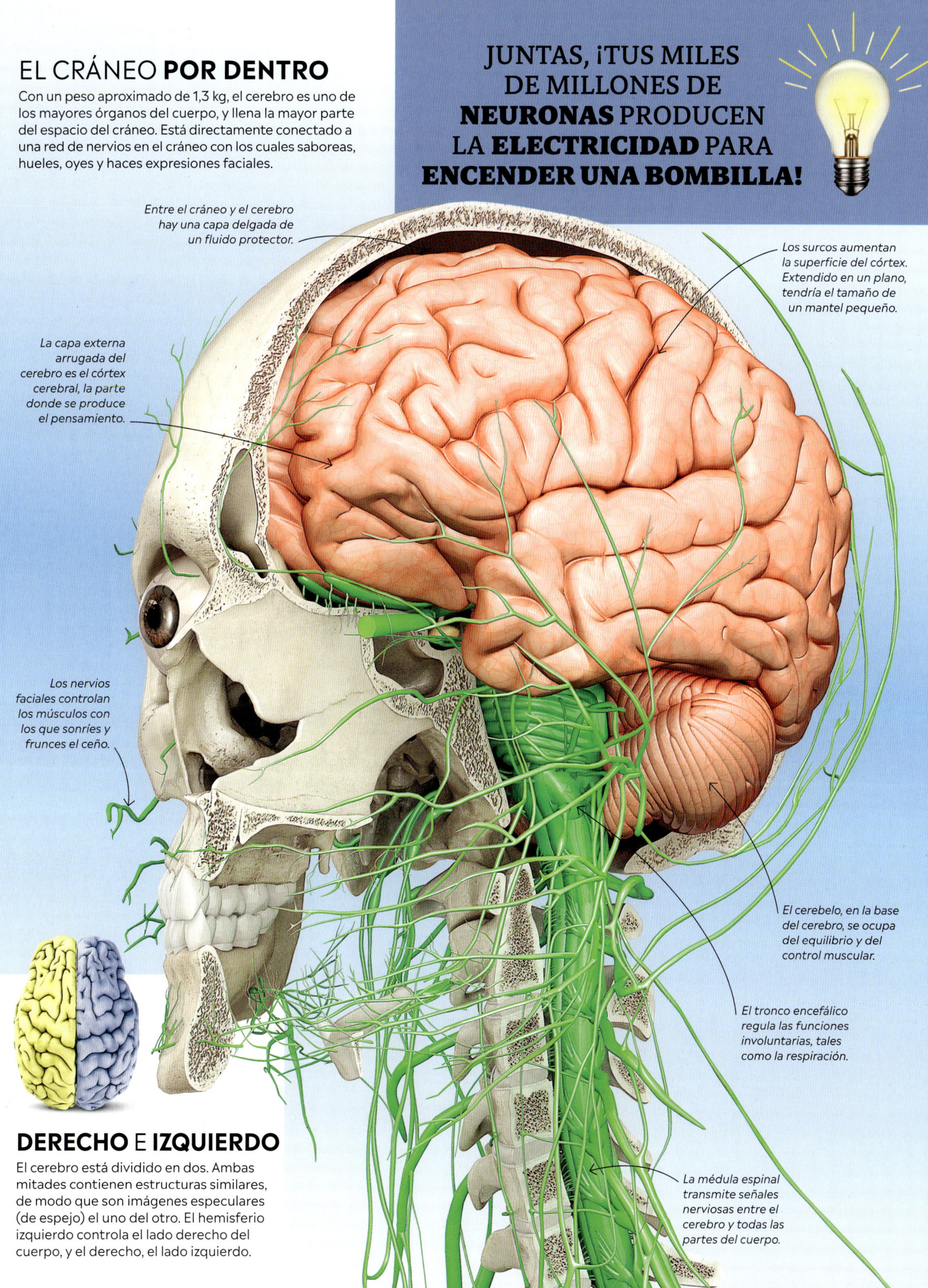

EL CRÁNEO **POR DENTRO**

Con un peso aproximado de 1,3 kg, el cerebro es uno de los mayores órganos del cuerpo, y llena la mayor parte del espacio del cráneo. Está directamente conectado a una red de nervios en el cráneo con los cuales saboreas, hueles, oyes y haces expresiones faciales.

JUNTAS, ¡TUS MILES DE MILLONES DE **NEURONAS** PRODUCEN LA **ELECTRICIDAD** PARA **ENCENDER UNA BOMBILLA!**

Entre el cráneo y el cerebro hay una capa delgada de un fluido protector.

Los surcos aumentan la superficie del córtex. Extendido en un plano, tendría el tamaño de un mantel pequeño.

La capa externa arrugada del cerebro es el córtex cerebral, la parte donde se produce el pensamiento.

Los nervios faciales controlan los músculos con los que sonríes y frunces el ceño.

El cerebelo, en la base del cerebro, se ocupa del equilibrio y del control muscular.

El tronco encefálico regula las funciones involuntarias, tales como la respiración.

DERECHO E IZQUIERDO

El cerebro está dividido en dos. Ambas mitades contienen estructuras similares, de modo que son imágenes especulares (de espejo) el uno del otro. El hemisferio izquierdo controla el lado derecho del cuerpo, y el derecho, el lado izquierdo.

La médula espinal transmite señales nerviosas entre el cerebro y todas las partes del cuerpo.

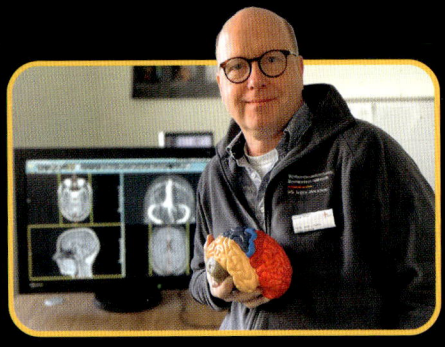

El doctor Jörn Zeller dirige el departamento de neurología del hospital Bernkastel/Wittlich en Alemania, y considera que la neurología es la parte más interesante imaginable de la medicina.

Pregúntale a un...
NEURÓLOGO

P. ¿Siente dolor el cerebro?

R. El cerebro en sí no lo siente, aunque lo pincharas con un palillo, pero recibe las señales de dolor del resto del cuerpo por vías concretas, y luego nos las envía. Cuando te duele la cabeza, no es el cerebro lo que duele, sino otros tejidos, como los vasos sanguíneos o el tejido blando que rodea el cerebro.

P. ¿De qué están hechos los recuerdos?

R. Hay un número inimaginable de células nerviosas interconectadas en nuestro cerebro. Cuando queremos recordar algo, las conexiones importantes para ello se comunican más estrechamente. El cerebro crea entonces proteínas que actúan como una especie de «pegamento de los pensamientos», y refuerzan estas conexiones.

P. ¿De dónde vienen los pensamientos?

R. ¡Ni los investigadores más avanzados del cerebro lo saben! Tenemos imágenes y ciertas ideas en la cabeza, pero todavía no comprendemos de qué modo se forman pensamientos sensatos y lógicos a partir de ellas.

P. ¿Puedo cambiar mi cerebro?

R. ¡Sí! Si lo usas mucho, se vuelve más capaz. Ya sea leyendo, jugando, pintando o tocando música, todas estas cosas son buenas para el cerebro.

P. ¿Qué hace mi cerebro mientras duermo?

R. Sigue trabajando. Durante los sueños y otras fases del sueño, organiza todas las experiencias del día y prepara nueva capacidad de procesamiento para el día siguiente; pero, para ello, el sueño debe durar lo suficiente.

P. ¿Es verdad que los cerebros grandes son más inteligentes que los de menor tamaño?

R. Claramente, ¡no! El tamaño no importa en absoluto. Hay el mismo número de neuronas en uno y otro, y la capacidad viene de ejercitar el cerebro.

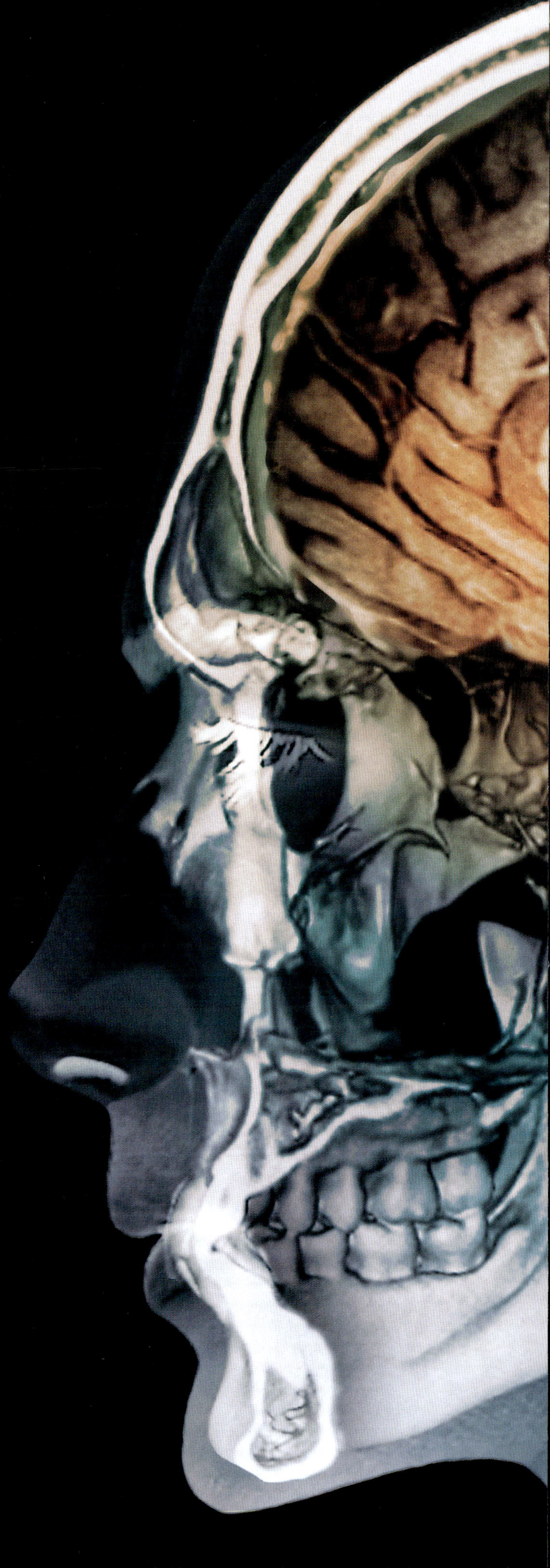

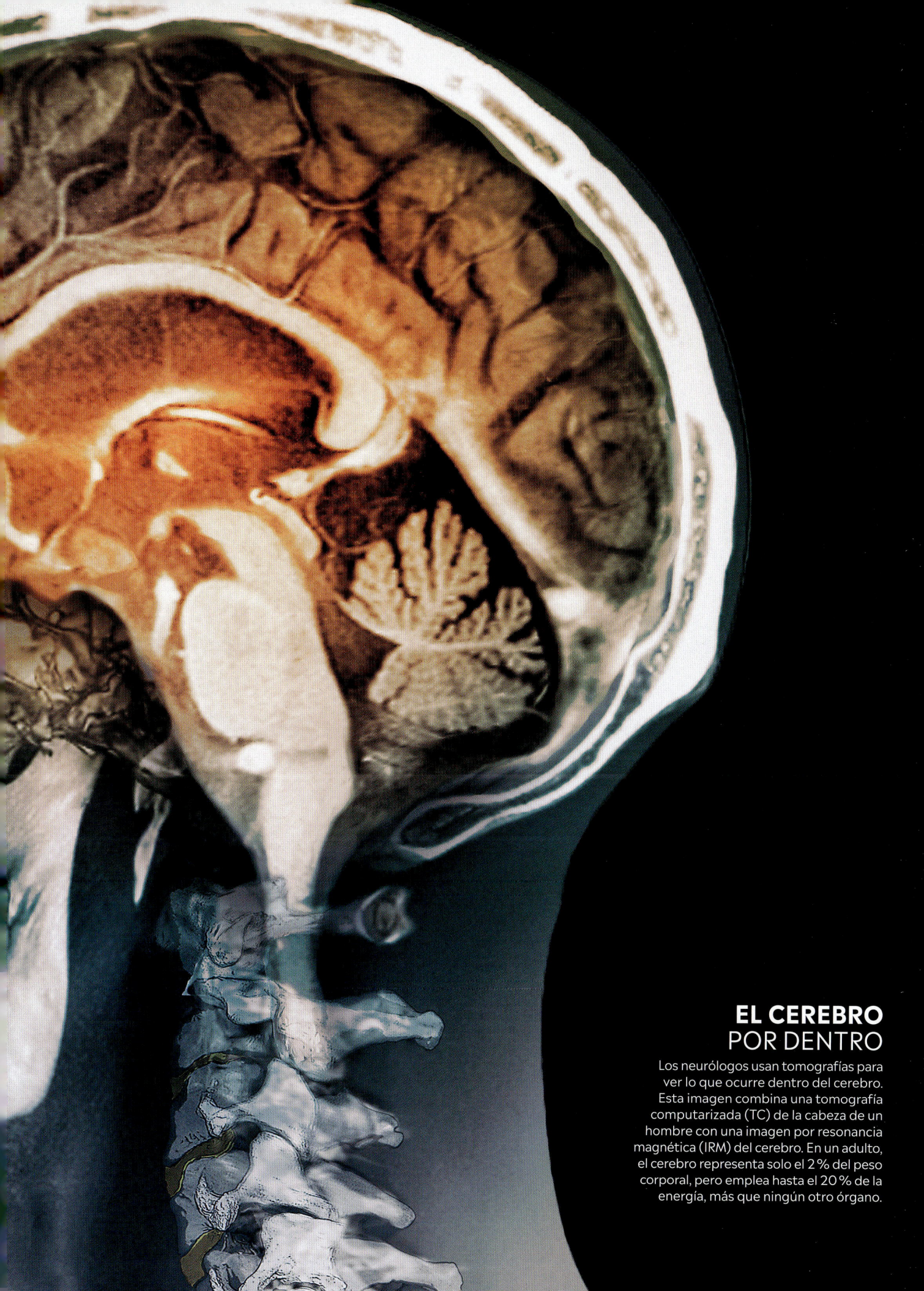

EL CEREBRO
POR DENTRO

Los neurólogos usan tomografías para ver lo que ocurre dentro del cerebro. Esta imagen combina una tomografía computarizada (TC) de la cabeza de un hombre con una imagen por resonancia magnética (IRM) del cerebro. En un adulto, el cerebro representa solo el 2 % del peso corporal, pero emplea hasta el 20 % de la energía, más que ningún otro órgano.

De media, ¡una **LENGUA HUMANA** tiene entre **2000** y **4000 PAPILAS GUSTATIVAS!**

LECTURA **POR TACTO**

Las personas con visión reducida pueden usar el sentido del tacto para leer textos en braille, sistema de escritura que representa letras, números y signos con patrones de puntos en relieve.

Las puntas de los dedos sienten los puntos braille elevados para leer.

Sentidos **extraordinarios**

Tus sentidos le dicen a tu cerebro lo que ocurre en el mundo exterior. El cerebro procesa la información, permitiendo que experimentes el mundo que te rodea. Sin los sentidos, ¡la vida sería muy aburrida!

CINCO **SENTIDOS**

Cada sentido tiene un papel especial para ayudar a comprender e interactuar con el entorno.

Tacto
Sensores cutáneos responden al dolor, la presión, el tacto y la temperatura.

Vista
Tus ojos trabajan juntos, enfocando la luz para formar imágenes 3D.

Gusto
Las papilas identifican sabores salados, dulces, ácidos, amargos y *umami* (sabrosos).

Oído
Los oídos captan sonidos, ondas vibratorias que se desplazan por el aire.

Olfato
Los olores —de perfumes a hedores— se detectan con la nariz.

¡EL **OJO HUMANO** VE HASTA **UN MILLÓN** DE **COLORES** DIFERENTES!

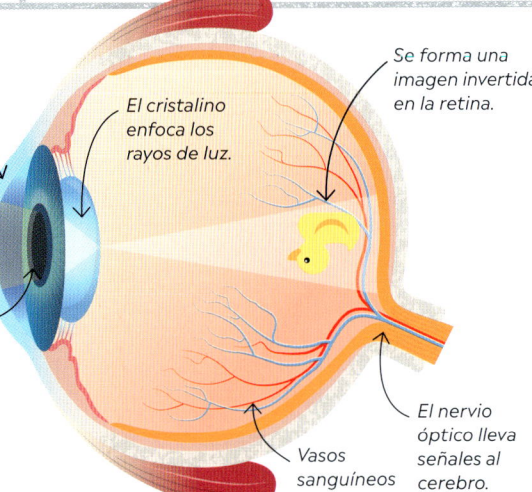

La luz se refleja en un objeto y llega al ojo.

Los rayos de luz se refractan en la córnea, parte frontal transparente del ojo.

El cristalino enfoca los rayos de luz.

Se forma una imagen invertida en la retina.

Pupila

Vasos sanguíneos

El nervio óptico lleva señales al cerebro.

OJO **HUMANO**

Los rayos de luz entran en el ojo por la pupila, y forman una imagen invertida en la retina situada al fondo del ojo. En la retina, unos 125 millones de células fotosensibles envían señales nerviosas al cerebro, que corrige la posición de la imagen.

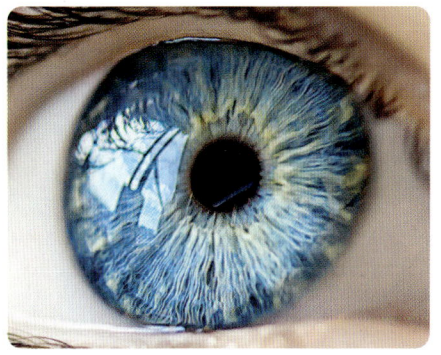

IRIS **ÚNICO**

El iris es el anillo de músculo coloreado que aumenta o reduce la pupila. Su patrón es tan intrincado que no hay dos iris iguales: hasta los gemelos idénticos tienen patrones del iris distintos.

El bailarín coloca los pies en la posición correcta sin mirar.

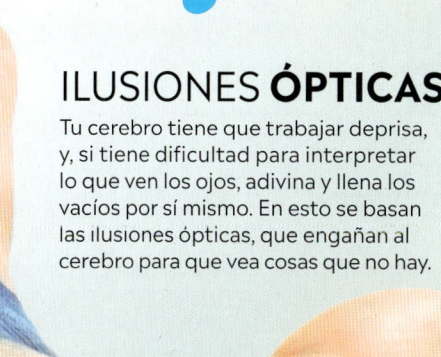

SEXTO SENTIDO

En tus músculos y articulaciones hay sensores que informan constantemente a tu cerebro de la posición de todas las partes de tu cuerpo; es la llamada propiocepción, que explica que se pueda bailar sin mirar lo que hacen brazos y piernas.

El oído externo enfoca los ondas sonoras hacia el tímpano.

El tímpano vibra al recibir ondas sonoras.

Los osículos (martillo, yunque y estribo) amplifican las vibraciones.

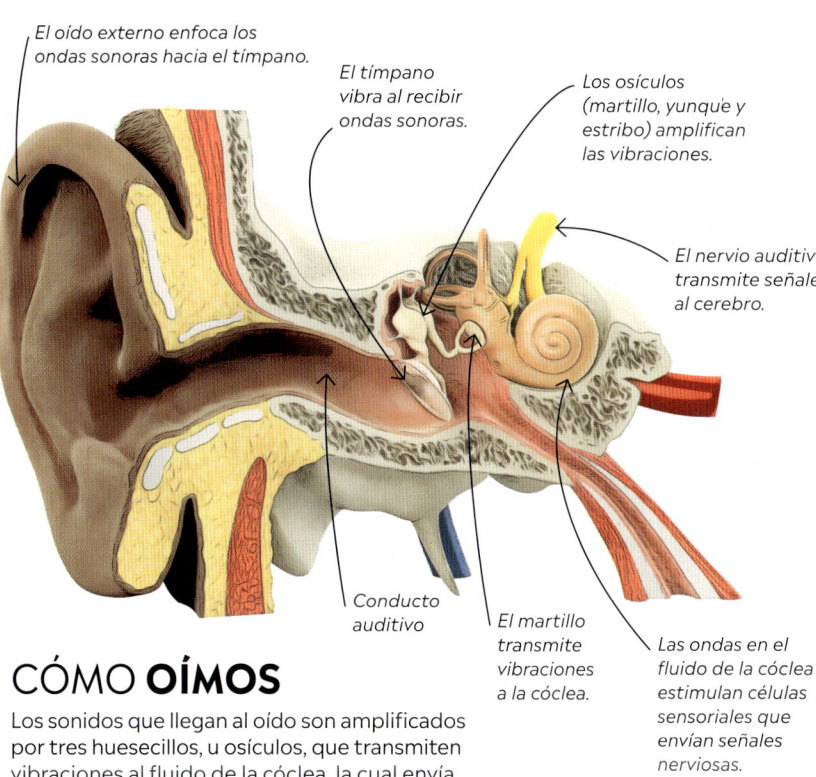

El nervio auditivo transmite señales al cerebro.

Conducto auditivo

El martillo transmite vibraciones a la cóclea.

Las ondas en el fluido de la cóclea estimulan células sensoriales que envían señales nerviosas.

CÓMO **OÍMOS**

Los sonidos que llegan al oído son amplificados por tres huesecillos, u osículos, que transmiten vibraciones al fluido de la cóclea, la cual envía señales nerviosas al cerebro.

LAS **PERSONAS SINESTÉSICAS** NO SOLO **ESCUCHAN LA MÚSICA**: ¡PUEDEN **OLER, SENTIR** O **VERLA EN COLORES!**

ILUSIONES **ÓPTICAS**

Tu cerebro tiene que trabajar deprisa, y, si tiene dificultad para interpretar lo que ven los ojos, adivina y llena los vacíos por sí mismo. En esto se basan las ilusiones ópticas, que engañan al cerebro para que vea cosas que no hay.

Visto en ángulo, el sombreado de esta mano engaña al cerebro y le hace ver un agujero profundo.

LOS **ELEFANTES** TIENEN LOS **EMBARAZOS MÁS LARGOS** DEL REINO ANIMAL, ¡DE **HASTA 22 MESES!**

Con la cola en forma de látigo los espermatozoides nadan a 5 mm por minuto.

CARRERA **AL ÓVULO**

La fecundación se da cuando un espermatozoide atraviesa la capa exterior del óvulo y su núcleo se funde con el de este. Muchos espermatozoides compiten por fecundar el óvulo, como en la imagen aumentada, pero solo uno lo logrará.

Cuando un espermatozoide entra en el óvulo, cambios químicos en este impiden que entren más.

¡CADA DÍA NACEN MÁS DE 350 000 BEBÉS EN TODO EL MUNDO!

DE CÉLULA **A BEBÉ**

El óvulo fecundado contiene material genético (instrucciones para un humano nuevo) de ambos progenitores. Al principio, el nuevo ser en formación es un embrión; y desde la novena semana hasta el parto se le llama feto.

La cabeza del espermatozoide porta material genético.

La primera división crea dos células.

El cúmulo parece una frambuesa.

Células externas penetran en la pared del útero.

La yema suministra alimento.

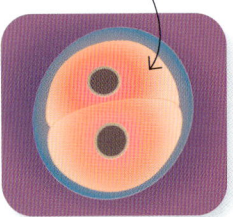

División
El óvulo fecundado se divide repetidamente, formando células nuevas cada vez.

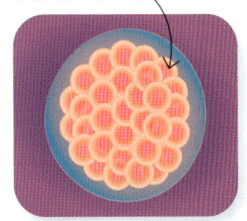

Cúmulo de células
Al seguir dividiéndose, el óvulo se convierte en un cúmulo con aspecto de baya.

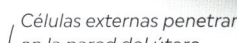
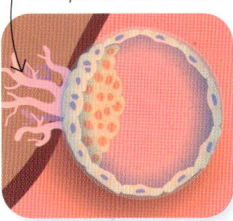

Implantación
Pasada una semana, el cúmulo, ahora una bola hueca, se adhiere al útero.

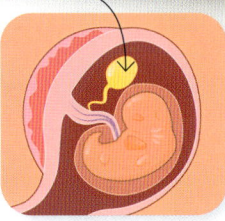

Embrión
En la quinta semana se desarrollan el cerebro, el corazón y la médula espinal.

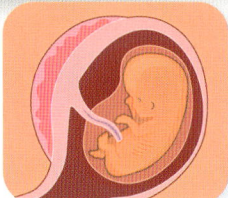

Feto
En la octava semana están formados los miembros y la cabeza es redondeada.

Capa exterior protectora gruesa

Reproducción
humana

La vida de toda persona comienza cuando se unen dos células sexuales, un óvulo femenino y un espermatozoide masculino, en el proceso llamado fecundación. A lo largo de nueve meses, el óvulo fecundado se divide y crece hasta formar un nuevo ser humano.

GEMELOS IDÉNTICOS

En uno de cada 250 embarazos, el óvulo se divide en dos poco después de la fecundación y da lugar a gemelos idénticos: dos bebés con los mismos genes y aspecto. Los gemelos no idénticos se dan cuando se fecundan dos óvulos en lugar de uno.

¡ESPERMATOZOIDES SIN FIN!

Desde la pubertad en adelante, los órganos reproductores masculinos o testículos producen espermatozoides. Son de vida corta, y se producen constantemente: ¡1500 por segundo, y más de 100 millones diarios! Por contraste, los órganos reproductores femeninos, los ovarios, no forman óvulos nuevos una vez que nace la niña.

EN EL ÚTERO

Las ecografías son imágenes creadas a partir de ondas sonoras. Los médicos las estudian para comprobar la salud de los órganos de los bebés en el útero. En algunas, ¡los bebés parecen saludar con la mano o hacer el gesto de pulgar arriba!

¡LAS **NIÑAS** TIENEN MÁS DE **UN MILLÓN DE ÓVULOS** EN LOS OVARIOS **AL NACER!**

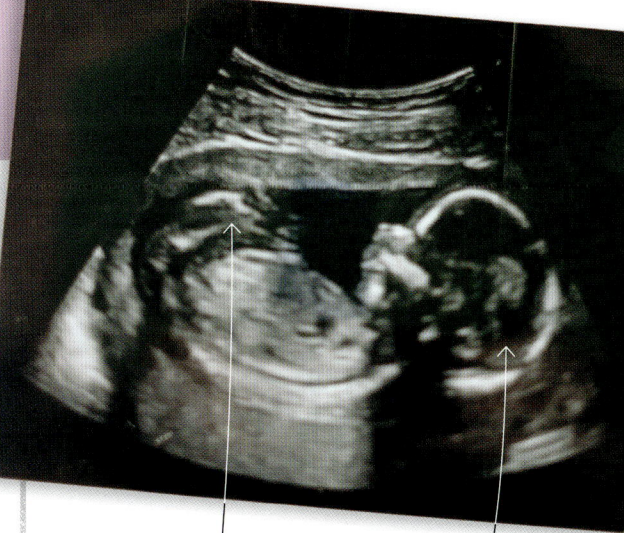

SUSTENTO VITAL

Durante el embarazo, el bebé se desarrolla en el útero materno durante unas 40 semanas. Un órgano llamado placenta suministra nutrientes y oxígeno de la sangre de la madre, y elimina desechos. Un cordón umbilical tubular conecta al bebé a la placenta.

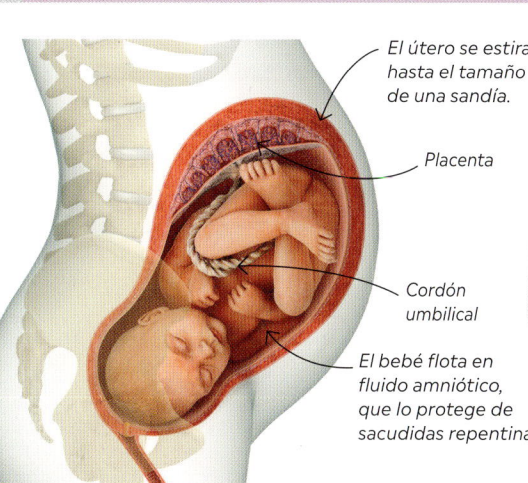

El útero se estira hasta el tamaño de una sandía.

Placenta

Cordón umbilical

El bebé flota en fluido amniótico, que lo protege de sacudidas repentinas.

Piernas del bebé plegadas y prietas

El contorno del cráneo es claramente visible.

CRECIMIENTO
DEL CEREBRO

Los bebés nacen con casi todas las neuronas que necesitan, pero el cerebro infantil sigue creciendo rápido los primeros años, pues está aprendiendo nuevas habilidades que crean conexiones entre neuronas. El cerebro alcanza su tamaño pleno en la adolescencia, pero continúa desarrollándose durante muchos años.

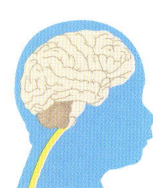

Al nacer
El cerebro es de un cuarto aproximado del tamaño adulto.

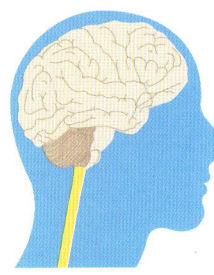

Adolescencia
Entre los 11 y los 14 años, el cerebro alcanza su tamaño pleno, pero sigue cambiando.

EL **TEJIDO ÓSEO SE REGENERA** CON EL TIEMPO, ¡Y CADA **10 AÑOS** TIENES UN **ESQUELETO NUEVO!**

BEBÉS **ACUÁTICOS**

Los bebés tienen reflejos subacuáticos automáticos. Contienen instintivamente la respiración bajo el agua, y mueven los brazos como para nadar. Perdemos estos reflejos con la edad.

De la niñez
a la vejez

Nuestro cuerpo experimenta cambios radicales a lo largo de la vida. De pequeños bebés, nos convertimos en adultos pasando por la infancia y la pubertad, y continuamos cambiando gradualmente al envejecer.

¡Mantener las piernas rectas cabeza abajo requiere mucha práctica!

EN **FORMA**

En 2012, a los 86 años de edad, la alemana Johanna Quaas fue la gimnasta de competición de mayor edad del mundo. En la ancianidad, los músculos y huesos se debilitan, pero mantenerse activo retrasa el proceso.

Las paralelas desarrollan y mantienen la fuerza de la parte superior del cuerpo.

Músculos fuertes en el torso asisten al equilibrio y la estabilidad.

DESDE **EL NACIMIENTO** HASTA SU **PRIMER CUMPLEAÑOS**, ¡UN **BEBÉ** CRECE UNOS **25 CM!**

FORMAR HUESOS

Al formarse, los huesos son de cartílago flexible. Gradualmente, la osificación convierte el cartílago blando en tejido óseo. Estas radiografías muestran la diferencia entre los huesos de la mano de un niño de tres años y un adulto.

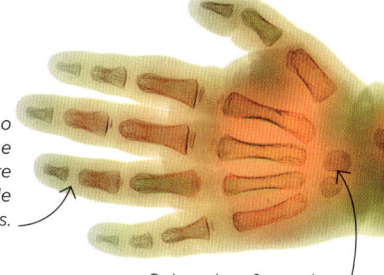

La mano del niño tiene cartílago entre cada hueso de los dedos.

Solo se han formado algunos huesos de la muñeca.

DIENTES MINÚSCULOS

Los bebés nacen con 20 pequeños dientes de leche que emergen de las encías en los primeros años. Con los años, estos son sustituidos por los 32 dientes permanentes adultos.

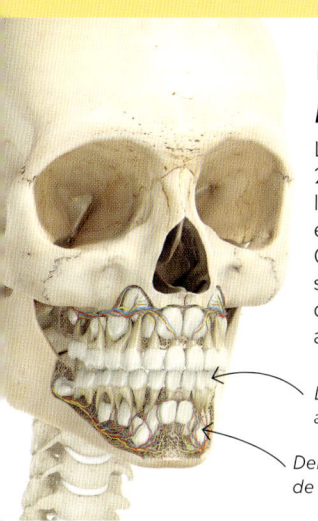

Dientes de leche a los siete años

Dentadura adulta oculta bajo la de leche en la mandíbula infantil

La mano del adulto tiene una capa delgada de cartílago en las articulaciones.

Huesos de la muñeca completos

MANTENERSE SANO

Una dieta variada y el ejercicio regular mantienen el cuerpo sano. La mayoría de los médicos recomiendan una dieta equilibrada que incluya fruta y verdura. El ejercicio beneficia al corazón, los músculos y los huesos, y hasta mejora el humor.

CANAS

El cabello parece volverse gris al envejecer, pero en realidad no cambia de color, sino que lo pierde. Con la edad, las células que pigmentan el pelo mueren y no se reemplazan, y al haber menos pigmento, el pelo se ve gris, plateado o blanco.

¡EL **CEREBRO** DE UN **NIÑO PEQUEÑO** CREA MÁS DE **UN MILLÓN** DE **CONEXIONES NERVIOSAS** NUEVAS **POR SEGUNDO!**

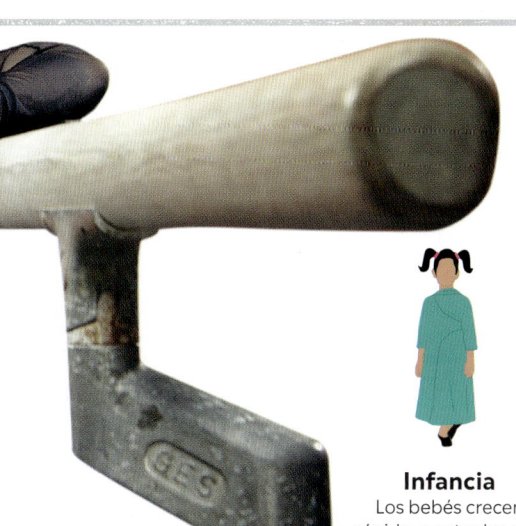

Un adolescente puede crecer 8 cm en un año.

Perdemos altura con la edad por cambios en las articulaciones y la columna.

FASES DE LA VIDA

Cada fase de la vida trae cambios en la forma, el tamaño y la fuerza del cuerpo, hasta que envejecen las células y, con ellas, el cuerpo.

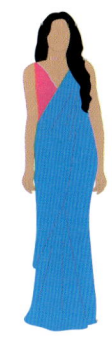

Infancia
Los bebés crecen rápido, y entre los dos años y la adolescencia, a ritmo regular.

Adolescencia
Los estirones y la pubertad se dan en la adolescencia.

Edad adulta
Los huesos son más fuertes en la primera edad adulta.

Mediana edad
A los adultos mayores les salen arrugas, al volverse más delgada y menos elástica la piel.

Ancianidad
Los músculos y los huesos se debilitan, y las articulaciones pierden movilidad.

Allan Williams es un saltador de pértiga británico participante en competiciones internacionales, entre ellas los Juegos de la Mancomunidad. Hoy entrena a la siguiente generación de atletas.

P. ¿Cómo llegaste al atletismo?
R. Un día, para mi sorpresa, me pidieron representar a mi colegio en una competición de salto con pértiga. Cuando llegamos, el otro saltador no vino, así que gané por incomparecencia, pero quedé enganchado. Cuatro años y mucho trabajo después, era internacional británico.

P. ¿Qué hace un entrenador de atletismo?
R. El papel del entrenador es ayudar al atleta a desarrollarse en su juventud, y también a que refuerce la confianza en sí mismo, así como las técnicas para desempeñarse de modo eficiente y eficaz, sobre todo cuando más importa: en la competición.

P. ¿Qué cosas son más importantes aparte de entrenar?
R. La fuerza mental es esencial para enfrentar los reveses y decepciones que inevitablemente trae el deporte de competición. La nutrición es importante para cualquier deportista, y el descanso y el sueño son vitales también. El beneficio físico de entrenar no viene durante la sesión misma, sino mientras el atleta se repone, comiendo bien, descansando y recuperándose.

P. ¿Es necesaria una forma corporal determinada para saltar con pértiga?
R. La forma del cuerpo de los saltadores es variada: los hay altos, bajos, musculosos, delgados y con otras constituciones. Al fin y al cabo, basándose en el tamaño del cuerpo y de las alas, es posible demostrar que los abejorros no pueden volar. Pero, por suerte, ¡nadie se lo dijo a los abejorros!

P. ¿Por qué no usan los saltadores una pértiga más larga para saltar más alto?
R. Es una buena pregunta, y me la hacen a menudo. No se trata tanto de la longitud de la pértiga, sino de cuán alto puede agarrarla el saltador. Si no consiguen poner la pértiga vertical tras el despegue por ser demasiado larga para maniobrar, no podrán llegar de forma segura a la colchoneta.

SALTO
CON PÉRTIGA

Para impulsar sus cuerpos por encima del listón, los saltadores deben combinar la condición de velocista con las de saltador y gimnasta. Llevar y controlar la pértiga en la carrera y el salto requiere músculos fuertes en la espalda y los hombros. Luego se usan los abdominales para ponerse en posición vertical invertida en lo alto del salto.

Lucha contra los gérmenes

Atacantes enemigos tales como bacterias y virus amenazan diariamente tu cuerpo. Afortunadamente, tu sistema de defensa incorporado los caza y destruye, y mantiene tu cuerpo sano.

Las bacterias pueden seguir vivas en el aire casi una hora tras un estornudo.

¡UNOS 200 VIRUS DISTINTOS PUEDEN CAUSAR EL RESFRIADO COMÚN!

BARRERAS BRILLANTES

Barreras naturales diversas te protegen para impedir que los gérmenes te invadan y te hagan enfermar.

CAZADORES HAMBRIENTOS

Leucocitos especializados llamados macrófagos son jugadores clave en tu equipo de defensa. Cazan cualquier cosa dañina, como bacterias, tejidos dañados o células enfermas, y digieren todo ello.

Un macrófago (blanco) captura una bacteria de la tuberculosis (verde).

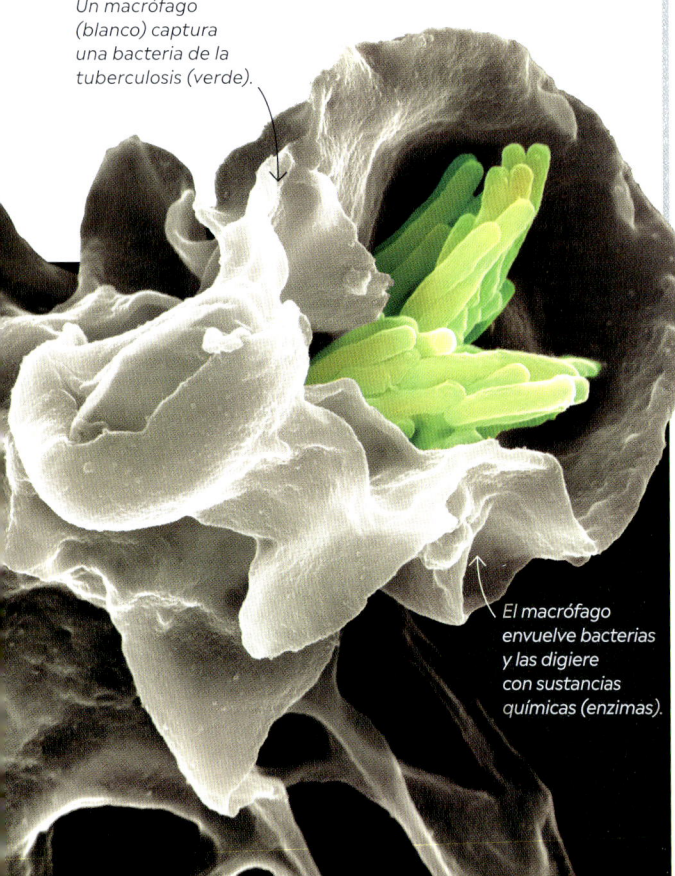

El macrófago envuelve bacterias y las digiere con sustancias químicas (enzimas).

Piel
Constituye una de las primeras líneas defensivas del cuerpo, y es una barrera dura e impermeable.

Ácido estomacal
Ácidos potentes del estómago matan gérmenes de alimentos y bebidas.

Lágrimas
Las lágrimas saladas de los ojos matan bacterias y limpian la suciedad.

Moco
El moco viscoso de las fosas nasales atrapa gérmenes que entran por la nariz.

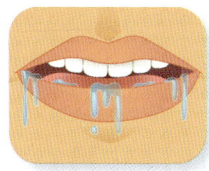

Saliva
Tu boca produce saliva para eliminar bacterias y mantener limpios los dientes.

Cerumen
El cerumen espeso protege los oídos al atrapar polvo y suciedad.

Cada microgota de moco puede contener granos de polen, virus, bacterias y polvo.

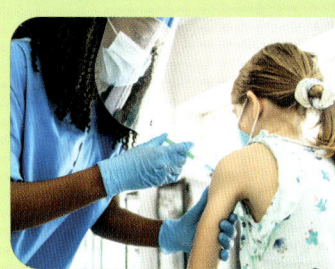

¡VACUNAS PRODIGIOSAS!

Una vacuna es un medicamento que prepara tu cuerpo para combatir una enfermedad antes de tenerla. En la pandemia global de 2020, las vacunas contra la COVID-19 salvaron unos 20 millones de vidas en su primer año.

Los anticuerpos (rosa) se unen a un coronavirus y le impiden entrar en células humanas.

Los estornudos expulsan aire, saliva y moco de la nariz y de la boca.

Un estornudo produce hasta 40 000 microgotas de saliva.

¡ACHÍS!
Un estornudo es una respuesta automática a una irritación causada por polen o polvo en la nariz, o por una infección viral. Esta imagen de un estornudo típico muestra fluido lanzado a velocidades de casi 160 km/h.

FABRICAR **ANTICUERPOS**
Algunos leucocitos fabrican unas proteínas denominadas anticuerpos, que incapacitan gérmenes o los marcan para que sean destruidos. Las células recuerdan a los invasores si estos vuelven. El cuerpo puede crear miles de millones de anticuerpos distintos, cada uno para un germen concreto.

Los anticuerpos son proteínas en forma de «Y» que se unen a los gérmenes.

CÓMO SE FORMA UNA **COSTRA**
Cuando un corte daña un vaso sanguíneo, células sanguíneas comienzan enseguida a reparar la herida. Los leucocitos atacan a todo germen que entre por ella, y otras células la tapan y sellan.

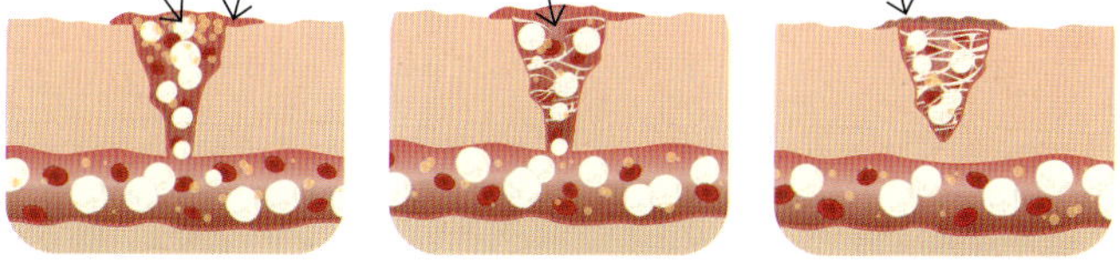

Los leucocitos combaten a los gérmenes.

El coágulo impide el sangrado.

Filamentos de proteína atrapan células sanguíneas.

La superficie del coágulo se endurece como costra.

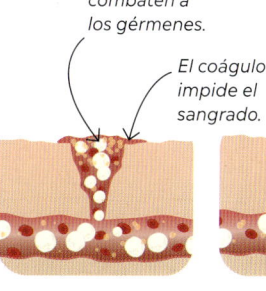
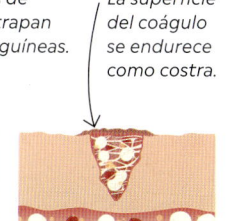

Plaquetas
Las plaquetas se juntan y cierran la herida formando un coágulo.

Coágulo
Los filamentos de proteína unen células en una masa, el coágulo.

Costra
Se forma una costra dura, y la herida que hay debajo sana.

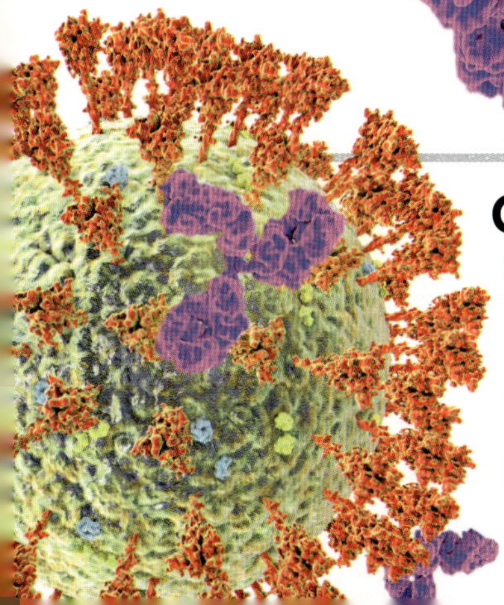

COVID-19
La enfermedad respiratoria COVID-19 es causada por un coronavirus que se propaga por contacto próximo con infectados. Dentro del cuerpo, las partículas del virus entran en las células humanas y crean copias de sí mismas.

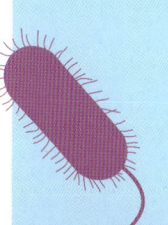

¡MIL MILLONES DE BACTERIAS VIVEN EN CADA CM² DE TU PIEL!

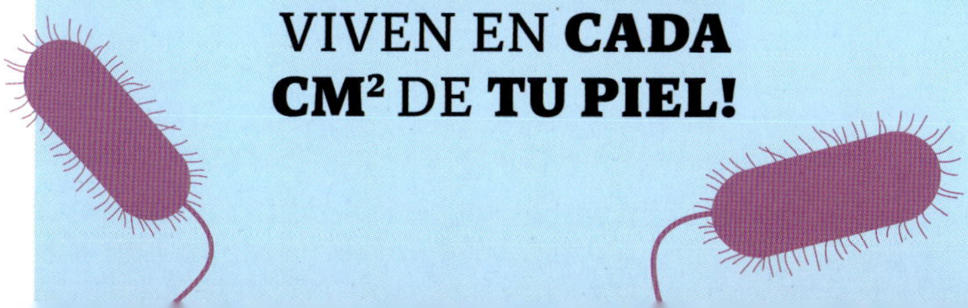

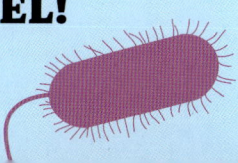

CIENCIA

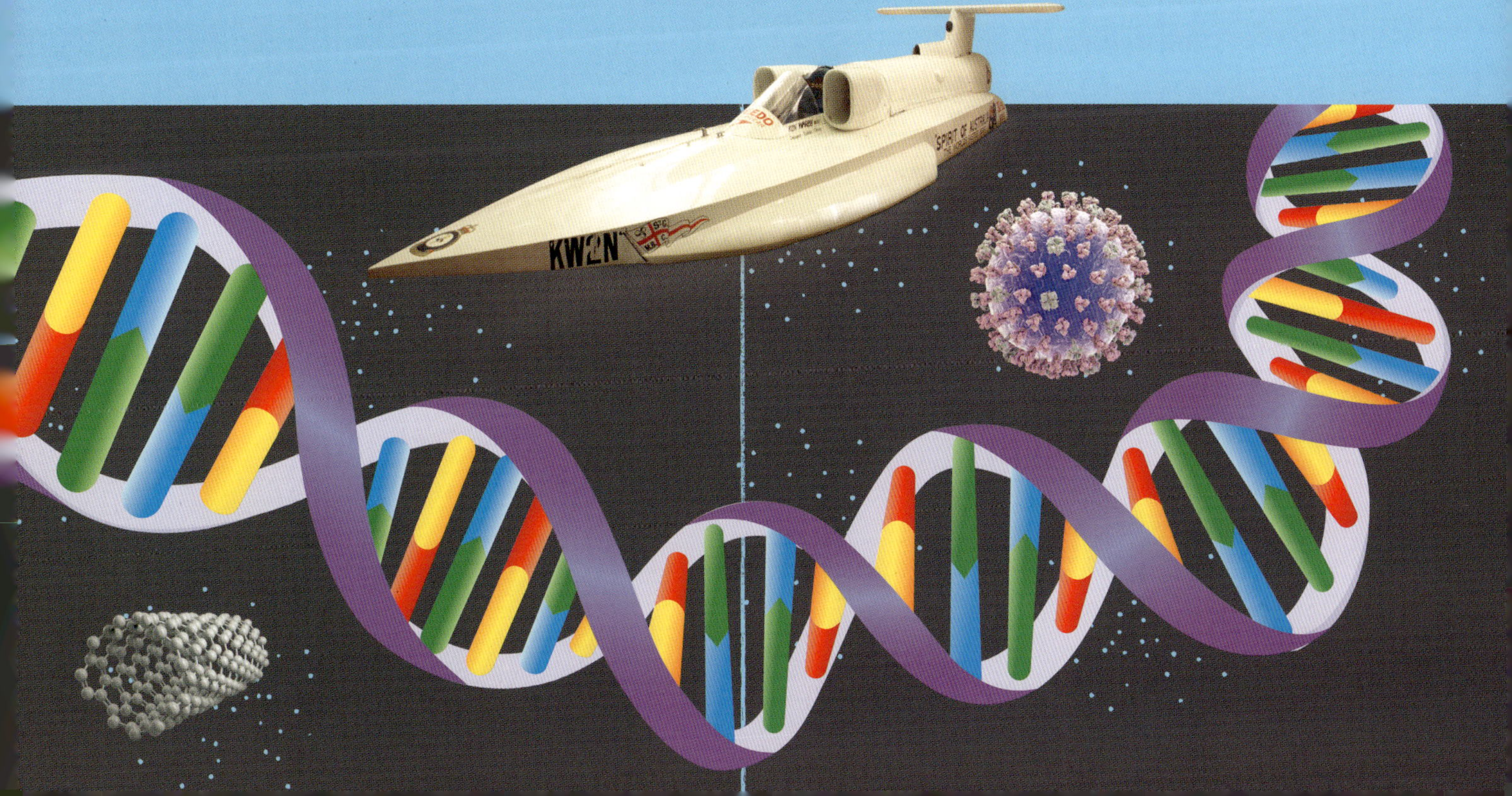

¿Qué es la ciencia?

La ciencia se basa en hacer preguntas, poner a prueba tus ideas y sacar conclusiones. Los científicos estudian cómo funciona todo, desde el interior de nuestros cuerpos al mundo que nos rodea.

CAMPOS DE LA CIENCIA

Hay cientos de campos distintos de la ciencia centrados en estudios muy concretos, desde lo muy pequeño (la microbiología) a lo muy grande (la astronomía). Algunas de las principales áreas son la materia y los materiales, la vida, las fuerzas y la energía.

El vidrio fundido se puede soplar en formas diversas.

Calentar agua cambia su materia a un estado distinto.

MATERIALES
El campo de los materiales examina las propiedades de los materiales existentes y desarrolla otros nuevos.

MATERIA
Los químicos estudian cómo los átomos componen los elementos y cómo estos cambian al reaccionar con otra materia.

CIENCIA CIUDADANA

Los proyectos científicos pueden ser tan simples como detectar cambios en el entorno local, y todos pueden participar. Estos voluntarios buscan microplásticos en Sídney (Australia) para ayudar a determinar la escala de la contaminación por plásticos.

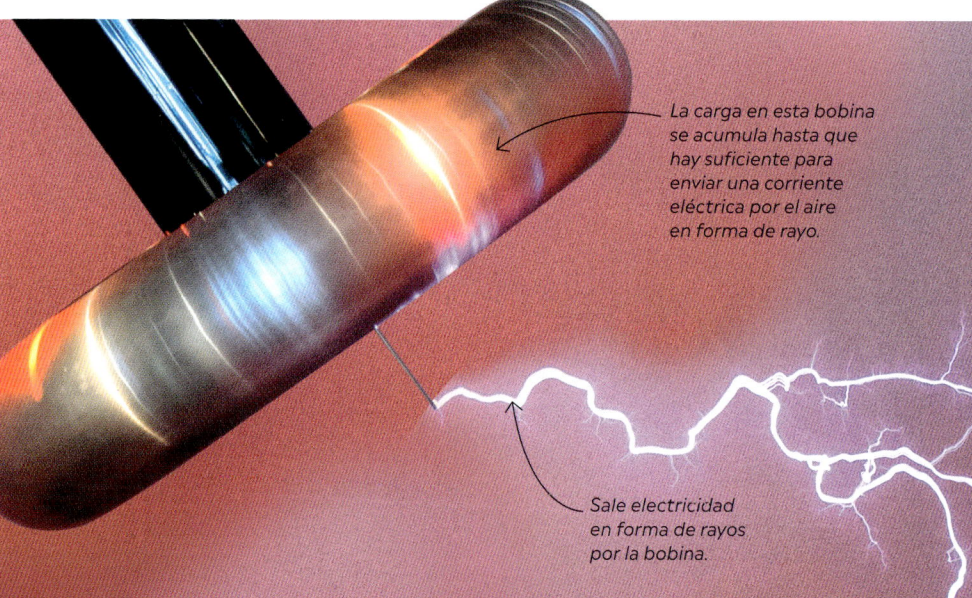

La carga en esta bobina se acumula hasta que hay suficiente para enviar una corriente eléctrica por el aire en forma de rayo.

Sale electricidad en forma de rayos por la bobina.

¡HAY MÁS DE 8,8 MILLONES DE CIENTÍFICOS TRABAJANDO POR TODO EL MUNDO!

GENERADOR DE RAYOS

En el Centro de Ciencias Phaeno en Wolfsburgo (Alemania), un voluntario osado muestra el poder de la bobina de Tesla, experimento construido para estudiar la electricidad de alto voltaje. La electricidad no le daña, gracias al traje especial conectado a tierra, es decir, con una ruta para que la corriente fluya a la tierra en vez de a su cuerpo. La bobina de Tesla fue creada por el científico serbio-estadounidense Nikola Tesla en 1891.

¡MARAVILLAS DE LA CIENCIA!

El Gran Colisionador de Hadrones inaugurado en 2008 se diseñó para hacer chocar partículas subatómicas, y permite a los científicos poner a prueba sus teorías sobre física de partículas. Está en un túnel circular de 27 km.

MÉTODO CIENTÍFICO

Los científicos inician sus estudios por una hipótesis, una idea para poner a prueba. Esto se hace de modos diversos, a menudo en el laboratorio o empleando modelos de ordenador. Otros científicos revisarán sus resultados en busca de errores.

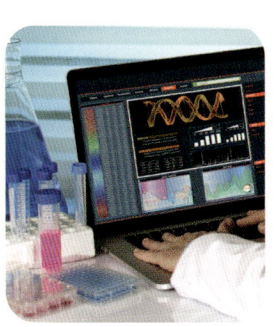

El cuerpo del microorganismo Daphnia lleva huevos en su interior.

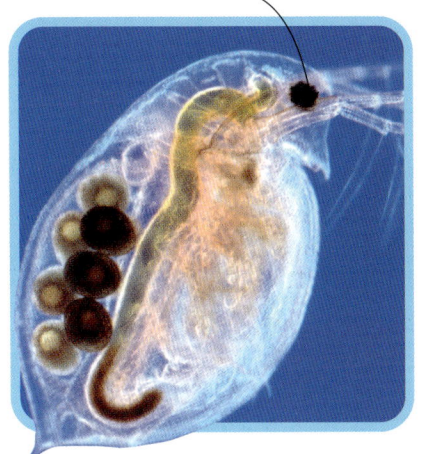

VIDA

El estudio de la vida consiste en examinar los sistemas complejos por los que los seres vivos sobreviven y se reproducen.

Los fuegos artificiales liberan mucha energía lumínica.

ENERGÍA

Los físicos examinan todos los distintos modos en que se transfiere la energía, sea como calor, luz o movimiento de objetos.

Muchas fuerzas actúan en una noria al girar.

FUERZAS

La forma en que las fuerzas empujan o atraen los objetos, las personas y los planetas es otra área clave que estudian los físicos.

El demostrador viste un traje semejante a la armadura de un caballero medieval.

La mayor parte de la materia del universo está en un cuarto estado llamado plasma, el gas eléctricamente cargado (ionizado) del que están hechas las estrellas. En la Tierra se puede ver en bolas de plasma como esta.

Estados de la **materia**

Todo lo que nos rodea es materia hecha de partículas minúsculas invisibles. La materia se da en tres formas principales: sólida, líquida y gaseosa.

CARÁMBANOS

Tormentas extremas y tiempo frío congelaron el agua caída sobre este faro, cambiando su estado de líquido a sólido. Debido a la velocidad a la que se heló, la forma en que goteaba el agua líquida quedó capturada en carámbanos.

Bajo el hielo

Este faro está en Duluth (Minnesota, EE. UU.), un puerto del lago Superior.

ESTADOS **CAMBIANTES**

Las sustancias pueden darse en cualquiera de los tres estados básicos de la materia, y cambiar de un estado a otro si se calientan o enfrían. Calentar agua hace que se evapore en forma de gas; si este se enfría, se condensa como líquido, que puede congelarse y pasar al estado sólido.

La deposición (o sublimación inversa) es la conversión de un gas en sólido sin pasar por el estado líquido.

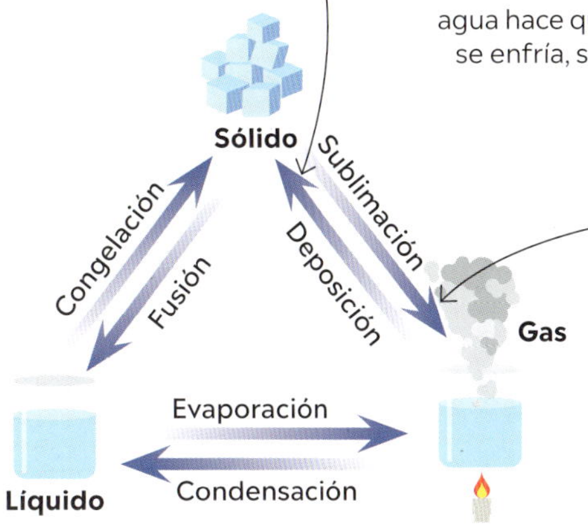

Sólido

Congelación / Fusión / Sublimación / Deposición

Gas

Un sólido puede convertirse en gas sin pasar antes por el estado líquido.

Evaporación / Condensación

Líquido

Con el tiempo se forman más capas de carámbanos, una sobre otra.

BAJO **PRESIÓN**

A diferencia de los sólidos y líquidos, los gases se pueden comprimir para que ocupen menos espacio. Al apretar la boquilla, el gas a alta presión en un aerosol sale disparado, mezclado en forma de vapor con el contenido líquido del recipiente.

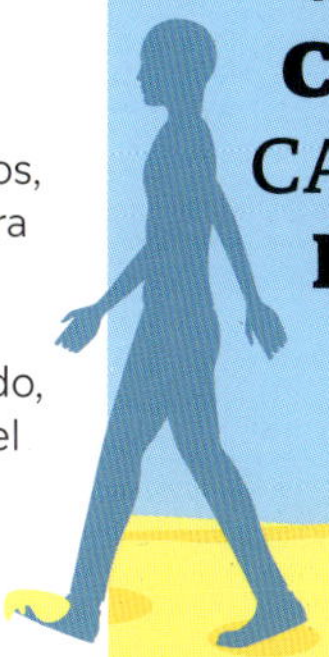

¡*SLIME* SUBLIME!

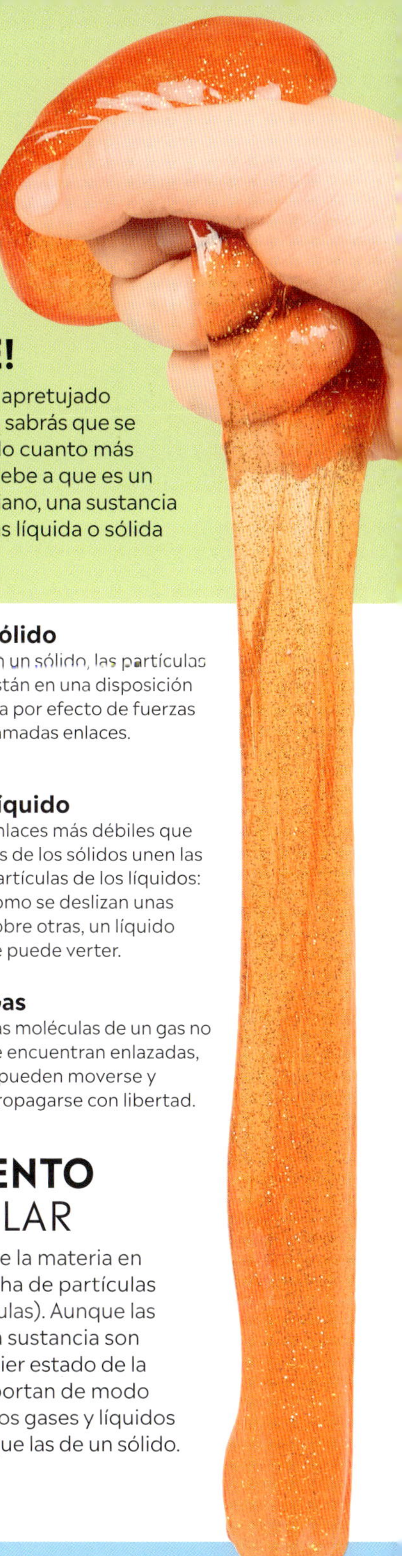

Si alguna vez has apretujado *slime* o blandiblú, sabrás que se vuelve más líquido cuanto más lo apretujas. Se debe a que es un fluido no newtoniano, una sustancia que se vuelve más líquida o sólida al comprimirla.

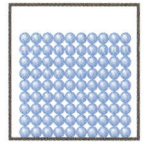

Sólido
En un sólido, las partículas están en una disposición fija por efecto de fuerzas llamadas enlaces.

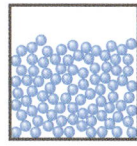

Líquido
Enlaces más débiles que los de los sólidos unen las partículas de los líquidos: como se deslizan unas sobre otras, un líquido se puede verter.

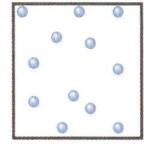

Gas
Las moléculas de un gas no se encuentran enlazadas, y pueden moverse y propagarse con libertad.

MOVIMIENTO MOLECULAR

La mayor parte de la materia en la Tierra está hecha de partículas (átomos o moléculas). Aunque las partículas de una sustancia son iguales en cualquier estado de la materia, se comportan de modo diferente: las de los gases y líquidos se mueven más que las de un sólido.

LA **CREMA INGLESA** ES UN LÍQUIDO QUE SE VUELVE **MÁS SÓLIDO CON LA PRESIÓN**: ¡EN CANTIDAD SUFICIENTE, **PODRÍAS CAMINAR ENCIMA!**

ANATOMÍA
ATÓMICA

Los átomos son minúsculos, pero están hechos de partículas aún menores. Su centro, o núcleo, se compone de protones y neutrones, a cuyo alrededor giran electrones. Cada elemento (pp. 178-179) tiene un número distinto de protones en el núcleo: este es un átomo de carbono, y tiene seis.

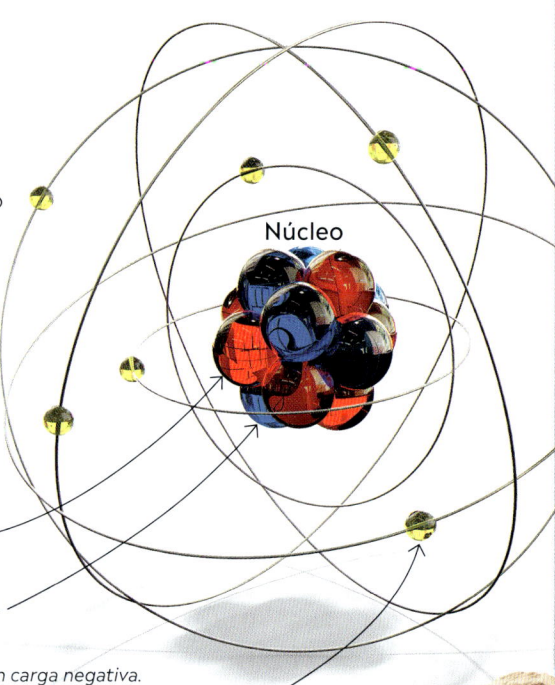

Núcleo

Los protones tienen carga positiva.

Los neutrones no tienen carga.

Los electrones tienen carga negativa. Como los átomos tienen siempre igual número de protones y electrones, en conjunto no tienen carga.

COLISIONES ESTELARES

La energía del Sol procede de la fusión nuclear: en el núcleo solar, los núcleos atómicos chocan, formando elementos nuevos y emitiendo luz y calor. El Sol convierte 544 millones de toneladas de hidrógeno en helio cada segundo.

Poderío
atómico

Todo en el universo —del bicho más minúsculo a la mayor galaxia— está hecho de átomos. Estas partículas minúsculas son los elementos constituyentes de todo nuestro mundo.

¡ÁTOMOS ANTIGUOS!

La idea de los átomos se remonta a los antiguos griegos y a la teoría de que todo se puede descomponer en elementos minúsculos. El filósofo griego Demócrito llamó a dichos elementos átomos alrededor de 430 a. C. (en griego, *átomos* significa «indivisible»).

DESENCADENAR
ÁTOMOS

Fuerzas potentes mantienen unidos los núcleos atómicos. Partir un núcleo en el proceso de la fisión nuclear libera una cantidad enorme de energía. Las centrales nucleares explotan esta reacción con el fin de producir electricidad.

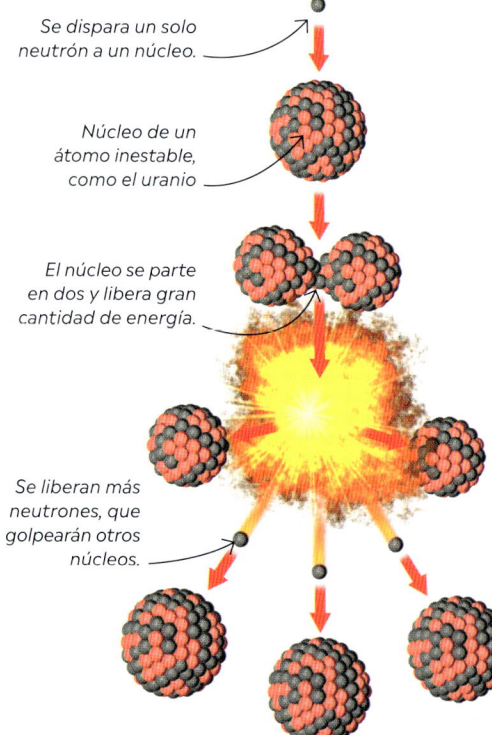

Se dispara un solo neutrón a un núcleo.

Núcleo de un átomo inestable, como el uranio

El núcleo se parte en dos y libera gran cantidad de energía.

Se liberan más neutrones, que golpearán otros núcleos.

¡UNOS **10 MILLONES DE ATOMOS DE HIDRÓGENO** CABEN EN LA **CABEZA DE UN ALFILER!**

Cabeza de alfiler

FORMAR
MOLÉCULAS

Los átomos pueden combinarse y formar estructuras mayores llamadas moléculas. Una molécula de agua consiste en dos átomos de hidrógeno unidos a uno de oxígeno.

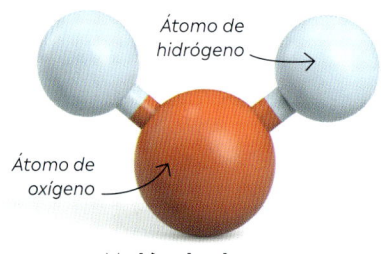

Átomo de hidrógeno

Átomo de oxígeno

Molécula de agua

¡HAY MÁS DE **400 CENTRALES NUCLEARES** POR TODO EL MUNDO OBTENIENDO ENERGÍA DE LOS ÁTOMOS!

La columna de humo generada por la explosión forma una nube en forma de hongo.

El humo que asciende oculta los residuos y la destrucción.

EXPLOSIÓN **ATÓMICA**

La cantidad descomunal de energía liberada al partir el átomo puede destinarse a fines destructivos. Durante la Segunda Guerra Mundial, un equipo de científicos diseñó una bomba atómica. Se realizaron pruebas con bombas atómicas en varios lugares del mundo, causando explosiones como esta, en Kazajistán.

Los elementos

Esta esfera de vidrio contiene el gas incoloro hidrógeno.

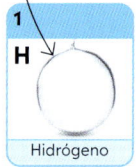

1
H
Hidrógeno

Los elementos son sustancias puras, cada una formada por átomos de un solo tipo. En 1869, el químico ruso Dmitri Mendeléiev organizó los elementos en la llamada tabla periódica.

LA **TABLA PERIÓDICA**

Actualmente hay 118 elementos en la tabla periódica, dispuestos en filas por orden de número atómico, y en grupos (columnas) que comparten propiedades similares, como la facilidad con la que reaccionan con otros elementos.

3 **Li** Litio

4 **Be** Berilio

11 **Na** Sodio

12 **Mg** Magnesio

19 **K** Potasio

20 **Ca** Calcio

21 **Sc** Escandio

22 **Ti** Titanio

23 **V** Vanadio

24 **Cr** Cromo

25 **Mn** Manganeso

26 **Fe** Hierro

37 **Rb** Rubidio

38 **Sr** Estroncio

39 **Y** Itrio

40 **Zr** Zirconio

41 **Nb** Niobio
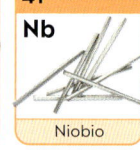

42 **Mo** Molibdeno

43 **Tc** Tecnecio

44 **Ru** Rubidio

55 **Cs** Cesio
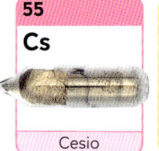

56 **Ba** Bario

57-71 **La-Lu** Lantánidos

72 **Hf** Hafnio

73 **Ta** Tántalo
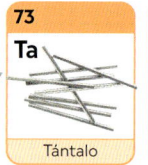

74 **W** Tungsteno

75 **Re** Renio

76 **Os** Osmio
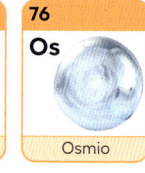

87 **Fr** Francio

88 **Ra** Radio

89-103 **Ac-Lr** Actínidos

104 **Rf** Rutherfordio

105 **Db** Dubnio

106 **Sg** Seaborgio

107 **Bh** Bohrio

108 **Hs** Hassio

La uraninita es un mineral del que se puede extraer el radio.
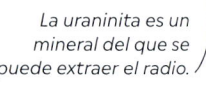

57 **La** Lantano

58 **Ce** Cerio
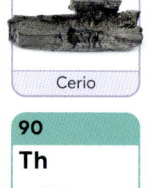

59 **Pr** Praseodimio

60 **Nd** Neodimio

61 **Pm** Prometio

89 **Ac** Actinio

90 **Th** Torio

91 **Pa** Proactinio

92 **U** Uranio

93 **Np** Neptunio

Cobre nativo

Los elementos no suelen darse en su forma pura, pero el cobre puro se da a veces en la naturaleza. Fue el primer metal trabajado para herramientas y joyas por los pueblos antiguos.

El lugar de los lantánidos y actínidos está junto a los metales alcalinotérreos, pero se muestran aparte y abajo para darles más espacio.

Con el uranio se producen tanto combustible como armas nucleares.

NÚMERO **ATÓMICO**

Cada elemento está hecho de un tipo único de átomo con un número distinto de protones, neutrones y electrones. Los elementos se ordenan según su número atómico (el número de protones en su núcleo).

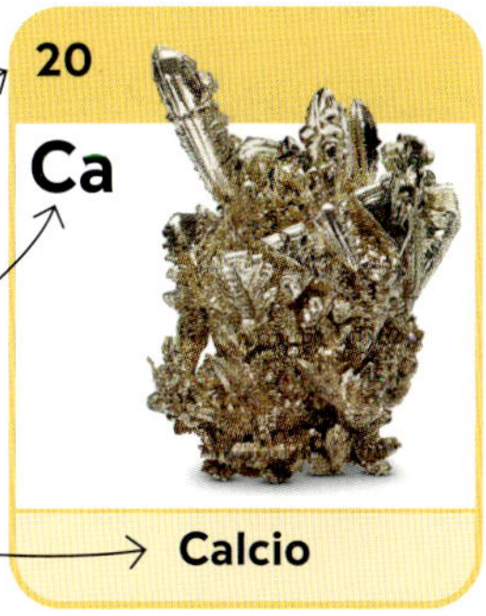

Elementos artificiales

La mayoría de los elementos se encuentran en la Tierra, y pueden extraerse de materiales naturales, pero algunos solo se dan en el espacio, o en tan poca cantidad en la Tierra que no se pueden aislar. Los científicos han creado estos artificialmente, por colisión de partículas en el laboratorio.

Los elementos obtenidos artificialmente se ilustran abajo con esta imagen.

Número atómico (número de protones)

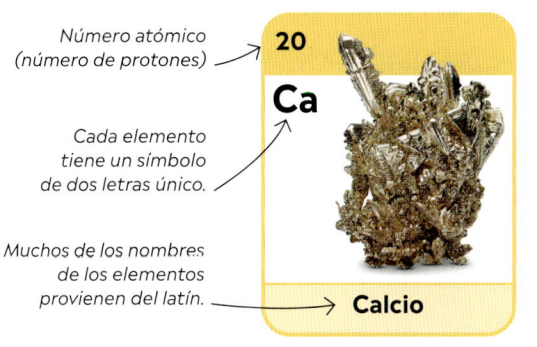

20

Ca

Calcio

Cada elemento tiene un símbolo de dos letras único.

Muchos de los nombres de los elementos provienen del latín.

 **2 He** Helio

 **5 B** Boro

 **6 C** Carbono

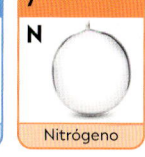 **7 N** Nitrógeno

 **8 O** Oxígeno

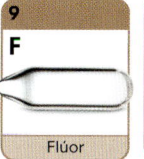 **9 F** Flúor

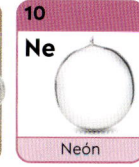 **10 Ne** Neón

 **13 Al** Aluminio

 **14 Si** Silicio

 **15 P** Fósforo

 **16 S** Azufre

 **17 Cl** Cloro

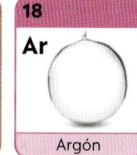 **18 Ar** Argón

 **27 Co** Cobalto

 **28 Ni** Níquel

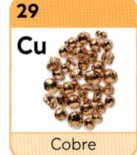 **29 Cu** Cobre

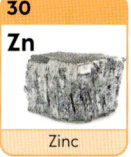 **30 Zn** Zinc

 **31 Ga** Galio

 **32 Ge** Germanio

 **33 As** Arsénico

 **34 Se** Selenio

 **35 Br** Bromo

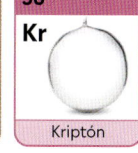 **36 Kr** Kriptón

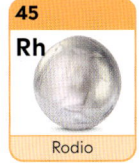 **45 Rh** Rodio

 **46 Pd** Paladio

 **47 Ag** Plata

 **48 Cd** Cadmio

 **49 In** Indio

 **50 Sn** Estaño

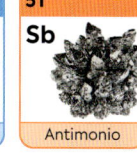 **51 Sb** Antimonio

 **52 Te** Telurio

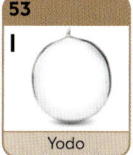 **53 I** Yodo

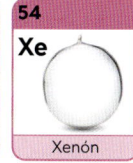 **54 Xe** Xenón

 **77 Ir** Iridio

 **78 Pt** Platino

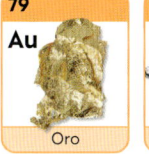 **79 Au** Oro

 **80 Hg** Mercurio

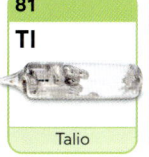 **81 Tl** Talio

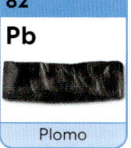 **82 Pb** Plomo

 **83 Bi** Bismuto

 **84 Po** Polonio

 **85 At** Astato

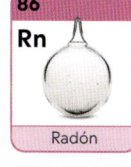 **86 Rn** Radón

 **109 Mt** Meitnerio

 **110 Ds** Darmstadtio

 **111 Rg** Roengtenio

 **112 Cn** Copernicio

 **113 Nh** Nihonio

 **114 Fl** Flerovio

 **115 Mc** Moscovio

 **116 Lv** Livermorio

 **117 Ts** Teneso

 **118 Og** Oganesón

 **62 Sm** Samario

 **63 Eu** Europio

 **64 Gd** Gadolinio

 **65 Tb** Terbio

 **66 Dy** Disprosio

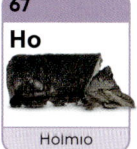 **67 Ho** Holmio

 **68 Er** Erbio

 **69 Tm** Tulio

 **70 Yb** Iterbio

 **71 Lu** Lutecio

 **94 Pu** Plutonio

 **95 Am** Americio

 **96 Cm** Curio

 **97 Bk** Berkelio

 **98 Cf** Californio

 **99 Es** Einstenio

 **100 Fm** Fermio

 **101 Md** Mendelevio

 **102 No** Nobelio

 **103 Lr** Lawrencio

Este elemento fue nombrado en honor de América, al obtenerse en EE. UU.

El curio se nombró así en honor de los científicos Pierre y Marie Curie.

¡15 DE LOS ELEMENTOS LLEVAN UN NOMBRE ASOCIADO AL DE CIENTÍFICOS FAMOSOS!

EL CICLO **DEL CARBONO**

El carbono circula en un ciclo incesante por el agua, el aire, el suelo y los seres vivos. Algunas partes del ciclo tienen lugar en un momento; otras tardan años, como es el caso de la descomposición de la materia orgánica.

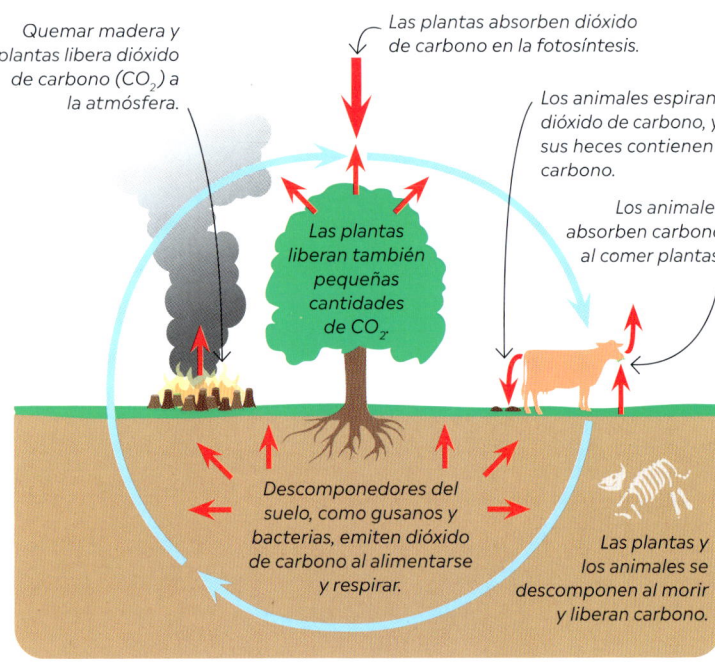

Quemar madera y plantas libera dióxido de carbono (CO_2) a la atmósfera.

Las plantas absorben dióxido de carbono en la fotosíntesis.

Los animales espiran dióxido de carbono, y sus heces contienen carbono.

Los animales absorben carbono al comer plantas.

Las plantas liberan también pequeñas cantidades de CO_2.

Descomponedores del suelo, como gusanos y bacterias, emiten dióxido de carbono al alimentarse y respirar.

Las plantas y los animales se descomponen al morir y liberan carbono.

COMPRESOR **DE CARBONO**

Al descomponerse las plantas, el carbono que contienen suele liberarse al aire; sin embargo, en algunos casos, las plantas en descomposición se hunden en una ciénaga y se comprimen durante millones de años. El resultado del proceso es el carbón, un combustible fósil denso que empleamos para obtener energía.

Materia vegetal

Las hojas comienzan a pudrirse.

Turba

En una ciénaga, las plantas comprimidas acaban formando turba.

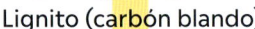

Lignito (carbón blando)

Carbón

Se forma un carbón más duro.

A mayor profundidad y presión, el carbón se comprime aún más.

Este tipo de carbón es reluciente y liso al tacto.

El carbón más duro es carbono en más de un 90 %.

Antracita (carbón duro)

Grafito
Los átomos de carbono del grafito se disponen en capas separadas que se deslizan fácilmente unas sobre otras.

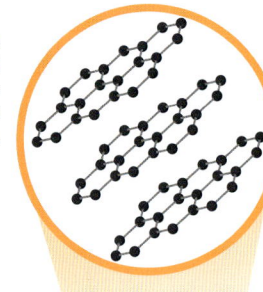

DESPUNTANDO

El grafito es una forma pura del carbono, pero es blando y se descascarilla, siendo así fácil de tallar, como demuestran estas tallas hechas en la mina de lápices. La disposición y unión de los átomos hace de esta forma del carbono un conductor eléctrico.

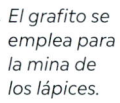

El grafito es blando y es fácil darle forma.

El grafito se emplea para la mina de los lápices.

¡TUBOS MINÚSCULOS!

Los científicos han desarrollado formas nuevas de carbono, como estos minúsculos tubos cilíndricos: ¡caben miles en 1 mm! Tienen muchas aplicaciones potenciales, tanto en medicina como para nuevos materiales resistentes.

VIDA BASADA EN EL **CARBONO**

Los compuestos de carbono están en todos los seres vivos —son los constituyentes de los azúcares, las grasas y las proteínas de los que están hechos las plantas y los animales. Los animales obtienen carbono del alimento, y las plantas toman dióxido de carbono del aire.

Cada célula de la rana está hecha de compuestos de carbono.

Las células vegetales contienen también carbono.

Carbono diverso

El carbono es uno de los elementos más versátiles. Se da puro en la naturaleza en dos formas principales: diamante, uno de los materiales más duros, y grafito, uno de los más blandos.

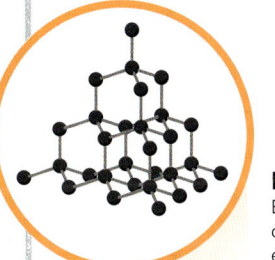

Diamante
En un diamante, cada átomo de carbono está unido a otros cuatro en una estructura 3D rígida.

¡FIBRAS DURAS!

Las fibras de carbono son cadenas largas minúsculas y ligeras, ¡pero cinco veces más resistentes que el acero! Tejidas en una malla y combinadas con resina, forman planchas muy resistentes, perfectas para la carrocería de automóviles de carreras.

CARBONO **CARO**

El diamante es el material natural más duro de la Tierra. Duros, fríos, casi imposibles de rayar y hechos de carbono puro, los diamantes, además de como joyas valiosas una vez cortados y pulidos, sirven también como piezas para maquinaria.

Deportivo BAC Mono

SODIO **BLANDO**

Los metales suelen ser duros, pero el sodio es tan blando que se puede filetear con un cuchillo de cocina. Pertenece al grupo de los metales alcalinos, que reaccionan fácilmente con otras sustancias, incluso con el aire y el agua.

FLUJO **LIBRE**

Los átomos de los metales puros forman un entramado en el que los electrones se mueven a su alrededor. Este movimiento es lo que permite que las corrientes eléctricas fluyan a través de los metales.

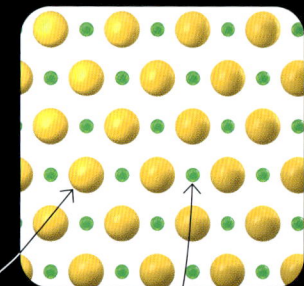

Átomos metálicos

Los electrones se mueven libremente.

Maravillosos **metales**

Los metales conforman más de tres cuartos de los elementos de la tabla periódica. Además de ser relucientes y fríos al tacto, suelen ser duros y resistentes, y se usan en objetos cotidianos, desde alambre o cable hasta pesas.

CONSTRUCCIÓN DE **PUENTES**

Mezclar hierro con carbono da una aleación resistente, el acero. Sus propiedades lo hacen útil para construir estructuras que soportan carga, como el puente del puerto de Sídney (Australia).

El oro líquido se vierte a un molde. Cuando se enfríe tomará la forma de este.

EL **OSMIO** ES EL METAL MÁS DENSO. ¡UN **TROZO DEL TAMAÑO DE UN MICROONDAS** PESA TANTO COMO UN AUTOMÓVIL!

PROPIEDADES
DE LOS METALES

No todos los metales son iguales, pero la mayoría tienen algunas propiedades físicas en común.

Relucientes
La mayoría de los metales refleja bien la luz, lo cual significa que tienen una superficie brillante y reflectante.

Sólidos
Casi todos los metales son sólidos a temperatura ambiente. El mercurio es el único metal líquido en tales condiciones.

Maleables
La mayoría de los metales son maleables, y se les puede dar forma de alambre, cable o láminas.

Conducen la electricidad
Los metales son conductores eléctricos, es decir, los puede atravesar la electricidad.

Conducen el calor
Los metales son también buenos conductores térmicos, pues sus electrones libres facilitan el paso de la energía.

El cubo sería más alto que la Casa Blanca de EE. UU.

¡TODO EL ORO EXTRAÍDO HASTA HOY FORMARÍA UN CUBO DE 22 M DE ANCHO!

El oro tiene un punto de fusión de 1062 °C, temperatura a la que se vuelve líquido.

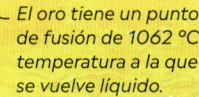

Lingote de oro

ORO LÍQUIDO

La mayoría de los metales son sólidos a temperatura ambiente. Calentados, se ablandan y se les puede dar distintas formas. Si se calientan más, como el oro de la imagen, se funden y se pueden verter en un molde.

Al enfriarse, el oro forma un lingote macizo.

MEZCLAS METÁLICAS

Los metales se pueden mezclar con otros metales y elementos no metálicos para formar aleaciones. Estas pueden ser más duras que los metales puros, así como más resistentes y ligeras y menos susceptibles al desgaste.

Muchos instrumentos se hacen de latón, aleación que contiene cobre y zinc.

MEZCLAS

Si se unen sustancias pero no reaccionan una con la otra, pueden formarse mezclas. En estas, hay presentes dos o más sustancias que no forman enlaces químicos, y se separan de nuevo fácilmente.

La tinta se mezcla gradualmente con el agua, pero la mezcla puede separarse por evaporación.

¡REACCIÓN INSTANTÁNEA!

Cocinar o incluso meramente cortar alimentos causa reacciones químicas. Cuando una manzana recién cortada se vuelve marrón, ¡se debe a la reacción con elementos del aire!

Reacciones
químicas

Lentas y silenciosas en algunos casos, o bien repentinas y explosivas, las reacciones químicas son constantes a nuestro alrededor. Transforman las sustancias implicadas en otras al crear y romper enlaces químicos.

CÓMO FUNCIONAN LAS REACCIONES

Cuando se produce una reacción química, los átomos de las sustancias implicadas se disponen de otro modo, al romperse unos enlaces y formarse otros. El producto es una sustancia nueva.

El resultado final de una reacción química se llama producto.

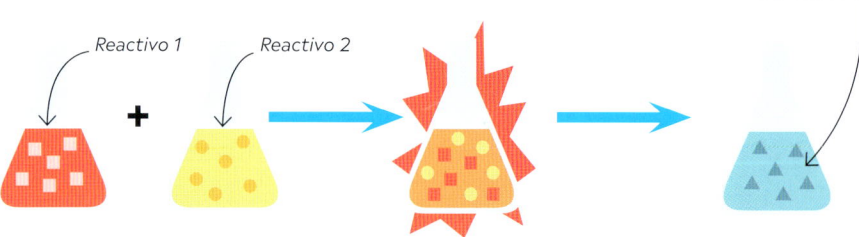

Reactivo 1   Reactivo 2

Reactivos
Las sustancias que reaccionan juntas se llaman reactivos. En esta reacción son dos.

Reacción
En la reacción se rompen moléculas, y los átomos se reorganizan en moléculas nuevas.

Producto
El producto es una sustancia nueva que puede tener propiedades distintas de las de cada reactivo.

¡EL HIDRÓGENO Y EL CARBONO FORMAN MÁS COMPUESTOS QUE CUALQUIER OTRO ELEMENTO!

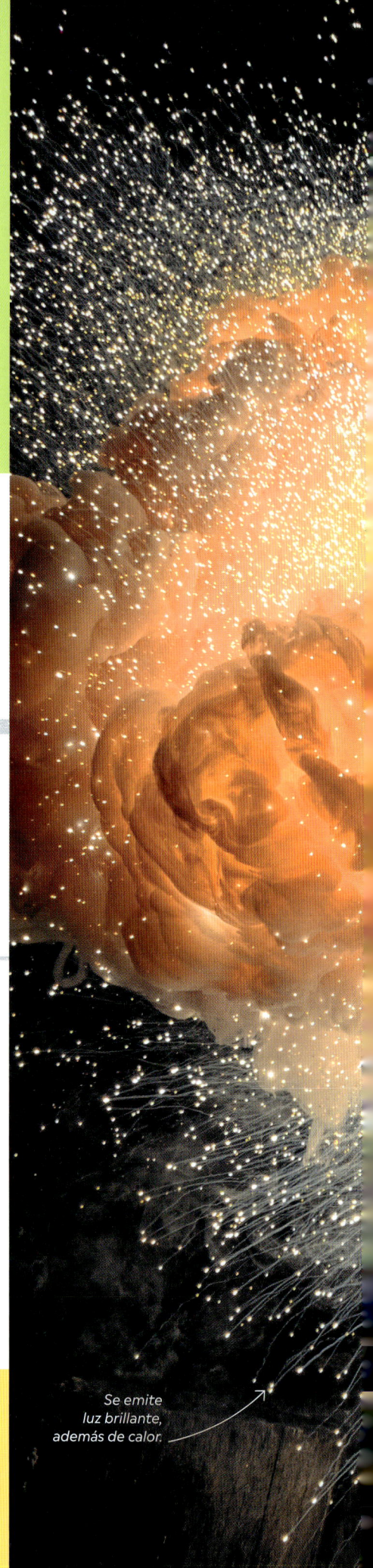

Se emite luz brillante, además de calor.

GRAN **EXPLOSIÓN**

Cuando se inflama termita (mezcla de polvo de aluminio y óxido de hierro), ¡esta puede explotar! Es un ejemplo de reacción exotérmica, una reacción que libera calor. La reacción de la termita puede alcanzar temperaturas de 2000 °C. Otras reacciones absorben calor, y se conocen como endotérmicas.

Vuelan chispas en todas direcciones.

¡EN EL **CUERPO HUMANO** TIENEN LUGAR MILES DE MILLONES DE **REACCIONES** QUÍMICAS **POR SEGUNDO!**

CREAR **COMPUESTOS**

Los compuestos son sustancias hechas de más de un elemento y que pueden ser muy distintas de los elementos puros que los forman. Cuando el metal reluciente sodio reacciona con cloro, se unen formando sal (cloruro sódico).

Sodio + **Cloro** = **Sal**

LLAMAS **FOGOSAS**

El fuego resulta de una reacción química, la combustión, que tiene lugar cuando un combustible reacciona con el oxígeno del aire, emitiendo luz y calor. El fuego puede ser una reacción repentina y propagarse rápidamente.

REACCIÓN OXIDANTE

Algunas reacciones son muy lentas. El hierro, por ejemplo, puede tardar semanas en reaccionar con el agua y el oxígeno del aire, pero acaba por formarse una capa de óxido en la superficie del metal.

Manchas de óxido de hierro, producto de la reacción.

Mundo
material

A nuestro alrededor hay materiales diversos. Quizá no pienses demasiado en ellos, pero eso es porque están haciendo muy bien su trabajo: ¡imagina la vida sin ropa suave y de abrigo, o sin edificios a prueba del mal tiempo!

HUMO **HELADO**

El aerogel es un material artificial de propiedades asombrosas. Hecho de gel de sílice, contiene tantos poros minúsculos que es aire en más de un 95 %, siendo así increíblemente ligero y un aislante excelente, como demuestra la imagen de abajo.

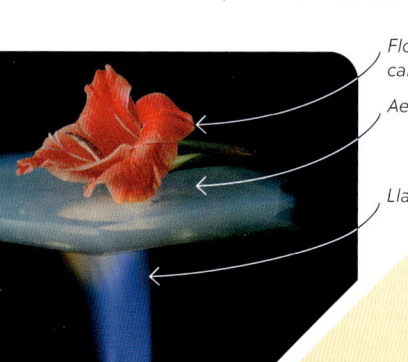

Flor protegida del calor de la llama

Aerogel

Llama

Poliestireno
El poliestireno es un plástico muy utilizado para embalajes. Esto es espuma de poliestireno, con muchas burbujas que lo hacen muy ligero.

Bandeja de poliestireno

Burbujas de aire

Aumento de 185x

Níquel
El níquel, metal duro y maleable, se mezcla a menudo con otros metales en aleaciones. Aunque estas tengan un aspecto liso, la superficie tiene fracturas microscópicas.

Moneda de níquel

Aumento de 24 000x

Madera
Las fibras de este material natural forman una estructura porosa que hace de la madera un material de construcción ligero.

Tablas

Aumento de 100x

Algodón
El algodón, material natural de origen vegetal, es muy empleado para hacer ropa. Sus fibras son de un material llamado celulosa.

Camiseta de algodón

Fibras de celulosa

Aumento de 80x

CADENAS PLÁSTICAS
Los plásticos se inventaron a principios del siglo XX. Los hay de muchos tipos, pero todos consisten en moléculas llamadas monómeros, unidas en cadenas largas, llamadas polímeros. Tienen aplicaciones muy diversas, al poderse fabricar con monómeros distintos.

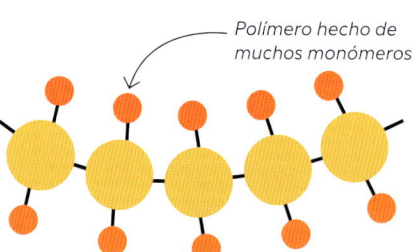

Monómero

Polímero hecho de muchos monómeros

MICROESTRUCTURAS

Empleamos materiales para fines diversos, según sean duros o blandos, elásticos o rígidos, ¡pero pueden tener un aspecto muy diferente vistos al microscopio!

Almohadillas de nailon

Nailon
Una de las primeras fibras sintéticas o artificiales es el nailon, un plástico muy usado para hacer ropa. Se le puede dar forma de fibras largas resistentes y ligeras, más duraderas que las naturales.

Bloque de hormigón

Hormigón
Mezcla de cemento, guijarros y arena, el hormigón tiene propiedades semejantes a las de la piedra. Puede recubrirse con un polímero para alisarlo, como en la imagen de abajo.

Aumento de 400x

Aumento de 90x

INGENIOSO KEVLAR

La fibra sintética kevlar, un material muy resistente pero ligero, fue una creación de la química estadounidense Stephanie Kwolek in 1965. Sirve para hacer cosas como los chalecos antibalas que usan militares, policías y bomberos.

Chaleco de kevlar

¡MICROPLÁSTICOS!

Los plásticos están por todas partes. Los reducidos a partículas menores de 5 mm se conocen como microplásticos. Billones de ellos flotan en los océanos, y algunos se encuentran incluso en el cuerpo humano. ¡Se cree que ingerimos unos 5 g de ellos a la semana!

5. *Con la lámina metálica se hacen latas nuevas u otros productos.*

1. *Las latas se envían a un centro de reciclaje.*

2. *Se comprimen juntas muchas latas formando balas.*

Reciclado de aluminio

4. *El metal se enfría, solidifica y convierte en láminas.*

3. *Se retiran impurezas al fundir las latas comprimidas.*

RECICLADO DE MATERIALES

Derrochamos muchos materiales tirándolos a la basura, pero algunos se pueden reciclar. Con las latas de aluminio, por ejemplo, pueden hacerse láminas de metal con las que fabricar otras latas o productos completamente diferentes.

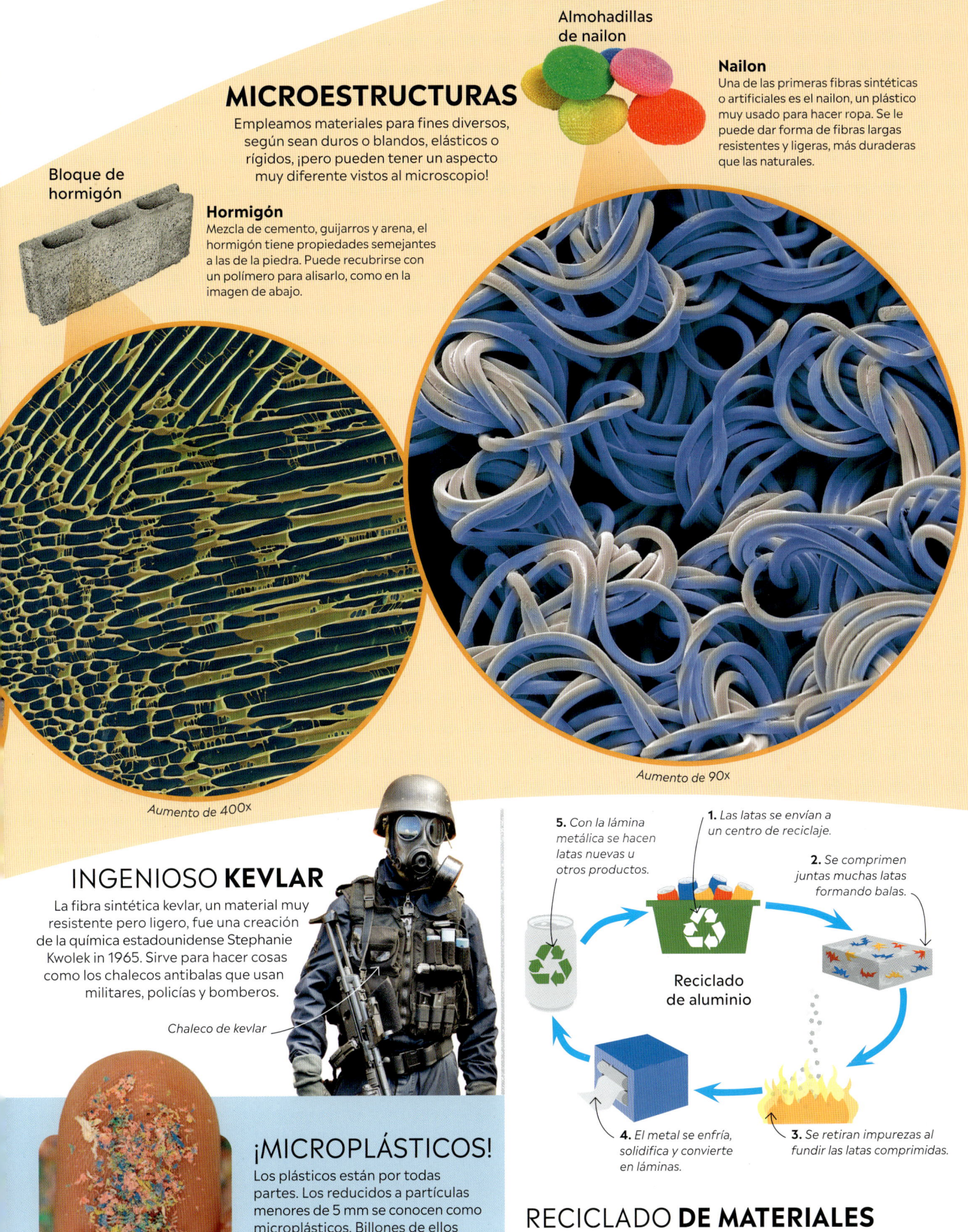

TIPOS DE **ENERGÍA**

La energía se puede almacenar y transferir de formas diversas. La luz, el calor y el sonido son ejemplos de transferencia de energía de un medio a otro.

Cinética
Un objeto en movimiento acumula energía cinética, y esta aumenta al acelerarse.

Eléctrica
Partículas llamadas electrones pueden transferir energía al fluir como corriente o almacenarse como carga.

Lumínica
La luz es un modo de transferir energía detectable por la vista. Viaja en ondas.

Sónica
El sonido es energía que se mueve como ondas vibratorias a través de materiales.

Térmica
El calor es la energía de las partículas en movimiento que componen la materia.

Química
Hay energía encerrada en los enlaces químicos entre átomos y moléculas.

Nuclear
El núcleo (centro) de un átomo contiene cantidades vastas de energía.

Potencial
Esta es la energía que gana un objeto si se eleva, comprime o estira.

¡**ENERGÍA** CORPORAL!

Gran parte de la energía del cuerpo se transfiere al entorno como calor, pero pequeños dispositivos llamados generadores termoeléctricos pueden usar ese calor para producir electricidad. ¡Con esta tecnología pronto podrían funcionar relojes, monitores de actividad y hasta marcapasos!

01:22

Energía
eterna

Hay una cantidad fija de energía en el universo, y se transforma constantemente. De ella depende todo lo que ocurre, desde iluminar tu casa hasta mover tus músculos.

CALOR **VISIBLE**

El calor no permanece nunca quieto: pasa a objetos o entornos más fríos. Las cámaras térmicas detectan el calor que emiten los objetos. Las áreas más cálidas se ven rosas o rojas; las más frías, verdes, azules o negras.

ENERGÍA PERDIDA

Cuando empleas energía, una parte de esta siempre se pierde por transferirse al entorno. Una bola de bolos rodando hacia estos pierde parte de su energía cinética en forma de sonido, ¡y pierde aún más cuando choca contra los bolos!

EL **SONIDO MÁS FUERTE** DE TODOS LOS TIEMPOS FUE LA **ERUPCIÓN** DEL KRAKATOA EN 1883: ¡SE ESCUCHÓ **A MÁS DE 4800 KM!**

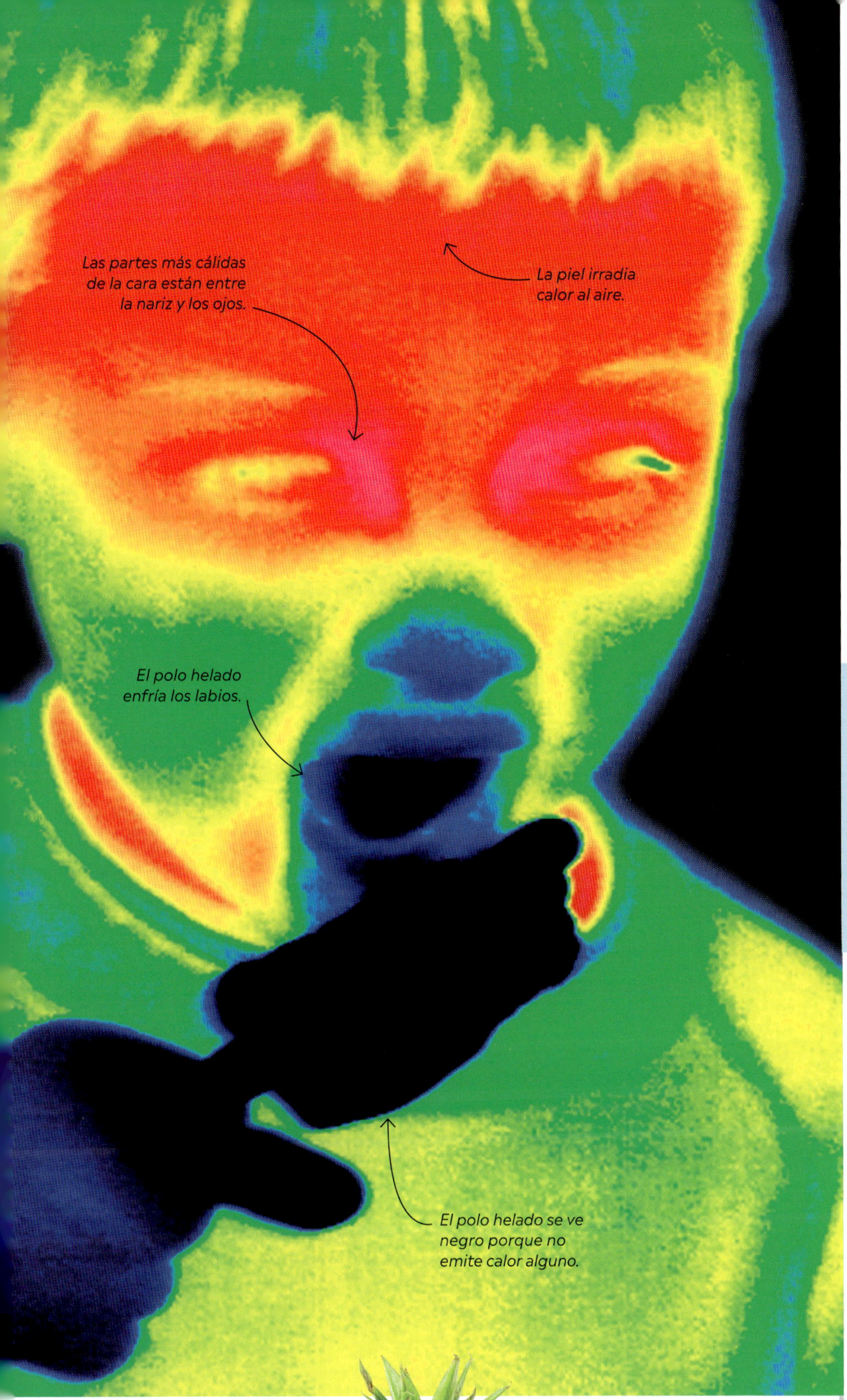

Las partes más cálidas de la cara están entre la nariz y los ojos.

La piel irradia calor al aire.

El polo helado enfría los labios.

El polo helado se ve negro porque no emite calor alguno.

POR **RESORTE**

Hay varias maneras en que puede almacenarse energía, como la energía química en las pilas. Estos juguetes con resorte lo hacen como energía potencial elástica. Cuando se suelta la ventosa, ¡se libera la energía y saltan hacia arriba!

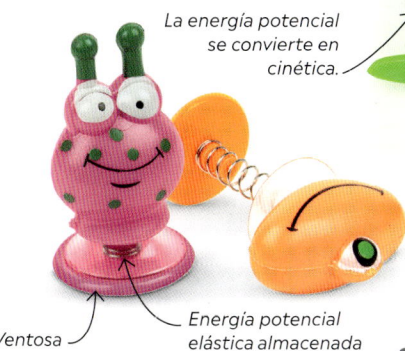

La energía potencial se convierte en cinética.

Ventosa

Energía potencial elástica almacenada

¡HARÍAN FALTA MÁS DE **500 PILAS AA** PARA **SUMINISTRAR ENERGÍA A UN SER HUMANO** DURANTE **UN DÍA!**

TRANSFERENCIA DE ENERGÍA

Siempre que ocurre algo, hay la misma cantidad de energía después que la que había antes. La energía no desaparece: solo se transforma. He aquí lo que pasa al rebotar una pelota.

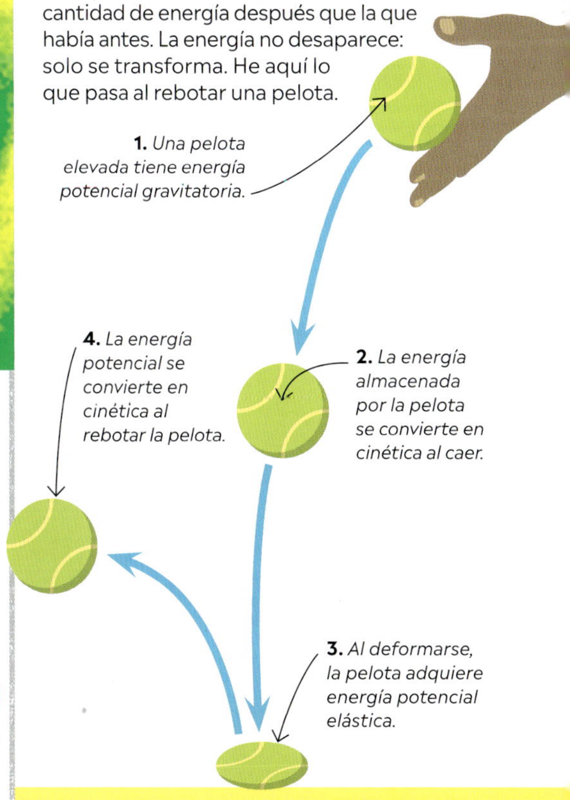

1. *Una pelota elevada tiene energía potencial gravitatoria.*

4. *La energía potencial se convierte en cinética al rebotar la pelota.*

2. *La energía almacenada por la pelota se convierte en cinética al caer.*

3. *Al deformarse, la pelota adquiere energía potencial elástica.*

ENERGÍA **EN LOS ALIMENTOS**

Los alimentos que comes contienen energía química almacenada. En la digestión se descomponen, y la energía se libera. Gran parte se convierte en energía térmica o cinética, que mantienen tu cuerpo en movimiento.

Las plantas y sus frutos crecen usando la energía del sol.

Energía para el mundo

Usamos energía para todo —para iluminar, calentar y movernos—, pero cada fuente tiene sus inconvenientes: los combustibles fósiles dañan el medio ambiente, mientras que las fuentes renovables pueden ser difíciles de aprovechar.

COMBUSTIBLES **FÓSILES**

Muchos de los combustibles de los que obtenemos energía proceden de los restos de antiguos seres vivos. Aplastados bajo capas de sedimento durante millones de años, se convirtieron en petróleo y gas, que no son reemplazables, y cuya combustión emite gases dañinos.

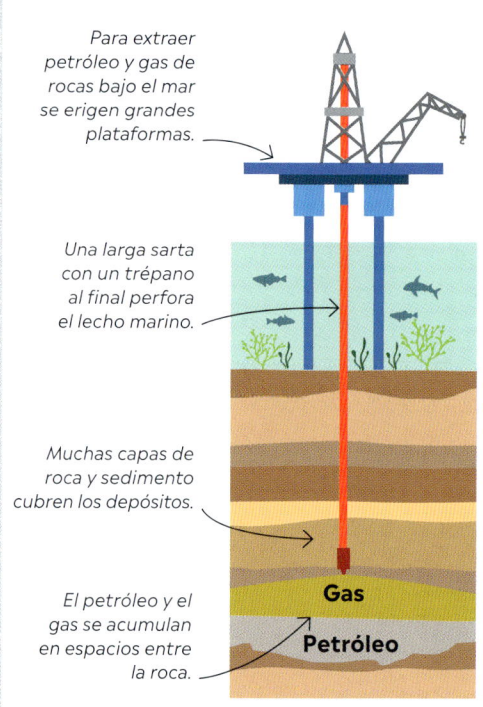

Para extraer petróleo y gas de rocas bajo el mar se erigen grandes plataformas.

Una larga sarta con un trépano al final perfora el lecho marino.

Muchas capas de roca y sedimento cubren los depósitos.

El petróleo y el gas se acumulan en espacios entre la roca.

Gas

Petróleo

El espacio reducido del piloto reduce la resistencia aerodinámica.

El panel solar del vehículo contiene 232 celdas menores que convierten luz solar en electricidad.

ENERGÍA GEOTÉRMICA

Al bombear agua al subsuelo hasta la roca caliente bajo la corteza terrestre, calienta el agua y produce vapor para mover turbinas. En la central geotérmica de Svartsengi, en Islandia, el proceso ha permitido crear una piscina exterior, ¡perfecta para darse un baño!

ESPEJOS SOLARES

Los paneles solares no son el único modo de aprovechar la energía solar. Vastos círculos de espejos pueden enfocarla hacia una estructura central que contenga agua; el vapor generado mueve turbinas.

TURBINAS GIRANDO

La energía eólica es una fuente renovable, ya que se sirve del viento, un recurso natural que nunca se agota. El viento hace girar las aspas de los aerogeneradores en los montes y en el mar, generando así energía.

¡LA CANTIDAD TOTAL DE ENERGÍA EMPLEADA EN EL MUNDO CADA AÑO HA AUMENTADO EN MÁS DEL 400 % DESDE 1950!

VELOCIDAD SOLAR

Este automóvil solar de carreras capaz de alcanzar los 130 km/h fue uno de los muchos que compitieron en el Bridgestone World Solar Challenge de Australia en 2019. Recorrió 1500 km empleando exclusivamente energía solar.

CRISIS CLIMÁTICA

Desde la década de 1800, los humanos han quemado gran cantidad de combustibles fósiles, emitiendo gases como el CO_2 a la atmósfera. Esto está causando el calentamiento del clima de la Tierra, la fusión del hielo y otros acontecimientos extremos, como incendios y sequías (pp. 74–75).

FUENTES DE ENERGÍA

La dependencia de los combustibles fósiles (carbón, petróleo y gas) tiene ya una larga historia, pero recientemente ha aumentado la cantidad de energía obtenida de fuentes renovables y menos dañinas para el medio.

¿De dónde viene nuestra energía?

Carbón 27 %
Petróleo 31 %
Gas 24 %
Hidroeléctrica 7 %
Nuclear 4 %
Renovables 7 %

CIENTÍFICO CLIMÁTICO

Sam Hardy es científico del clima dedicado a que las personas y las empresas se adapten al cambio climático. Trabajó en la Universidad de Leeds (Reino Unido), donde estudió los ciclones tropicales en el sudeste asiático.

P. ¿Cómo sabemos con certeza que hay cambio climático?

R. Muchas mediciones fiables indican que la temperatura superficial de la Tierra ha subido más de 1 °C desde 1850. Esto no se explica por procesos climáticos naturales como la actividad solar. También sabemos que, durante el mismo periodo, la actividad humana ha aumentado la cantidad de gases de efecto invernadero emitidos a la atmósfera, y vemos los efectos por todas partes: calentamiento de los océanos, subida del nivel del mar y fusión de casquetes de hielo y glaciares.

RETROCESO GLACIAR

El cambio climático está fundiendo los glaciares, que han retrocedido rápidamente en las últimas décadas, como se ve en estas imágenes de 2002 y 2109 del glaciar de Briksdal (Noruega). El fenómeno contribuye también a la subida del nivel del mar, y afecta al suministro de agua y a los ecosistemas locales.

P. ¿Qué es lo que más te preocupa de los efectos del cambio climático?

R. Mi mayor preocupación es que regiones extensas, en particular tropicales, se vuelvan inhabitables. Eso podría expulsar a cientos de millones de personas de sus hogares.

P. ¿Has observado algún efecto de primera mano?

R. Vivo en Reino Unido, donde tuvimos temperaturas récord en olas de calor en julio de 2022, en las que se llegó por primera vez a los 40 °C en partes del país. Es alarmante que olas de calor tan extremas se estén volviendo más frecuentes y severas en todo el mundo.

P. ¿Qué área del clima estudias?

R. Mis estudios se centran en la intensificación de los ciclones tropicales, grandes sistemas tormentosos que causan algunos de los vientos y precipitaciones más dañinos de la Tierra. Los científicos creen que el cambio climático puede volver los ciclones tropicales menos frecuentes pero más violentos. Investigarlos nos ayudará a prepararnos para los más extremos.

P. ¿Crees que podemos detener el cambio climático? ¿Qué puedo hacer para ayudar?

R. Con iniciativas globales, sin duda podemos enfrentarnos al cambio climático, ¡pero queda poco tiempo! Un modo de ayudar es hacer oír tu voz, dirigiéndote a tus representantes electos. También puedes reducir la cantidad de carne y lácteos que comes, ¡y volar menos!

Su cuerpo transparente le ayuda a ocultarse de los depredadores.

Fotóforos a lo largo de los tentáculos del calamar

LUZ VIVIENTE

Muchos animales del océano profundo y oscuro brillan con luz propia para confundir a los depredadores y atraer presas o pareja. Órganos llamados fotóforos producen luz por medio de reacciones químicas.

LUZ **CORTANTE**

El láser puede formar haces estrechos de luz concentrada. Algunos son tan intensos que cortan el acero. Los médicos emplean láser de baja potencia para la cirugía ocular y otras operaciones delicadas.

COLORES **OCULTOS**

La luz blanca es en realidad una mezcla de colores, que se pueden separar si se hace pasar la luz por un bloque de vidrio llamado prisma. Este refracta cada color en distinto grado, abriéndolos en un espectro.

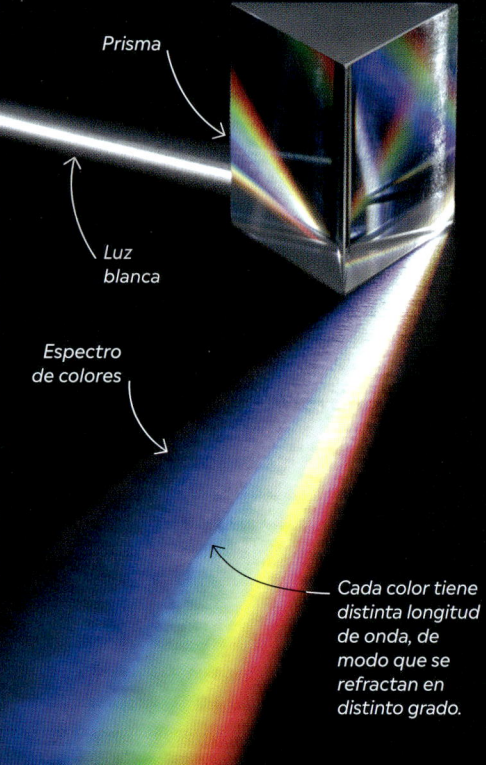

Prisma

Luz blanca

Espectro de colores

Cada color tiene distinta longitud de onda, de modo que se refractan en distinto grado.

Ver la **luz**

Tanto si procede del Sol como de una lámpara, la luz es una forma de radiación electromagnética: energía que viaja en ondas a unos 300 000 kilómetros por segundo.

¡VIAJANDO A LA VELOCIDAD DE LA LUZ, PODRÍAS DAR LA VUELTA A LA TIERRA 7,5 VECES EN UN SEGUNDO!

DOBLAR LA LUZ

Un lápiz en un vaso de agua se ve torcido o roto, pero no es más que una ilusión. El efecto se debe a que las ondas lumínicas pierden velocidad al pasar del aire al agua o al vidrio. Esto refracta las ondas, haciendo que la parte sumergida del lápiz parezca cambiar de posición. Un prisma separa la luz al refractarla.

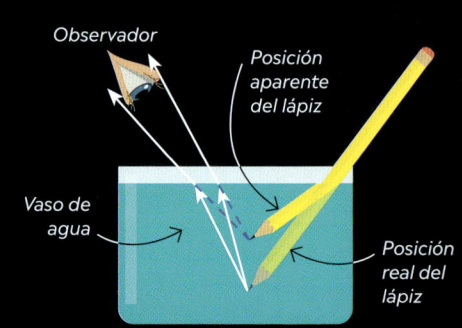

Observador

Posición aparente del lápiz

Vaso de agua

Posición real del lápiz

ESPECTÁCULO **DE LUZ**

Incluso en ausencia de luz del sol, este pueblo de pescadores noruego es una fiesta de luz. Una espectacular exhibición natural de colores resplandecientes llamada aurora tiene lugar sobre el fondo de las estrellas, mientras el mar en calma refleja la iluminación eléctrica que alumbra edificios y calles.

Reacciones nucleares en el núcleo de las estrellas producen la luz estelar.

Las auroras ocurren cerca de los polos cuando corrientes de partículas cargadas procedentes del Sol golpean moléculas en el aire y hacen que emitan luz.

En las luces eléctricas pasa corriente por un cable o tubo de gas, y hace que reluzcan.

La luz se refleja, o rebota, en la superficie del agua.

ESPECTRO **ELECTROMAGNÉTICO**

Nuestros ojos detectan luz, pero hay otros tipos de radiación que no vemos. Cada tipo tiene ondas de distinta longitud. Las de radio miden metros o kilómetros, mientras que los rayos gamma son menores que el ancho de un átomo.

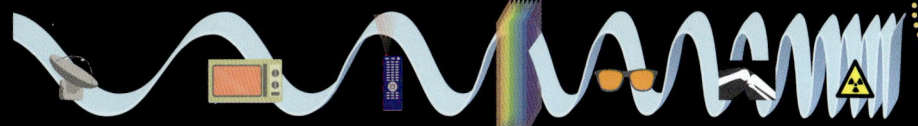

Ondas de radio	Microondas	Infrarrojas	Luz visible	Ultravioletas	Rayos X	Rayos gamma

MUCHOS **ANIMALES** VEN PARTES DEL **ESPECTRO** QUE NO VEN LOS HUMANOS: ¡LAS ABEJAS VEN EL **ULTRAVIOLETA**, Y LAS SERPIENTES, EL **INFRARROJO!**

Impresionante
electricidad

Nada despertará más tu interés que la fuerza de la naturaleza que es la electricidad. Hace funcionar desde ordenadores hasta automóviles, y la traen a nuestras casas cables aéreos o subterráneos.

¿QUÉ ES LA **ELECTRICIDAD?**

La electricidad es el movimiento de partículas minúsculas con carga, los electrones. Forman parte de los átomos, pero en los metales fluyen libremente. Cuando se conectan a una fuente de alimentación, lo hacen en un solo sentido.

Al apagar el interruptor se interrumpe el circuito, y la corriente no fluye.

Pila

Interruptor

Luz

Los electrones fluyen entre los átomos con carga positiva como corriente.

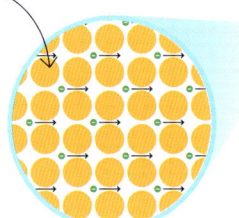

Corriente de electrones
Los electrones de carga negativa fluyen desde el extremo negativo de la fuente de alimentación al positivo.

Circuito
La corriente requiere una extensión ininterrumpida de cable para fluir.

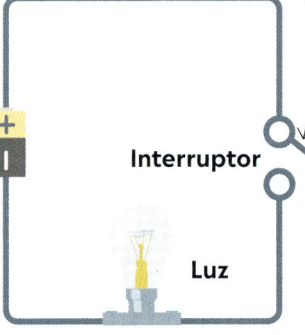

LOS RAYOS ESTÁN APROXIMADAMENTE A 29 730 °C: ¡MÁS CALIENTES QUE LA SUPERFICIE DEL SOL!

CABELLOS **ERIZADOS**

Al frotar un objeto sobre otro, puede acumularse carga eléctrica y transferirse electrones. Un globo frotado sobre el pelo gana electrones y carga negativa, y atrae el pelo, que queda con carga positiva. Esto se conoce como electricidad estática.

Los electrones pasan al globo, que adquiere carga negativa.

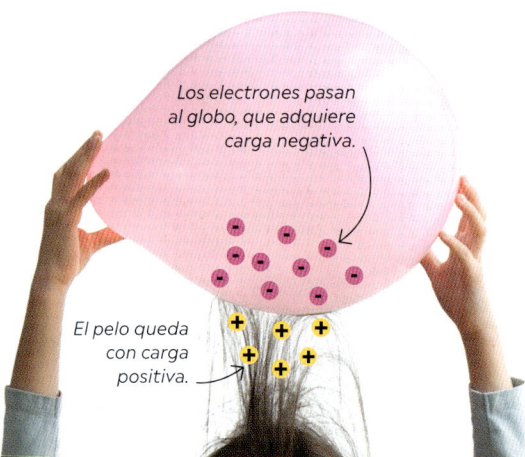

El pelo queda con carga positiva.

DESCARGAS
DESDE EL CIELO

Los rayos son una potente forma de energía eléctrica, causada por la electricidad estática acumulada en las nubes. ¡Un rayo normal alimentaría una bombilla durante seis meses!

CAZADOR DE
ALTO VOLTAJE

Depredadores del mundo animal hacen un uso ingenioso de la electricidad para encontrar alimento. Los tiburones son capaces de detectar las minúsculas corrientes eléctricas de peces y otras presas, y usan esta información para rastrearlas y cazarlas.

Electrorreceptores en la cabeza del tiburón

Presa oculta

CONDUCTORES
Y AISLANTES

La electricidad solo atraviesa determinados materiales y sustancias. Los metales son los mejores conductores, pero la corriente fluye también por sustancias como el agua. A los materiales no conductores se les llama aislantes.

El forro de plástico aísla el cable para que la corriente no dañe a las personas.

Los cables eléctricos suelen hacerse de cobre, que es un buen conductor.

POBLACIÓN
ILUMINADA

Vista desde el espacio de noche, la luz eléctrica que permite la actividad nocturna ilumina la Tierra. Las partes más luminosas del globo corresponden a ciudades y otros asentamientos grandes. Casi un 20 % de la electricidad mundial se destina al alumbrado.

¡FUENTES ENERGÉTICAS RENOVABLES GENERAN EL 28 % DE LA ELECTRICIDAD MUNDIAL!

¡MUCHOS **ANIMALES**, COMO AVES, BOGAVANTES Y PERROS, SE ORIENTAN GRACIAS AL **CAMPO MAGNÉTICO TERRESTRE!**

TIRÓN **POTENTE**

La mayoría de los imanes contienen un metal magnético (hierro, níquel o cobalto). Los imanes de neodimio con hierro son tan potentes que atraen clips sujetapapeles incluso a través de un material no magnético (como tu mano).

Imán de neodimio

Los clips contienen hierro, y son atraídos por el imán.

CAMPOS **MAGNÉTICOS**

Alrededor de todo imán hay un campo magnético, un área en que la fuerza del imán afecta a materiales magnéticos (metales como el hierro y el níquel). En la imagen, las limaduras de hierro muestran la forma del campo.

Las agujas de la brújula se alinean con el campo magnético.

S N

REPULSIÓN Y ATRACCIÓN

Todos los imanes tienen dos polos, el norte y el sur. Cuando el polo de un imán se aproxima al polo de otro, sus campos magnéticos interactúan, y el resultado es que o bien se atraen, o bien se repelen.

S N N S

Repulsión
Si se colocan dos imanes con los mismos polos uno junto a otro, los polos se apartarán el uno del otro.

S N N S

Atracción
Si se colocan dos imanes con los polos opuestos uno junto a otro, los polos se atraerán entre sí.

ELECTROIMANES

Envolver un trozo de hierro en cable crea un tipo distinto de imán, llamado electroimán. Añadiendo más vueltas de cable o más corriente, los electroimanes son más potentes que los imanes permanentes.

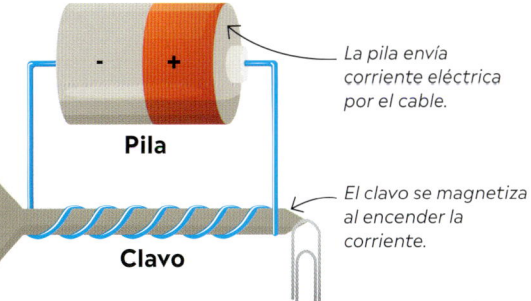

La pila envía corriente eléctrica por el cable.

Pila

El clavo se magnetiza al encender la corriente.

Clavo

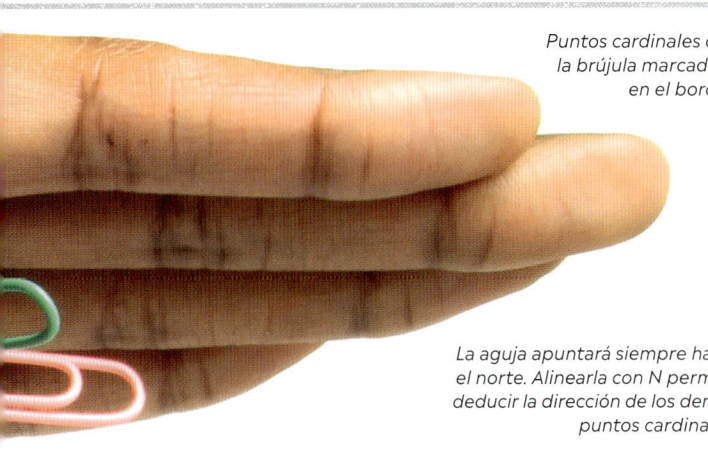

Puntos cardinales de la brújula marcados en el borde

La aguja apuntará siempre hacia el norte. Alinearla con N permite deducir la dirección de los demás puntos cardinales.

APUNTANDO AL POLO

La Tierra es un enorme imán con un campo magnético propio. La brújula, diseñada para mostrar la posición del polo norte magnético, es una herramienta útil para orientarse.

La aguja de la brújula contiene un imán, y se mueve libremente.

Imanes **potentes**

Una fuerza invisible, el magnetismo, tira de objetos o los empuja. ¡Incluso los imanes más minúsculos pueden atraerse con tal fuerza que se juntan con violencia!

¡TORMENTA MAGNÉTICA!

Cuando chocan con el campo magnético terrestre, las partículas cargadas del Sol crean un espectáculo resplandeciente de luces de colores en el cielo. El fenómeno se conoce como aurora boreal, en el Polo Norte, y como aurora austral, en el Polo Sur.

Hay grandes imanes unidos a la carrocería del tren por debajo.

Tren de levitación magnética (maglev)

Los carriles contienen electroimanes, que atraen y repelen a los imanes del tren para tirar del mismo.

TREN **MAGNÉTICO**

Los trenes más rápidos del mundo funcionan por magnetismo. Los llamados trenes de levitación magnética (o maglev) usan potentes imanes y fuerzas electromagnéticas para tirar de los trenes, y alcanzan velocidades de hasta 600 km/h.

FUERZAS DEFORMANTES

Las fuerzas no solo mueven objetos: los aprietan, doblan, estiran o retuercen, deformándolos o incluso rompiéndolos. Aplastada entre las mandíbulas de un perro, esta pelota se ha deformado.

Fuentes de las fuerzas

Las fuerzas parecen misteriosas: son invisibles, pero a menudo se ven o se sienten sus efectos. En realidad son solo tirones y empujones. Pueden mover objetos, cambiar su velocidad o dirección, detenerlos o cambiar su forma.

REDUCIR EL ROZAMIENTO

Al moverse una superficie sobre otra, la fuerza denominada rozamiento tiende a ralentizar ese movimiento. Las superficies ásperas generan más rozamiento, ¡y por eso es más fácil esquiar sobre nieve lisa que sobre gravilla!

Este equipo tira con mayor fuerza.

¿EQUILIBRADO O DESEQUILIBRADO?

Con fuerzas en equilibrio, las cosas se quedan como estaban. Cuando en el juego de la soga ambos equipos tiran en sentido opuesto con igual fuerza, las fuerzas se cancelan una a otra; cuando un equipo tira más fuerte, hay una fuerza neta superior en ese sentido, y los equipos se mueven.

Al moverse el vehículo por el aire, la resistencia aerodinámica (rozamiento del aire) lo ralentiza.

La fuerza del motor del vehículo equilibra en parte los efectos del rozamiento y la resistencia aerodinámica.

Los surcos de los neumáticos aumentan el rozamiento con la calzada para mejorar el agarre.

FUERZAS **EN ACCIÓN**

Múltiples fuerzas intervienen cuando este camión monstruo se lanza desde una rampa sobre una fila de automóviles. El empuje del motor lo impulsa, y las ruedas aprovechan el rozamiento para agarrarse a la calzada. En el aire, la resistencia aerodinámica lo ralentiza, ¡y la gravedad lo devuelve a tierra con un crujido!

¡LA **FUERZA MÁS FUERTE DEL UNIVERSO** ES LA QUE MANTIENE UNIDAS LAS **PARTÍCULAS** EN EL **NÚCLEO DE LOS ÁTOMOS**!

Primera ley

Con las fuerzas del cohete en equilibrio, este permanece inmóvil; o bien, si está en movimiento, sigue a velocidad constante en línea recta.

Al empujar el peso hacia abajo (rojo), el suelo empuja con fuerza igual y opuesta (azul); las fuerzas están en equilibrio.

Segunda ley

Fuerzas en desequilibrio hacen que el cohete acelere. La aceleración depende de cuánta fuerza se aplique y de la masa del cohete.

Fuerza resultante

Empuje

Peso

Tercera ley

Toda acción produce una reacción igual y de sentido opuesto. Los gases calientes expulsados del cohete lo empujan hacia arriba con igual fuerza.

Reacción

Acción

LEYES DEL MOVIMIENTO

Tres leyes del movimiento describen la relación entre un objeto y las fuerzas que actúan sobre él. Aquí se ve cómo se aplican a un cohete.

¡LAS **SERPIENTES** USAN EL **ROZAMIENTO** DE LAS **ESCAMAS DEL VIENTRE** CON EL **SUELO** PARA **DESLIZARSE HACIA DELANTE**!

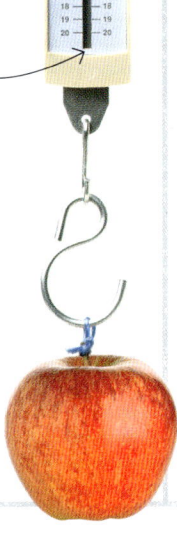

El dinamómetro muestra la fuerza en newtons.

PESAR LAS COSAS

Cuando hablamos de cuánto pesa algo en kilos o gramos, en realidad nos estamos refiriendo a su masa, la medida de cuánta materia hay en un objeto. El peso es la fuerza que actúa sobre un objeto debido a la gravedad, medida en newtons.

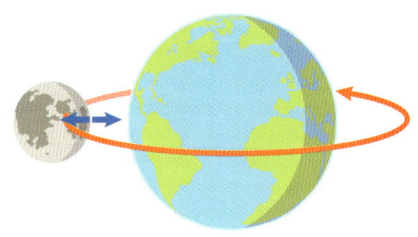

TIRÓN PLANETARIO

La gravedad es la razón por la que todos los planetas del Sistema Solar orbitan alrededor del Sol, y es la fuerza que mantiene a la Luna en órbita alrededor de la Tierra mientras tiran una de la otra.

Unos cartuchos emiten humo para marcar la caída.

La fuerza de la gravedad

Una de las fuerzas más importantes del universo, la gravedad, mantiene nuestros pies en el suelo y a la Tierra en órbita alrededor del Sol.

El saltador abrirá el paracaídas plegado cuando esté más cerca del suelo.

CÓMO FUNCIONA LA GRAVEDAD

La gravedad es una fuerza de atracción entre objetos, y funciona en ambos sentidos: al tirar la Tierra de ti, tú también tiras de ella. La fuerza de la gravedad depende de cuánta masa tengan los objetos y de la distancia entre ellos.

Tirón doble
Todo lo que tenga masa tira de la demás materia, y esta tira a su vez con la misma fuerza.

Mayor y mejor
Cuanta más masa (materia) tenga un objeto, más fuerte será su tirón gravitatorio.

Salvar la distancia
Cuanto más lejanos estén dos objetos, más débil será la gravedad que los atraiga.

CAÍDA A TIERRA

Estos saltadores temerarios decidieron sentir la fuerza plena de la gravedad con el mayor salto BASE (desde una estructura fija) del mundo. Tras saltar desde lo alto del edificio, descendieron 828 m hasta el suelo.

SUCCIÓN DESCOMUNAL

Cuando llega al final de su vida, una estrella masiva puede colapsar bajo la fuerza de su propia gravedad y formar un agujero negro. La atracción de un agujero negro es tan fuerte que ni la luz puede escapar de él, y toda materia que se le aproxime se desintegra.

Representación artística de restos atraídos hacia un agujero negro

El Burj Khalifa, en Dubái (Emiratos Árabes Unidos), es el edificio más alto del mundo.

EL SALTO EN PARACAÍDAS DESDE MAYOR ALTURA FUE EL DE ALAN EUSTACE EN 2014: ¡SALTÓ DESDE **41,3 KM DE ALTURA!**

Eustace tuvo que llevar un traje especial.

SIENTE LA **FUERZA**

La aceleración extrema puede generar fuerzas gravitatorias, o fuerzas G, mayores que la gravedad terrestre (1 g). Las fuerzas que se experimentan en una montaña rusa pueden llegar a 3 g, y algunos pilotos y astronautas se exponen a fuerzas aún mayores, con riesgo de desmayo.

Cámaras montadas en el casco registran la caída.

AUNQUE TE PUEDA PARECER FUERTE, ¡LA GRAVEDAD ES LA MÁS DÉBIL DE LAS FUERZAS FUNDAMENTALES DEL UNIVERSO!

FUERZAS **EN EL VUELO**

Sobre un avión en vuelo actúan cuatro fuerzas: empuje, sustentación, gravedad y resistencia. La gravedad tira del avión hacia abajo, y la resistencia del aire lo empuja hacia atrás. El empuje de los motores supera estas fuerzas, haciendo avanzar el avión y moviendo aire sobre las alas para generar sustentación.

Sustentación
La forma especial del ala crea sustentación al fluir aire sobre y bajo el ala debido al empuje.

Empuje
Cuando los motores queman combustible, los gases calientes expulsados hacia atrás empujan hacia delante.

Peso
La fuerza de sustentación debe compensar el peso del avión, que tira de él hacia abajo.

Resistencia
Al moverse el avión por el aire, este lo empuja hacia atrás, haciendo que pierda velocidad.

Como el corte transversal del ala es simétrico, este avión vuela igual de bien boca abajo que en su posición normal.

Vuelo
fantástico

Lograr que un objeto vuele por el aire es una batalla de fuerzas. Aviones como los gigantescos reactores jumbo necesitan motores potentes para mantenerse en vuelo continuamente.

LOS **VENCEJOS COMUNES** PUEDEN MANTENERSE EN **VUELO** HASTA **10 MESES SIN PARAR**, ¡DURMIENDO INCLUSO MIENTRAS VUELAN!

CREAR **SUSTENTACIÓN**

Este corte transversal muestra cómo el ala es más curva por arriba, y el borde delantero está en ángulo hacia arriba. Esto hace fluir el aire más rápido sobre el ala; por debajo fluye más lento, y está a mayor presión, lo cual genera sustentación.

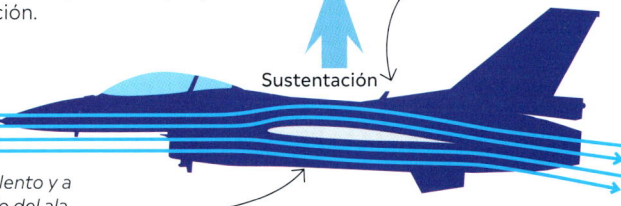

El aire fluye más rápido y a menor presión sobre el ala.

Sustentación

El aire fluye más lento y a mayor presión debajo del ala.

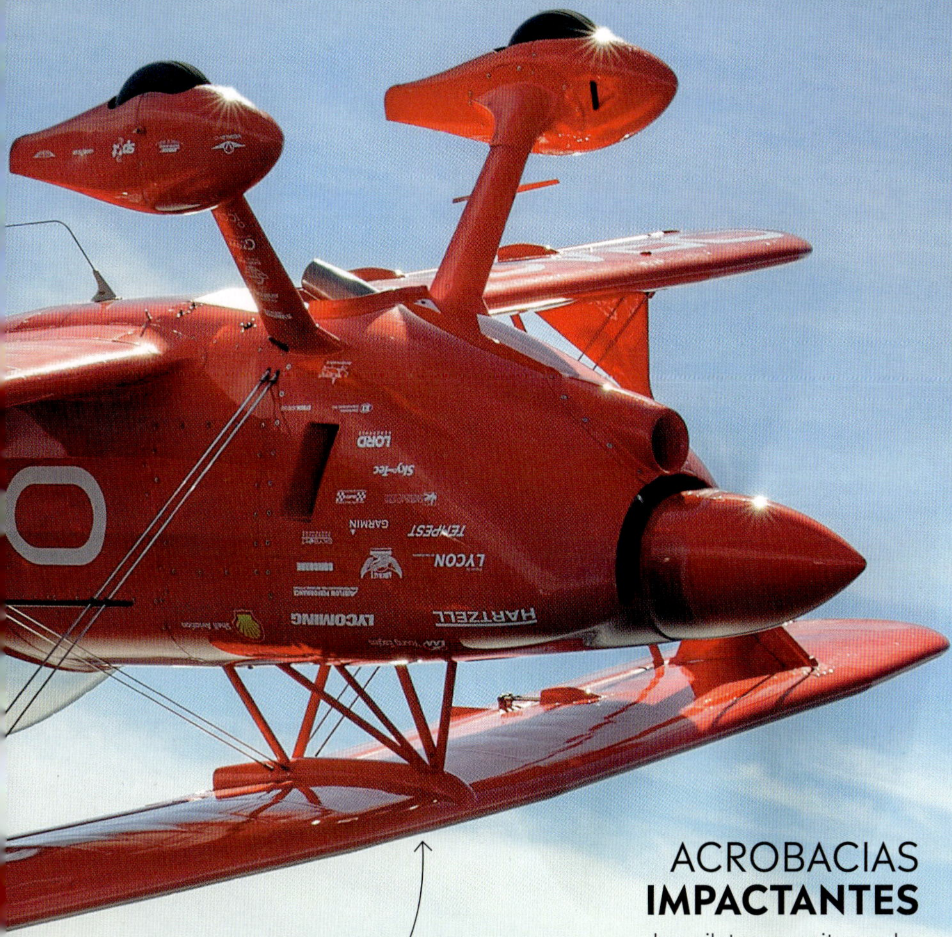

Dos alas generan más sustentación, y pueden ser más cortas. Esto favorece la maniobrabilidad.

ACROBACIAS **IMPACTANTES**

Los pilotos compiten en las exhibiciones aéreas, y demuestran su habilidad volando en formación. Al volar tan juntos, cualquier movimiento en falso puede resultar fatal. Un biplano (avión de ala doble) rojo sobrevuela varios aparatos de la Marina de EE. UU., ¡que vuelan tan juntos que parecen uno solo!

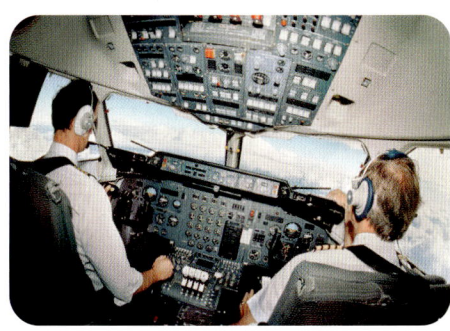

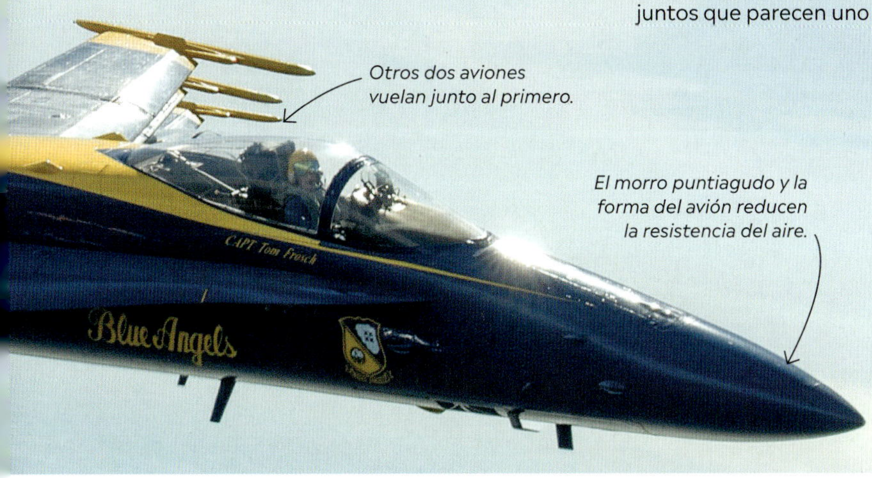

Otros dos aviones vuelan junto al primero.

El morro puntiagudo y la forma del avión reducen la resistencia del aire.

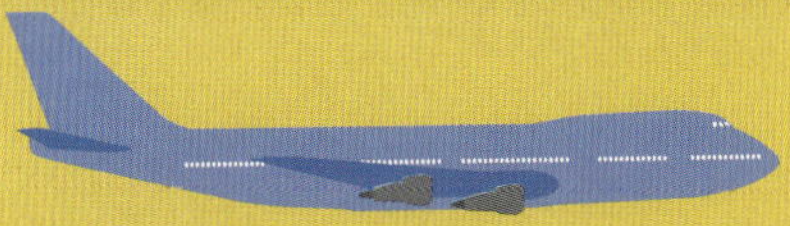

DURANTE UN VUELO EN AVIÓN, ¡TE ENCUENTRAS A UNOS 12 KM DEL SUELO!

VÍAS **AÉREAS**

Puede haber unos diez mil aviones en el aire en cualquier momento dado. Para evitar chocar unos con otros, viajan por vías especiales; además, un sistema de alerta de tráfico contra las colisiones avisa al piloto de todo lo que se acerque.

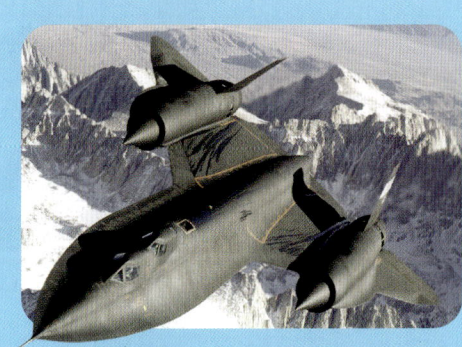

¡**VUELO** MÁS RÁPIDO!

En 1976, el avión militar Lockheed SR-71 Blackbird alcanzó una velocidad de 3529,6 km/h, la máxima velocidad que haya alcanzado nunca un avión a reacción, ¡y más de tres veces la velocidad del sonido!

A diferencia de otros drones, los que disponen de rotores pueden detenerse en el aire.

La cámara capta los acontecimientos a vista de pájaro.

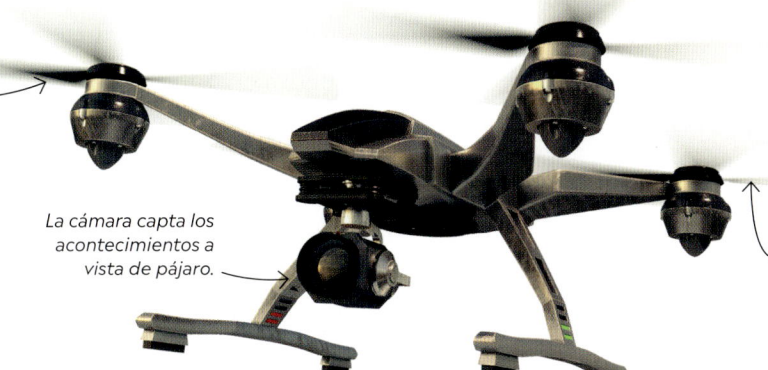

Los rotores crean sustentación empujando el aire hacia abajo.

DRONES **DINÁMICOS**

Los vehículos aéreos llamados drones no necesitan piloto, y se puede manejar por control remoto. Muchos emplean rotores o hélices, y fueron empleados primero por los ejércitos, pero hoy fumigan cosechas, entregan mercancías o asisten en misiones de rescate.

¡EL **MAYOR BARCO DE CONTENEDORES** MIDE 400 M DE LARGO, **CINCO VECES** LA LONGITUD DE UN **AVIÓN JUMBO!**

¿FLOTARÁ?

Los objetos flotan cuando son menos densos que el agua. La densidad es la cantidad de materia en un volumen determinado de un objeto.

Ligero y menos denso que el agua, el corcho flota.

Un pez tiene la misma densidad aproximada que el agua.

Más densa que el agua, una moneda de metal se hunde.

Haz flotar tu barco

Desde botes minúsculos de hierba entretejida a cruceros enormes con piscina a bordo, todos los barcos flotan por ser menos densos que el agua.

BARCOS DE CARRERAS

Los trimaranes deportivos como este pueden surcar las olas a velocidades de 48 km/h. La estructura multicasco con dos flotadores favorece el avance por el agua y la estabilidad.

El viento inclina la nave, y la tripulación debe ser resistente al mareo.

El casco principal del trimarán está en el centro, asistido por dos flotadores laterales.

EL **BARCO MÁS RÁPIDO** DEL MUNDO ES EL **SPIRIT OF AUSTRALIA**, QUE ALCANZÓ UNA VELOCIDAD DE **511,11 KM/H**.

CÓMO FLOTAN LOS **BARCOS**

Un bloque de acero se hunde en el agua, mientras que un barco de acero de igual masa flota. Esto se debe a que el segundo contiene aire y, por tanto, es menos denso. Al flotar, un barco desplaza agua. El agua ejerce un empuje hacia arriba igual al peso del agua desplazada.

Peso

Un bloque de acero se hunde porque su peso es mayor que el empuje.

Empuje

Peso

El empuje compensa el peso.

Empuje

FLOTA **PESQUERA**

Hay unos cuatro millones de barcos pesqueros en el mundo. Aunque muchos de ellos son embarcaciones de gran tamaño, más del 80 % mide menos de 12 m de largo.

¡HAY UNOS **TRES MILLONES DE BARCOS HUNDIDOS** EN EL FONDO DEL OCÉANO!

Los tres cascos estrechos y aerodinámicos facilitan el avance del barco por el agua.

¡LAS **PRIMERAS MÁQUINAS SIMPLES** FUERON HACHAS DE PIEDRA USADAS **HACE MÁS DE UN MILLÓN DE AÑOS!**

EXTRACTOR **DE TIERRA**

Algunas máquinas se fabrican en proporciones descomunales. Uno de los vehículos terrestres más pesados que existen es la excavadora Bagger 288, empleada en la minería, y de un peso de 11800 toneladas. Su gigantesco brazo giratorio es capaz de extraer más de 241000 metros cúbicos de tierra al día.

Cables largos hacen subir y bajar el brazo principal.

Los contrapesos evitan que la máquina vuelque.

MÁQUINAS **SIMPLES**

Hay seis tipos principales de máquinas simples. Todas sirven para alterar la fuerza que se les aplica, volviéndola mayor, menor o cambiando su dirección.

Plano inclinado
También llamado rampa, facilita elevar objetos, aunque estos deban recorrer una distancia mayor.

Cuña
Una cuña son dos planos inclinados juntos. Cuñas como las de las hachas sirven para partir objetos en dos.

Tornillo
Los tornillos acaban en punta. Girar la cabeza con un movimiento circular produce una acción descendente.

Palanca
Una barra que se mueve sobre un punto fijo (el fulcro) es una palanca. Una palanca simple levanta objetos pesados del suelo.

Rueda y eje
La rueda gira sobre una barra central, el eje. Al hacer girar el eje, el borde de la rueda gira más aplicando menos fuerza.

Polea
Las poleas cambian la dirección de una fuerza: la carga se eleva al tirar de la cuerda hacia abajo.

Orugas anchas soportan el peso de la máquina.

Polea simple
Una polea de una sola rueda cambia la dirección de una fuerza. La carga se eleva por la misma fuerza del esfuerzo al tirar de la cuerda.

Esfuerzo

Carga

Polea compuesta
Con una polea compuesta, el esfuerzo necesario para elevar la carga es la mitad, pero la fuerza ha de aplicarse durante el doble de distancia.

Esfuerzo

Carga

REDUCIR **EL ESFUERZO**
Las máquinas simples pueden ampliar o reducir fuerzas, y facilitar así tareas como elevar cargas. Añadir ruedas a un sistema de poleas facilita elevar cargas, pero la fuerza al tirar debe recorrer una distancia más larga.

GRAN **TRACTOR ORUGA**
Construidos para transportar cohetes a la plataforma de lanzamiento, los vehículos de tractores oruga de la NASA son enormes, de 40 × 35 m, y se mueven a solo 1,6 km/h.

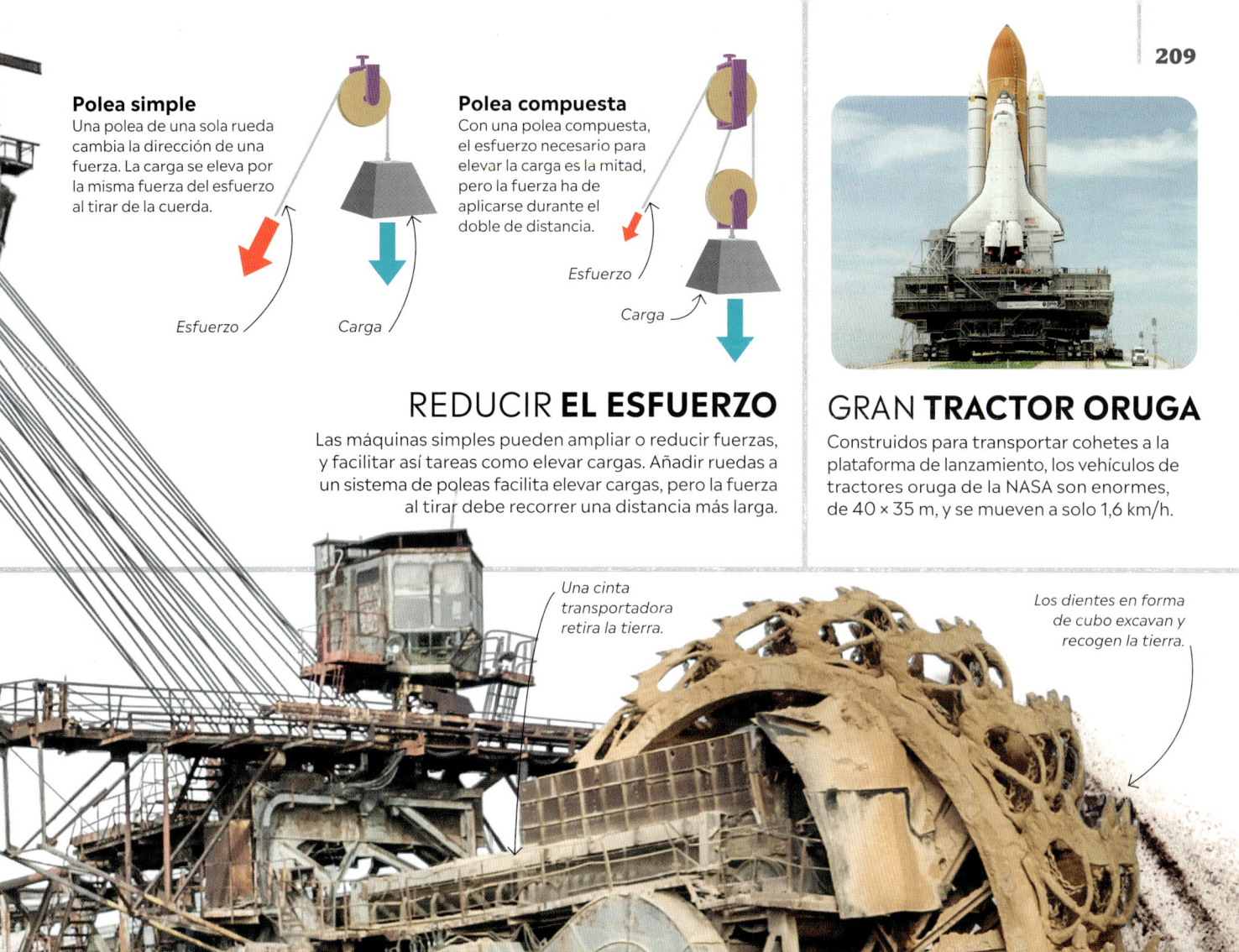

Una cinta transportadora retira la tierra.

Los dientes en forma de cubo excavan y recogen la tierra.

Máquinas extremas

Las máquinas son herramientas creadas para realizar o facilitar tareas. Hay seis tipos de máquina simple que se pueden combinar en vehículos y artilugios complejos.

EL **MAYOR CAMIÓN** ES CAPAZ DE TRANSPORTAR UNA **CARGA DE 450 TONELADAS**: ¡UNOS **90 ELEFANTES!**

Internet por dentro

¡GOOGLE ALMACENA MÁS DE **4 BILLONES DE FOTOS EN LA NUBE!**

Internet es una vasta red que comunica ordenadores en todo el mundo. ¡Hoy hay miles de millones de dispositivos conectados, enviando información tan solo en segundos!

Proveedor de servicios de internet (ISP)
Estas empresas aportan la infraestructura que permite conectar dispositivos a internet, ya sea por cable, conexión por línea conmutada o satélite.

Platos y antenas transmiten señales.

Torre de telefonía móvil
A menudo en terreno elevado, estas torres recogen señales de dispositivos móviles y las conectan a un ISP por ondas de radio.

Smartphone
Los teléfonos inteligentes (o *smartphones*) se conectan a internet por wifi o torres móviles. A nivel global, más personas acceden a internet empleando un teléfono que por ordenador.

El rúter se conecta por medio de un cable a un ISP.

Hileras de servidores ocupan salas y edificios enteros.

Rúter inalámbrico
Los rúteres conectan redes de ordenadores a un ISP.

Ordenador
Los ordenadores portátiles o de sobremesa pueden conectarse a un rúter local por wifi o cable conectado directamente a la red telefónica.

CÓMO FUNCIONA **INTERNET**

Hay muchos dispositivos a través de los cuales acceder a internet. Los dispositivos conectados forman una red local con un rúter, que envía y recibe información a un proveedor de servicios de internet (ISP). Este dirige la información a y desde otras redes locales por el mundo.

Centro de datos
La información disponible en internet se almacena en ordenadores llamados servidores en vastos centros de datos. Estos se conocen también como «la nube».

¡SE CREE QUE **HASTA EL 60 %** **DEL TRÁFICO DE INTERNET** LO GENERAN **BOTS** EN LUGAR DE HUMANOS!

Las conexiones se concentran en las mayores ciudades.

CONEXIONES **DE INTERNET**

Internet ha hecho que la comunicación global sea más fácil que nunca. Más del 60 % de la población lo usa actualmente, con mayor acceso en las áreas urbanas. Este mapa muestra como están conectadas por internet las ciudades del mundo.

SEÑALES **DE SATÉLITE**

La mayoría de los datos de internet viajan por cables, pero una parte lo hace vía satélites en órbita alrededor de la Tierra. Los enlaces satelitales conectan áreas remotas a las que el cable no llega. Nuevas empresas tienen previsto dotar a países enteros de banda ancha por satélite.

La imagen se descompone en varias partes menores, o paquetes.

Cada paquete viaja a través de internet por una ruta distinta.

El usuario envía una imagen por internet.

Los paquetes forman de nuevo la imagen original.

ENVIAR **DATOS**

Una cantidad enorme de información se envía por internet todos los días. Para ello, los dispositivos conectados usan el método de la conmutación de paquetes, en el que los archivos se dividen en partes menores y se envían por separado por la mejor ruta disponible.

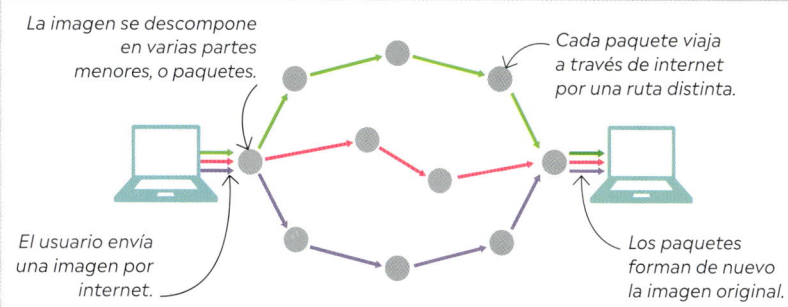

LA **WORLD WIDE WEB**

Internet es lo que conecta tus dispositivos a otros; la World Wide Web son todas las páginas web que se ven en línea, así como un modo más de usar internet, sumado al correo electrónico y a los servicios de transferencia de archivos.

BAJO EL MAR

La mayoría de los datos de internet se envían por el mundo a través de cable de fibra óptica, en buena parte tendido sobre el lecho oceánico. En el mar, hay riesgo de daños por barcos, ¡y hasta por tiburones!

El tendido de cable de comunicaciones en el mar es lento.

¡1,4 MILLONES DE KM DE CABLES **SUBMARINOS** SOPORTAN EL **97 % DE TODO** EL TRÁFICO DE INTERNET!

INVENTOS AÑEJOS

Uno de los robots más antiguos fue Shakey, diseñado en 1966. Con una cámara y sensores, podía moverse entre habitaciones y juntar objetos. Su uso de la inteligencia artificial (IA) preparó el camino a muchos de los robots actuales.

En su centro albergaba la electrónica.

PARTES ROBÓTICAS

Para realizar tareas complejas, los robots necesitan sensores con los que observar el entorno. La información obtenida la procesan los ordenadores internos del robot, y a veces también un operador humano. Los brazos o las partes robóticas llamados actuadores realizan la acción. El robot desactivador de bombas de abajo usa la información reunida para desactivar explosivos.

Las cámaras son sensores visuales.

El brazo del robot acaba en una tenaza para mover alambres.

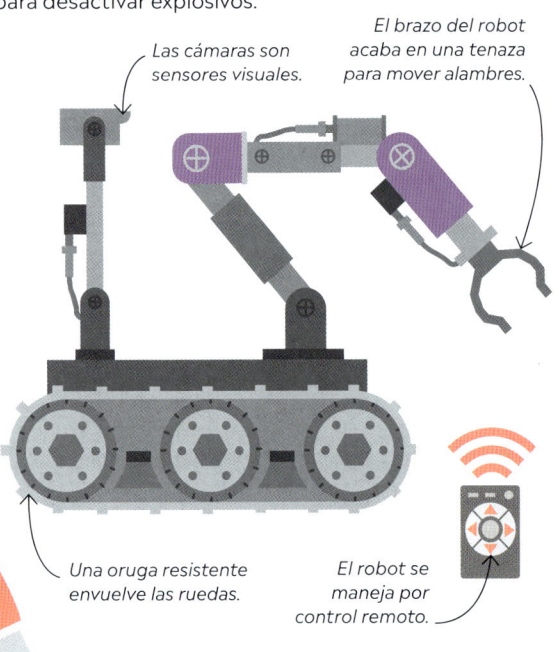

Una oruga resistente envuelve las ruedas.

El robot se maneja por control remoto.

¡EN 2021 HABÍA 3 MILLONES DE ROBOTS INDUSTRIALES OPERATIVOS EN FÁBRICAS DE TODO EL MUNDO!

Robots con recursos

En el siglo XXI usamos robots para muchas tareas, en fábricas, hospitales e incluso en ámbitos de los ejércitos. ¡Algunas de estas máquinas inteligentes hasta toman decisiones por sí mismas!

CIRUGÍA INTELIGENTE

El sistema de cirugía Da Vinci usa brazos robóticos para procedimientos que requieren mayor precisión de la que es capaz un humano. Un cirujano dirige los brazos y sus instrumentos y cámaras mediante una consola. Más de 5000 de estos sistemas funcionan en el mundo.

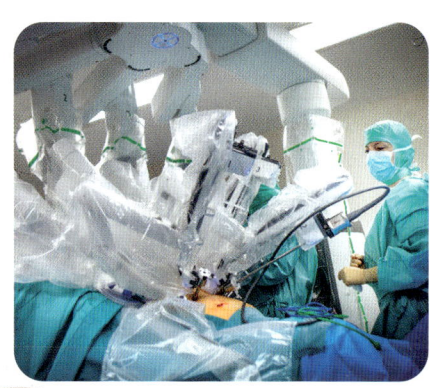

EL ESCRITOR CHECO KAREL ČAPEK ACUÑÓ EL TÉRMINO ROBOT, EN UNA OBRA TEATRAL DE 1921, EN LA QUE UN ROBOT MATA A UN HOMBRE.

El cuerpo del robot reconoce cuándo lo están tocando, y responde.

Los ojos de Aibo contienen cámaras.

INTELIGENCIA ARTIFICIAL

Muchos robots usan alguna forma de inteligencia artificial (IA): programas informáticos capaces de tomar decisiones y aprender a partir de lo que ocurre, como un humano. El perro robot Aibo la usa para adaptarse al entorno y desarrollar modos nuevos de interactuar con sus dueños humanos.

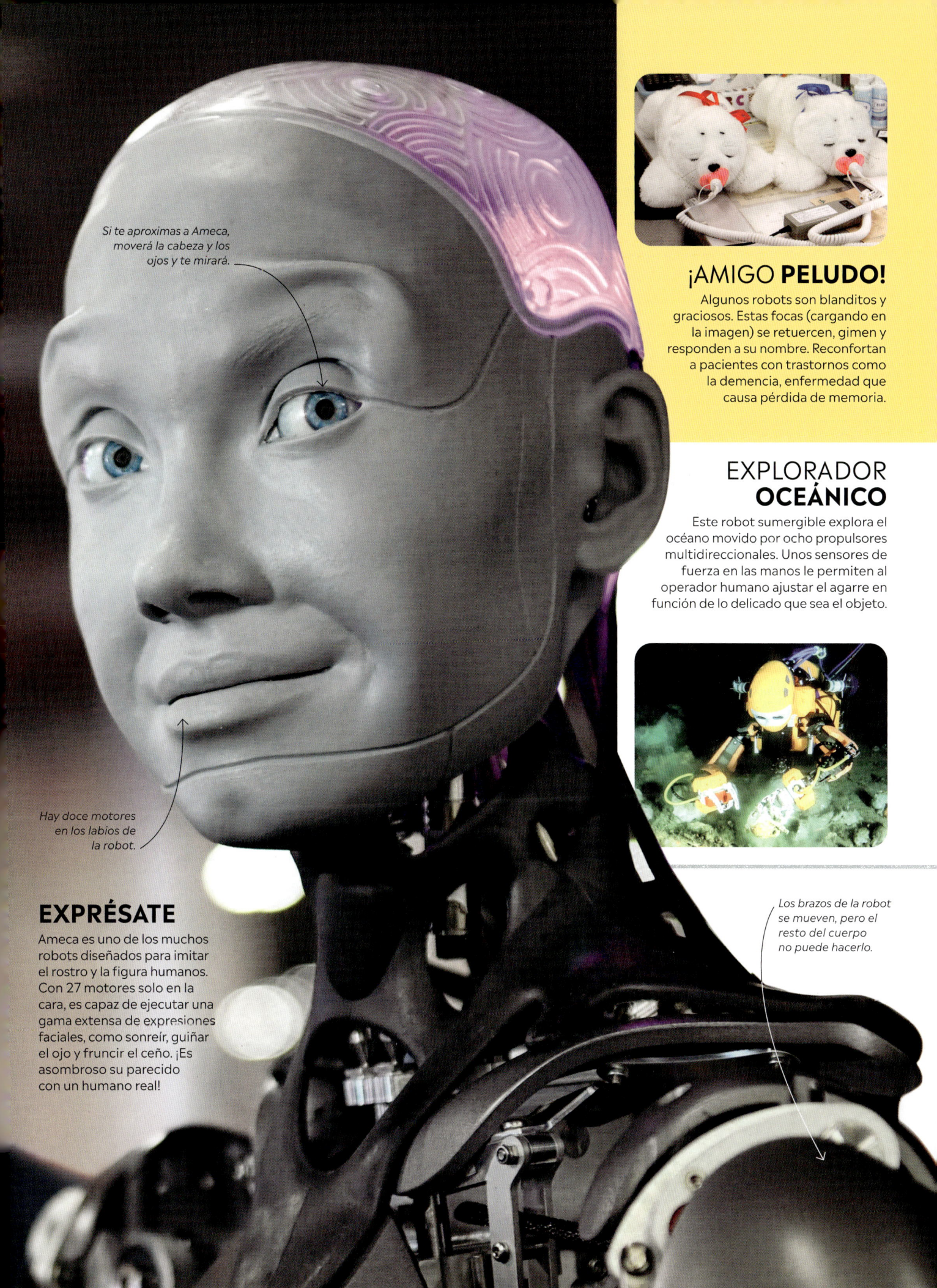

Si te aproximas a Ameca, moverá la cabeza y los ojos y te mirará.

¡AMIGO **PELUDO!**

Algunos robots son blanditos y graciosos. Estas focas (cargando en la imagen) se retuercen, gimen y responden a su nombre. Reconfortan a pacientes con trastornos como la demencia, enfermedad que causa pérdida de memoria.

EXPLORADOR **OCEÁNICO**

Este robot sumergible explora el océano movido por ocho propulsores multidireccionales. Unos sensores de fuerza en las manos le permiten al operador humano ajustar el agarre en función de lo delicado que sea el objeto.

Hay doce motores en los labios de la robot.

EXPRÉSATE

Ameca es uno de los muchos robots diseñados para imitar el rostro y la figura humanos. Con 27 motores solo en la cara, es capaz de ejecutar una gama extensa de expresiones faciales, como sonreír, guiñar el ojo y fruncir el ceño. ¡Es asombroso su parecido con un humano real!

Los brazos de la robot se mueven, pero el resto del cuerpo no puede hacerlo.

MICROANIMALES

Las formas de vida más minúsculas no son todas unicelulares: algunas son animales. Estos copépodos acuáticos miden menos de 2 mm de largo. Parientes de las gambas y de otros crustáceos, viven en océanos y agua dulce en todo el mundo.

Patas natatorias

UNA BACTERIA POR DENTRO

Hay más de 30 000 especies de bacterias, pero cada bacteria individual se compone de una sola célula. Las hay de diferentes formas, desde esféricas hasta en forma de sacacorchos.

La cola le sirve a la bacteria para impulsarse.

Toda la información genética de la bacteria se almacena en el ADN en su zona central.

Bacteria de tipo bacilo

La bacteria se adhiere a superficies con pelos minúsculos, o fimbrias.

¡VIDA EXTREMA!

Muchos microorganismos sobreviven en lugares inhóspitos para otros seres vivos, como el lecho oceánico, donde chimeneas hidrotermales expulsan agua hirviendo calentada por el magma terrestre. Pese a la falta de luz solar, aquí prosperan los microbios.

El agua emitida por las chimeneas hidrotermales contiene muchos minerales que sirven de sustento a los microbios.

Colonias de microbios alrededor de las fuentes

Bajo el microscopio

Hay todo un mundo de vida que no vemos a simple vista. Desde algas minúsculas hasta colonias de bacterias, hay legiones de microorganismos que nos rodean y que incluso viven en nuestro interior.

Los flagelos sirven al alga para nadar por el agua.

ES UN MUNDO PEQUEÑO

Cuando vemos imágenes microscópicas, nos puede resultar difícil imaginar lo minúsculas que son. Las formas de vida de abajo son tan pequeñas que se miden en micrómetros (¡un micrómetro es 10 000 veces menor que un centímetro!).

Las espículas del virus facilitan su entrada en las células de los organismos a los que infecta.

Estas pequeñas bacterias globulares son de forma esférica.

Pelos (fimbrias) cubren la membrana exterior de E. coli.

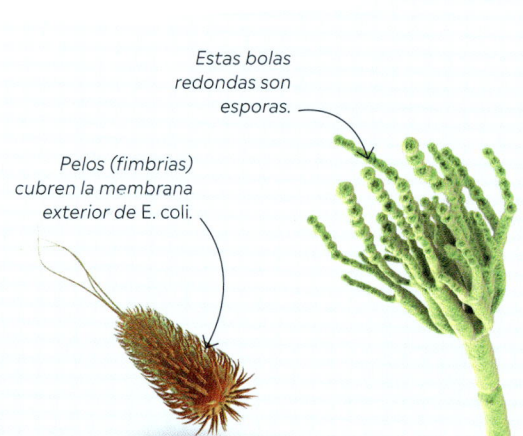

Estas bolas redondas son esporas.

Virus de la gripe
Este virus pequeño pero letal mide solo 0,1 micrómetros de ancho, pero infecta a mucha gente en invierno.

Estafilococo
Staphylococcus aureus, una bacteria presente habitualmente en la piel humana, causa infecciones.

Bacteria *E. coli*
Estas bacterias suelen vivir en el intestino humano. Algunas especies son beneficiosas, y otras resultan dañinas.

Hongo *Penicillium*
Este hongo minúsculo se convirtió en un fármaco salvador de vidas para tratar infecciones bacterianas.

Microalgas
Las algas son organismos acuáticos que flotan por millones en estanques, ríos y océanos.

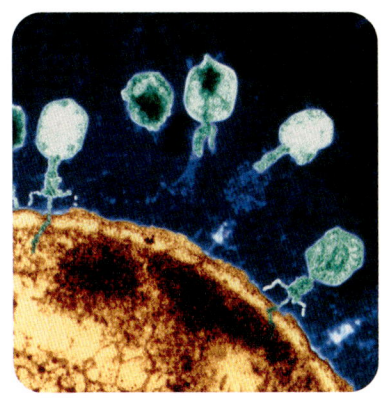

TERRORES MINÚSCULOS

La mayoría de los científicos no clasifica como seres vivos a los virus, ya que no se reproducen por sí mismos, sino que precisan para ello de otros organismos vivos. ¡Estos virus bacteriófagos inyectan su ADN en bacterias, que lo copian y generan virus nuevos!

TRABAJAR CON MICROSCOPIOS

Los microscopios ópticos usan lentes de vidrio para enfocar la luz y aumentar objetos vistos a través del ocular. Estos microscopios pueden lograr algunos miles de aumentos, pero los modelos que emplean haces de electrones pueden llegar a lograr hasta 50 millones de aumentos.

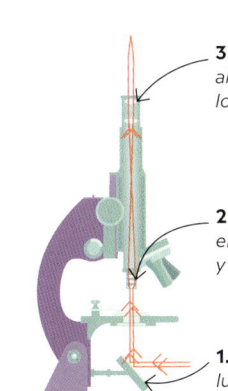

3. *Una lente junto al ocular magnifica los aumentos.*

2. *Las lentes magnifican el objeto entre cuatro y cien veces.*

1. *Un espejo refleja la luz hacia el espécimen en el portaobjetos.*

Microscopio óptico

¡HAY MÁS ESPECIES DE MICROBIOS EN LA TIERRA QUE ESTRELLAS EN LA GALAXIA!

La cola larga impulsa al espermatozoide.

Visto de cerca un cristal de azúcar no es perfectamente liso.

La parte bulbosa del organismo contiene el ADN.

Giardia
Otro microorganismo que puede causar grave daño a los humanos es *Giardia*, un género del reino de la vida de los protozoos.

Espermatozoide
En el cuerpo de los varones se fabrican millones de estas células nadadoras al día. Son la célula humana más pequeña, pero mucho mayores que muchos microbios.

Cristal de azúcar
Alimentos comunes como el azúcar, la sal y el arroz consisten en partículas minúsculas. Hasta el menor cristal de azúcar es mayor que la mayoría de los microorganismos.

LA **DOBLE HÉLICE**

Si se desenrolla el ADN dentro de una célula, este forma una estructura como una escalera de caracol llamada doble hélice. Un esqueleto exterior rodea pares de cuatro sustancias llamadas bases. Las distintas combinaciones de estas bases forman un código que contiene nuestra información genética.

Cada base se empareja solo con una de las otras.

El esqueleto se compone de azúcares y otras sustancias.

ADN
dinámico

Oculta en cada una de nuestras células hay una larga molécula espiral que contiene la información que nos hace únicos: el ADN. Son las diferencias en nuestro ADN las que determinan nuestras características físicas y mentales.

¡LOS HUMANOS TIENEN UN 40% DE SU ADN EN COMÚN CON LOS PLÁTANOS!

CROMOSOMAS **COMPLETOS**

Toda persona hereda ADN tanto de la madre como del padre, empaquetado en estructuras llamadas cromosomas. Tienes 46 cromosomas, 23 procedentes de tu madre y 23 de tu padre.

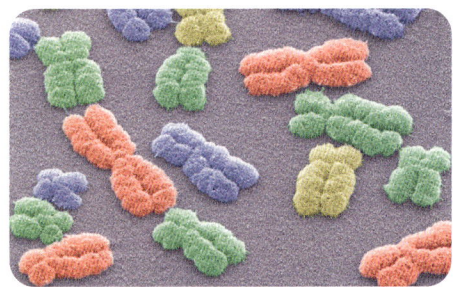

¿QUÉ ES UN **GEN**?

Una molécula de ADN tiene muchas secciones específicas, los genes. Cada gen da instrucciones al cuerpo para fabricar una proteína, que forma partes del cuerpo o realiza tareas. Juntas, todas estas proteínas conforman tus características únicas.

Muchas proteínas producidas por muchos genes dan lugar a un rasgo como el color de los ojos.

Con instrucciones del gen se fabrican una serie de proteínas.

Una sección de ADN conforma un gen.

Las proteínas se unen en cadenas largas, los aminoácidos.

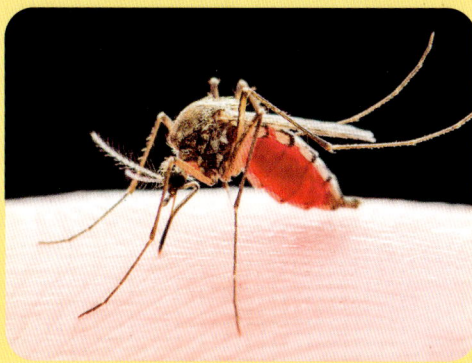

¡EDICIÓN **GENÓMICA**!

Actualmente, los científicos son capaces de editar el genoma, técnica ensayada en mosquitos para que tengan un gen que impide que las hembras (las que pican) lleguen a la edad adulta. Así, estas no crecen y no transmiten enfermedades a los humanos, tales como la malaria.

ADN COMPARTIDO

Los gemelos idénticos se ven iguales por tener exactamente el mismo ADN, pero los genes no determinan por completo en quién te convertirás. El entorno y estilo de vida influyen, y los gemelos pueden acabar siendo más diferentes de lo esperado. ¡Incluso sus huellas dactilares son distintas!

El color de los ojos, la piel y la forma de la cara de los gemelos son iguales.

CAMBIOS **DE CÓDIGO**

Nuestro ADN se copia constantemente, y se dan cambios al azar. Uno de ellos es el albinismo, que reduce la cantidad de pigmento en los ojos y la piel. En la descendencia solo se manifiesta si se heredan dos copias del gen cambiado, una de cada progenitor.

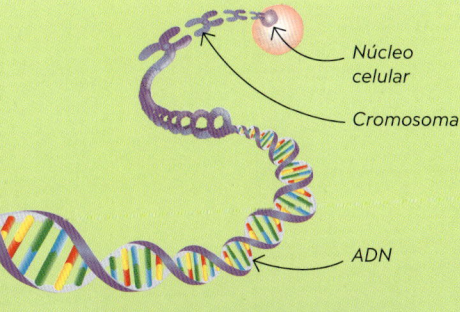

Núcleo celular

Cromosoma

ADN

SI SE PUDIERA **DESENROLLAR** TODO EL **ADN** DE **UNA CÉLULA**, ¡MEDIRÍA UNOS **2 M DE LARGO**!

Leisa Nichols-Drew es profesora asociada en la Universidad De Montfort, en Leicester (Reino Unido), y forense profesional certificada. Además de trabajar en casos, ejerce la docencia.

REUNIR
PRUEBAS

En el escenario de un crimen, los investigadores deben escudriñar todo lo que pueda ofrecer alguna información sobre el mismo. Llevan guantes y equipo protector para evitar alterar el lugar, y cada elemento obtenido se guarda en un recipiente o bolsa aparte para que no se contamine. Incluso las muestras más minúsculas pueden ser útiles, como esta muestra de sangre tomada del cristal roto de una ventana.

Pregúntale a una...
CIENTÍFICA FORENSE

P. ¿Cuál es la parte más interesante de tu trabajo?
R. Me encanta trabajar con otros expertos y usar técnicas científicas para descubrir el quién, qué, dónde, cuándo y cómo, resolviendo así crímenes y manteniendo seguras a las personas.

P. ¿Qué áreas de la ciencia forense hay?
R. Hay tantas áreas de la ciencia forense..., como la toxicología (que estudia los fármacos y venenos), la tecnología (el análisis de ordenadores y teléfonos móviles), la ecología (que estudia cosas como el suelo y el polen), ¡entre otras muchas!

P. ¿Qué se puede encontrar en el escenario de un crimen?
R. Esos lugares pueden ofrecer muchos tipos diferentes de pruebas, como huellas de calzado o de neumáticos, fibras de ropa, fragmentos de vidrio y pintura, documentos y pruebas humanas, como cabellos o saliva. Todo lo que se encuentre se envía al laboratorio para su examen.

P. ¿Cómo ayuda el ADN a resolver crímenes?
R. El ADN está presente en todas las células del cuerpo, salvo en los glóbulos rojos. Los científicos forenses examinan el ADN que se recupera de material biológico en el escenario de un crimen, como la sangre, y ese material ayuda a descartar o identificar a las personas relacionadas con el crimen.

P. ¿Cuentas con algún equipo especial para encontrar pruebas?
R. Hoy, los científicos forenses pueden disponer de pruebas antes invisibles. La luz ultravioleta puede servir para averiguar quién ha tocado un objeto, ya que muestra material celular de la piel. La luz infrarroja puede evidenciar si alguien ha borrado un mensaje escrito con tinta en el dorso de la mano. Ambos tipos de luz son útiles también para determinar la autenticidad de documentos, como un pasaporte o dinero.

HISTORIA

¿Qué es la **historia**?

Todo lo que ha ocurrido en el mundo hasta ahora constituye la historia. Nos puede ayudar a comprender lo que ocurre hoy, así como a entender los relatos o las versiones de diferentes culturas.

VER **EL PASADO**

Del arte rupestre a la fotografía, tanto los modos en que los pueblos han creado arte como los temas representados nos permiten una mirada a su mundo.

Animales
Estos toros y caballos se pintaron hace casi 20 000 años en la cueva de Lascaux (Francia). ¿Se trataba de animales vivos y en libertad o de presas?

Poder
Los soberanos usaron el arte para alardear de su riqueza y poder. El estandarte de Ur, mosaico de 4500 años de edad, proclama la fuerza militar de Sumeria.

Deportes
Pinturas, frisos y esculturas de distintas épocas muestran lo antigua que es la afición a los deportes. Este es un jugador de pelota maya del siglo VII.

Religión
Dioses, figuras santas y las creencias de muchas religiones aparecen en el arte de todas las épocas. Esta vidriera medieval muestra a un santo cristiano.

¡LA **HISTORIA ORAL** DE LOS **PUEBLOS INDÍGENAS** DE AUSTRALIA SE REMONTA A **60 000 AÑOS ATRÁS**!

¿LA HISTORIA **DE QUIÉN?**

A través de la historia, pueblos de diferentes culturas se han formado ideas sobre su propia superioridad y han desdeñado los conocimientos y las tradiciones de otros. Antes, la falta de registros escritos equivalía a carecer de historia, pero hoy consideramos que los objetos, el arte y los relatos orales también la cuentan.

Peine de oro de adorno intrincado de Escitia, una civilización antigua sin escritura conocida

¡LA ÚLTIMA FARAONA, **CLEOPATRA**, ES MÁS PRÓXIMA EN EL TIEMPO AL **IPHONE** QUE A LA CONSTRUCCIÓN DE LAS **PIRÁMIDES DE GUIZA**!

Escritura de la civilización del Indo
en un sello de hace unos 5000 años

HISTORIA **MISTERIOSA**

La historia conserva secretos por desentrañar. La lengua de la civilización del valle del Indo, que prosperó en el noroeste de India y Pakistán hace 5000 años, aún no ha sido descifrada en la actualidad. Los historiadores están empeñados en la tarea, pero puede que sea un misterio que nunca se pueda revelar.

CÓMO **SABEMOS**

El conocimiento histórico viene de muchas fuentes. Los registros escritos nos dicen cómo los pueblos vieron lo que vivieron, mientras que la arqueología revela el mundo material del pasado. Otra fuente es la historia oral, los relatos populares.

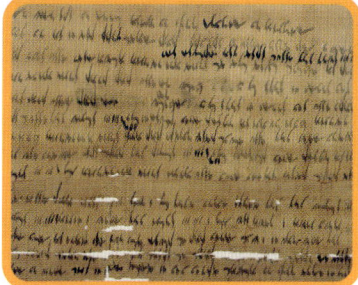

PALABRA ESCRITA
Registros de primera mano, tales como diarios, cartas o documentos (como este certificado matrimonial de hace 2500 años), nos hablan de la vida pasada. Libros de historia posteriores evalúan y analizan tales fuentes originales.

Vida cotidiana
El arte, como esta pintura del siglo XVIII de dos muchachas indias con cometas, ofrece también un atisbo de la vida cotidiana pasada.

Momentos históricos
La pintura refleja acontecimientos dramáticos y glorifica a los participantes, como esta obra sobre la Revolución de 1830 en Francia.

Guerra
A través de los tiempos se han pintado batallas. Desde la década de 1850, la fotografía documenta sus horrores. Esta foto es de la Primera Guerra Mundial.

ARQUEOLOGÍA
Los objetos hallados por los arqueólogos en yacimientos pueden decirnos mucho sobre la vida en el pasado. Este arqueólogo está excavando para extraer un ánfora entre las ruinas de un antiguo centro del comercio griego en la actual Bulgaria.

Peones
de marfil

Tablero dividido
en 30 cuadrados

JUEGOS Y **DIVERSIÓN**

Hay algunas cosas que no cambian. Incluso hace ya 3300 años, los niños jugaban, y esta mesa de juego del antiguo Egipto fue enterrada junto al niño rey Tutankamón en su tumba, para que pudiera jugar al senet en el más allá.

HISTORIA ORAL
Muchas culturas no dejan registros escritos, pero su historia es tan rica y llena de detalles como la de las que sí los tienen. Arvol Looking Horse, narrador nativo norteamericano de los lakota del río Cheyenne, mantiene viva la historia de su pueblo al compartirla con las nuevas generaciones.

Se pueden cocinar los alimentos en la llama.

El fuego proporciona luz y calor.

Antepasados
humanos

La historia humana comenzó hace millones de años en África, cuando un grupo de simios empezaron a caminar erguidos. Con el tiempo, el cerebro de estos simios evolucionados (llamados homininos) se hizo mayor y más complejo, hasta surgir nuestra especie, *Homo sapiens*.

HACER **FUEGO**

Hace aproximadamente un millón de años, *Homo erectus* aprendió a encender y controlar el fuego. Esto le permitió calentarse en climas fríos y espantar a los depredadores. Cocinar los alimentos facilitó su digestión, y una dieta más nutritiva dio como resultado cerebros mayores.

ARTE **PRIMITIVO**

Las pinturas rupestres más antiguas conocidas son de hace unos 45 000 años. La de la imagen, de Lascaux (Francia), es más reciente, de unos 20 000 años. El arte rupestre representa a menudo animales, con pigmentos rojos, amarillos y marrones. Pudo ser un modo de contar historias, o bien pudo tener asociado algún sentido religioso.

¡ESTE ANTIGUO **HOMBRE LEÓN** TALLADO EN UN COLMILLO DE MAMUT TIENE **40 000 AÑOS!**

CREAR **HERRAMIENTAS**

Los humanos primitivos fueron expertos creadores de herramientas. Esta hacha (o bifaz) de sílex (dcha.) se inventó hace 1,76 millones de años, y se hacía quitando lascas de la piedra por golpeo. Herramientas como esta se usaron durante 1,5 millones de años. Mucho más tarde se unieron a palos o huesos para poder manejarlas con mayor fuerza.

La base ancha se dejaba roma para sujetarla de forma segura.

Piedra acabada en una punta letal

Hoja bien inserta en el mango

Mango de madera dura o hueso, sostenido por abajo

¡EL ***HOMO SAPIENS*** EVOLUCIONÓ EN **ÁFRICA** Y EMIGRÓ POR EL **MUNDO!**

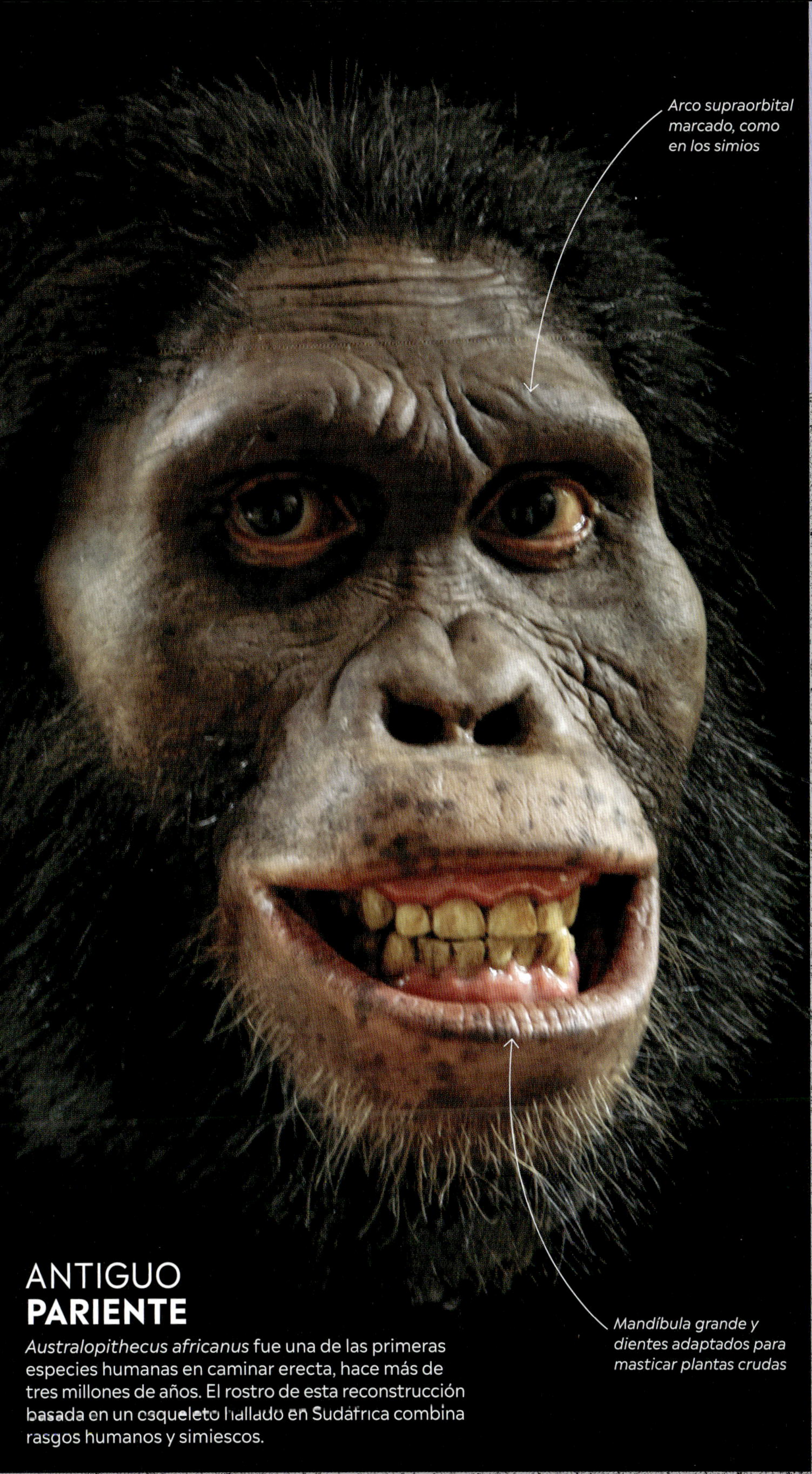

Arco supraorbital marcado, como en los simios
Mandíbula grande y dientes adaptados para masticar plantas crudas

ANTIGUO **PARIENTE**

Australopithecus africanus fue una de las primeras especies humanas en caminar erecta, hace más de tres millones de años. El rostro de esta reconstrucción basada en un esqueleto hallado en Sudáfrica combina rasgos humanos y simiescos.

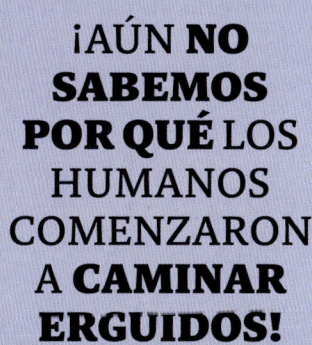

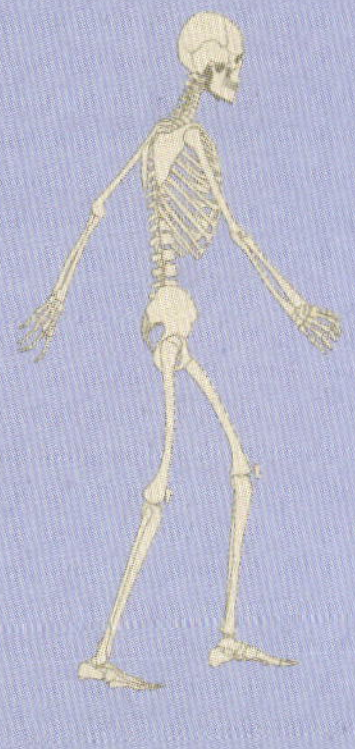

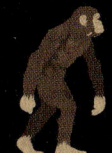

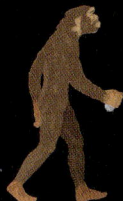

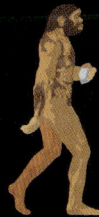

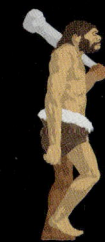

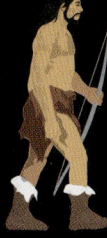

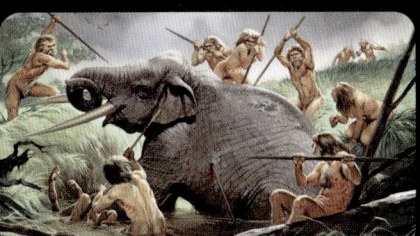

DE **CAZA**

Los primeros humanos fueron carroñeros, pero se volvieron cazadores al utilizar herramientas mejores. Las lanzas con punta de piedra, inventadas hace unos 50 000 años, permitieron cazar animales grandes. En grupo podían abatir incluso las mayores presas.

¡AÚN **NO SABEMOS POR QUÉ** LOS HUMANOS COMENZARON A **CAMINAR ERGUIDOS!**

FAMILIA **EXTENDIDA**

Se han descubierto unas 20 especies humanas. Algunas existieron a la vez que la nuestra, pero hoy están todas extintas. Aquí se muestran cinco, con la época en que vivieron.

Australopithecus africanus
Hace 3,2-2 millones de años
Esta especie, mucho menor que los humanos modernos, caminaba por lo general erguida, pero conservaba los miembros largos de una especie arborícola.

Homo habilis
Hace 2,4-1,7 millones de años
Una de las primeras especies en emplear herramientas, estaba adaptada a caminar erguida, pero tenía mandíbulas grandes y el pelaje grueso propio de un simio.

Homo erectus
Hace entre 1,9 millones y 110 000 años
Esta especie era de constitución similar a la de los humanos modernos. Recorrían grandes distancias, dedicados a la caza y la recolección en África y Asia.

Homo neanderthalensis
Hace entre 400 000 y 40 000 años
Fuertes, de gran cerebro y bien adaptados al clima frío, los neandertales fueron contemporáneos de *Homo sapiens*.

Homo sapiens
Hace 300 000 años-presente
Los humanos modernos evolucionaron en África hace unos 300 000 años. Un cerebro mayor les permitió trabajar en grupo y resolver problemas.

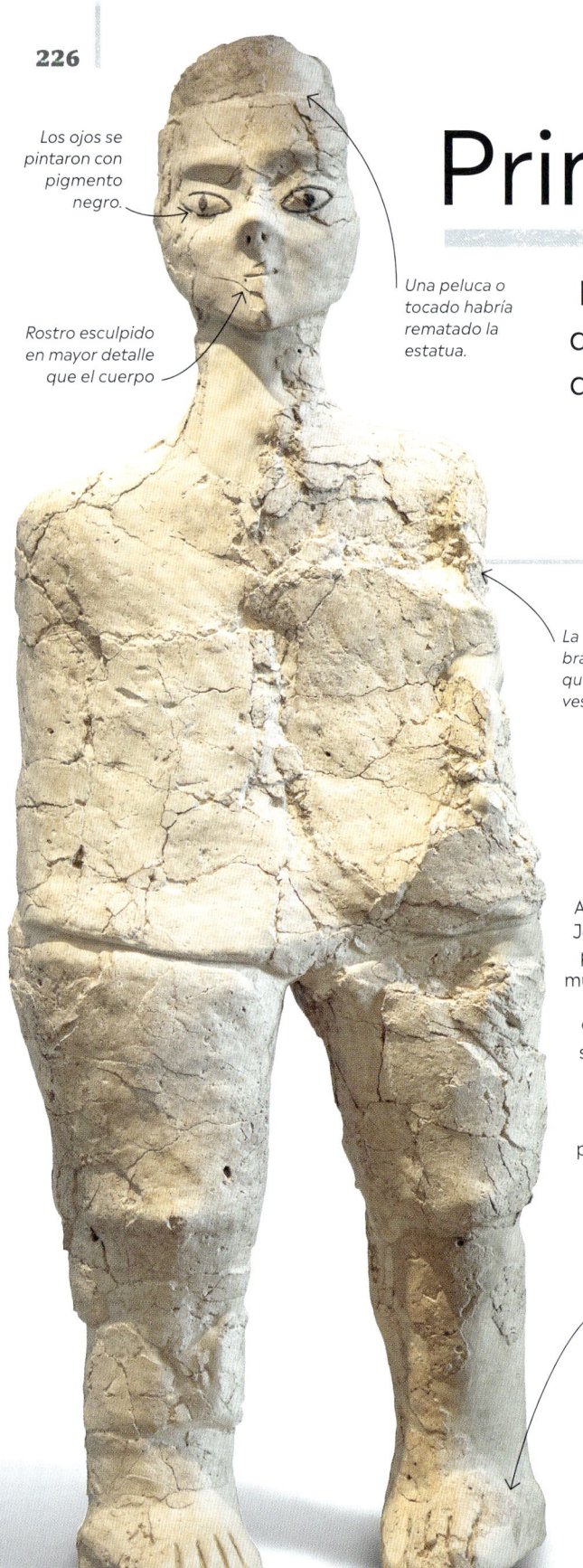

Los ojos se pintaron con pigmento negro.

Una peluca o tocado habría rematado la estatua.

Rostro esculpido en mayor detalle que el cuerpo

La estatua no tiene brazos, lo cual indica que originalmente iba vestida con prendas.

Pies pequeños con dedos claramente marcados

Las cañas atadas con cuerda aportan solidez.

Primeras ciudades

Los humanos fueron cazadores y recolectores que se desplazaban de un lugar a otro en busca de alimento, hasta que hace unos 12 000 años comenzaron a cultivar la tierra y, por primera vez, asentarse en un solo lugar.

ESTATUA ANTIGUA

Ain Ghazal, en la actual Jordania, fue una de las primeras ciudades del mundo. El asentamiento se remonta a unos 9000 años atrás, y allí se hallaron enterradas más de 30 figuras humanas grandes en yeso. Pudieron servir para rituales religiosos, pero no hay certeza sobre su finalidad.

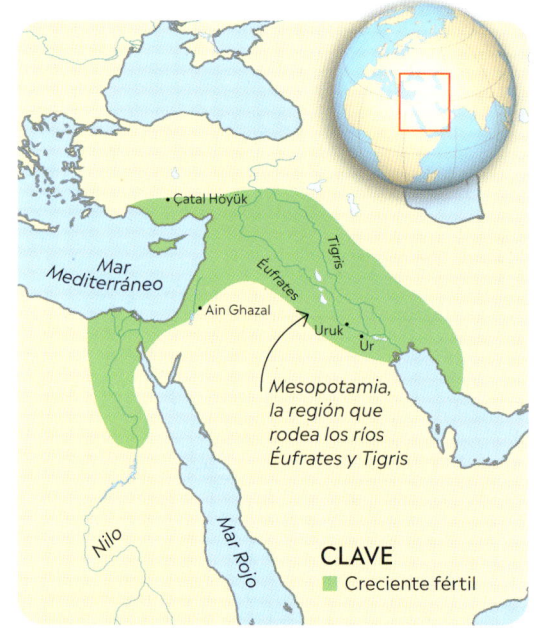

Mesopotamia, la región que rodea los ríos Éufrates y Tigris

Çatal Höyük

Mar Mediterráneo

Éufrates

Tigris

Ain Ghazal

Uruk

Ur

Nilo

Mar Rojo

CLAVE
Creciente fértil

TIERRA FÉRTIL

Los primeros agricultores vivieron en el creciente fértil, región de tierra alrededor de tres grandes ríos. Los primeros asentamientos conocidos del mundo se construyeron en la parte de esa región llamada Mesopotamia.

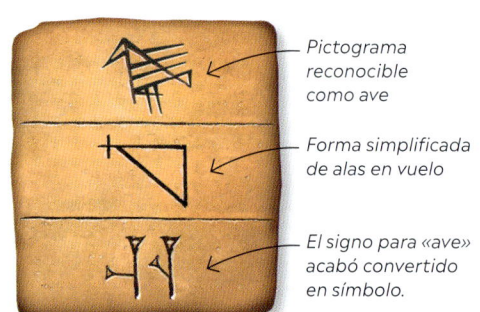

Pictograma reconocible como ave

Forma simplificada de alas en vuelo

El signo para «ave» acabó convertido en símbolo.

PRIMERA ESCRITURA

La escritura se inventó para registrar cultivos almacenados y acuerdos legales. La antigua escritura de Mesopotamia representaba objetos físicos con pictogramas, con el tiempo simplificados como símbolos.

¡LAS **ESTATUAS DE AIN GHAZAL**, MODELADAS SOBRE CAÑAS ATADAS, TIENEN UNOS **9000 AÑOS**!

¡LA **PRIMERA RUEDA** SE INVENTÓ PARA LA **ALFARERÍA**, NO PARA EL TRANSPORTE!

UR **REAL**

Las primeras ciudades surgieron en Sumer, en el sur de Mesopotamia. Su capital fue Ur, núcleo comercial gobernado por grandes reyes y reinas. Entre sus muros estaba esta imponente pirámide escalonada (o zigurat) usada en rituales religiosos.

Las cuerdas del instrumento se tocaban como las del arpa.

Una cabeza de toro adorna la parte delantera.

Lira con cabeza de toro de Ur

El lapislázuli, piedra azul antes más preciosa que el oro, se usó para los ojos y la barba.

Una capa delgada de oro cubre la talla de madera.

EDAD DEL BRONCE

El bronce se fabricaba fundiendo juntos cobre y estaño. Era más fuerte que el hueso o la piedra, y resultaba fácilmente moldeable. Desarrollada en torno a 3500 a. C., esta tecnología se utilizó para hacer herramientas y armas mejores.

Borde afilado logrado golpeando en caliente

TORO **REAL**

En las ciudades, artesanos especializados crearon tesoros con materias primas de lugares lejanos. Esta cabeza de toro dorada fue parte de una lira enterrada en una tumba real cerca de Ur hace más de 4000 años.

LA APRETUJADA **ÇATAL HÖYÜK**

Fundada hace más de 9000 años, Çatal Höyük, en la actual Turquía, tenía una forma singular: no había calles, sino que la población transitaba por los tejados de arcilla. La ciudad estuvo habitada durante unos 2000 años.

En lugar de puertas, había unas aberturas en los tejados.

Los edificios se construyeron muy juntos.

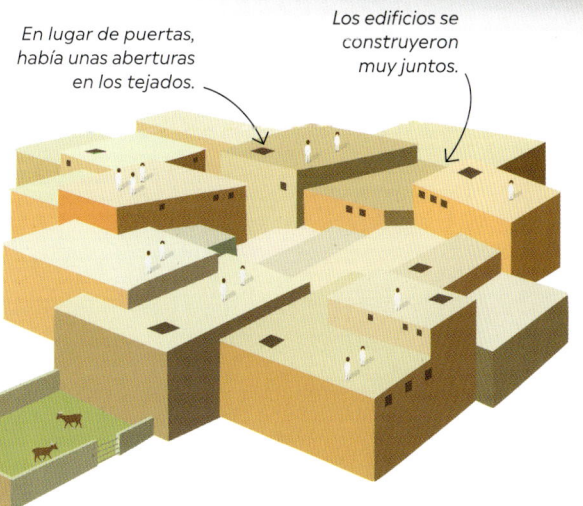

Los animales se guardaban en recintos próximos.

¡LOS **PERROS** FUERON LOS **PRIMEROS** ANIMALES **DOMESTICADOS**, HACE UNOS **15 000 AÑOS**!

A LO LARGO DEL **NILO**

Gran parte de Egipto era desierto inhóspito y estéril, pero las orillas del río Nilo eran fértiles. Esto hizo de Egipto un reino lo bastante rico y poderoso como para conquistar territorios más al norte. Este mapa muestra el reino de Egipto en su máxima extensión.

Mar Mediterráneo

Guiza •
• Menfis

Valle de los Reyes •• Tebas

Abu Simbel •

Nilo

Mar Rojo

CLAVE

■ Egipto
1570–1085 a. C.

SOBERANA

La mayoría de los faraones fueron hombres, pero las mujeres podían gobernar Egipto como regentes en nombre de sus hijos o junto con sus maridos, como Nefertiti, en la imagen, que reinó junto con Ajnatón (Amenofis IV). Su papel exacto se desconoce, pero está claro que fue una figura poderosa, pues el arte de la época la representa derrotando a los enemigos de Egipto.

El ojo derecho del busto de Nefertiti es de cera de abeja teñida de negro y cubierta de cristal de roca. El ojo izquierdo se ha perdido.

TRAS MORIR, ¡LOS ÓRGANOS DE LA PERSONA SE GUARDABAN EN UN VASO CANOPO!

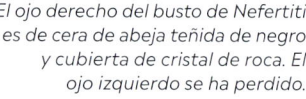

ENVOLTURA

A los egipcios ricos se les preparaba con gran ceremonia para el entierro. Sus cuerpos se momificaban y se envolvían, y luego se depositaban en sarcófagos, listos para abordar la otra vida.

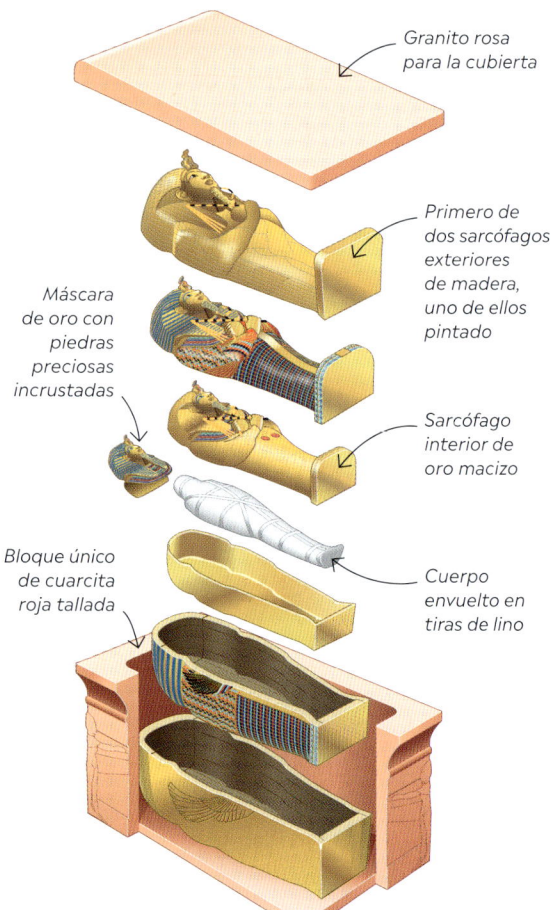

Granito rosa para la cubierta

Primero de dos sarcófagos exteriores de madera, uno de ellos pintado

Máscara de oro con piedras preciosas incrustadas

Sarcófago interior de oro macizo

Bloque único de cuarcita roja tallada

Cuerpo envuelto en tiras de lino

Un vigía atento a posibles peligros

Este hombre pesca con lanza.

Los pescadores han atrapado un gran pez.

GATOS SAGRADOS

Los egipcios creían que los gatos traían suerte a la casa. Se los adornaba con joyas y recibían una alimentación selecta. Al morir se los momificaba, y los dueños se afeitaban las cejas en señal de luto. ¡Matarlos se castigaba con pena de muerte!

Las momias de gato se depositaban en tumbas familiares o templos.

Reino del Nilo

Alrededor de 3000 a. C. surgió una gran civilización en las orillas del río Nilo en África. Egipto fue uno de los reinos más prósperos que haya visto el mundo.

¡MARAVILLA DEL MUNDO!

Unos dos millones de bloques de piedra, de unas 2,3 toneladas cada uno, forman la gran pirámide de Guiza. Construida como tumba del faraón Keops (Jufu), la guarda la gran esfinge de Guiza, estatua de un león con cabeza humana.

RÍO DE LA VIDA

El Nilo era el centro de toda la vida en Egipto. Las inundaciones anuales cubrían el llano junto al río con limo fértil, y las barcazas transportaban bienes y personas. Esta maqueta de hace 4000 años muestra a una familia noble disfrutando de un día en barco.

Ave acuática recién atrapada

El dosel ofrece su protectora sombra contra el sol.

El remo largo de atrás hace las veces de timón.

Remos de repuesto

¡LOS FARAONES REINARON EN EGIPTO DURANTE MÁS DE 3000 AÑOS!

La cobra simboliza el poder del faraón.

LOS FARAONES

A los faraones, todopoderosos soberanos del antiguo Egipto, se les tenía por dioses. Fuera de la época de la cosecha, el faraón podía reclutar a los egipcios, en su mayoría agricultores, para grandes proyectos constructivos, como las pirámides.

Oro y piedras preciosas adornan la máscara del faraón Tutankamón.

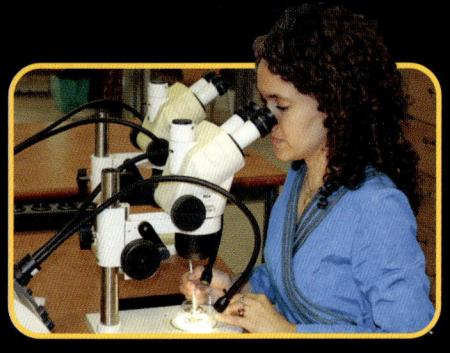

Mennat-Allah El Dorry, arqueóloga egipcia especializada en plantas, emplea las herramientas del oficio —como este microscopio— y las pinturas de las tumbas para aprender sobre la dieta de sus antepasados.

EGIPTÓLOGA

P. **¿En qué consiste tu trabajo?**
R. Estudio plantas antiguas. Piénsalo: cuando preparas tu comida favorita, quizá retires semillas y las tires. Si luego vengo, echo un vistazo a tu basura, puedo saber qué preparabas.

P. **¿Cuáles eran las comidas favoritas de los antiguos egipcios?**
R. Comían mucho pan, lentejas, lechuga y cebolletas, además de patos, gansos, cerdos y pescado. A diario bebían cerveza, que era una bebida espesa y nutritiva. Los más ricos comían lo mismo, pero también carne de vacuno y vino, que eran más caros.

P. **¿Comían alimentos dulces?**
R. ¡Sí! Les gustaba lo dulce, y hacían panes dulces semejantes a bizcochos con higos secos y dátiles. Los ricos debieron de usar también miel en preparaciones similares.

P. **¿Cómo mantenían frescos los alimentos?**
R. No sabemos exactamente cómo. Pudieron haber empleado distintos métodos de secado, salado y ahumado para conservar los alimentos sin tener que refrigerarlos, y probablemente preparaban la comida a diario. Lo que tuviera que mantenerse fresco lo habrían guardado en partes frescas y oscuras de la casa.

P. **¿Cuál es el lugar más raro en el que has descubierto alguna traza?**
R. ¡En la caca! Lo cierto es que en los excrementos, tanto animales como humanos, está presente mucho de lo que comían, y eso nos dice muchas cosas sobre la dieta antigua.

P. **¿Por qué es importante investigar los rastros del pasado?**
R. Como egipcia, y como egiptóloga, para mí es muy importante saber quiénes fueron mis antepasados; y la comida es la ventana perfecta para echar un vistazo a sus vidas. También quiero estudiar la historia que condujo a la cocina de hoy en día. Creo que mientras desaparece la alimentación tradicional en todo el mundo, es crucial documentarla.

COMIDA FABULOSA

Esta pintura de una tumba de hace 3400 años muestra al escriba y astrónomo egipcio Najt y a su esposa Tawy recibiendo en ofrenda grano, uvas, pescado, patos e higos, entre otras exquisiteces. El antiguo Egipto fue uno de los lugares más fértiles del mundo antiguo, y pinturas murales como esta aportan pruebas útiles para que Mennat-Allah y otros egiptólogos reconstruyan una imagen del pasado.

¡HUBO **MÁS DE 1000 CIUDADES-ESTADO** GRIEGAS, ENTRE ELLAS **ATENAS Y ESPARTA!**

El coro es un grupo de intérpretes que comentan la acción mientras esta tiene lugar.

Los dioses aparecen desde lo alto, gracias a una máquina.

Gradas de piedra cortadas en la ladera

TEATRO **FABULOSO**

El teatro griego surgió probablemente de los festivales en honor del dios Dioniso. Las comedias se burlaban de reyes y dioses; las tragedias presentaban relatos tristes, a menudo dramas familiares. Los actores llevaban máscaras para los distintos papeles.

Hércules a punto de golpear a la serpiente con una piedra.

HEROICO **HÉRCULES**

Los griegos tenían muchos mitos, y entre los más famosos, los trabajos de Hércules, hombre de fuerza increíble que tuvo que completar doce tareas como castigo por matar a su familia. Hércules inspiró muchas obras de arte, entre ellas esta escultura el siglo XIX en combate con una serpiente.

DIOSES **GRANDIOSOS**

Los griegos tenían muchos dioses, cada uno para distintos aspectos de la vida. Las ofrendas a los dioses tenían como finalidad recibir a cambio favores o su bendición.

Zeus
El rey de los dioses estaba armado con un rayo.

Atenea
Diosa de la sabiduría y la guerra, protectora de Atenas.

Hermes
Mensajero de los dioses, guiaba a las almas al submundo.

LAS **ESTATUAS GRIEGAS** HOY SE VEN **BLANCAS**, ¡PERO **ORIGINALMENTE** ESTABAN PINTADAS DE **COLORES VIVOS!**

Gloriosos griegos

Hace 2500 años, el pueblo griego creó una civilización única, avanzada e influyente. La antigua Grecia no fue un solo Estado, sino cientos de ciudades-Estado con una lengua, cultura y religión comunes.

La serpiente es en realidad Aqueloo, dios del río, que adopta esta forma para luchar.

Fieros colmillos

Aqueloo se debate para liberarse de Hércules.

Hércules aparta a la serpiente con su fuerte mano.

Piernas protegidas por grebas (armadura de bronce)

GUERRERO **HOPLITA**

Las ciudades griegas estaban a menudo en guerra unas con otras. Sus soldados se llamaban hoplitas, de *hoplon* («escudo»). Solo los más ricos podían ser hoplitas, pues debían pagar sus propias armas y armadura.

DESNUDOS PERO NO **OBSCENOS**

Los griegos se desnudaba para ejercitarse. La palabra gimnasio deriva de «hacer ejercicio desnudo», y hasta los corredores olímpicos competían llevando solo barba como vestimenta.

PODER DEL **PUEBLO**

Reyes como el representado en esta máscara de bronce gobernaron la antigua Grecia, pero en 507 a. C., los atenienses destronaron al suyo y dieron a los hombres libres el poder de votar en las cuestiones importantes. A eso lo llamaron «democracia», de *démos* («pueblo»), y *krátos* («poder»).

A LOS ROMANOS RICOS LES GUSTABA COMER ANIMALES EXÓTICOS: ¡PAVOS REALES, JIRAFAS Y HASTA LEONES!

EDUCACIÓN

La mujer de esta pintura mural de Pompeya posa con un estilo, especie de pluma usada para escribir en la tablilla de cera que sostiene. Aprender a leer y escribir era un privilegio que solo podían permitirse los romanos más ricos.

El auge de Roma

Hace unos 2000 años, empleando ejércitos disciplinados e ingeniería, el pueblo de la antigua Roma construyó uno de los mayores imperios que ha conocido el mundo.

Animales salvajes como esta pantera llegaban de todo el imperio.

Las mandíbulas potentes pueden matar de un solo mordisco.

El peto o armadura superior protege el pecho, pero deja expuesta la garganta.

Este gladiador lucha con lanza; otros usaban espadas.

La sangre derramada quedaba absorbida por la arena del circo.

¡LUCHA POR TU VIDA!

Los gladiadores eran guerreros entrenados que competían para entretener al público en duelos, recreaciones de batallas o combates con animales salvajes. Por lo general eran esclavos, y los mejores podían ganar riqueza, fama y hasta la libertad.

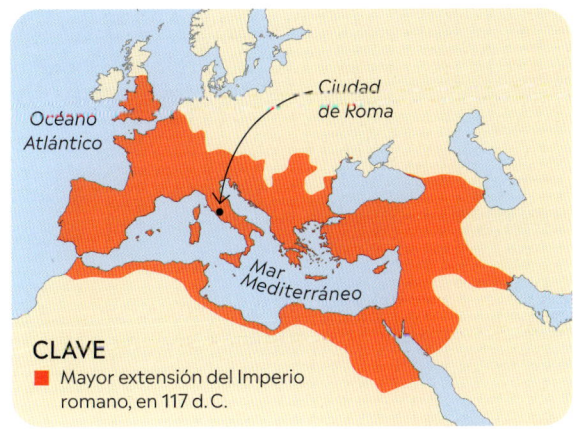

CLAVE

■ Mayor extensión del Imperio romano, en 117 d.C.

Océano Atlántico

Ciudad de Roma

Mar Mediterráneo

VASTO **IMPERIO**

El Imperio romano fue creciendo hasta que en su apogeo, en 117 d.C., se extendía, de oeste a este, desde Britania (Gran Bretaña) hasta Irak, con una población de unos 70 millones de personas. Para facilitar la comunicación y el transporte de tropas y mercancías se construyeron 80 000 km de calzadas pavimentadas.

¡SERVICIO PÚBLICO!

Como la mayoría de sus casas carecían de aseos, los romanos tenían letrinas públicas. Al parecer no estaban compartimentadas, y eran lugares de reunión para charlar y bromear. Limpiarse era menos ameno: todos compartían esponjas con mango de muchos usos.

Los escudos forman una cubierta protectora.

Solo desde la primera fila se puede ver.

Sandalias robustas para marchar y luchar

Alas de águila, símbolo de Roma

Los escudos curvos envolvían parte de los cuerpos de los legionarios.

EJÉRCITO **IMPARABLE**

El ejército romano estaba constituido por legiones, formadas, según la época, por entre 3000 y 5000 soldados, o legionarios. Las legiones empleaban formaciones complejas como esta, el testudo (o tortuga), para protegerse y obtener ventaja en la batalla.

Augusto representado como hombre joven

El brazo extendido de Augusto indica que daba un discurso.

Cupido, dios romano del amor, aparece junto al emperador.

Solo a los dioses se les representaba descalzos.

PRIMER **EMPERADOR**

Durante casi 500 años, Roma fue una república, pero tras la guerra civil que estalló en 49 a.C., un general, Octaviano, se coronó emperador, adoptó el nombre Augusto («el venerado») y acabó siendo objeto de culto divino. Los emperadores gobernaron Roma otros 400 años.

¡LOS ROMANOS **LAVABAN LA ROPA** CON **ORINA**, YA QUE EL AMONIACO **ELIMINA LAS MANCHAS!**

INGENIERÍA **ASOMBROSA**

El llamado puente del Gard es parte de un acueducto que llevaba agua a lo largo de 50 km desde un manantial hasta la ciudad de Nimes, en Francia. Construido en el siglo I d.C., es una de las muchas estructuras romanas que han resistido el paso del tiempo más de 2000 años.

SAQUEADORES **FEROCES**

Los vikingos comenzaron a asaltar las costas de Europa Occidental en el siglo VIII. En 865 d. C., un gran ejército vikingo llegó a la costa oriental inglesa en una invasión a gran escala, como muestra este manuscrito medieval. Muchos vikingos se asentaron allí y en otras zonas que habían saqueado.

Las cabezas de dragón causaban espanto.

PATRIA **RURAL**

Los vikingos vivían en el área costera de las actuales Noruega, Dinamarca y Suecia. Muchos eran agricultores y artesanos, y vivían en grandes casas con espacio tanto para familias como para animales.

TESORO **ACUMULADO**

Los vikingos enterraban el botín para mantenerlo a salvo, y, en ocasiones, no volvían a por él. Este colgante de oro es parte de un tesoro hallado en una isla del Báltico, junto con otros artículos de oro que pesaban un total de 600 g.

Guerrero en una rampa de desembarco, lanza en mano

LOS VIKINGOS **CUIDABAN DE SU ASPECTO**: ¡TODOS TENÍAN **PEINE PROPIO**!

Peine vikingo tallado de un asta

Vikingos viajeros

Entre los siglos VIII y XI, los vikingos partieron de Escandinavia. Sus viajes conllevaron conquistas, pero también comercio e intercambio cultural.

Runas talladas en el mango de madera

ARMAS **APRECIADAS**

Algunos vikingos tenían valiosas espadas, pero fueron más comunes las hachas y lanzas, que requerían menos acero. Todas las armas eran bienes preciados, y algunas tienen runas inscritas con los nombres de sus dueños.

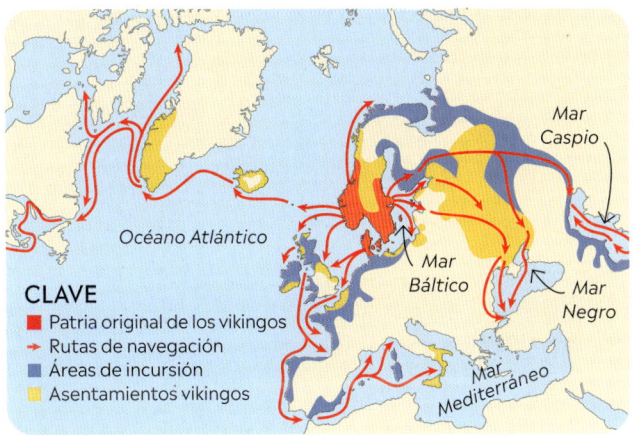

CLAVE
- 🟥 Patria original de los vikingos
- ➡️ Rutas de navegación
- 🟦 Áreas de incursión
- 🟨 Asentamientos vikingos

Mar Caspio

Océano Atlántico

Mar Báltico

Mar Negro

Mar Mediterráneo

MUNDO **VIKINGO**

Desde su patria de origen escandinava, los vikingos navegaron al este, oeste y sur. Algunos saquearon y mataron en pos de tierras y riqueza; otros navegaron lejos a explorar territorios. Muchos establecieron rutas comerciales en los ríos y mares de Europa oriental.

DIOSES **NÓRDICOS**

Los vikingos tenían muchos dioses, cada uno con habilidades y personalidad propias. Vivían en Asgard, en lo alto del enorme árbol Yggdrasil, por encima de humanos y gigantes.

Thor
Dios guerrero del trueno, Thor se enfrentaba a gigantes y serpientes con su martillo.

TRANSPORTE **PREDILECTO**

Los vikingos fueron constructores navales hábiles. Tenían barcos de distintos tipos, pero el más célebre es el *drakkar*, rápido y esbelto, que navegaba a vela o remo. Su escaso calado permitía aproximarse mucho a la costa, y navegar por ríos poco profundos.

Las tablas solapadas formaban un casco resistente y ligero.

El corte transversal muestra la forma del casco.

La vela se arriaba cuando se detenía el viento.

Timón de espadilla

A falta de viento se empleaban los remos.

La cabeza de dragón se podía quitar en alta mar.

Odín
El dios principal, sabio y poderoso, cabalgaba un caballo de ocho patas.

Freya
Diosa del amor y la fertilidad, Freya tenía poder sobre la vida y la muerte.

La China
imperial

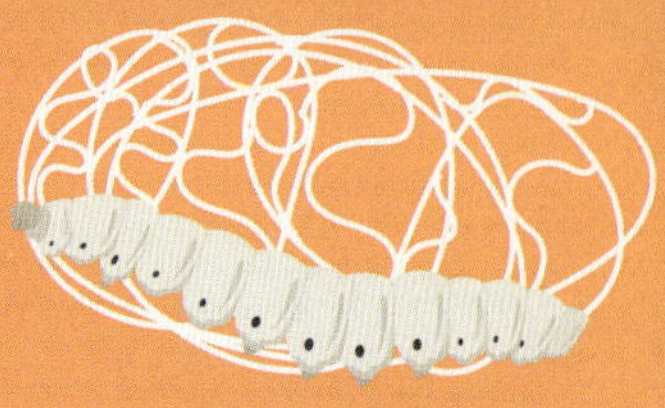

En 960, un general llamado Zhao Kuangyin unificó los diez Estados chinos en un único imperio. Fundó la nueva dinastía Song, que gobernaría durante más de 300 años.

¡UN **CAPULLO DE GUSANO DE SEDA** PUEDE PRODUCIR UN **FILAMENTO** LARGO DE SEDA DE HASTA **900 M!**

Ver un elefante debió de resultar algo exótico. Su presencia es una muestra de la riqueza del emperador.

CONSTRUCCIÓN DE **PAGODAS**

Durante la dinastía Song se construyeron muchas pagodas imponentes. Estos edificios esbeltos de varios pisos albergaban objetos sagrados y servían de torres vigía. Esta es la más alta que se conserva en China de aquella época, la pagoda Liaodi, de trece plantas. Se completó en 1055, y alcanza los 84 m.

EXÁMENES **FORMALES**

Para lograr empleo como funcionario de los Song, miles de jóvenes de todas las clases sociales se presentaban a exámenes. Los que aprobaban esos exámenes se convertían en funcionarios; por tanto, obtenían el cargo los más capaces, y no solo los más ricos o los mejor relacionados.

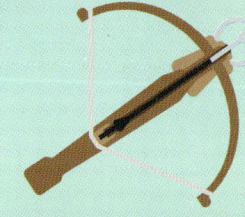

¡BALLESTA DE TIRO RÁPIDO!

Las ballestas chinas como esta tenían un alcance de más de 370 m. Algunas ballestas de tiro rápido podían lanzar una saeta cada dos segundos.

SEDA ESPLÉNDIDA

Estas mujeres nobles están estirando y planchando seda. Durante siglos, solo los chinos supieron cómo fabricarla. Procedía de los capullos de las mariposas o gusanos de seda, y los comerciantes trasladaban la apreciada tela desde China hasta Europa.

¡LA PÓLVORA SE PODÍA EMBUTIR EN TUBOS HUECOS DE BAMBÚ PARA HACER PETARDOS EXPLOSIVOS!

HISTORIAS DE SOMBRAS

Estas sombras chinescas representan la grandeza del emperador chino y su guardia. Las sombras chinescas se popularizaron durante la dinastía Song, y la tradición siguió prosperando en épocas posteriores. Las de la imagen son de la dinastía Qing, unos 900 años después del periodo Song. Proceden de la provincia de Gansu, en el oeste de China.

Los guardias imperiales están armados con armas largas, llamadas guan dao.

AVANCES TECNOLÓGICOS

En el periodo Song, los ingenieros e inventores chinos desarrollaron muchas innovaciones que no solo cambiaron China, sino el mundo entero. ¡Todos estos inventos de alguna manera aún se utilizan hoy día!

Brújula
En la década de 1100, la invención de la brújula con aguja que señalaba siempre hacia el sur facilitó la navegación.

Papel moneda
El primer papel moneda, llamado *jiaozi*, lo usaron primero los comerciantes, y luego fue divisa oficial.

Tipos móviles
El ingeniero Bi Sheng (990–1051) empleó bloques de cerámica para crear la primera versión de la imprenta.

Esclusas
En 983, China comenzó a extender canales por terreno elevado creando esclusas para subir y bajar el nivel del agua.

Pólvora
Los Song crearon los primeros explosivos con pólvora, descubierta justo antes de su llegada al poder.

Este objeto de porcelana en forma de bebé servía de almohada o reposacabezas.

ALMOHADA DE PORCELANA

Los jarrones, vajillas y adornos de porcelana china fueron muy apreciados por su gran calidad. La porcelana se fabrica con arcilla blanca (el llamado caolín) mezclada con petuntse (piedra con contenido de cuarzo y mica resplandecientes).

El Japón **medieval**

Desde 1192, Japón fue controlado por líderes militares llamados sogunes. Durante su predominio surgió una sociedad ordenada y una rica tradición cultural.

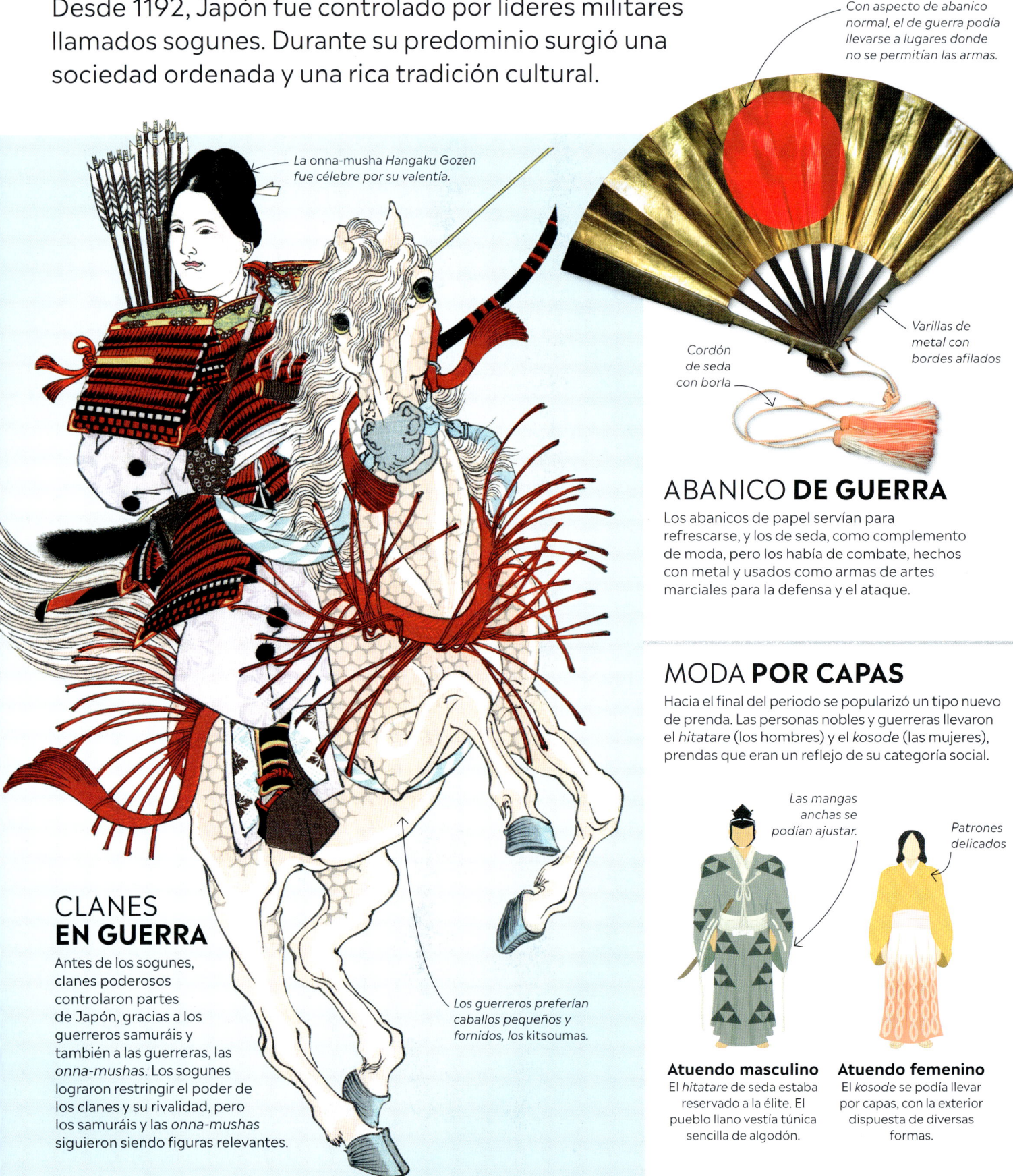

La onna-musha Hangaku Gozen fue célebre por su valentía.

Con aspecto de abanico normal, el de guerra podía llevarse a lugares donde no se permitían las armas.

Varillas de metal con bordes afilados

Cordón de seda con borla

ABANICO **DE GUERRA**

Los abanicos de papel servían para refrescarse, y los de seda, como complemento de moda, pero los había de combate, hechos con metal y usados como armas de artes marciales para la defensa y el ataque.

MODA **POR CAPAS**

Hacia el final del periodo se popularizó un tipo nuevo de prenda. Las personas nobles y guerreras llevaron el *hitatare* (los hombres) y el *kosode* (las mujeres), prendas que eran un reflejo de su categoría social.

Las mangas anchas se podían ajustar.

Patrones delicados

CLANES **EN GUERRA**

Antes de los sogunes, clanes poderosos controlaron partes de Japón, gracias a los guerreros samuráis y también a las guerreras, las *onna-mushas*. Los sogunes lograron restringir el poder de los clanes y su rivalidad, pero los samuráis y las *onna-mushas* siguieron siendo figuras relevantes.

Los guerreros preferían caballos pequeños y fornidos, los kitsoumas.

Atuendo masculino
El *hitatare* de seda estaba reservado a la élite. El pueblo llano vestía túnica sencilla de algodón.

Atuendo femenino
El *kosode* se podía llevar por capas, con la exterior dispuesta de diversas formas.

CUANDO NO COMBATÍAN, ¡LOS GENERALES SE RELAJABAN HACIENDO ADORNOS FLORALES!

PODEROSO SOGÚN

En 1192, el emperador nombró sogún al líder de clan Minamoto no Yoritomo. Fue el primer sogún en asumir la autoridad suprema, siendo más poderoso que el emperador. Hubo sogunes en Japón hasta 1868.

GUARDIÁN BUDISTA

El budismo fue fundado en la India del siglo v a.C. Al difundirse por Japón adoptó formas nuevas, y se popularizó entre los clanes guerreros. Esta escultura japonesa de un dios guardián tiene aspecto de general.

Máscara que lleva el actor que interpreta a Hannya, un demonio celoso

ESPÍRITUS SINTOÍSTAS

La religión tradicional de Japón es el sintoísmo («el camino de los dioses»), para el que todo está habitado por espíritus llamados *kami*.

Estatua de un espíritu mágico de zorro, o kitsune, uno de los kami más populares

La gran boca abierta amplificaba la voz del actor.

MÁSCARA *NO*

En esta época floreció el teatro *no*, que combinaba drama, poesía, música y danza. Actores enmascarados representaban batallas de dioses, demonios y humanos, en las que generalmente el bien triunfaba sobre el mal.

HABÍA 18 ARTES MARCIALES: ¡UNA CONSISTÍA EN NADAR PLENAMENTE ARMADO!

CASTILLOS IMPONENTES

A pesar del poder del sogún, con frecuencia había enfrentamientos entre clanes rivales, y algunos se rebelaron contra el sogunado. Los clanes fortificaron sus tierras con unos 5000 castillos, entre ellos este de Himeji.

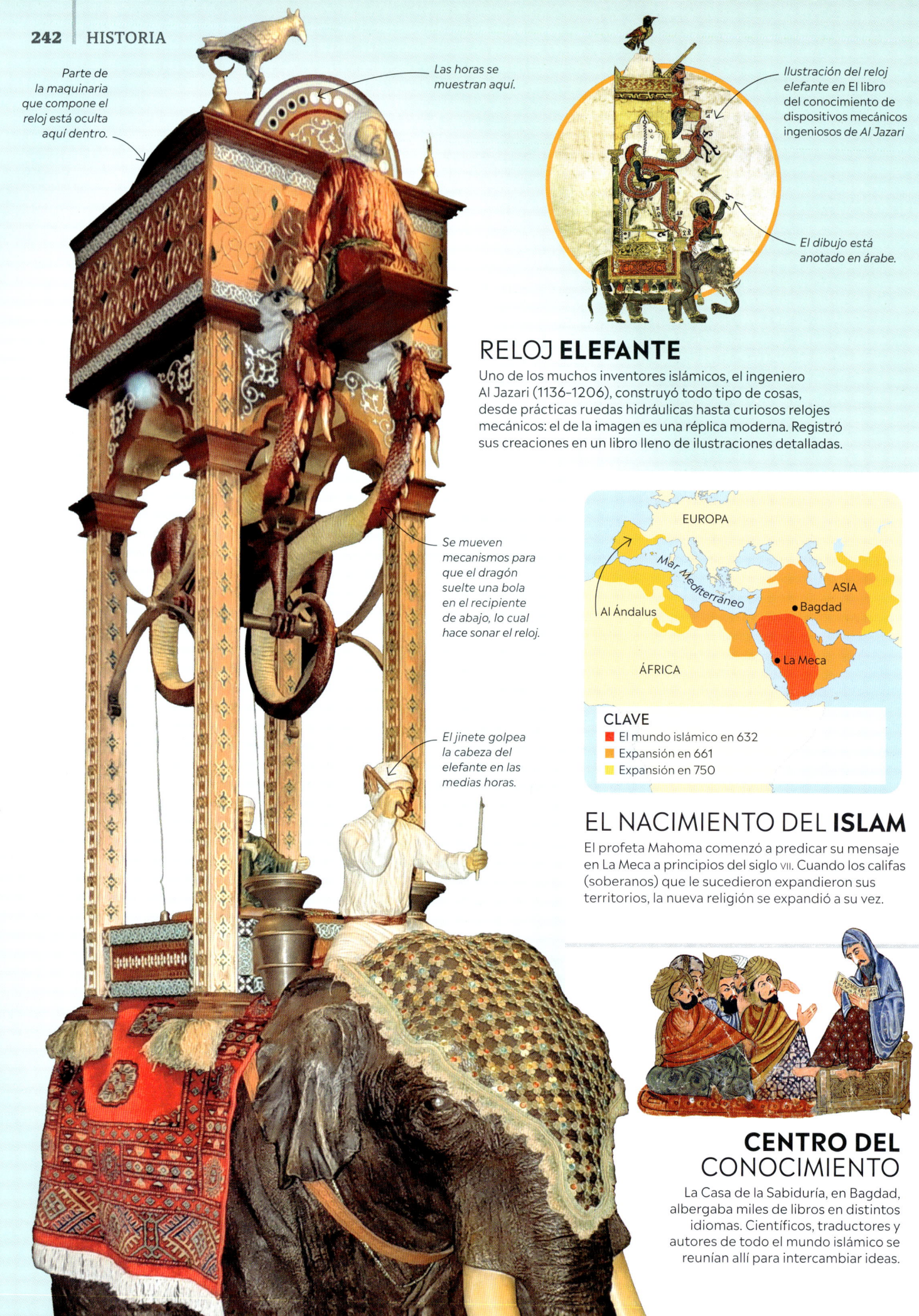

Parte de la maquinaria que compone el reloj está oculta aquí dentro.

Las horas se muestran aquí.

Ilustración del reloj elefante en El libro del conocimiento de dispositivos mecánicos ingeniosos de Al Jazari

El dibujo está anotado en árabe.

RELOJ **ELEFANTE**

Uno de los muchos inventores islámicos, el ingeniero Al Jazari (1136–1206), construyó todo tipo de cosas, desde prácticas ruedas hidráulicas hasta curiosos relojes mecánicos: el de la imagen es una réplica moderna. Registró sus creaciones en un libro lleno de ilustraciones detalladas.

Se mueven mecanismos para que el dragón suelte una bola en el recipiente de abajo, lo cual hace sonar el reloj.

EUROPA

Mar Mediterráneo

ASIA

Al Ándalus

• Bagdad

ÁFRICA

• La Meca

CLAVE
■ El mundo islámico en 632
■ Expansión en 661
■ Expansión en 750

El jinete golpea la cabeza del elefante en las medias horas.

EL NACIMIENTO DEL **ISLAM**

El profeta Mahoma comenzó a predicar su mensaje en La Meca a principios del siglo VII. Cuando los califas (soberanos) que le sucedieron expandieron sus territorios, la nueva religión se expandió a su vez.

CENTRO DEL CONOCIMIENTO

La Casa de la Sabiduría, en Bagdad, albergaba miles de libros en distintos idiomas. Científicos, traductores y autores de todo el mundo islámico se reunían allí para intercambiar ideas.

La edad de oro del islam

La religión islámica fue fundada en el siglo VII en Arabia. A medida que se difundían sus enseñanzas, una edad dorada de la ciencia y la cultura floreció en el ámbito islámico.

¡COMERCIANTES **MUSULMANES** TRAJERON EL **AZÚCAR** POR PRIMERA VEZ AL **NORTE DE ÁFRICA Y EUROPA**!

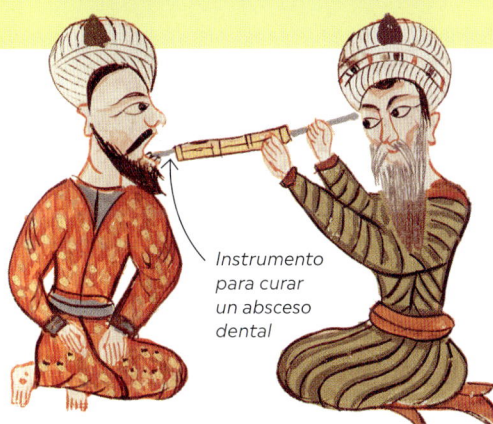

Instrumento para curar un absceso dental

MÉDICOS **PIONEROS**

Los médicos hallaron nuevos métodos para curar a sus pacientes, desde operaciones quirúrgicas avanzadas hasta tratamientos dentales cotidianos, como en esta ilustración.

Laúd árabe (ud) con las cuerdas dispuestas por pares

DULCE **MÚSICA**

La música floreció durante gran parte de la edad de oro del islam. Entre los instrumentos de la época fue predilecto el laúd árabe, o *ud*. Se hicieron muchos de estos instrumentos en Al Ándalus, en lo que hoy día es España. Músicos ambulantes llevaron el *ud* a los reinos de Europa, donde se le llamó laúd.

Caravanas de camellos transitaban por las rutas comerciales.

COMERCIO **RICO**

Las concurridas rutas comerciales entre Asia, África y Europa pasaban por los núcleos principales del mundo islámico. Los comerciantes se enriquecieron al cambiar de manos el oro, la sal, las especias, los tejidos y alimentos.

AVANCES **CIENTÍFICOS**

El islam promovió la invención y la investigación. Además de preservar el saber de la antigua Grecia y de tiempos más antiguos, generó grandes avances científicos y muchos descubrimientos nuevos.

Astronomía
Instrumentos complejos como el astrolabio se desarrollaron para calcular la altitud de las estrellas y el Sol.

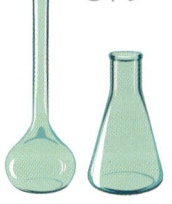

Química
Los alquimistas trabajaron transformando y disolviendo metales, registraron sus hallazgos ¡e inventaron el jabón!

Medicina
Se publicaron en enciclopedias extensas descripciones detalladas de enfermedades y plantas medicinales.

Ingeniería
La gestión del agua era vital en climas secos, y se inventaron muchos aparatos ingeniosos para la irrigación.

Arquitectura
Muchos rasgos arquitectónicos islámicos, como el uso de azulejos y el arco de herradura, se usaron en mezquitas y palacios.

Asombrosos
aztecas

Mango en forma de
guerrero águila
arrodillado

Hoja de sílex

Los aztecas dominaron una extensa región del actual México desde 1400 hasta 1521. Sus pueblos vecinos, que compartían en gran parte su cultura, se vieron obligados a pagarles tributos.

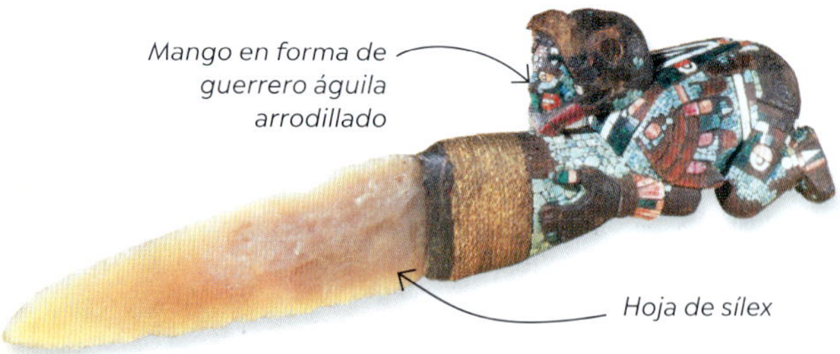

HERRAMIENTAS **LETALES**

Los aztecas hacían cuchillos muy afilados a partir de piedras como la obsidiana y el sílex. El mango de madera se adornaba con mosaicos hechos con piedras y conchas.

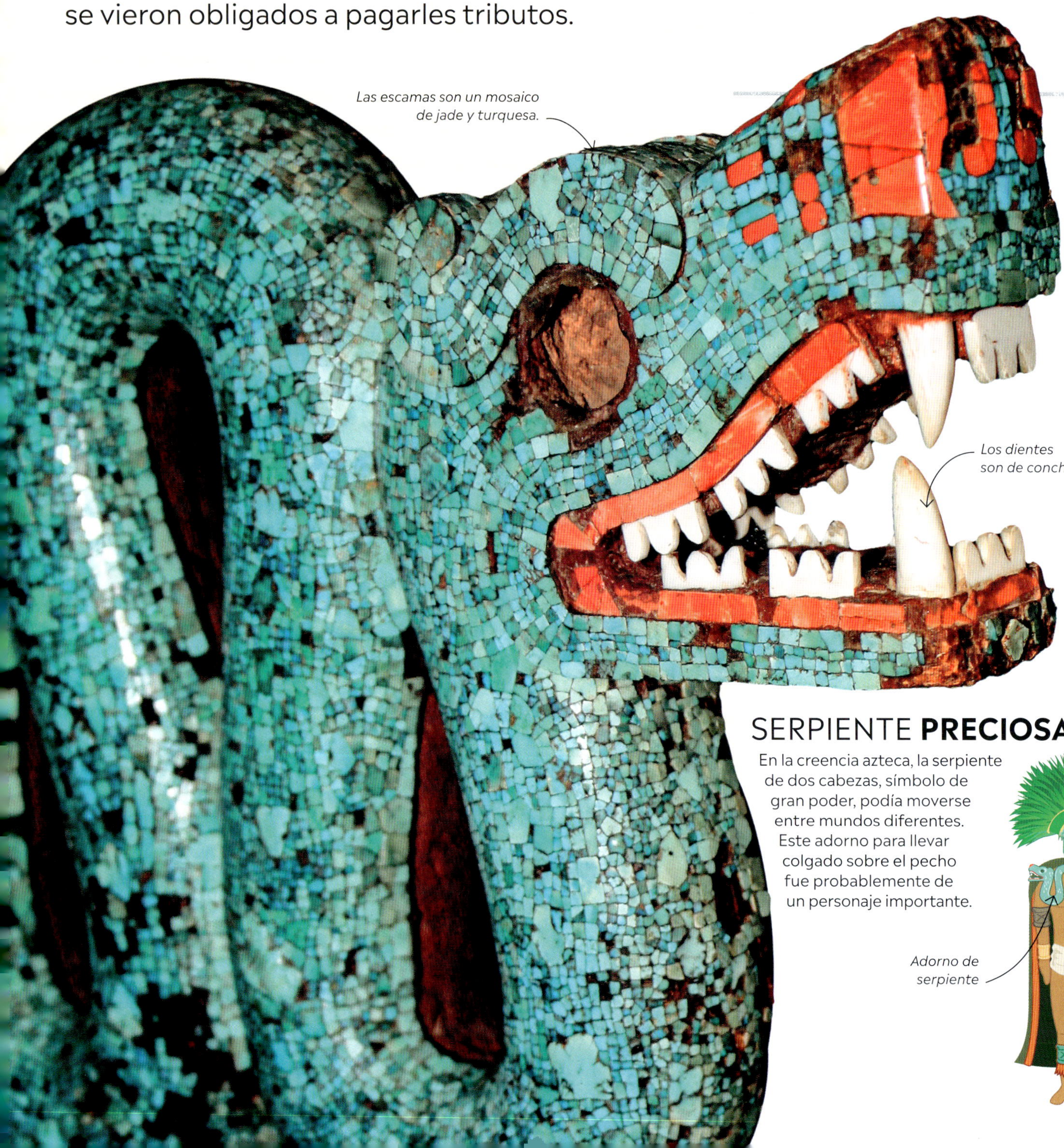

Las escamas son un mosaico
de jade y turquesa.

Los dientes
son de concha.

SERPIENTE **PRECIOSA**

En la creencia azteca, la serpiente de dos cabezas, símbolo de gran poder, podía moverse entre mundos diferentes. Este adorno para llevar colgado sobre el pecho fue probablemente de un personaje importante.

Adorno de
serpiente

DOCUMENTOS DIBUJADOS

Los relatos aztecas se registraron en libros de papel o piel de ciervo. Su escritura se basaba en imágenes que representan palabras, frases, acontecimientos o sonidos. Esta imagen muestra a un dios importante, Tonacatecuhtli.

¡LAS **CIUDADES CONQUISTADAS** DEBÍAN PAGAR **TRIBUTO** A LOS AZTECAS, DESDE **ORO** HASTA **GRANOS DE CACAO!**

Estos jugadores de pelota mayas llevan gruesas protecciones.

JUEGO DE PELOTA

Muchas culturas de Mesoamérica jugaban al juego de pelota. Se mantenía en el aire una pelota de goma con el cuerpo, sin usar manos y pies, y si tocaba el suelo el equipo perdía puntos.

PLUMAS **FABULOSAS**

Se usaban plumas de colores para adornar objetos de todo tipo, desde bolsas y tocados hasta capas y escudos ceremoniales. Muchas de estas deslumbrantes plumas procedían de la larga cola del vistoso quetzal.

Tocado ceremonial

Plumas de más de 250 aves componen este tocado.

¡MOCTEZUMA II, UNO DE LOS **ÚLTIMOS SOBERANOS AZTECAS,** TENÍA UN **ZOOLÓGICO** EN SU **PALACIO!**

ARQUITECTURA EXTRAORDINARIA

Los aztecas fueron grandes constructores. Erigieron la capital, Tenochtitlán, sobre una isla artificial en un lago. Edificios oficiales tales como templos, sedes del gobierno y palacios se construyeron sobre terrazas o plataformas cuidadosamente recubiertas de piedra.

Área residencial

Las ceremonias tenían lugar en los templos.

Mercado con productos a la venta

Los bienes llegaban y salían de la ciudad en barco.

Maza de madera con hojas de obsidiana

GUERREROS DE ÉLITE

Los aztecas usaban la guerra para obtener riqueza, más que territorio. Los guerreros más fieros eran los llamados águila y jaguar, entrenados para capturar líderes enemigos por los que pedir rescate.

Imperio inca

En el siglo XV, el Imperio inca era uno de los mayores del mundo. Lo gobernaba un único hombre todopoderoso, el sapa inca, y controlaba una sociedad bien organizada, con una red extensa de comunicaciones, impuestos y un gran ejército.

VASTO **IMPERIO**

El Imperio inca, largo y estrecho, se extendía a lo largo de 4000 km, casi la longitud entera del oeste de América del Sur. Abarcaba una amplia diversidad de medios naturales, como costas, bosques y cordilleras.

¡LA **CALZADA INCA MÁS LARGA** RECORRÍA MÁS DE **3600 KM!**

CORREDORES **INCAS**

Para comunicarse a lo largo del extenso imperio, los incas empleaban una red de rápidos corredores. Transmitían los mensajes por medio de cuerdas de colores anudadas, llamadas quipus, que los corredores se entregaban el uno al otro a la mayor velocidad.

Primer corredor
Los corredores llevan conchas, que hacen sonar a modo de trompeta para anunciar su llegada.

Relevo
El corredor siguiente oye la concha y se prepara para correr con el quipu.

Entrega
El último corredor entrega el quipu en el destino final, y se lee el mensaje.

Tocado de plumas

Esta figura de plata bien ataviada podría representar a una mujer inca distinguida.

Las prendas son versiones en miniatura de las que podría haber llevado una mujer inca, como la capa de lana de llama con borlas.

OFRENDAS **INCAS**

Los incas veneraban a numerosas deidades, y construyeron templos en su honor. Dejaban ofrendas en las tumbas, como estas figuras de plata y oro.

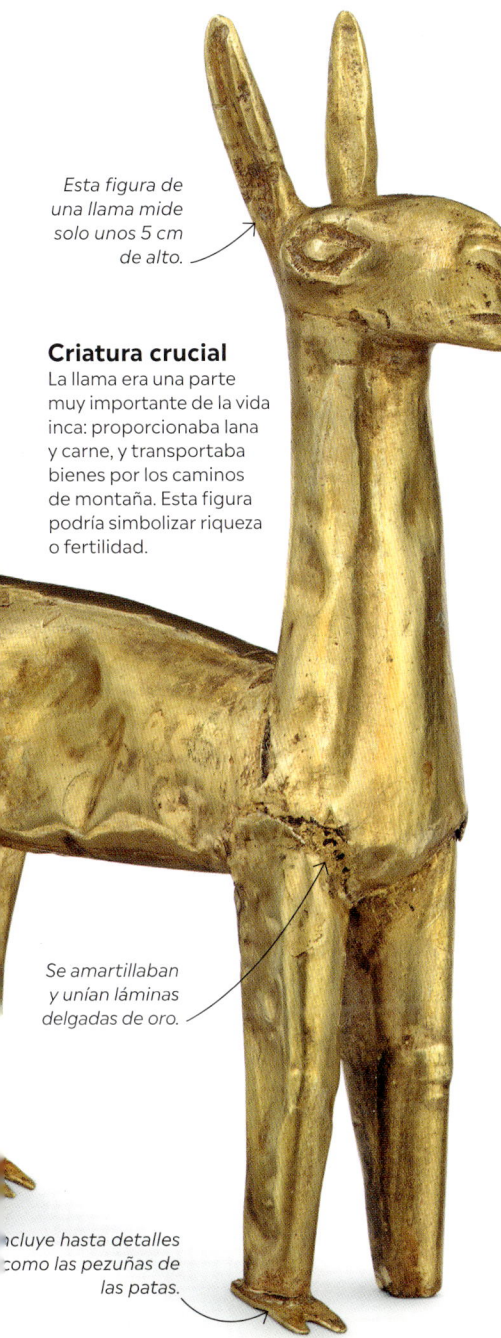

Esta figura de una llama mide solo unos 5 cm de alto.

Criatura crucial
La llama era una parte muy importante de la vida inca: proporcionaba lana y carne, y transportaba bienes por los caminos de montaña. Esta figura podría simbolizar riqueza o fertilidad.

Se amartillaban y unían láminas delgadas de oro.

ncluye hasta detalles como las pezuñas de las patas.

MENSAJE **DE NUDOS**

Los incas carecían de escritura, pero mantenían registros y enviaban mensajes usando conjuntos de cuerdas de colores anudadas, llamados quipus. Los diferentes colores y nudos tenían distintos significados.

¡LOS INCAS CREÍAN QUE SUS **SOBERANOS** DESCENDÍAN DE **INTI**, EL **DIOS DEL SOL**!

AGRICULTURA **DE MONTAÑA**

Al ser escaso el terreno llano disponible, los agricultores incas construyeron terrazas en las laderas de los montes. Combinaban los cultivos de maíz, frijoles, calabaza y patata, entre otros.

Maíz

Agricultor

Terraza construida a mano

PUENTES **DE CUERDA**

Para atravesar los ríos, los incas construyeron puentes de cuerdas gruesas hechas a partir de herbáceas, tejidas a su vez para sostener los puentes. Hoy día se usan puentes similares, que se renuevan todos los años para que sean seguros.

MACHU **PICCHU**

Los incas construyeron ciudades de bloques de piedra cortados para encajar perfectamente. La más famosa de ellas es hoy Machu Picchu, con unos 200 edificios y miles de escalones, y situada en lo alto de los Andes peruanos.

¡LOS INCAS **CULTIVABAN** MÁS DE **3000 VARIEDADES** DE **PATATA**!

Reino de Benín

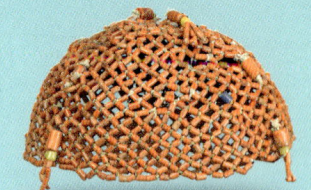

La Ciudad de Benín, en la actual Nigeria, fue una potencia comercial y el centro de un reino poderoso. La capital amurallada era famosa por su espléndido palacio y sus anchas calles.

Oba ricamente ataviado

Cientos de placas adornaban los muros y pilares del palacio.

Los bronces registran reyes y acontecimientos históricos.

OBA **PODEROSO**

Al soberano del reino de Benín se le conocía como el *oba*. Esta placa muestra un *oba* a caballo con su comitiva. Está hecha de latón, una aleación de cobre y cinc que solo estaba permitido emplear para confeccionar artefactos reales.

COMERCIO **INTERNACIONAL**

Fruta de la palma de la que se obtiene el aceite

Benín intercambiaba productos con otros reinos, como aceite de palma, pimienta y telas finas. A partir del siglo XV comerciaron con marfil con los portugueses, que pagaban con brazaletes de latón. Estos se fundieron para hacer obras de arte.

GREMIOS **HÁBILES**

Los artistas, artesanos y sacerdotes, así como los músicos del *oba*, estaban integrados en gremios. Cargos, técnicas y conocimientos se transmitían entre parientes; los orfebres, por ejemplo, eran todos familiares.

Estatua de latón de un músico real, miembro del gremio de cuernistas

El pez pulmonado, capaz de sobrevivir en tierra, era un símbolo del poder real.

Tiara real

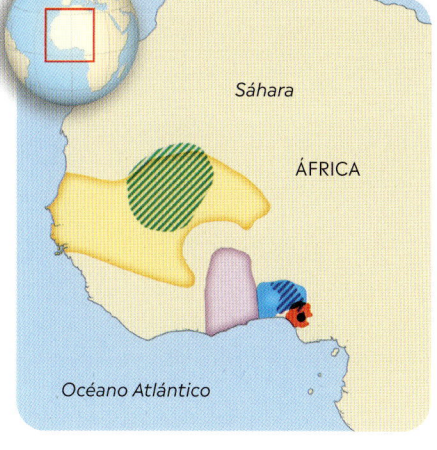

LOS **LEOPARDOS** ERAN UN SÍMBOLO DE **PODER**. ¡EL *OBA* LOS TENÍA EN **SU PALACIO!**

Sáhara

ÁFRICA

Océano Atlántico

REINOS **HISTÓRICOS**

Desde la antigüedad, muchos reinos dominaron diversas regiones de África. Estos fueron solo algunos de los más poderosos de África occidental.

Wagadu (antigua Ghana)
C. 300–1200
Este imperio rico en oro, surgido en 300 d. C., adquirió una riqueza fabulosa al controlar las rutas comerciales transaharianas.

Ife
C. 700–1200
Estado comercial fundado por los yoruba, famoso por sus artefactos de latón, cuyas técnicas de fundición inspiraron a los artistas del reino de Benín.

Reino de Benín
C. 1200–1897
Con orígenes en el siglo x, el reino de Benín alcanzó la cumbre de su poder entre los siglos xv y xviii.

Imperio de Malí
1235–1899
Este vasto imperio islámico se apoderó de las rutas comerciales de Wagadu, y tuvo entre sus reyes al famoso Mansa Musa.

Imperio oyo
C. 1300–1900
Este Estado yoruba, de gran poder militar, alcanzó su apogeo en los siglos xvii y xviii, y conquistó a muchos de sus vecinos.

Imperio asante
1700–1901
Fundado por descendientes del pueblo akan, este imperio comercial estaba gobernado por un poderoso *asantehene* (rey).

REINA **MADRE**

Esta máscara de marfil se cree un retrato de Idia, madre del *oba* Esigie. Ayudó a este a fortalecer de nuevo el reino después de una guerra civil a finales del siglo xv. Idia fue la primera *iyoba* (reina madre) oficial. Ella, y otras mujeres más tarde, fueron figuras poderosas en la corte.

Adornan el collar pequeños rostros de comerciantes portugueses.

PROPIEDAD **ROBADA**

En 1897, los colonizadores británicos (pp. 258–259) atacaron la Ciudad de Benín. Las tropas arrancaron unas 900 placas de los muros del palacio real, que acabaron en museos extranjeros junto con otras valiosas obras de arte. El lento proceso de su devolución no comenzó hasta hace poco.

Objetos robados listos para embarcar

LA GRAN MURALLA

A lo largo de más de 21 000 km, la Gran Muralla de China atraviesa áreas costeras, desierto y montañas neblinosas como las de la imagen, de la sección de Jinshanling. En su recorrido se alzan torres vigía donde los soldados comían, dormían y patrullaban. Se construyó para defender el Imperio chino del ataque de las tribus nómadas del norte, y cumplió su cometido durante muchos siglos, hasta que los manchúes la atravesaron en 1644, tras lo cual conquistaron China.

Kexin Ma es historiadora del arte especializada en la dinastía Qing de China. Explora el pasado a través de la cerámica, la porcelana, los rollos pintados y muchos otros vestigios.

Pregúntale a una...
HISTORIADORA

P. ¿Qué te decidió a ser historiadora?
R. De niña fui a ver los guerreros de terracota de la tumba de Qin Shi Huang, primer emperador de China, que reinó de 221 a 210 a. C. Me impactó la impresión de vida que producían, y empecé a preguntarme por qué tenían diferentes caras, cortes de pelo y vestimentas. ¿Por qué acabaron en la tumba del emperador? Tratar de responder a este tipo de preguntas es lo que me motivó a estudiar historia.

P. ¿Quién construyó la Gran Muralla?
R. No se construyó de una vez, sino por secciones, comenzando en el siglo VII a. C. Fue bajo Qin Shi Huang —el mismo emperador que encargó los guerreros de terracota— cuando se conectaron y ampliaron. La Gran Muralla que vemos hoy se construyó en su mayor parte durante la dinastía Ming, entre 1368 y 1644.

P. ¿Es verdad que la Gran Muralla contiene arroz glutinoso?
R. ¡Sí! Los constructores chinos mezclaban sopa de arroz dulce y pegajosa con cal para hacer un pegamento especial, el llamado mortero con cal de arroz. Es tan fuerte que la Muralla ha sobrevivido incluso a terremotos.

P. ¿Podía la gente atravesar la Muralla?
R. Iban y venían muchos, pero no caminando sobre ella ni trepando. Se podía atravesar por puertas, pero era necesario un documento, como nuestros pasaportes, para entrar o salir de China. En estas puertas se establecieron mercados, donde comerciaban mercaderes chinos con los de las regiones del norte.

P. ¿Cómo era la vida de los guardias?
R. Muy atareada. Cada día debían patrullar sectores de la Gran Muralla de un total de 95 km. También tenían que fabricar 150 ladrillos diarios en caso de que hiciera falta reparar cualquier parte de la muralla. Hemos descubierto un menú diario de los guardias, que incluía pollo, pescado, cordero, bisonte, cerdo, alubias, cebada y trigo. ¡Seguro que tenían ganas de todo eso después de un día de trabajo!

DANZAMANÍA

En 1347 se desató un brote de coreomanía, o baile de San Vito, en Aquisgrán (Alemania). Duró varios meses, ¡y más tarde se propagó a otras poblaciones alemanas y más allá!

MANOS **LIMPIAS**

Los aguamaniles con forma de animales (aquí la de un león) se usaban antes de las comidas formales. La higiene era importante, pues era frecuente compartir los platos y comer con las manos.

La visera se puede levantar cuando no hace falta proteger los ojos.

Lanza de madera recia

Guante con armadura, denominado guantelete

VALEROSO CABALLERO

Los caballeros eran guerreros de élite entrenados desde jóvenes. Prestaban servicio en tiempo de guerra a poderosos señores feudales, que les entregaban tierras a cambio.

Una testera protege la cabeza del caballo.

Caballeros
y castillos

¡LA **PIMIENTA** ERA TAN **VALIOSA** QUE SERVÍA **COMO** **DINERO** PARA **PAGAR EL ALQUILER!**

Entre los siglos vi y xv, los soberanos de Europa estuvieron con frecuencia en guerra. Un modo de protegerse era prestar servicio a señores feudales. Surgieron muchos reinos nuevos, pero la mayor potencia de la época fue la Iglesia.

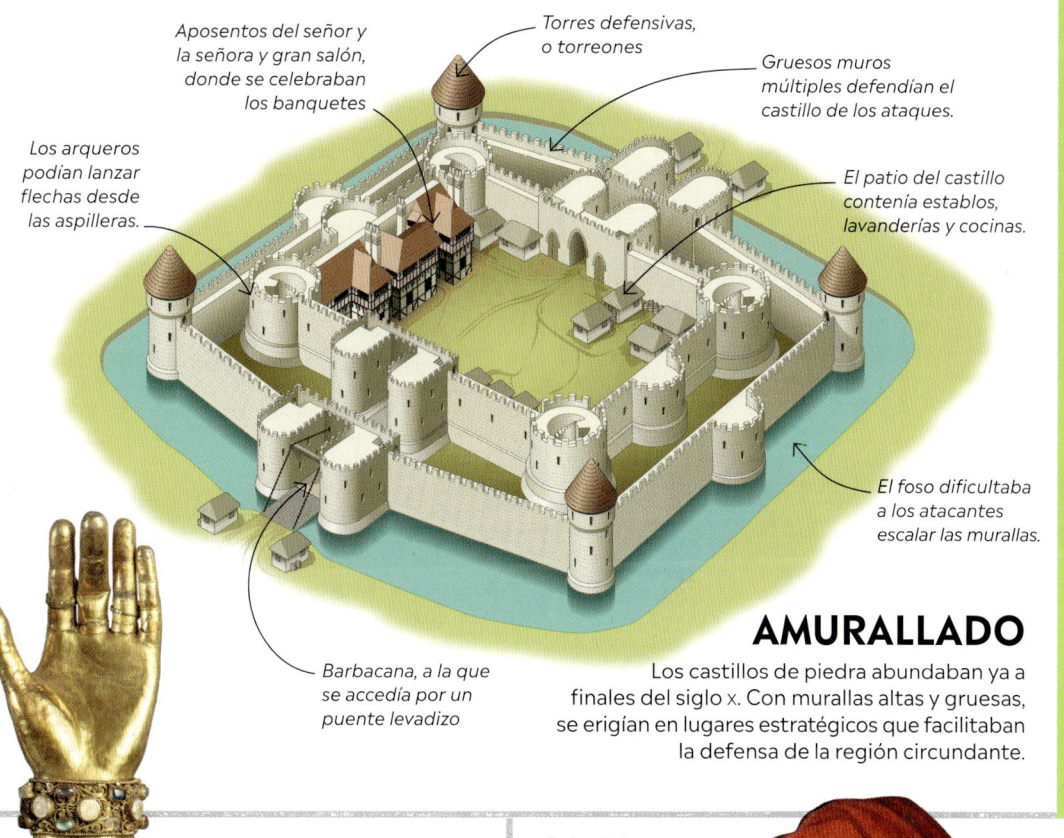

Aposentos del señor y la señora y gran salón, donde se celebraban los banquetes

Torres defensivas, o torreones

Gruesos muros múltiples defendían el castillo de los ataques.

Los arqueros podían lanzar flechas desde las aspilleras.

El patio del castillo contenía establos, lavanderías y cocinas.

El foso dificultaba a los atacantes escalar las murallas.

Barbacana, a la que se accedía por un puente levadizo

AMURALLADO

Los castillos de piedra abundaban ya a finales del siglo x. Con murallas altas y gruesas, se erigían en lugares estratégicos que facilitaban la defensa de la región circundante.

LOS **MÉDICOS** INTENTABAN **CURAR** ENFERMEDADES **TREPANANDO EL CRÁNEO** DE LOS ENFERMOS: ¡PARA SACAR LOS **MALOS ESPÍRITUS!**

Los bordes serrados cortaban el hueso.

TURISMO **RELIGIOSO**

El cristianismo fue la religión predominante en Europa. Muchas iglesias albergaban reliquias de santos en relicarios ricamente decorados, y acudían peregrinos a rezar por la salud, la riqueza y el perdón de los pecados.

El dedo momificado de san Nicolás es visible a través del vidrio.

Buba de la peste, hinchada de pus

PESTE **NEGRA**

Una pandemia letal se propagó desde China por Asia y el norte de África, por rutas comerciales como la Ruta de la Seda, y llegó a Europa en 1347. No había cura conocida, y murieron unos 25 millones de europeos, aproximadamente un cuarto de las muertes causadas por la peste.

Un médico trata de salvar a una apestada extrayendo pus.

Renacimiento
europeo

Europa experimentó cambios drásticos entre los siglos XIV y XVI, el periodo conocido como Renacimiento. Nuevos modos de pensar surgidos en las ciudades-estado de Italia cambiaron la cultura, el arte y la ciencia.

ANTES DE ESTA ÉPOCA, ¡**LA MAYORÍA DE LOS EUROPEOS** NO HABÍA **VISTO NUNCA UN TENEDOR!**

INVENTOS INCREÍBLES

Leonardo da Vinci fue un pintor e inventor italiano, y se le ocurrieron muchas ideas muy adelantadas a la tecnología de su época.

Maqueta de una idea para una máquina voladora en un cuaderno de notas de Leonardo

LA **IMPRENTA**

En la Europa medieval, los libros se copiaban a mano. Era una labor lenta, y los libros eran costosos. En el siglo XV, el inventor alemán Johannes Gutenberg diseñó una imprenta que usaba tipos móviles para imprimir páginas enteras múltiples veces. Esto permitió difundir ideas más lejos y más rápido que nunca antes.

El papel se coloca sobre los tipos y se desliza bajo la imprenta.

El mango se mueve para apretar el papel sobre los tipos entintados.

Un marco macizo de madera sostiene la imprenta.

Esta parte aprieta sobre el papel.

Letras de metal fundido

La tinta se aplica a los tipos con una bola de tinta envuelta en cuero.

NUEVAS VIEJAS **IDEAS**

Durante el Renacimiento se redescubrieron los mitos griegos y romanos, los cuales se popularizaron como temas del arte. Este cuadro del pintor italiano Sandro Botticelli muestra a la diosa griega Atenea junto a un centauro (un ser mitad hombre, mitad caballo).

¿QUÉ FUE EL RENACIMIENTO?

El Renacimiento fue un movimiento que se difundió por Europa. Se dieron cambios similares en todas partes, pero no a la vez.

Arte
La pintura y la escultura a menudo se inspiraron en imágenes de las antiguas Roma y Grecia.

Arquitectura
Nuevas tecnologías e ideas sirvieron para mejorar diseños antiguos, como las grandes cúpulas.

Conocimiento
Se crearon nuevas universidades y se imprimieron textos no religiosos.

Comercio
La expansión del comercio trajo mayor riqueza, y parte de ella se destinó a proyectos de construcción y a las artes.

Astronomía
Nuevos telescopios permitieron a los científicos observar el cielo y aprender sobre el universo.

FLORENCIA FABULOSA

El Renacimiento comenzó en las ciudades-estado italianas, en particular en Florencia. La cúpula de la catedral de Florencia se proyectó en 1418, y hoy sigue siendo la mayor cúpula de ladrillo jamás construida.

¡IDEAS INSÓLITAS!

Era común creer que el Sol giraba alrededor de la Tierra, ¡pero, en 1543, el astrónomo polaco Nicolás Copérnico sostuvo que era al revés! Nadie le creyó, y los científicos que apoyaron sus ideas fueron encarcelados o quemados en la hoguera.

ARTE ASOMBROSO

Antes del Renacimiento, los pintores europeos se dedicaban a pintar imágenes de Cristo y de los santos. Después comenzaron a abordar temas nuevos, en muchos casos apoyados por mecenas, reyes o soberanos de las ciudades-estado.

Este cuadro del pintor italiano Giuseppe Arcimboldo representa a Vertumno, dios romano de las estaciones.

Todos los rasgos están hechos con recreaciones de frutas, flores y verduras.

El maíz era desconocido en Europa hasta que los exploradores lo trajeron de América (p. 259).

Exploradores globales

Las noticias sobre nuevas tierras que circularon por las rutas comerciales animaron a exploradores de varios continentes a emprender viajes. Con mejores barcos y herramientas de navegación, algunos llegaron hasta continentes e islas antes desconocidos.

Enorme figura de piedra llamada moái, obra de los primeros colonos polinesios en Rapa Nui

¡AVENTURA PACÍFICA!

No toda la exploración fue motivada por el comercio. Ya en 1500 a. C., los polinesios exploraron el océano Pacífico, poblando isla tras isla. Más de 2000 años más tarde, llegaron a Rapa Nui (o Isla de Pascua), Hawái y Aotearoa (o Nueva Zelanda).

LLEGAR MÁS ALLÁ

Diversas herramientas de navegación, como el astrolabio náutico, desarrollado por científicos islámicos, facilitaron a los marinos conocer su situación aproximada y adónde dirigirse. Esta ilustración de 1410 muestra barcos navegando en el océano Índico.

Astrolabio náutico

Maqueta de una de las naves menores de la gran flota del Tesoro del almirante Zheng He

EN 1522, ¡LA NAO ESPAÑOLA VICTORIA FUE LA PRIMERA NAVE EN CIRCUNNAVEGAR EL GLOBO!

PRIMEROS ENCUENTROS

La primera vez que se encontraba gente de naciones y continentes diferentes solía haber curiosidad por ambas partes. Sin embargo, la llegada de embarcaciones europeas, como esta observada por un nativo norteamericano, condujo en muchos casos a conflictos.

LOS VIAJES DE ZHENG HE

El almirante chino Zheng He (1377-1433) llevó una gran flota a visitar puertos del sudeste asiático, India y África oriental. Entregó productos chinos tales como cerámica Ming, y trajo de vuelta recuerdos para el emperador, entre ellos, una jirafa.

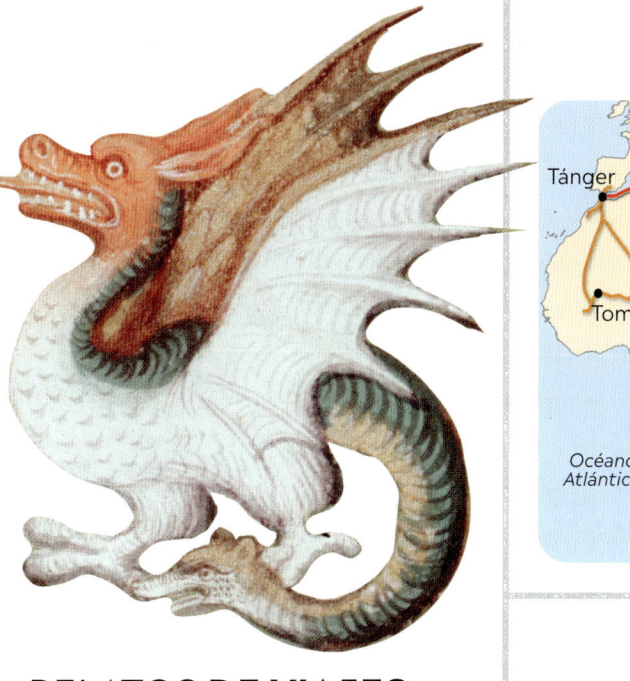

TURISTA **CURIOSO**

El explorador marroquí Ibn Battuta descubrió el amor por los viajes durante el habitual *hach* (peregrinación) a La Meca en 1325. Sus travesías le llevaron tan al este como Pekín, y tan al sur como Kilwa, en la costa central de África oriental. Contó todas sus experiencias asombrosas en el libro *Los viajes*.

Pekín

Samarcanda

ASIA

Tánger

El Cairo

La Meca

Tombuctú

ÁFRICA

Océano Índico

Kilwa

Océano
Atlántico

CLAVE
— Primer viaje
— Segundo viaje
— Tercer viaje
— Cuarto viaje

RELATOS **DE VIAJES**

Muchos exploradores imaginaban que en los mundos para ellos desconocidos habría cosas extrañas y asombrosas, y exageraron en sus relatos. Este dibujo medieval pretende ser de un dragón hallado en tierras lejanas.

La forma de América del Norte solo muestra las áreas costeras que conocían entonces los europeos.

La región del Caribe era ya bastante conocida por los europeos en esta época.

Esta isla se supone que es Japón, pero es demasiado grande y está irrealmente cerca de América del Norte.

CARTOGRAFIAR
EL MUNDO

Desde la antigüedad se confeccionaban mapas, pero cuanto más se viajaba y observaba, más detallados se volvían estos. No podían mostrar más de lo que conocía el cartógrafo, y muchos rasgos son geográficamente incorrectos, o bien del todo erróneos. Este es un globo terráqueo alemán de 1522.

La costa oeste aún inexplorada de América del Sur está oculta por nubes decorativas.

Este mapa muestra el tamaño y la forma reales de América del Norte, Central y del Sur.

Colonización
europea

Poco después de llegar exploradores europeos a otros continentes, los soberanos de Europa tuvieron noticia de la riqueza de las nuevas tierras, y enviaron a invasores a conquistarlas. Convertidas en colonias, de ellas se extraerían materias primas durante siglos.

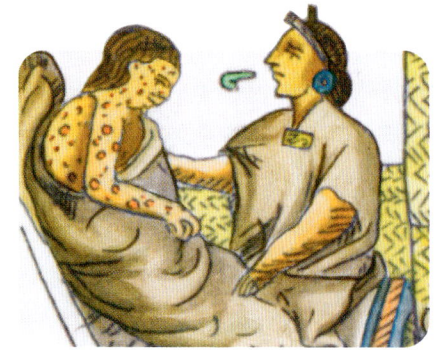

ENFERMEDADES **NUEVAS**

Los europeos llevaron consigo a América enfermedades allí desconocidas, para las cuales la población no había desarrollado inmunidad, ni había cura, de modo que mataron a millones de personas. Esta ilustración azteca muestra a un enfermo de viruela.

CONOCIMIENTOS **NATIVOS**

Los pueblos indígenas tenían sociedades y técnicas agrícolas bien asentadas, y a menudo enseñaron sus conocimientos a los recién llegados. En América del Norte, por ejemplo, les enseñaron a cultivar juntos maíz, frijoles y calabazas para obtener mayores cosechas. Los colonos, sin embargo, no tardaron en expulsarlos de sus tierras.

Maíz

EL TAMAÑO DE LA **COLONIA** PORTUGUESA DE **BRASIL** ERA CASI **92 VECES** EL DE **PORTUGAL**.

ROBO DE PLATA

A los primeros exploradores españoles en América les asombró la abundancia de objetos de oro y plata elaborados por los incas y aztecas. Muchos objetos de oro y plata se enviaron como botín a España, donde se fundieron. Pronto, los españoles explotaron la minería de la plata, obligando a los nativos a extraerla. La moneda española acuñada en Potosí (en la actual Bolivia) circuló por todo el mundo.

Real de a ocho español de plata, acuñado en América del Sur

Esta moneda pudo llegar a circular en lugares tan lejanos como China.

INVASIÓN **COMERCIAL**

En el siglo XVII, varios Estados europeos crearon compañías de las Indias Orientales para controlar el comercio asiático de especias, té y telas. Cada vez más militaristas, intervinieron en la política local. Los británicos establecieron la suya en India en 1613, y su poder creció hasta que, en 1858, la corona británica asumió el gobierno de India.

DELICIAS AMERICANAS

Tomates, patatas, piñas y cacao se cultivaban desde hacía mucho en América. Hasta la década de 1500 no se vieron por primera vez en Europa.

RAPIÑA **DE TIERRAS**

En el siglo XVI, España y Portugal fundaron colonias en América. Pronto les siguieron otros países europeos, y a lo largo de los siguientes 400 años se colonizaron muchas partes del mundo, en rojo en estos globos.

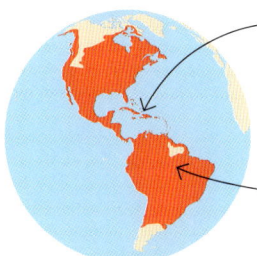

Muchas naciones compitieron por las islas del Caribe.

España y Portugal se repartieron América del Sur.

Década de 1770
En esta época, casi toda América estaba bajo dominio colonial, y había algunas colonias en las costas de África y Asia.

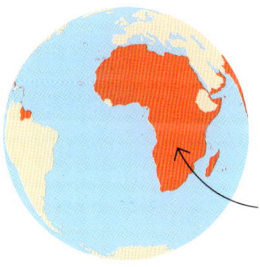

La mayor parte de África estaba colonizada.

1914
En el siglo XIX, la colonización se volvió hacia África y Asia. En 1914, en África, solo Liberia y Etiopía eran independientes, y el Reino Unido ocupaba el subcontinente indio.

Mapa de África usado por los líderes europeos para repartirse el continente y sus recursos, totalmente al margen de sus habitantes.

EL REPARTO **DE 1884**

Los líderes europeos competían por hacerse con el mayor número posible de colonias, pero en 1884 se reunieron para repartirse el continente africano según lo que consideraron una manera más ordenada. No invitaron a los soberanos locales, ni tuvieron en cuenta las fronteras ya existentes.

RESISTENCIA FEROZ

En todos los continentes, la población local se resistió a la brutalidad colonizadora. En Dahomey (en el actual Benín), los invasores franceses se enfrentaron a las amazonas *agojie*, del regimiento de mujeres llamado *Mino* («nuestras madres»).

Esta estatua moderna de una guerrera del Mino se alza en Cotonú, la mayor ciudad de Benín.

El rifle largo y también los machetes eran las armas del Mino.

AL ACABAR LA SEGUNDA GUERRA MUNDIAL, 750 MILLONES DE PERSONAS VIVÍAN AÚN BAJO DOMINIO COLONIAL.

Vidas esclavizadas

Desde el siglo XVI, los Estados europeos —y más tarde EE. UU.— se enriquecieron con el comercio de esclavos africanos y su empleo en trabajos forzados y no remunerados.

TRABAJO **FORZADO**

A los esclavos se les obligó a trabajar en los campos de las plantaciones o en humeantes ingenios azucareros, como la factoría del Caribe que muestra este cuadro. Muchos fueron sirvientes domésticos sin remuneración.

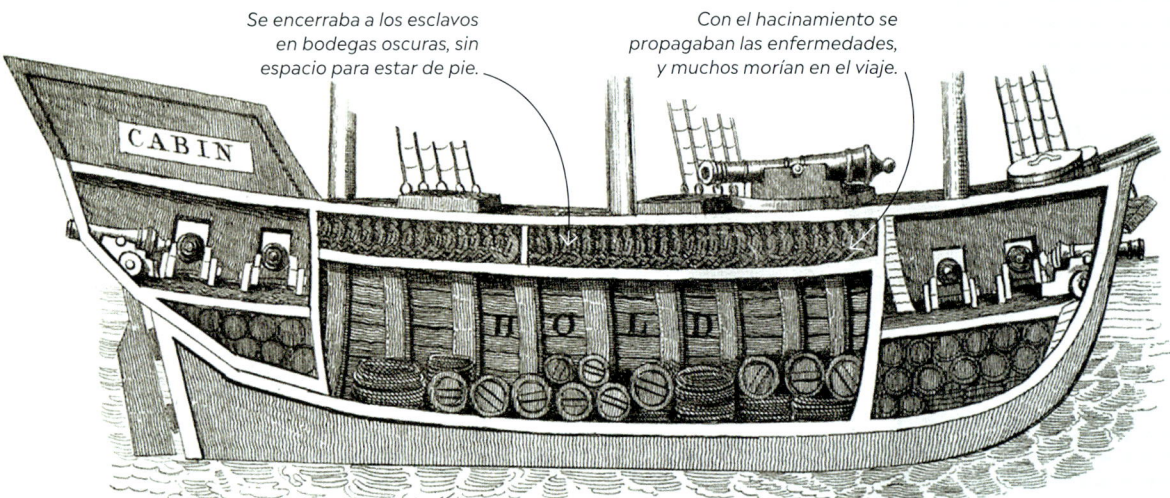

Se encerraba a los esclavos en bodegas oscuras, sin espacio para estar de pie.

Con el hacinamiento se propagaban las enfermedades, y muchos morían en el viaje.

CABIN

HOLD

VIAJE **ATERRADOR**

Arrancados de sus parientes y amigos, africanos de diversos reinos fueron llevados a la costa y embarcados. No sabían adónde iban, y pasaban meses encadenados mientras el barco recogía nuevos grupos de personas esclavizadas a lo largo de la costa antes de emprender la travesía atlántica.

AMÉRICA DEL NORTE

ÁFRICA

Caribe

AMÉRICA DEL SUR

CLAVE
← Rutas marítimas

Océano Atlántico

Océano Índico

COMERCIO **TRANSATLÁNTICO**

Los barcos europeos transportaban esclavos a través del Atlántico desde los puertos africanos. Una vez en América, se les vendía y ponía a trabajar.

SE TRANSPORTÓ DESDE **ÁFRICA** A **AMÉRICA** A UNOS **12,5 MILLONES DE ESCLAVOS.**

¿QUÉ OCURRIÓ?

El empleo despiadado de esclavos fue legal durante 400 años. Los abolicionistas trataron de ponerle fin, pero llevó mucho tiempo, y los efectos se sienten aún hoy.

Finales del siglo XV
Los portugueses fueron los primeros en usar esclavos africanos. En 1510, España envió esclavos africanos a La Española, en el Caribe.

Siglos XVI–XVII
Muchos más países participan en la trata de esclavos transatlántica.

Siglo XVIII
El trabajo esclavo se extiende a las colonias europeas de toda América.

Década de 1770
Nace el movimiento abolicionista. Activistas negros y blancos, muchos de ellos mujeres, informan al público blanco y presionan a los políticos.

CULTIVOS **MANCHADOS**

En las plantaciones se cultivaban determinados productos destinados a la demanda europea. Sus dueños y los comerciantes se enriquecieron vendiendo el fruto no remunerado del trabajo esclavo.

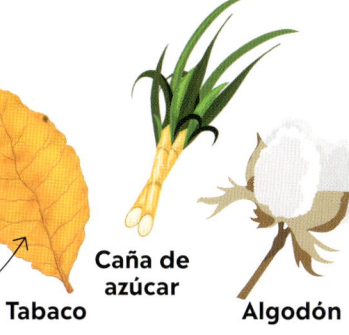

El tabaco se popularizó en Europa en el siglo XVI.

Tabaco

Caña de azúcar

Algodón

RESISTENCIA **CRECIENTE**

Muchos esclavos se rebelaron en los barcos, y otros, en las plantaciones. Los que lograban huir fundaron asentamientos rebeldes, y atacaron las plantaciones. Una de las comunidades más célebres fue la de los cimarrones de Jamaica, dirigidos por Queen Nanny. La noticia de estas rebeliones hizo a algunos cuestionar la esclavitud.

Queen Nanny

¡RUTA **DE ESCAPE!**

En EE. UU., una red secreta de rutas, colaboradores y casas de acogida conocida como el Ferrocarril Clandestino ayudó a los esclavos a huir. Una linterna encendida identificaba las casas seguras, o «estaciones». Unas 100 000 personas escaparon de la esclavitud de este modo.

SUPERVIVIENCIA **ESPIRITUAL**

Los esclavos formaron comunidades en las que cultivaron su fe, sus tradiciones y su cultura, que se fueron mezclando con el cristianismo. Este cuadro muestra un entierro afroestadounidense.

1777
Tras la independencia de EE. UU. se mantiene la trata de esclavos en el país.

1803
Dinamarca prohíbe permanentemente el comercio de esclavos (aunque no la esclavitud); otros países se suman poco a poco, y Reino Unido abole la trata en 1807.

1834
La esclavitud es abolida en las colonias británicas del Caribe. A los dueños se les compensa generosamente por su «pérdida»; los emancipados no reciben nada.

1865
Se declara el fin de la esclavitud legalmente en EE. UU. al terminar la guerra de Secesión (pp. 266-267).

1888
Brasil es el último país de América en abolir la esclavitud, pero la libertad no trajo la igualdad de derechos para las personas negras ni en América ni en Europa.

La era de las revoluciones

Varias revoluciones estallaron entre finales del siglo XVIII y mediados del XIX. Los pueblos se rebelaron exigiendo libertad, derechos, leyes más justas e independencia.

Toussaint Louverture, líder de la revolución haitiana

DURANTE LA **REVOLUCIÓN FRANCESA**, CASI **17 000 PERSONAS** MURIERON EN LA **GUILLOTINA**.

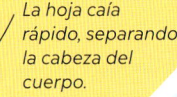

La hoja caía rápido, separando la cabeza del cuerpo.

Haití, 1791-1804
Comenzando por una rebelión de esclavos, en 1803 Haití se había liberado de sus colonizadores franceses. Se proclamó república en 1804.

Francia, 1789-1799
La exigencia de derechos para el pueblo acabó llevando a la ejecución del rey Luis XVI y a la república.

EE. UU., 1775-1783
Tras declarar las trece colonias rebeldes su independencia de Gran Bretaña en 1776, siguió la larga guerra de Independencia para defender su libertad como la nueva nación de EE. UU.

EL PODER DE LA PALABRA
De las nuevas ideas inspiradas por filósofos franceses como Voltaire se pasó a llamamientos a la libertad y la igualdad, y de los discursos a la acción, al atraer oradores de toda condición social un público ávido.

REVOLUCIONES **CLAVE**

Algunas revoluciones engendraron Estados nuevos; otras mejoraron los derechos del pueblo llano. Muchas costaron años, mientras que otras fueron estallidos breves seguidos de represión.

Batalla naval del lago de Maracaibo, 1823

La armada de Bolívar ataca un fuerte español.

Confederación Germánica, 1848

El pueblo de muchos Estados alemanes deseaba formar una sola nación, pero no ser gobernados por un monarca absolutista. Al organizarse y presentar sus demandas los ciudadanos, fueron reprimidos por las armas.

Hispanoamérica, 1808–1823

En las colonias españolas hubo varias guerras de independencia. El líder revolucionario Simón Bolívar ayudó a liberar Colombia, Ecuador, Panamá, Perú y Bolivia del dominio español.

LAS MUJERES **SE UNEN**

En esta época no se permitía votar a las mujeres, pero muchas, como estas parisinas, se unieron a sociedades políticas. Trataban cuestiones como la pobreza causada por la subida del precio de los alimentos, y cómo hacerse oír en la prensa y la política.

Muchos Estados independientes pequeños formaban parte de una confederación alemana.

EUROPA

CLAVE

☀ Levantamiento de 1848
— Fronteras estatales en 1848
— Confederación Germánica

Italia no era aún un Estado unificado.

¡EL **PRIMER SUMERGIBLE** MILITAR DEL MUNDO FUE BOTADO EN EE. UU. EN 1776 PARA **ATACAR NAVÍOS BRITÁNICOS!**

FOCOS **DE 1848**

En un solo año hubo levantamientos en toda Europa. Los motivos fueron muchos: la escasez de alimentos, la exigencia de derechos de los trabajadores, la unificación nacional o la liberación de la dominación imperial. Las revueltas fueron aplastadas, pero la exigencia de cambios perduró.

Revolución
industrial

La revolución industrial comenzó en Gran Bretaña hacia 1750, y se difundió luego por el mundo. Se construyeron fábricas, y las ciudades, economías y poblaciones crecieron, lo que generó transformaciones en las vidas de las personas y en los países.

PRIMEROS **FERROCARRILES**

Muchos inventores trabajaron en el desarrollo de locomotoras a vapor. La más exitosa fue la *Rocket* («Cohete»), diseñada por el británico Robert Stephenson en 1829. Los primeros ferrocarriles transportaron bienes, y poco después, pasajeros.

¡TRABAJO **DURO!**

Los niños hacían jornadas largas en las fábricas. En 1833, una nueva ley británica limitó dicha jornada a ocho horas, y prohibió que trabajaran niños menores de nueve años.

Corte transversal de la *Rocket*

Agua calentada por fuego de carbón

Tiro del escape de vapor

El agua hierve en el depósito, y el vapor mueve los pistones.

La válvula de seguridad deja salir vapor.

ROCKET.

Cámara de combustión del carbón

Pistones de hierro mueven las ruedas.

LA *ROCKET* DE STEPHENSON (1829)

MÁQUINAS **NUEVAS**

Con innovaciones ingeniosas, las máquinas hicieron rápido y barato el trabajo de humanos y animales. Una sola podía hacer el trabajo de decenas o cientos de trabajadores. Muchas ideas se desarrollaron y perfeccionaron; estas son solo tres de las más destacadas de la época.

Máquina de vapor
Este motor movió bombas en las minas y máquinas en las fábricas.

Hasta 120 hilos se producían a la vez.

Hiladora Jenny
Este ingenio hilaba el algodón y producía ovillos para los textiles.

Los pistones a vapor movían el martillo.

Martillo pilón
Esta máquina daba forma al metal en las herrerías.

PAÍSES **CAMBIANTES**

Al acelerarse la industrialización, la gente abandonó el campo para trabajar en las fábricas. En las ciudades, hacinadas y sucias, eran comunes la pobreza, la enfermedad y los conflictos sociales.

Fibras esponjosas de algodón

SUMINISTRO DE **ALGODÓN**

El algodón usado por la industria textil británica venía de América, donde lo cultivaban y cosechaban esclavos. Esto permitía a Gran Bretaña producir más barato que productores rivales de textiles, como India.

MOVIMIENTO **GLOBAL**

La industrialización se difundió de Reino Unido a Europa, América y Asia. La mecanización a gran escala, la mano de obra barata y la producción en masa fueron la norma. En la imagen, una fábrica de seda en Japón.

LA PRIMERA **BICICLETA** SE INVENTÓ EN 1817: ¡PERO **NO TENÍA PEDALES!**

¡MÁS DE 400 MUJERES LUCHARON EN LA GUERRA, DISFRAZADAS DE HOMBRES!

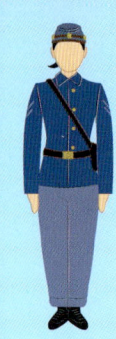

GRANADAS **VOLADORAS**

Las granadas Ketchum, inventadas en 1861, fueron empleadas por el ejército de la Unión. Pesaban hasta 2,3 kg, y se lanzaban como dardos. Si caían correctamente, de punta, el impacto empujaba el pistón, que hacía estallar la pólvora del interior.

Placa que empuja el pistón

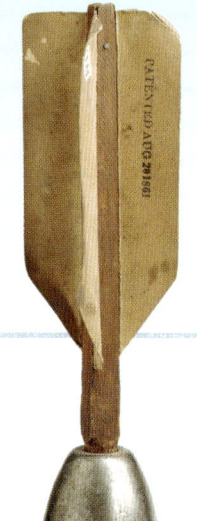

Guerra de **Secesión**

En 1861–1865, EE. UU. se vio envuelto en una amarga guerra civil. Estalló con motivo del trabajo esclavo, ilegalizado por los estados del norte de la Unión, pero apoyado por los estados sureños.

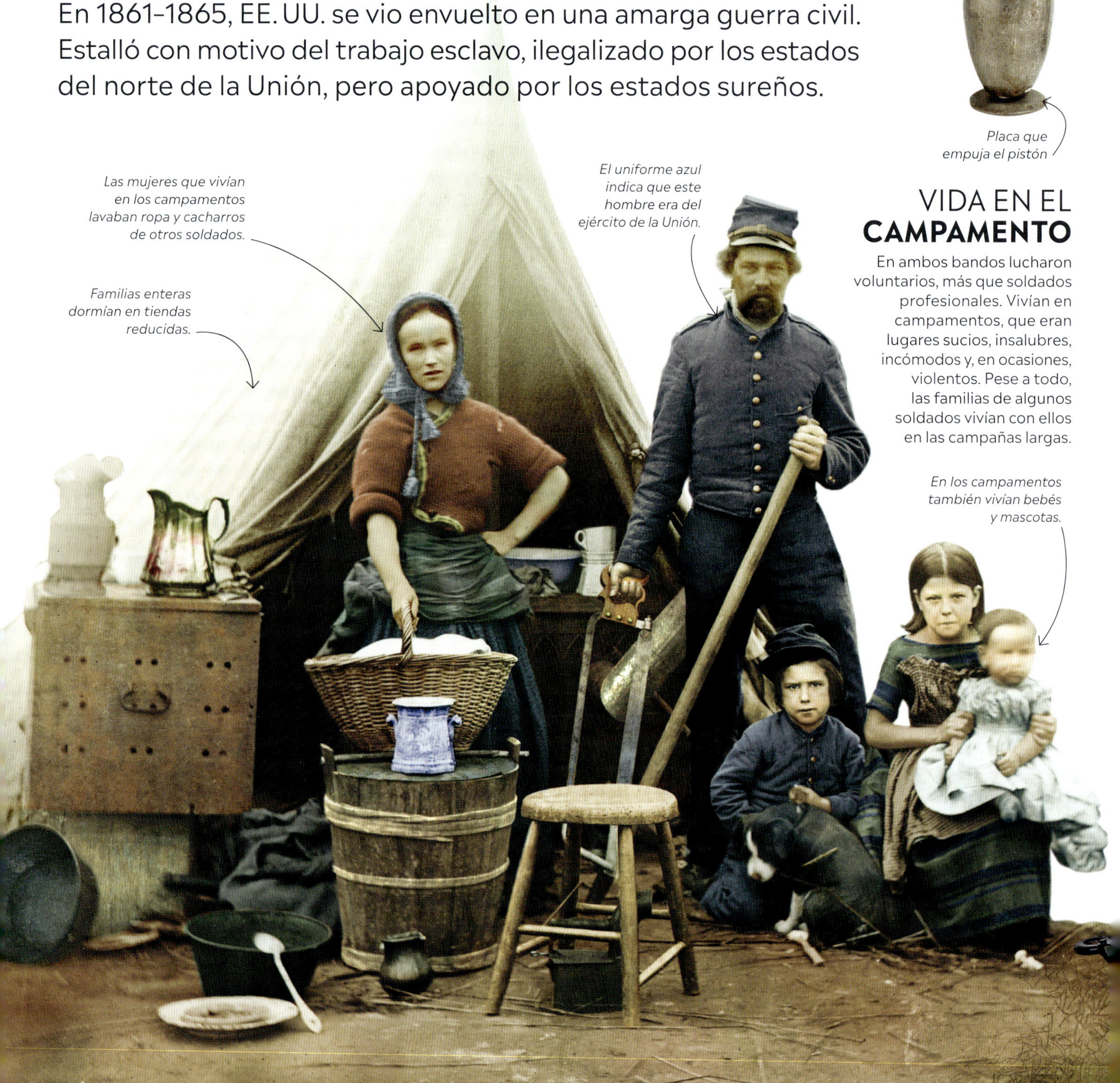

Las mujeres que vivían en los campamentos lavaban ropa y cacharros de otros soldados.

Familias enteras dormían en tiendas reducidas.

El uniforme azul indica que este hombre era del ejército de la Unión.

En los campamentos también vivían bebés y mascotas.

VIDA EN EL **CAMPAMENTO**

En ambos bandos lucharon voluntarios, más que soldados profesionales. Vivían en campamentos, que eran lugares sucios, insalubres, incómodos y, en ocasiones, violentos. Pese a todo, las familias de algunos soldados vivían con ellos en las campañas largas.

ESTADOS **EN GUERRA**

En 1861, once estados del sur se separaron de EE. UU. para formar un gobierno propio, la Confederación. Los estados del norte no reconocieron al nuevo gobierno, al que se propusieron reintegrarse en la Unión. Lo lograron tras cuatro años de guerra, pero la división continuó en muchos aspectos.

CLAVE
- Estados de la Unión
- Estados de la Confederación
- Territorios (aún no estados)

Washington D. C., capital de la Unión

¡CHOQUE **NAVAL!**

Con más aspecto de submarinos que de barcos, el USS *Monitor* y el CSS *Virginia* se enfrentaron sin que hubiera un vencedor en la batalla de Hampton Roads, en 1862, en el primer enfrentamiento naval entre acorazados.

EN **BATALLA**

En 1863, el presidente de EE. UU. Abraham Lincoln declaró que los esclavos debían ser liberados, y que los hombres negros podían luchar por la Unión. Se alistaron unos 180 000 afroamericanos del norte y del sur.

Soldados negros de la Unión en la segunda batalla de Fort Wagner (1863)

Sierra para amputaciones

¡EN LA GUERRA SIRVIERON MÁS DE **3 MILLONES** DE **CABALLOS Y MULAS!**

CIRUGÍA **DE CAMPAÑA**

En la guerra murieron el doble de hombres por heridas y enfermedades que en combate. Las operaciones en campaña solían ser sin anestesia, en medio de la suciedad y con equipo sin esterilizar.

BATALLAS **ESPANTOSAS**

En las batallas más sangrientas se luchaba con artillería, rifles y bayonetas, y las bajas eran numerosas. Hubo unas 50 grandes batallas en la guerra, principalmente en los estados de Virginia y Tennessee, sumadas a miles de escaramuzas menores. Más de 620 000 personas murieron.

El cañón Napoleón de doce libras fue el más empleado en la guerra.

CAMBIO **SOCIAL**

Con la victoria de la Unión se abolió la esclavitud. En 1871 Josiah Walls (arriba) fue uno de los primeros afroestadounidenses elegidos para el Congreso, pero las personas negras aún tuvieron que luchar por los derechos civiles.

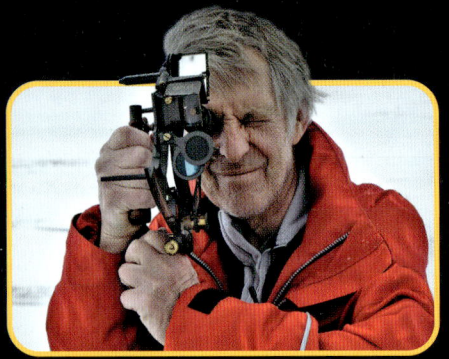

El arqueólogo marino británico Mensun Bound era director de exploración del equipo de la expedición que descubrió el pecio del *Endurance* en 2022.

EL PECIO DEL
ENDURANCE

El explorador británico Ernest Shackleton zarpó hacia la Antártida a bordo del *Endurance* en 1914. Pretendía atravesar la Antártida a pie, hazaña nunca lograda antes, pero el barco quedó atrapado en una banca de hielo, que rompió el casco, y este quedó anegado. La tripulación escapó, pero el *Endurance* fue a parar al fondo. El pecio se conserva en las profundidades del océano Austral.

Pregúntale a un...
ARQUEÓLOGO MARINO

P. ¿Cómo supiste dónde buscar el *Endurance*?
R. Seguimos los registros del capitán, Frank Worsley, quien identificó el área donde creía que se había hundido. Era una buena estimación. Hallamos el pecio a solo cuatro millas náuticas de donde dijo Worsley que estaba.

P. ¿Cómo te sentiste cuando lo viste?
R. Fue el mejor momento de mi vida. Nunca había visto un naufragio tan majestuoso; hasta se podía ver la pintura original. Era como si hubiera estado allí esperando que lo descubrieran.

P. ¿Por qué está tan bien conservado el *Endurance*?
R. Porque la Antártida es demasiado fría para los gusanos de barco. Cuando estos entran en la madera de un barco, son del tamaño de una cabeza de alfiler, pero empiezan a comer y crecer hasta llegar a la longitud de un antebrazo humano y la anchura de un pulgar, y acaban con la madera.

P. ¿Cuáles fueron los mayores desafíos a los que te enfrentaste en la expedición?
R. El hielo. Si un barco queda atrapado, el hielo puede aplastarlo, que es lo que le pasó al *Endurance*. Nosotros también quedamos atrapados en el hielo muchas veces, pero siempre conseguimos escapar.

P. ¿Qué tecnología empleasteis?
R. El equipo que usamos para encontrar el *Endurance* se llama «Sabertooth». Es un robot submarino que puede recorrer el lecho marino automáticamente, pero también se puede manejar por control remoto para decirle adónde ir.

P. ¿Cuál es la parte más difícil de tu trabajo?
R. Me encanta bucear, pero nunca olvido que este es un entorno hostil. A lo largo de los años, a mí, o a quienes trabajan para mí, se nos ha acabado el aire, nos han atacado leones marinos, se nos ha llevado la corriente, hemos quedado atrapados en redes de pesca o nos han picado peces venenosos. Pero si recibes el entrenamiento adecuado y tienes cuidado, puedes explorar un mundo submarino que la mayoría de la gente nunca verá.

Primera
Guerra Mundial

En 1914, en Europa se pasó de las largas tensiones a la guerra. Se extendió rápidamente, con batallas en varios continentes, y fue el conflicto mayor y más mortífero que hubiera visto el mundo.

Campana para advertir de ataques con gas

Alambre de espino

Refugio

Sacos de arena

Repisa de municiones

Escalón de tiro

GUERRA DE TRINCHERAS

Las tropas cavaban largas trincheras para refugiarse de los obuses. Desde ellas lanzaban ataques, pero, además, tenían que vivir, comer y dormir en esas condiciones mugrientas y peligrosas.

FRENTE OCCIDENTAL

Muchas de las batallas más sangrientas y prolongadas tuvieron lugar en el Frente Occidental, en Bélgica y Francia. A finales de 1917, en la tercera batalla de Ypres murieron más de 800 000 hombres, y el paisaje quedó devastado por completo.

¿QUÉ OCURRIÓ?

En julio de 1914, al estallar la guerra, se creía que esta habría terminado llegada la Navidad, pero duró cuatro largos años.

Junio/julio de 1914: estalla la guerra
Tras el asesinato del archiduque Francisco Fernando, Austria-Hungría declara la guerra a Serbia. Rusia apoya a Serbia, y Alemania declara la guerra a Rusia.

Agosto de 1914: primeras batallas
En el este, Alemania logra una victoria devastadora sobre los rusos en la batalla de Tannenberg.

Septiembre de 1914: atrincheramiento
Las tropas aliadas detienen el avance alemán por Europa occidental. Ambos bandos se atrincheran.

1915-1916: batallas en Oriente
Fuerzas aliadas atacan al Imperio otomano en Galípoli para ayudar a Rusia en el Frente Oriental.

Aliados principales

Rusia

Francia

Reino Unido

EE. UU.

ELEGIR **BANDO**

Los Estados contendientes fueron, respectivamente, los Aliados y las Potencias Centrales. Al acabar 1914, la mayor parte de Europa, el Imperio otomano y Japón habían tomado parte en la guerra. En 1915 intervinieron Bulgaria e Italia, y en 1917, EE. UU. y China.

Potencias Centrales principales

Alemania

Austria-Hungría

Imperio otomano

EN LA GUERRA COMBATIERON **65 MILLONES DE SOLDADOS** DE **30 PAÍSES.**

EN LOS **CUATRO AÑOS** DE GUERRA SE ESTIMA QUE **MURIERON 20 MILLONES** DE PERSONAS.

ARMAS **NUEVAS**

Ambos bandos desarrollaron tecnología nueva para superar al enemigo. Los tanques blindados atravesaban las líneas defendidas con alambre de espino y ametralladoras. Tales armas eficientes y mortíferas causaron numerosas bajas en ambos bandos.

Exterior blindado

Tanque Mark IV

Ametralladora Vickers MK I

Alcance de hasta 4,1 km

El trípode aporta estabilidad.

Cañones giratorios montados en ambos lados

Orugas todoterreno

GUERRA EN **EL AIRE**

El aeroplano era un invento nuevo al estallar la guerra, pero ambos bandos desarrollaron rápidamente aparatos más rápidos y ligeros. Los aviones de reconocimiento observaban las trincheras enemigas, pero podían ser atacados y abatidos por cazas.

Caza SE5a de la RAF, con alas gemelas de madera cubierta de tela

Recipiente de metal con el mensaje

PALOMAS **MENSAJERAS**

En la línea del frente, a falta de cables telefónicos, se usaron palomas mensajeras para comunicar información secreta y órdenes. Más de 500 000 transmitieron mensajes importantes al frente y desde el frente durante la guerra.

---

31 de mayo-1 de junio de 1916: batalla de Jutlandia
Fuerzas británicas y alemanas se enfrentan en la única gran batalla naval de la guerra, frente a la costa danesa.

1916: batalla del Somme
Los aliados lanzaron una gran ofensiva en el Frente Occidental. Murieron más de un millón de hombres.

Abril de 1917: EE. UU. entra en la guerra
El hundimiento del barco de pasajeros *Lusitania* por un submarino alemán mueve a EE. UU. a intervenir.

11 de noviembre de 1918: fin de los combates
Tras perder varias batallas, los alemanes acceden a firmar una tregua.

1919: una paz incierta
Alemania firma un tratado de paz con los aliados, y debe aceptar condiciones humillantes.

La Segunda Guerra Mundial enfrentó a los aliados —dirigidos por Reino Unido y, más tarde, por la URSS y EE. UU.— con las potencias del Eje, dirigidas por Alemania, Italia y Japón.

1 de septiembre de 1939: comienza la guerra
Alemania invade Polonia. Reino Unido y Francia declaran la guerra a Alemania dos días después.

Mayo-junio de 1940: cae Francia
El ejército alemán abruma a Francia y ocupa París. Reino Unido apoya a la resistencia.

Agosto-noviembre de 1940: guerra aérea
En la batalla de Inglaterra, los ataques aéreos alemanes no logran derrotar a los pilotos aliados.

22 de junio de 1941: giro al este
Alemania invade la URSS, y casi toma Moscú antes de que las condiciones invernales detengan el avance. Los alemanes acaban viéndose obligados a retroceder, debilitados sin remedio.

Diciembre de 1941: asalto en el Pacífico
Japón ataca las colonias británicas en Asia. Las ciudades de Singapur y Hong Kong se rinden.

Segunda
Guerra Mundial

El mayor conflicto de la historia ha sido la Segunda Guerra Mundial, que costó al menos 55 millones de vidas. En ella tomaron parte más de 80 países en total.

Uno de los dos cañones de 20 mm

Tubos de escape del motor

ASCENSO DEL **NAZISMO**

Después de la Primera Guerra Mundial se instauraron dictaduras en algunos países europeos, como la del Partido Nazi de Adolf Hitler en Alemania. Los nazis querían expandir Alemania conquistando otros territorios; y fue tras su invasión de Polonia cuando Reino Unido y Francia le declararon la guerra. Ya que varios países europeos tenían colonias, muchas otras naciones se vieron arrastradas al conflicto.

El Partido Nazi celebraba mítines propagandísticos masivos.

CIUDADES BOMBARDEADAS

Por primera vez, los civiles más alejados del frente fueron también vulnerables a grandes campañas de bombardeo que devastaron ciudades de ambos bandos. En 1940, el *Blitz* sobre Londres mató a 43 000 civiles; por su lado, en 1943, los bombardeos aliados destruyeron Hamburgo (arriba), matando a 40 000 personas.

COMBATE AÉREO

Cazas como este Spitfire tomaron parte en enfrentamientos aéreos feroces en los que bombarderos atacaban objetivos militares y civiles. Se construyeron más de 800 000 aviones durante la guerra.

Código de escuadrón

LOS **SUBMARINOS ALEMANES**, O *U-BOOTE*, **HUNDIERON** UNOS **3000 BARCOS ALIADOS.**

Los llamados barcos Higgins transportaron a las tropas hasta las playas.

DESEMBARCOS **DEL DÍA D**

La ocupación alemana de Francia duró hasta el 6 de junio de 1944, cuando la mayor invasión anfibia de la historia llevó miles de barcos a las playas francesas y comenzó la liberación.

La máscara estaba hecha de goma para que se ajustara a la cara de los niños.

MÁSCARA **DE GAS**

Los niños británicos de menos de cuatro años recibieron máscaras «Mickey Mouse» de colores para protegerse del gas.

PIES **CONGELADOS**

Las condiciones eran terribles en el Frente Oriental entre Alemania y la URSS. Los alemanes usaron estos toscos pero eficaces protectores de paja sobre el calzado para prevenir la congelación en las guardias.

La paja retiene el calor.

EL **HOLOCAUSTO**

Los nazis persiguieron a los judíos, obligándolos a residir en áreas separadas, o guetos. En 1942 comenzaron a deportarlos y exterminarlos. Al menos seis millones de judíos fueron asesinados en campos de prisioneros, junto con otras minorías.

EL **FIN**

Japón fue el último país en resistir frente a los aliados. El 6 y el 9 de agosto de 1945, dos aviones estadounidenses B-29 lanzaron sendas bombas atómicas sobre Hiroshima y Nagasaki. Ambas ciudades quedaron destruidas, y murieron 200 000 civiles. Japón se rindió poco después.

---

7 de diciembre de 1941: Pearl Harbor
Un ataque por sorpresa a la base naval de Pearl Harbor en Hawái provocó que EE. UU. entrara en la guerra del lado aliado.

Febrero de 1943: Stalingrado
Tras ocho meses de encarnizados combates, el ejército alemán sufre la peor derrota de la guerra en la batalla de Stalingrado, en Rusia.

6 de junio de 1944: el Día D
160 000 soldados aliados desembarcan en Normandía, en la Francia ocupada, y obligan a los alemanes a retirarse.

30 de abril de 1945: derrota alemana
Hitler se suicida. Alemania se rinde una semana después, pero Japón continúa luchando.

2 de septiembre de 1945: fin de la guerra
Japón se rinde tras lanzar EE. UU. bombas atómicas sobre Hiroshima y Nagasaki. La guerra ha terminado.

¿QUÉ **OCURRIÓ?**

Tras abolirse la esclavitud se aprobaron leyes para dar igualdad de derechos a los afroestadounidenses. La violencia racista continuó, sobre todo en el sur, pero el movimiento por los derechos siguió creciendo.

1868
Se aprueba la 14.ª enmienda para dotar de plenos derechos ciudadanos a todos los afroestadounidenses.

Década de 1880 en adelante
Las leyes Jim Crow segregan a los ciudadanos negros de los blancos en los estados del sur; grupos de blancos asesinan a personas negras a las que acusan de no atenerse a las normas.

1955
El brutal asesinato de Emmett Till, de 14 años, acusado de flirtear con una mujer blanca, despierta una ola de activismo.

1960
Estudiantes de Greensboro, en Carolina del Norte, organizan protestas pacíficas contra los comedores segregados.

1963
En mayo marchan adolescentes en Birmingham (Alabama). En septiembre son asesinadas cuatro niñas en un atentado con bomba en la iglesia baptista de la calle 16.

1964
La Ley de derechos civiles prohíbe la discriminación por motivos de raza, origen y género, así como la segregación y las leyes Jim Crow.

1965
Las marchas entre Selma y Montgomery (Alabama) llevaron a aprobar la Ley de derecho al voto, que ilegaliza los obstáculos al voto basados en la raza o etnia.

1968
Martin Luther King es asesinado en Memphis (Tennessee); dicho crimen conmueve al mundo.

Derechos civiles

En las décadas de 1950 y 1960, los afroestadounidenses lograron avances en la larga lucha por la igualdad. Los activistas consiguieron hacer ilegal la segregación, entre otros logros.

Réplica del autobús de Rosa Parks

ACTIVISTA **PIONERA**

La lucha venía ya de largo: ya en la década de 1890, la periodista Ida B. Wells escribió artículos contra la violencia racista e hizo campaña junto con otros activistas pioneros.

LUCHA CONTRA LA **SEGREGACIÓN**

En el sur de EE. UU., los negros no podían ocupar las secciones «blancas» de los autobuses. Rosa Parks desafió la norma, y los «viajeros de la libertad» *(freedom riders)* —negros y blancos que viajaban juntos— continuaron el gesto en autobuses de todos los estados sureños.

Martin Luther King, Jr. encabeza la marcha por el pleno derecho al voto en Selma (Alabama), en 1965.

LA MARCHA SIGUE

Martin Luther King, el líder principal de la protesta pacífica, marchó para atraer atención a la causa. Fueron objeto de ataques frecuentes, pero las protestas continuaron.

¡MARTIN LUTHER KING, JR. FUE DETENIDO POR PROTESTAS PACÍFICAS 29 VECES!

LA **SEGREGACIÓN RACIAL** EN LAS **ESCUELAS** DE EE. UU. NO FUE **ILEGAL** HASTA 1954.

ACTIVISTAS **CLAVE**

Personas de distintas procedencias, profesiones y creencias religiosas participaron en la lucha por los derechos civiles desde la década de 1950. Estos son solo algunos de los más influyentes.

Mamie Till Mobley
La madre del adolescente Emmett Till se pronunció para que su brutal asesinato no fuera ignorado.

Rosa Parks
Su detención tras negarse a ceder el asiento a un blanco llevó al boicot de los autobuses de 1955-1956.

Malcolm X
Ministro musulmán, creía que los negros de EE. UU. debían formar una nación separada.

Muhammad Ali
Boxeador de fama mundial, Ali hizo muchas declaraciones públicas en entrevistas muy difundidas.

Harry Belafonte
Uno de los muchos artistas implicados, este popular cantante difundió la causa en EE. UU. y el extranjero.

Huey Newton
Cofundador del movimiento Black Panther, hizo campaña por la resistencia civil armada.

Angela Davis
Activista política radical y feminista, esta profesora universitaria fue también autora de numerosos libros.

TOMA DE **POSTURA**

En los Juegos Olímpicos de 1968, los medallistas estadounidenses Tommie Smith (oro) y John Carlos (bronce) alzaron el puño como saludo Black Power contra la injusticia racial. El gesto puso fin a su carrera olímpica, así como a la del ganador de la plata australiano Peter Norman, por apoyarlos.

MÁS QUE HACER

La discriminación y el racismo no han terminado, ni en EE. UU. ni en el resto del mundo, y las protestas continúan. Fundado en 2013, el movimiento Black Lives Matter contra la brutalidad policial hacia las personas negras es global desde el asesinato de George Floyd por policías blancos en 2020.

¡«**BLACK IS BEAUTIFUL**» SE CONVIRTIÓ EN **LEMA** EN LA **DÉCADA DE 1960**!

Guerra
Fría

De 1945 a 1991, los EE. UU. capitalistas y la Unión Soviética comunista fueron superpotencias rivales. Este periodo de tensiones se llamó «Guerra Fría» porque, pese a las mutuas amenazas, no hubo choques directos.

EN LA DÉCADA DE 1980, ¡LOS LÍDERES DE **EE. UU.** Y LA **URSS** ACORDARON **DETENER LA GUERRA FRÍA** EN CASO DE **INVASIÓN EXTRATERRESTRE!**

¡LA ATADURA DE LOS **CORDONES DEL CALZADO** DE LOS **AGENTES DE LA CIA** COMUNICABA **MENSAJES SECRETOS!**

«Sígueme»

Cámara colgada al cuello por una cinta

VISTA DE PÁJARO

Uno y otro bando se espiaron. La agencia de espías de EE. UU., la CIA, usó palomas para observar bases en la URSS, y cuervos para colocar dispositivos de escucha en los alféizares de edificios gubernamentales.

AMENAZA **NUCLEAR**

Sumadas, las superpotencias tenían armas nucleares suficientes para destruir la Tierra. Si una hubiera atacado, la otra habría respondido, desencadenándose una guerra nuclear global. El temor resultante evitó que se pasara de la guerra «fría» a la «caliente».

GUERRA DE **VIETNAM**

EE. UU. y la URSS no entraron en guerra directa, pero tomaron parte en conflictos enfrentados. Un ejemplo es la guerra de Vietnam (1955-1975), durante la cual la URSS suministró armas al Vietnam del Norte comunista, mientras que EE. UU. envió 550 000 soldados a Vietnam del Sur.

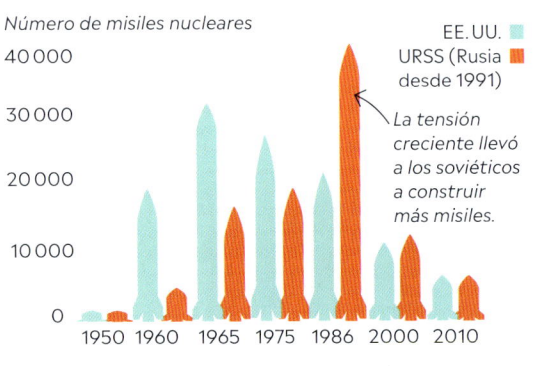

Número de misiles nucleares

EE. UU.
URSS (Rusia desde 1991)

La tensión creciente llevó a los soviéticos a construir más misiles.

40 000
30 000
20 000
10 000
0

1950 1960 1965 1975 1986 2000 2010

CARRERA DE **ARMAMENTOS**

Al acabar la Segunda Guerra Mundial, EE. UU. era el único país con armas nucleares, pero la URSS probó una bomba nuclear propia ya en 1949. En la carrera de armamentos que siguió, una y otra parte crearon armas mayores y más destructivas. La carrera se ralentizó al fin en el siglo XXI, y desde el fin de la Guerra Fría el número de armas nucleares ha caído drásticamente.

CARRERA **ESPACIAL**

Las superpotencias compitieron incluso en el espacio. Los soviéticos se adelantaron al lanzar el primer satélite del mundo en 1957, y más tarde, el mismo año, enviaron al primer ser vivo al espacio, la perra Laika. EE. UU., sin embargo, fue el primer país en llevar a un hombre a la Luna, en 1969.

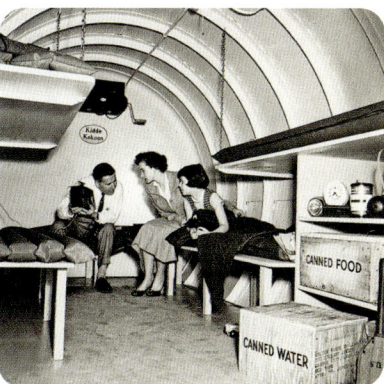

CRISIS **DE LOS MISILES DE CUBA**

Lo más cerca que ha estado el mundo de una guerra nuclear fue en octubre de 1962, al estacionar la URSS misiles nucleares en Cuba, a solo 166 km de la costa de EE. UU. Tras trece días tensos, en los que algunas familias estadounidenses se refugiaron en búnkeres, la URSS dio marcha atrás y retiró los misiles.

MURO **DE BERLÍN**

Al final de la Segunda Guerra Mundial, Alemania se dividió entre la RDA comunista, en el este, y la RFA democrática, en el oeste. Berlín estaba en la zona oriental, y también dividida en dos. En 1961, la RDA construyó el Muro de Berlín para evitar la marcha de sus ciudadanos al oeste.

DURANTE AÑOS, ¡EL CÓDIGO DE ALTO SECRETO PARA LANZAR LAS ARMAS NUCLEARES DE EE. UU. FUE 00000000!

CAE **EL MURO**

En la década de 1980, una ola de agitación barrió a los países aliados de la URSS en Europa del Este, y hubo manifestaciones multitudinarias exigiendo libertades democráticas. Los manifestantes derribaron el Muro de Berlín el 9 de noviembre de 1989, y Alemania se reunificó. Dos años después, la propia URSS se desintegró en repúblicas independientes.

¡EL MONUMENTO DE LOS MÁRTIRES DE ARGELIA MIDE 92 M DE ALTO!

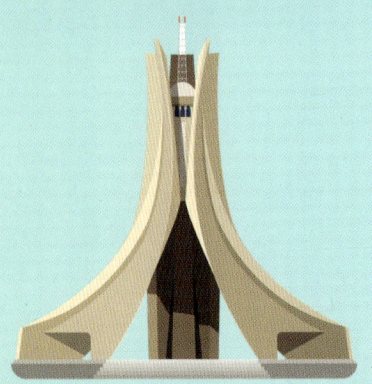

Reclamaciones de **independencia**

Los movimientos independentistas ganaron terreno tras la Segunda Guerra Mundial, y las potencias coloniales tuvieron que aceptar que el mundo estaba cambiando. Hubo lucha violenta, y también negociaciones. Cuando acabó el siglo XX, la mayoría de las colonias se habían independizado, pero no todas.

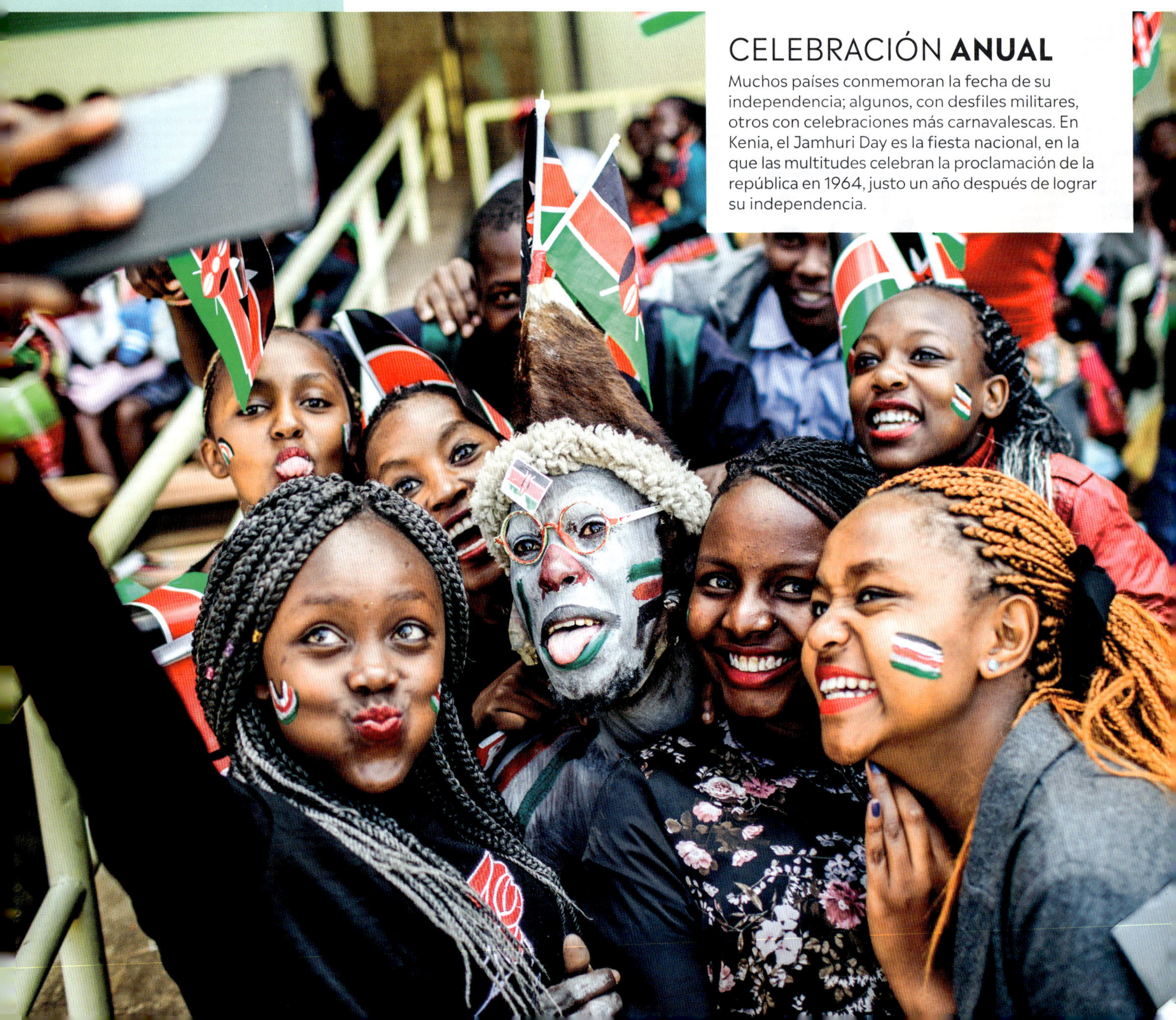

CELEBRACIÓN **ANUAL**

Muchos países conmemoran la fecha de su independencia; algunos, con desfiles militares, otros con celebraciones más carnavalescas. En Kenia, el Jamhuri Day es la fiesta nacional, en la que las multitudes celebran la proclamación de la república en 1964, justo un año después de lograr su independencia.

Kwame Nkrumah, primer presidente de Ghana

DÍA **DE GHANA**

En Ghana, uno de los primeros países de África en independizarse, el líder del movimiento de liberación fue Kwame Nkrumah, quien apoyó en 1948 a los veteranos injustamente tratados que habían combatido por Gran Bretaña en la Segunda Guerra Mundial. De sus protestas surgió una campaña por la independencia, y en 1957 Nkrumah presidió la Ghana libre.

LIBERTAD **PARTIDA**

Después de muchas décadas de activismo de figuras como Mahatma Gandhi, Sarojini Naidu y Muhammad Ali Jinnah, los británicos se marcharon de India en 1947. La independencia vino acompañada de la división de India, con la creación de un país nuevo, Pakistán, en la llamada Partición, ensombrecida por la violencia. Hoy día, los dos países realizan una ceremonia militar diaria en la frontera.

MOVIMIENTO **PANAFRICANO**

El panafricanismo, nacido en el siglo XIX, tuvo como objetivo unir a los pueblos negros en la lucha contra la esclavitud y el racismo, así como celebrar sus raíces africanas. Más tarde tuvo un papel en la lucha por la independencia, y llamó a la unidad entre las naciones de África.

¡HOY EXISTEN 195 PAÍSES INDEPENDIENTES EN EL MUNDO!

Bandera con los colores del movimiento panafricano

Sandra Mason, acompañada por la primera ministra Mia Mottley y la cantante Rihanna, jura el cargo de presidenta de Barbados en 2021.

INDEPENDENCIA ISLEÑA

La isla caribeña de Barbados, colonia británica desde 1627, se independizó de Reino Unido en 1966. Como miembro de la Mancomunidad de Naciones, tuvo por jefa de Estado a Isabel II, pero en 2021 se constituyó como república.

NACIONES **AFRICANAS**

Esta cronología muestra los años en que los países de África se liberaron de sus metrópolis (entre paréntesis), desde la década de 1950.

1956
Túnez, Marruecos (Francia); Sudán (Reino Unido/Egipto)

1957
Ghana (Reino Unido)

1958
Guinea (Francia)

1960
Camerún, Togo, Benín, Madagascar, Níger, Burkina Faso, Costa de Marfil, Chad, República Centroafricana, Congo-Brazzaville, Gabón, Senegal, Malí, Mauritania (Francia); Nigeria (Reino Unido); Somalia (Reino Unido/Italia); República Democrática del Congo (Bélgica)

1961 Sierra Leona, Tanzania (Reino Unido)

1962
Argelia (Francia); Uganda (Reino Unido); Ruanda, Burundi (Bélgica)

1963
Kenia (Reino Unido)

1964
Malawi, Zambia (Reino Unido)

1965
Rodesia (Zimbabue desde 1980), Gambia (Reino Unido)

1966
Botsuana, Lesoto (Reino Unido)

1968
Esuatini/Suazilandia (Reino Unido); Guinea Ecuatorial (España)

1973/1974
Guinea-Bisáu (Portugal)

1975
Mozambique, Cabo Verde, Comoras, Santo Tomé y Príncipe, Angola (Portugal)

1976
Seychelles (Reino Unido)

1977
Yibuti (Francia)

¡LA CAPACIDAD DE LOS **DISQUETES**, INVENTADOS EN LA DÉCADA DE 1970, ERA DE SOLO **1 MB**!

Era
digital

A principios del siglo xx se desarrollaron los primeros ordenadores para realizar cálculos. Mientras crecía su rendimiento, el tamaño de las máquinas se iba reduciendo y crecía su disponibilidad para un número mayor de usuarios.

PRIMEROS **ORDENADORES**

Los primeros ordenadores digitales electrónicos fueron desarrollados en Reino Unido y EE. UU. para descifrar códigos alemanes en la Segunda Guerra Mundial, y ocupaban habitaciones enteras.

INICIOS DE **INTERNET**

El predecesor de internet fue la red ARPANET, que en 1969 conectaba ordenadores de cuatro universidades de EE. UU. por línea telefónica. En la década de 1970 se extendió por todo el país, y en la de 1980 se unió a otras redes similares por todo el mundo, naciendo así internet tal como se conoce actualmente.

EE. UU.

Cada punto representa una conexión separada.

ORDENADORES **PERSONALES**

En la década de 1970, en las empresas se usaban ordenadores, pero no en los hogares. Esto cambió a principios de la siguiente década al producirse los primeros ordenadores personales.

Al no tener carcasa los ordenadores, ¡había quien se fabricaba la propia!

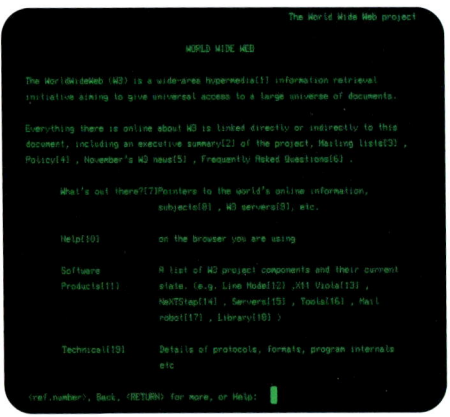

PRIMERA **PÁGINA WEB**

La invención de la World Wide Web volvió accesible la información de internet al enlazar documentos. La primera página web (arriba), disponible en 1991, ¡era una lista de instrucciones para cómo emplearla!

TELÉFONOS **MÓVILES**

El primer teléfono móvil, el DynaTac 8000X, salió a la venta en 1983 por 3995 dólares (más de 10 000 euros actuales). Solo servía para llamar por teléfono, sin ninguna de las prestaciones de los teléfonos inteligentes modernos. Hoy, 6000 millones de personas usan móvil en el mundo.

El DynaTac 8000X era del tamaño de un ladrillo.

Las imágenes de juegos como Space Invaders eran llamativas, pero muy elementales.

La pantalla del juego se encuentra tras otra de vidrio decorada con imágenes chillonas.

Los primeros juegos se controlaban con botones, no con joysticks.

Ranura para introducir las monedas

PRIMEROS VIDEOJUEGOS

En la década de 1970, los videojuegos estaban disponibles en máquinas grandes en salas especializadas. En *Space Invaders*, de 1978, el jugador se enfrentaba a hordas extraterrestres. La Atari 2600, de 1977, fue la primera videoconsola doméstica disponible. Actualmente hay disponibles unos 5 millones de juegos diferentes.

CULTURA

¿Qué es la **cultura**?

Nuestra cultura es la manera en que vivimos, como individuos y sociedad. La expresamos en el arte, la literatura, la música..., pero también en la vida cotidiana. Cómo vestimos y hablamos, las creencias, las costumbres y hasta los edificios donde vivimos y trabajamos revelan algo de nuestra cultura.

ALDEA GLOBAL

Durante siglos, la mayoría de la gente tuvo poco acceso a personas o lugares fuera de su propia cultura. Hoy, la tecnología ha facilitado mucho descubrir cómo viven otras personas de cualquier parte del globo.

Transporte
El transporte, sobre todo aéreo, es más rápido que nunca, y así personas, bienes e incluso ideas viajan con mucha mayor facilidad que en el pasado.

Comunicación
Las nuevas tecnologías permiten comunicarse e intercambiar ideas con amigos, familiares y colegas, estén donde estén.

Medios de prensa
Podemos seguir los acontecimientos del mundo mientras ocurren, al difundirse por las redes sociales y verse al instante.

NUESTRO MUNDO

Por todo el globo hay una variedad asombrosa de culturas, de comunidades tradicionales cuyo modo de vida no ha cambiado en miles de años a vastas megaciudades de vida ajetreada. Estos son algunos de los modos en que una humanidad inventiva y creativa contribuye a las culturas en las que vivimos.

ARTES VISUALES
Dibujo, pintura, escultura, fotografía y grafiti son algunos de los modos visuales en que las personas expresan sus ideas y creencias.

ENTRETENIMIENTO
Desde el ballet clásico hasta los festivales de rock, y del circo a los deportes, ¡a las personas les encanta ofrecer espectáculos... ¡y ver los que ofrecen otros!

CULTURA **EN COMÚN**
Sídney (Australia) es una ciudad con una población numerosa y diversa compuesta por personas de muchas culturas diferentes; sin embargo, hay acontecimientos que reúnen a todos para celebrar juntos. En la imagen, la multitud celebra el Año Nuevo junto al puente de la Bahía de Sídney.

¡EL **59 %** DE LOS **8000 MILLONES DE PERSONAS** DEL MUNDO VIVEN EN **ASIA**!

¡EL **MONUMENTO MÁS VISITADO** DEL MUNDO ES LA **CIUDAD PROHIBIDA** DE PEKÍN, EN **CHINA!**

La influencia del punk en la moda fue más duradera que en la música, ¡y su estética tiene aún partidarios!

MODAS EFÍMERAS

Las culturas pueden consistir en tradiciones, pero algunas, sobre todo entre los jóvenes, duran poco. La música punk tuvo un fuerte impacto en la década de 1970, pero fue una moda que duró pocos años.

ESTILO DE VIDA

A menudo, sin darnos cuenta, nuestra vestimenta y nuestro peinado, lo que comemos o los productos que compramos reflejan nuestra cultura.

HABLA Y ESCRITURA

Cómo usamos las palabras expresa nuestra cultura, tanto la literatura que leemos y escribimos como nuestro idioma, dialecto o acento.

ACTIVIDADES

Nuestros deportes, aficiones y grupos favoritos, y también las manualidades tradicionales, son un reflejo de nuestra cultura.

ARQUITECTURA

El diseño de las ciudades y los edificios, como viviendas, escuelas y hospitales, puede expresar públicamente los valores y la identidad de un grupo.

Idiomas vivos

Utilizamos el idioma para comunicar ideas, sentimientos o conocimientos propios. A medida que el mundo está más interconectado, el uso de algunos idiomas o lenguas se ha extendido, mientras que otros declinan o incluso se extinguen.

¿HABLAS **KLINGON?**

Inventada para la serie de televisión de ciencia ficción *Star Trek*, ¡la lengua klingon tiene hasta diccionario! Otros idiomas ficticios son el na'vi, de la película *Avatar*, y el lapino, hablado por los conejos en la novela *La colina de Watership*, de Richard Adams.

Fanes disfrazados de klingons en una convención en EE. UU.

MÁS **HABLADOS**

Algunos idiomas se difundieron desde su lugar de origen y son la lengua principal en otros países, o bien una segunda lengua en áreas con muchos idiomas distintos. Estos son los idiomas con mayor número de hablantes en el mundo.

1	Inglés	1500 millones
2	Mandarín	1100 millones
3	Hindi	602,2 millones
4	Español	548,3 millones
5	Francés	274,1 millones

Este cruce ferroviario en Israel tiene advertencias en hebreo, árabe e inglés.

MÚLTIPLES **LENGUAS**

Muchos países tienen más de un idioma oficial. Los tres que más tienen son Zimbabue, con 16, India, con 23, y Bolivia, ¡donde se hablan 37!

DE MEDIA, ¡CADA MES SE **EXTINGUEN** DOS IDIOMAS!

DECIR ¡HOLA!

Todos los idiomas del mundo tienen una palabra o frase que usan para saludarse. He aquí cómo se dice «hola» en algunos de los idiomas más hablados del mundo. Los distintos idiomas emplean alfabetos y escritura diversos, que son conjuntos de símbolos o caracteres.

xin chào
[sin-chow], VIETNAMITA

Sampurasun
[sampurasun], SONDANÉS

Pronuncia la palabra así

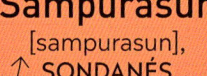
[namasté], HINDI

مرحبا
[márjaban], ÁRABE

ciao
[chao], ITALIANO

السلام عليكم
[as-salam-alecum], URDU

helo
[jalo], MALAYO

سلام
[salaam], PERSA

hola
[ola], ESPAÑOL

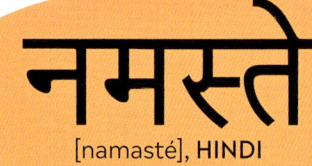
[sauasdi], TAILANDÉS

¡EN LA ACTUALIDAD **SE HABLAN** UNAS **7100 LENGUAS** EN EL **MUNDO!**

Además del lenguaje corporal y de la expresión facial, los gestos de la mano representan letras, palabras o frases.

SÍMBOLOS Y **SIGNOS**

No todos los idiomas son hablados o escritos. Muchas personas sordas o con audición reducida utilizan lenguaje de signos, con unas 300 variantes que emplean hasta 70 millones de personas en la actualidad.

MANTENER VIVAS **LAS LENGUAS**

Un idioma se puede perder si no lo emplean las personas suficientes. Cuando el galés estaba en peligro de desaparecer, se hicieron esfuerzos por conservarlo. Los niños aprenden galés en la escuela, hay canales de televisión en galés, y el festival anual del Eisteddfod celebra la lengua y cultura galesas.

El poeta ganador del Eisteddfod se sienta en un trono para la ocasión.

HAY MÁS DE **600 000 PALABRAS** EN **INGLÉS:** ¡MÁS QUE EN NINGÚN **OTRO IDIOMA!**

salam əleyküm
[salam-alecum], AZERBAIYANO

bawo ni
[bauoni], YORUBA

hallo
[jalo], ALEMÁN

నమస్కారం
[namaskaram], TÉLUGU

bonjour
[bonyur], FRANCÉS

您好
[ni jao], MANDARÍN

cześć!
[chesht], POLACO

jambo
[iambo], SUAJILI

Привіт
[preivit], UCRANIANO

hello
[jelou], INGLÉS

kumusta
[camustá], TAGALO

Religión y creencias

¿Cómo vinimos a este mundo?
¿Cuál es el significado de nuestra vida?
¿Qué nos pasa al morir? Las religiones
y los sistemas de creencias son modos
de responder a las grandes
preguntas que preocuparon
siempre a la humanidad.

 CRISTIANISMO
2400 millones
Basado en la vida
y enseñanzas de
Jesucristo, nacido
hacia el año 4 a. C.

 ISLAM
1900 millones
Fundado por el
profeta Mahoma
alrededor del año 610.

 HINDUISMO
1100 millones
Originado en India
hace 4000 años.

 BUDISMO
506 millones
Fundado en India
por el Buda en el
siglo v a. C.

 SIJISMO
25 millones
Fundado por
el Gurú Nanak en
India en el siglo xvi.

 JUDAÍSMO
14,6 millones
Originado en
Oriente Próximo
hacia el siglo viii a. C.

Este tótem fue tallado por un artista del pueblo kwakiutl de Canadá.

NATURALEZA SAGRADA

Algunas culturas de las llamadas naciones originarias tienen por sagradas la tierra, los animales y los antepasados. En la región Noroeste del Pacífico de América del Norte, las tallas de madera llamadas tótems simbolizan las creencias, la cultura o la historia familiar de naciones o individuos.

¡LA ESTATUA DE
CRISTO REDENTOR
EN BRASIL MIDE
30 M DE ALTURA!

UN MUNDO DE **CREENCIAS**

Esta lista muestra algunas de las principales religiones del mundo y su número estimado de adeptos. Más de mil millones de personas dicen no profesar religión alguna, y se consideran humanistas, agnósticos o ateos.

VIAJES **SAGRADOS**

Un peregrinaje es el viaje, en muchos casos largo y difícil, de los creyentes a un lugar sagrado. Al realizarlo refuerzan su fe, agradecen plegarias atendidas o piden perdón o la curación de una enfermedad.

La Kaaba es el centro del peregrinaje y el santuario más sagrado del islam.

LUGARES ESPIRITUALES

La mayoría de las religiones tienen templos donde se reúnen los fieles para sus rezos y ceremonias, como las iglesias cristianas, las mezquitas islámicas y las sinagogas judías. Los templos hindúes, como este en Sri Lanka, suelen ser grandes y muy decorados con tallas multicolores de sus dioses.

Cada año, miles de musulmanes emprenden el hach, peregrinaje a la ciudad santa de La Meca, en Arabia Saudí.

¿QUÉ ES LA **RELIGIÓN**?

Religiones hay muchas, pero ciertos rasgos o dimensiones son comunes a todas. Cuatro de estas dimensiones esenciales se detallan abajo.

Ritual y práctica
Los actos de los creyentes pueden incluir la oración, el bautismo o el ayuno prescritos.

Leyes y enseñanzas
Reglas y orientaciones, escritas o transmitidas oralmente, sobre cómo deben vivir los fieles.

Historias y mitos
Relatos que ofrecen ejemplos de vida recta o tratan de describir acontecimientos como la creación.

Aspectos materiales
Objetos vinculados a la religión como iconos o arte, o lugares sagrados como templos o santuarios.

¡EL PRÍNCIPE INDIO **SIDDHARTHA GAUTAMA** FUNDÓ EL **BUDISMO** TRAS **MEDITAR BAJO UN ÁRBOL** DURANTE 49 DÍAS!

Desde los siete años, los chicos pueden formarse como monjes como parte de la educación budista.

En los templos, los monjes van descalzos.

Las velas simbolizan la iluminación (sabiduría) del Buda.

VIDA MONÁSTICA

Algunas personas se dedican a tiempo completo a estudiar las enseñanzas de su fe y a vivir sus valores. Los monjes y monjas budistas, por ejemplo, llevan una vida sencilla, como su atuendo, se afeitan la cabeza y pasan gran parte de su tiempo meditando y orando.

Fiestas y festivales

En todas las comunidades hay días especiales en los que la gente se reúne para conmemorar acontecimientos o celebrar tradiciones. Tanto si involucran ciertos alimentos como desfiles o regalos, suelen ser una ocasión para el encuentro y la diversión.

El «Hombre Verde» encabeza el wassail.

WASSAILS INVERNALES

El *wassailing* es la antigua costumbre británica de visitar los huertos de manzanos para cantarles con el fin de que den una buena cosecha en la temporada próxima. Durante el desfile, los participantes se pasan un cuenco con sidra caliente y especiada.

FESTIVAL MUSICAL MASIVO

La música anima siempre a la gente a reunirse. El Donauinselfest celebra la música y a los artistas austriacos, y atrae a tres millones de aficionados cada año. El festival es gratuito y se celebra en una isla del Danubio en Viena, la capital de Austria.

TIPOS DE **FIESTAS**

Hay muchos motivos que pueden reunir a la gente para hacer celebraciones; he aquí algunos de los principales.

Fechas sagradas
Las fechas señaladas del calendario religioso son parte clave de muchas creencias.

Alimentos y bebidas
En las comunidades agrícolas, ¡la cosecha se suele celebrar con una gran fiesta!

Año nuevo
Muchas culturas celebran la ocasión de un nuevo comienzo al acabar el año.

Cambio de estaciones
Cada estación tiene un festival; en primavera se celebra el renacer de la naturaleza.

Días nacionales
Estos pueden referirse a la fundación de un país o celebrar a un héroe nacional.

Las linternas voladoras son de papel, con una vela.

Los turistas y la población local toman parte en la ceremonia.

Disfraces de esqueleto y máscaras de calavera son habituales en los desfiles.

MUERTOS **VIVOS**

En el Día de Muertos, en México, la gente celebra a los parientes y amigos fallecidos. Además de desfiles vistosos, las familias comen junto a las tumbas de sus seres queridos, y adornan los cementerios con velas, flores y regalos.

¡EN EL FESTIVAL **UP HELLY AA**, EN SHETLAND (REINO UNIDO), **SE QUEMA UN DRAKKAR VIKINGO!**

El maquillaje destaca los ojos y dientes.

REUNIÓN **SOCIAL**

Para la gente de lugares remotos, las fiestas son una ocasión para reunirse con viejos amigos o para el romance. En el *guérewol* del Chad, los hombres jóvenes se atavían y bailan para impresionar a parejas potenciales.

FIESTAS FOGOSAS

El fuego es un rasgo de muchos festivales por todo el mundo. En partes de India, el *Lohri* celebra el fin del invierno. La gente canta y baila en torno a hogueras, y arroja alimentos a las llamas para simbolizar el fin del año y un nuevo comienzo.

Estudiantes de Amritsar interpretan el baile folclórico giddha.

EN LA **TOMATINA** DE BUÑOL, EN ESPAÑA, ¡LOS PARTICIPANTES SE TIRAN UNOS A OTROS **150 000 KG** DE **TOMATES!**

LUCES **FLOTANTES**

En Chiang Mai (Tailandia), durante el festival de Yi Peng, el cielo se ilumina con miles de linternas que encienden los celebrantes a modo de ofrenda o buena acción destinada a lograr una vida mejor en el futuro.

Templo iluminado por velas y linternas colgantes

Comida
magnífica

Los alimentos son mucho más que combustible necesario para sobrevivir. Lo que comemos, y con quién, es parte de quiénes somos, y también una marca de pertenencia a un grupo o cultura determinada.

FRUTA **FLOTANTE**

Desde la antigüedad, los mercados permiten comprar alimentos frescos a diario. Lugares como este mercado flotante en Banjarmasin (Indonesia) son aún populares. Las vendedoras, tocadas con sombreros redondos *(tanggui)* acuden al mercado en embarcaciones tradicionales *(jukung)*, desde las que venden directamente fruta y verdura.

Hombre rallando queso duro

¡QUESO **ANTIGUO!**

El queso, uno de los alimentos elaborados más antiguos, convierte la leche en un sólido que dura años. Se han encontrado trazas de queso en vasijas de hace hasta 7500 años. Los antiguos griegos eran aficionados al queso, como muestra esta figurilla del siglo vi a. C.

La sémola de maíz se prepara como las gachas.

Sur de EE. UU.: costillas a la barbacoa

El wat es un estofado de carne.

Suecia: albóndigas y puré

Mermelada de arándano rojo

Marruecos: tayín con cuscús

Etiopia: wat

India: thali

El tayín es un estofado de carne y fruta.

Platillos de curry de verduras y pan

COCINAS **DEL MUNDO**

La comida tradicional típica de un país o grupo de personas es su cocina. En la cocina influyen muchos factores, entre ellos los ingredientes disponibles, el clima y las distintas normas religiosas o creencias, así como de cuánto tiempo dispone la gente para cocinar.

¡IMPRIME TU CENA!

La tecnología digital 3D puede servir para diseñar y crear obras de arte comestibles. Alimentos como el azúcar o el chocolate se depositan capa por capa. Estas formas de azúcar se han impreso en 3D para servir de adorno en pasteles y postres.

¡UN TERCIO DE TODOS LOS ALIMENTOS PRODUCIDOS VAN A PARAR A LA BASURA!

POR QUÉ COMEMOS

Tendemos a suponer que nuestros hábitos alimenticios son pura cuestión de gusto personal, pero intervienen muchos otros aspectos.

Lazos culturales o nacionales
Algunos alimentos están muy vinculados a una región, país o cultura. Se tiende a asociar la *pizza*, por ejemplo, con Italia.

Salud y estar en forma
Los atletas comen para mejorar su rendimiento. Los corredores de maratón, por ejemplo, obtienen energía de alimentos ricos en carbohidratos antes de competir.

Religión o creencias
Ciertos alimentos se toman o evitan por motivos religiosos, o bien por nuestras creencias acerca de cuestiones tales como el bienestar animal.

Ocasiones sociales
Comer juntos como familia o grupo refuerza la noción de pertenencia a la comunidad.

Celebraciones
Reunirse para compartir determinados alimentos, como un pastel de cumpleaños, sirve para marcar ocasiones importantes.

¡EL **HÁKARL** ISLANDÉS CONSISTE EN **TIBURÓN PODRIDO** DURANTE HASTA **SEIS SEMANAS!**

ATRACTIVO GLOBAL

En los últimos 50 años, la comida rápida se ha difundido por todo el globo. Es barata y fácil de consumir y manipular, pero puede contener más sal, azúcar o grasas procesadas de lo que es saludable. Las empresas alimentarias globales modifican y adaptan sus menús a la cultura local.

En algunos países árabes, McDonald's sustituye los bollos de hamburguesa por pan plano.

Los saltamontes fritos son una comida callejera popular tailandesa.

PROTEÍNA DE INSECTOS

La proteína es esencial para que nuestro cuerpo crezca y se restaure. Los insectos son una de las fuentes más ricas de proteína. Unos 2000 millones de personas los consumen regularmente, y algunos expertos creen que alimentarán a un número mayor de personas en el futuro.

FORMAS DE **GANAR**

En toda competición física tiene que haber un modo acordado de determinar quién es el ganador. Estos son los cuatro tipos de acontecimiento deportivo según dicho criterio.

Pruebas cronometradas
El competidor que acaba en el menor tiempo es el ganador.

Pruebas de distancia
Se deciden en función de la mayor distancia recorrida.

Pruebas de goles o puntos
El número de goles, tantos o puntos marcados decide el ganador.

Pruebas con jurado
Un grupo de jueces estima y puntúa a los competidores.

Deportes
espectaculares

Hay cientos de deportes distintos, cada uno relacionado con una o más habilidades físicas específicas y con un conjunto de normas. Tanto sin son individuales como de equipo, los deportes son generalmente competitivos, pero para muchos lo divertido es participar, más que el resultado.

GLORIA OLÍMPICA

Cada cuatro años, los mejores atletas del mundo compiten por su país en los Juegos Olímpicos de Verano, Invierno y Paralímpicos. En la mayoría de ediciones se incluyen deportes nuevos: en 2020 debutaron el surf (izda.), el kárate y la escalada deportiva.

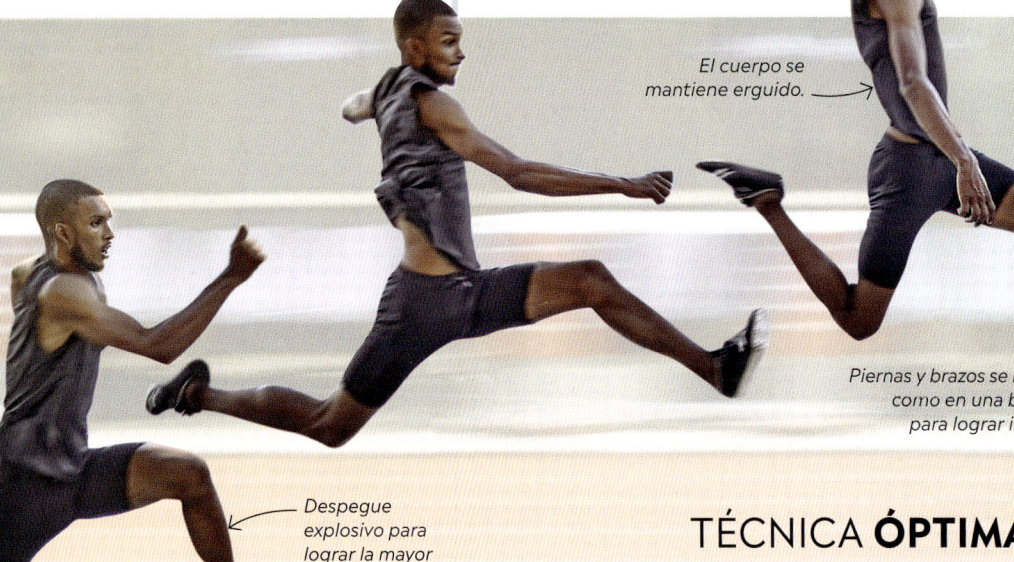

El cuerpo se mantiene erguido.

Piernas y brazos se mueven como en una bicicleta para lograr impulso.

Despegue explosivo para lograr la mayor elevación posible

TÉCNICA **ÓPTIMA**

En muchos deportes, la técnica resulta clave para lograr el mejor resultado y la victoria. En pruebas como el salto de longitud, el atleta y su entrenador analizan en vídeo todos los aspectos del salto y buscan modos de aumentar la distancia.

LA **NADADORA** ESTADOUNIDENSE TRISCHA ZORN ES LA **PARALÍMPICA** DE **MAYOR ÉXITO** DE LA HISTORIA, ¡CON **41 MEDALLAS DE ORO**!

DEPORTE EXTREMO

Algunas pruebas son tan largas, exigentes o arriesgadas que solo las realizan atletas de élite adultos. El Marathon des Sables es una carrera durísima de 250 km a lo largo de seis días en el desierto del Sáhara en Marruecos.

Los corredores cubren la distancia de seis maratones con temperaturas de hasta 50 °C.

Pruebas del decatlón

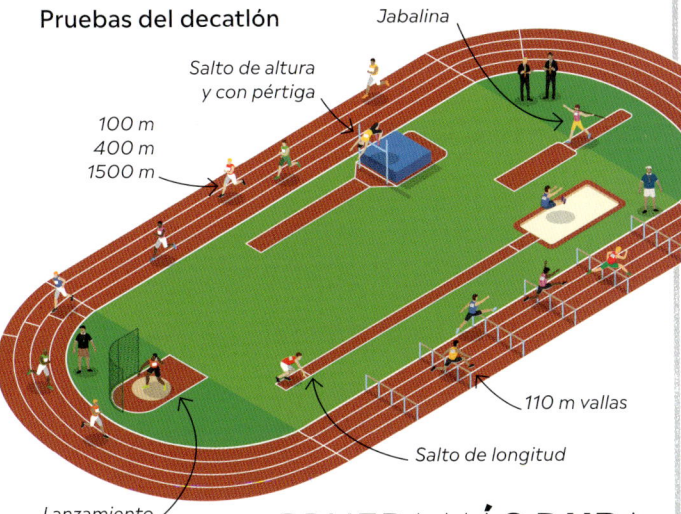

Jabalina
Salto de altura y con pértiga
100 m, 400 m, 1500 m
110 m vallas
Salto de longitud
Lanzamiento de peso y disco

PRUEBA **MÁS DURA**

El atletismo incluye pruebas de lanzamiento, salto y carrera. El decatlón masculino reúne todas estas habilidades en diez pruebas. Un campeón olímpico de decatlón puede considerarse el mejor atleta del mundo en conjunto. El heptatlón, con siete pruebas, es el equivalente femenino.

FÚTBOL PARA TODOS

El fútbol es el deporte favorito del mundo, con 3500 millones de aficionados. Más de 265 millones de personas lo juegan regularmente, incluidas 29 millones de mujeres y niñas: es uno de los deportes femeninos que más rápido crecen.

En 2019, 1000 niñas y mujeres participaron en un festival para promocionar el fútbol en Londres.

El torso y los brazos inclinados hacia delante mantienen la inercia.

EL **RÉCORD DE SALTO DE LONGITUD** MASCULINO, DEL ESTADOUNIDENSE **MIKE POWELL**, ¡ESTÁ **VIGENTE DESDE 1991**!

8,95 m

El saltador cae sobre los pies y lanza el cuerpo hacia delante.

Contar **historias**

La literatura es escritura valiosa para un pueblo y sus comunidades. Cuenta historias e informa del mundo y de otras personas. La literatura perdura más allá de la vida de sus autores, en muchos casos porque continuamos identificándonos en sus temas.

TESORO IMPRESO

En muchos países se valoran las bibliotecas como lugar para descubrir la literatura, ¡por lo general gratis! En la imagen, la Stadsbiblioteket (biblioteca pública) de Estocolmo (Suecia) contiene unos 4,4 millones de artículos, libros, CD y audiolibros.

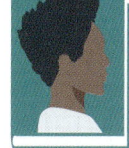

Biografía
Es la historia de la vida de una persona. Si la misma es el autor, se llama autobiografía.

Narrativa
Son novelas o relatos breves sobre acontecimientos o personas imaginarios.

Drama
Son historias escritas para ser interpretadas por actores en el teatro, la radio, la televisión o el cine.

Mitos y leyendas
Son relatos antiguos sobre figuras heroicas, gestas o magia.

Poesía
Los poemas emplean un lenguaje vívido para transmitir emociones, y recurren a menudo a la métrica y la rima.

TIPOS DE LITERATURA

Los distintos tipos de literatura se llaman géneros. Cada género tiene características y un estilo propios, y la mayoría de las obras pertenece a una de cinco categorías.

PRIMER AUTOR

Las enseñanzas de Ptahotep, publicado hace 4700 años, es el libro más antiguo del que hay noticia. Su autor, Ptahhotep, fue funcionario en la corte del faraón Dyedkara Isesi. Sin embargo, ¡no se conserva ninguna copia de su obra maestra!

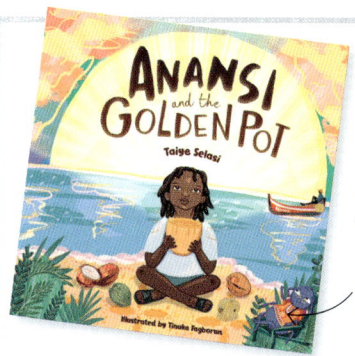

FÁBULAS FOLCLÓRICAS

La mayoría de las culturas tiene relatos folclóricos o fantásticos, historias entretenidas y emocionantes que ofrecen lecciones de vida importantes, tradicionalmente transmitidas oralmente de generación en generación.

En el folclore africano occidental, Anansi es una araña astuta y creativa que cuenta historias.

¡LA **NOVELA MÁS VENDIDA** DE TODOS LOS TIEMPOS ES *DON QUIJOTE*, DE CERVANTES, CON **500 MILLONES DE COPIAS!**

PALABRAS E IMÁGENES

Los cómics y las novelas gráficas combinan ilustraciones, texto y bocadillos para contar una historia. Los cómics pueden publicarse por entregas, a menudo semanales, y las novelas gráficas se ofrecen completas, en forma de libro.

Las imágenes cuentan la historia, con un mínimo de texto.

Los textos de efectos sonoros añaden dramatismo.

La «cabaña» (hut) era un espacio oculto para efectos como voces fantasmales.

Los actores entraban por puertas en la pared trasera.

Para ver las obras de pie se pagaba un penique.

PUESTA EN ESCENA

Desde la antigüedad, una de las formas más populares de literatura fue el teatro. En el Londres del siglo XVI, en el teatro The Globe (izda.) se interpretaron las obras de William Shakespeare, aún hoy consideradas entre las más grandes obras dramáticas.

¡LAS **MUJERES** TENÍAN **PROHIBIDO** SER **ACTRICES** EN **ÉPOCA DE SHAKESPEARE!**

Arte **asombroso**

Casi en cuanto hubo humanos, hubo arte visual. Desde usar las manos como plantilla en las paredes de las cuevas hasta crear dibujos animados en una tableta, los artistas han buscado siempre formas nuevas y creativas de expresarse.

Cuerpo hecho de resina de poliéster

Formas abstractas y rasgos reconocibles de ave componen una criatura imaginaria.

¡LA **MONA LISA**, EN EL MUSEO DEL LOUVRE, EN PARÍS, RECIBE **DIEZ MILLONES DE VISITANTES** AL **AÑO!**

Varillas metálicas unidas al cuerpo del ave se enrollan en una base estable.

Gran pájaro (1982), de Niki de Saint-Phalle

MODOS DE **CREAR**

Los artistas usan técnicas, medios y materiales muy diversos. Algunos trabajan de modos tradicionales, y otros buscan métodos y herramientas distintos o inusuales. El arte visual puede hacerse en 2D, como el dibujo, en 3D, como la escultura, y en formato digital, como el cine o la animación.

Pintura y dibujo

Estampación

Escultura

Textiles

Animación digital

Fotografía

TOMAR PARTE EN EL ARTE

El arte puede unir a las personas: en los proyectos artísticos comunitarios colaboran profesionales con residentes locales para alegrar espacios y ayudarles a expresar su propia creatividad.

Proyecto de arte mural en Ciudad del Cabo (Sudáfrica)

¡EL RETRATO DE **JACOB DE GHEYN**, OBRA DE REMBRANDT, HA SIDO **ROBADO** Y **RECUPERADO** EN CUATRO OCASIONES!

Plumas de colores recreadas con pintura acrílica

¿QUÉ ES EL **ARTE**?

¡Esta cuestión lleva debatiéndose miles de años! Según una de las definiciones, el arte es la expresión de una idea o sentimiento a través de un medio visual. En esta escultura, la artista Niki de Saint-Phalle combinó color, forma, textura y diseño para transmitir una imagen lúdica de un ave.

Figurativo
También llamado representativo, este arte toma modelos del mundo real (personas, lugares o cosas) para plasmarlos de forma reconocible.

Sarumaru Dayu (1839), de Katsushika Hokusai

Abstracto
Este arte no busca el realismo, sino expresar una idea o sentimiento con formas, colores y trazos.

Arquitectura pictórica (1916), de Liubov Serguéievna Popova

Conceptual
Aquí la idea es más importante que los materiales o las técnicas. Algunas obras se diseñan para que participe el público.

The weather project (2003), de Olafur Eliasson

TIPOS DE **ARTE**

El arte se hace mediante todo tipo de técnicas y en muchos estilos, pero los artistas suelen enfocarlo en uno de estos tres modos.

EL ARTE DE LA **ARTESANÍA**

El diseño de objetos cotidianos que los convierte en objetos artísticos se conoce como artes decorativas. Ejemplos de estas son la cerámica, la joyería, la bisutería, el trabajo en vidrio o el bordado. Esta manta es obra de artesanos de las islas flotantes de los Uros, en el lago Titicaca, en Perú.

El diseño representa criaturas míticas.

MUESTRAS **PÚBLICAS**

Hay obras de arte creadas para experimentarse en espacios exteriores, no en galerías o museos. Muchas de estas son de gran escala y están creadas para lugares específicos. Algunos artistas diseñan obras para ser tocadas o interactuar con ellas.

Cazar con halcones era un pasatiempo de la realeza.

En los retratos mogoles, el retratado aparece de perfil como señal de nobleza.

PINTAR **PERSONAS**

Un retrato tiene como tema una persona, y antes de la fotografía era el único modo de registrar el aspecto de alguien. Los famosos o poderosos solían encargar retratos de sí mismos o de sus parientes para afirmar su lugar en la historia o hacer constar su importancia. Este retrato del siglo XVIII es del emperador mogol Muhammad Shah.

Calabaza amarilla (1994), de Yayoi Kusama

Esta escultura vegetal gigante está en un muelle en Naoshima (Japón).

El artista urbano belga Dzia ha pintado murales únicos de animales en ciudades de todo el mundo, entre otros países en China, Noruega, Francia y EE.UU.

Pregúntale a un...
ARTISTA URBANO

P. ¿Cómo te convertiste en artista?
R. Empecé a dibujar y a pintar desde joven. Mi madre y mi padre, ambos muy creativos, me animaron, y eso me motivó aún más. ¡Así que nací ya en medio de la creatividad, y a partir de ahí seguí!

P. ¿Por qué elegiste pintar muros?
R. Me encantaba el grafiti desde adolescente, así que, después de estudiar Bellas Artes en la Real Academia de Amberes, decidí que quería crear obras de arte fácilmente accesibles y con un impacto positivo sobre las comunidades y el entorno. Quería que mis trabajos estuvieran en la calle para que la gente pudiera disfrutarlos sin tener que ir a galerías o exposiciones. Quería sorprender a la gente que se encontrara con mis obras. Los murales están allí para que los descubra todo el mundo, ¡basta con buscarlos!

P. ¿Necesitas materiales especiales?
R. Más que nada uso pintura en aerosol y rotuladores, porque se secan rápido y son fáciles de llevar de aquí para allá. También uso pintura mural, rodillos y brochas para el fondo. Llevo un arnés de seguridad para trabajar con escalera, andamios o plataforma elevadora, y máscara y guantes para protegerme de las pinturas.

P. ¿Cómo sabes por dónde empezar?
R. Comienzo por el fondo, de arriba abajo, y después pinto las áreas de color. Termino añadiendo las líneas negras y los resaltes. No hago muchos esbozos previos porque prefiero crear la obra *in situ*. Para mí, es fácil empezar, ¡pero mucho más difícil saber cuándo parar!

P. ¿Qué pasa si cometes un error?
R. Pinto por encima y lo intento otra vez. ¡Es todo parte del proceso, y nada grave!

P. ¿Tienes un proyecto con el que sueñas?
R. Me gustaría convertir una antigua fábrica en una galería y estudio hermosos para mostrar mi trabajo, y para mí..., para pintar, crear, respirar, comer, dormir... ¡e insistir!

NATURALEZA
URBANA

La misión de Dzia es inspirar respeto y asombro por la vida salvaje que ama y dar a los animales un lugar en entornos urbanos. Este lince a la caza es un detalle de una pintura creada para un festival de arte en la ciudad de Saint-Dié-des-Vosges (Francia).

POR QUÉ BAILAMOS

La gente baila por todo tipo de razones, y a veces, ¡simplemente por el gusto de bailar!

Identidad cultural
Las danzas folclóricas, desde la mazurca polaca hasta el *jig* irlandés, expresan el orgullo cultural o nacional.

Contar historias
El *ballet* es un tipo de danza en el que se interpretan relatos folclóricos o mitos.

Expresar la fe
La danza religiosa, como la de los giróvagos sufís del islam, hace a la gente sentirse más próxima a Dios.

Competición
Algunos bailes, como los de salón, pueden ser deportes profesionales.

Celebración
Bailar es clave en muchos acontecimientos familiares o sociales, como las bodas.

EN 2018, ¡EL **BREAK DANCE** HIZO SU **DEBUT** EN LOS **JUEGOS OLÍMPICOS** DE LA JUVENTUD!

SENTIRSE **BIEN**

La ciencia ha confirmado lo que se supo siempre: que bailar es saludable, física, mental y emocionalmente. Bailar es parte de terapias para recuperarse de lesiones o vivir con discapacidad. Ayuda a las personas mayores a mantenerse en forma, y puede prevenir incluso la demencia.

La ropa resalta la gracia de la bailarina a la vez que le permite moverse.

En la pose del arabesco, una pierna se alza en vertical tras la bailarina.

BELLO *BALLET*

Una de las formas más gráciles de la danza clásica, el *ballet*, es también una de las más exigentes físicamente. Los profesionales comienzan jóvenes y trabajan duro para llegar al máximo nivel.

El calzado de ballet está reforzado para la técnica de punta.

PASOS DEPORTIVOS

En el rugby, algunos equipos interpretan una danza guerrera para intimidar al contrario, como aquí el equipo nacional de Samoa con la tradicional danza Manu Siva Tau.

¡EL **PRIMER BALLET** DE LA HISTORIA SE INTERPRETÓ EN **1581** PARA LA **REINA DE FRANCIA!**

DAR **PASOS**

La coreografía es el arte de crear pasos de baile y disponerlos en secuencias. En la danza Bollywood, las bailarinas realizan pasos minuciosamente coreografiados e intrincados gestos con la manos.

Danza
espectacular

La danza podría ser la forma más antigua de arte, y hay tantas formas de bailar como seres humanos. Puede ser individual, en pareja o en grupo, y los pasos pueden ser prescritos o improvisados. No hace falta más que música, ¡e incluso basta un ritmo!

¡LOS **BAILES ENMASCARADOS** ZAOULI, DE COSTA DE MARFIL, SON TAN **COMPLEJOS** QUE LLEVA **SIETE AÑOS** APRENDER **UNO!**

ESPECTÁCULO **SOCIAL**

Algunos bailes cautivan a toda una generación; ¡hasta el vals hizo furor en su día! En años recientes, las redes sociales han generado muchas fiebres virales efímeras, en las que millones de personas subían vídeos de sus interpretaciones.

Interpretativa
Propia del teatro y cine musicales, esta forma incluye el claqué, la danza moderna y la danza jazz (dcha.).

Urbana
Estilos urbanos como el *break dance* surgen espontáneamente en respuesta a nuevos estilos musicales.

TIPOS DE DANZA

Son muchos los tipos de danza, antiguos y nuevos, por todo el mundo. La mayoría se encuadra en una de estas cuatro categorías.

Folclórica
Interpretada con atuendo tradicional, como la danza *hopak* ucraniana, esta es una forma lúdica de mantener vivas la cultura y las costumbres.

Clásica
La danza tailandesa, como otras formas clásicas, tiene movimientos prescritos y ejecutantes muy hábiles.

Armonía
Notas diferentes crean un efecto al sonar juntas.

Melodía
El tono (la menor o mayor altura o frecuencia) y el orden en que suenan las notas

Ritmo
La duración de las notas y el patrón en que se disponen

¿QUÉ ES LA **MÚSICA**?

La música se compone de sonidos, pero lo que la diferencia del sonido de leer en voz alta o el de la lluvia al caer es que los sonidos están dispuestos y conformados por un músico para producir melodía, armonía y ritmo.

¡**«IDOL»**, VÍDEO MUSICAL DE **BTS**, FUE DESCARGADO **45 MILLONES DE VECES** EN LAS **PRIMERAS 24 HORAS!**

CREAR **MÚSICA**

Hay muchos instrumentos musicales diferentes, pero la mayoría pertenecen a cinco tipos, en función de cómo producen su sonido.

Sitar

Cuerda
El sonido de los instrumentos de cuerda se produce al pulsarlas o frotarlas con un arco.

Piano eléctrico

Teclados
Tocar las teclas genera sonidos al golpearse cuerdas o enviarse señales digitales.

Música mágica

Ya se trate de unirse al canto de un himno inspirador, escuchar una canción que trae recuerdos felices o rasguear una guitarra por diversión, la música es una de las formas más potentes que hay de expresar nuestros sentimientos y conectar con otros.

¡EL **GRUPO** CON **MÁS DISCOS VENDIDOS** QUE HA HABIDO SON LOS **BEATLES**, CON MÁS DE **300 MILLONES!**

FORMAS **MUSICALES**

Hay una gama increíble de estilos musicales, y constantemente surgen otros nuevos o evolucionan otros a partir de los existentes. Estos son solo algunos de los estilos más populares del mundo.

Pop
Pop es la abreviatura de «popular», referido a música que la mayoría de la gente compra y escucha en un momento dado.

El pop suele incluir la interpretación vocal.

Jazz
Forma altamente creativa desarrollada por músicos afroestadounidenses a principios del siglo xx.

La trompeta es un instrumento clave del jazz.

Violoncelo

Clásica
Este tipo de música se escribe para que la interpreten músicos formados para tocar de forma concertada.

Percusión

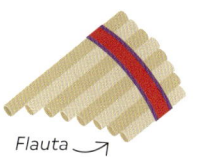

Tambor

Estos instrumentos producen sonido cuando se golpean o agitan.

Viento madera

El sonido se produce soplando por un tubo hueco, haciendo vibrar el aire que contiene.

Flauta de Pan

Metales

Tuba

Estos instrumentos son tubos de metal que amplifican la vibración de los labios sobre una boquilla.

EL CANTO

Cantar es un elemento clave de muchas fes religiosas. El gospel, un estilo alegre adoptado por los fieles de las iglesias negras en EE. UU., se difundió por el mundo. El Soweto Gospel Choir (izda.), de Sudáfrica, ha ganado premios internacionales por sus interpretaciones enérgicas y sus singulares armonías.

TOMAR NOTAS

La escritura musical es útil para que otros interpreten las composiciones de uno. El modo más común de escribir la música, inventado por monjes en el siglo X, emplea puntos y símbolos sobre las cinco líneas de un pentagrama.

El compás indica el ritmo.

La forma y el color de la nota indican su duración.

La posición de la nota indica el tono en el que se debe tocar.

Orificio

¡MELODÍAS ANTIGUAS!

La música es casi tan antigua como la humanidad. Este fragmento de una flauta hecha con fémur de oso se encontró en una cueva de Eslovenia. ¡Se cree que tiene más de 45 000 años!

Violín hecho de chatarra y restos de madera

ARMONÍA RECICLADA

¡Se puede tocar una melodía en casi cualquier cosa! Los instrumentos de los niños de la Orquesta de Instrumentos Reciclados de Cateura, de Paraguay, se hacen con objetos salvados de un gran vertedero en las afueras de la capital, Asunción.

Rock

El rock es enérgico, con una sección rítmica potente y letras impactantes.

La guitarra eléctrica es esencial en el rock.

Folclórica

Muchos países y culturas cuentan con un estilo propio y singular de música y danza.

Músico mongol tocando un tipo de laúd

Tumbadoras

Soul

Este género emotivo y poderoso surgió de otros dos estilos de música negra, el gospel y el blues.

Salsa

El estilo musical más famoso de Cuba se caracteriza por ritmos idóneos para bailar.

Vida urbana

Más de la mitad del planeta —4400 millones de personas— vive en ciudades. Es un gran cambio comparado con hace un siglo, cuando solo el 10 % era urbanita. El número de ciudades sigue creciendo, y son más grandes y populosas que nunca antes.

¿QUÉ ES UNA CIUDAD?

Una ciudad es más que un pueblo extragrande. Ofrece más servicios, y a menudo cuenta con zonas para distintos fines, como compras, negocios, vivienda y ocio.

Centro gubernamental
La ciudad en la que reside el gobierno de un país se conoce como la capital.

Gran población
Una ciudad ofrece viviendas, trabajo y educación a miles o hasta millones de personas.

Servicios especializados
Grandes hospitales, bibliotecas y centros culturales están entre los servicios que ofrecen las ciudades.

EN **COPENHAGUE** (DINAMARCA), ¡HAY **CINCO BICICLETAS** POR **CADA AUTOMÓVIL** QUE CIRCULA!

MEGACIUDADES

Una ciudad de 10 millones de habitantes o más se considera una megaciudad. En 1950, la única era Nueva York, pero hoy hay más de 40. Estas son las cinco mayores ciudades del mundo.

El paso de peatones de Shibuya, en Tokio, es el más transitado del mundo: ¡hasta 3000 personas lo cruzan a la vez!

1 Tokio (Japón): 37,5 millones

2 Delhi (India): 29,4 millones

3 Shanghái (China): 26,3 millones

4 São Paulo (Brasil): 21,8 millones

5 Ciudad de México (México): 21,6 millones

CIUDAD HELADA

Yakutsk, en Siberia, es la ciudad más fría del mundo. Está sobre permafrost (suelo congelado todo el año), de modo que hay que construir los edificios sobre pilotes. En invierno, la temperatura media es de -37 °C, ¡y puede caer hasta los -64,4 °C!

VERDOR **URBANO**

Muchas ciudades están encontrando modos nuevos de hacer más sostenible y sana la vida urbana. Este huerto en un tejado de Rotterdam (Países Bajos), uno de los mayores de Europa, suministra verdura, fruta y hierbas orgánicas y miel a comercios y hoteles locales.

¡SE TARDA **TRES MESES** EN **LIMPIAR** LAS **24 348 VENTANAS** DEL EDIFICIO **BURJ KHALIFA!**

En 2007, media humanidad vivía en ciudades.

Desde 1960, el aumento de población urbana se ha acelerado.

POBLACIÓN URBANA (en miles de millones)

5

4

3

2

1

1920   1960   2000   2040

AÑOS

MIGRACIÓN **A LA CIUDAD**

Durante miles de años, la mayoría de la gente vivió y trabajó en zonas rurales. Actualmente, un número creciente de personas vive en ciudades. En 2050 se espera que más de dos tercios de la población mundial resida en áreas urbanas.

El Burj Khalifa, con sus 828 m, es el edificio más alto del mundo.

¡Los 57 ascensores viajan a 10 m por segundo!

Hay 206 plantas, más que en cualquier otro edificio.

CONSTRUIR **EN ALTURA**

Cuando una ciudad no puede extenderse por el llano, en muchos casos por limitar con el mar o con montañas, ¡no hay otra opción que subir! Los edificios altos aprovechan al máximo cada metro cuadrado urbano. Los rascacielos de Dubái, en cambio, se construyeron por otro motivo: ponerla en el mapa como uno de los destinos más modernos y atractivos para el turismo y los negocios.

¡Hace 6 °C más en la parte inferior del edificio que en la superior!

¡EL FUTURO DEL **VUELO!**

Volar produce alrededor del 2 % de los gases de efecto invernadero del mundo (pp. 74-75), pero un futuro más verde es posible. En 2009, este motoplaneador realizó el primer vuelo tripulado del mundo solo con energía eléctrica. Se prevé que los aviones eléctricos podrían ser comunes en 2035.

La electricidad que genera el hidrógeno almacenado bajo las alas mueve la hélice.

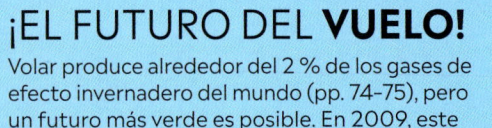

Por tierra, mar y aire

La gente emplea diversos vehículos para realizar viajes de corta, media y larga distancia. Autobuses, bicicletas y barcos forman parte de una red de transportes que se extiende por todo el globo, y que está creciendo constantemente.

RÉCORD FERROVIARIO

El tren de pasajeros más largo del mundo serpentea entre los Alpes suizos en un viaje especial para celebrar el 175.° aniversario del primer ferrocarril de Suiza. Un total de 25 locomotoras eléctricas, tirando cada una de cuatro vagones, componen el tren de 1,93 km de largo.

AUTOMÓVILES AUTÓNOMOS

Los vehículos autónomos usan sensores para visualizar el entorno y maniobrar con seguridad. Sigue siendo necesario un conductor humano para todo menos para mantener una velocidad regular o mantenerse en el carril, pero avances futuros podrían permitir conducir sin intervención humana.

TRANSPORTE MÁS LIMPIO

No todos los vehículos necesitan motor: ¡algunos usan energía muscular! La bicicleta es un medio barato y verde para distancias cortas, perfecto para las ciudades. En algunas, como Utrecht (Países Bajos), son incluso el transporte principal.

Las cámaras ofrecen imágenes de la calzada.

Haces de luz crean un mapa 3D del entorno.

Sensores de radar determinan las distancias con ondas de radio.

El sistema de navegación por satélite sitúa el vehículo en el mapa.

Los sensores infrarrojos detectan peatones y líneas de la calzada.

LA MAYOR RED DE FERROCARRILES DEL MUNDO ESTÁ EN EE. UU. ¡ES LO BASTANTE LARGA COMO PARA RODEAR TRES VECES EL ECUADOR!

FERRIS RÁPIDOS

Los países con largas líneas de costa o muchas islas dependen del ferri para su red de transportes. Este tipo de ferri se llama trimarán: su casco está dividido en tres para poder navegar sobre el agua con rapidez y facilidad.

¡NORUEGA TIENE 81 PUNTOS DE RECARGA ELÉCTRICA DE VEHÍCULOS POR CADA 1000 RESIDENTES!

EFICIENCIA ENERGÉTICA

Cuanta más energía requiere el motor de un vehículo, más gases de efecto invernadero que afectan al clima produce. Esta tabla muestra cuánta energía (medida en kilovatios hora) usan diferentes vehículos para transportar a un solo pasajero un kilómetro. Los que transportan más pasajeros son más eficientes.

Autobús	0,15 kWh
Tren	0,31 kWh
Motocicleta	0,45 kWh
Vuelo internacional	0,57 kWh
Automóvil	0,83 kWh

TRANSPORTE POR TELEFÉRICO

Las ciudades vecinas de La Paz y El Alto, en Bolivia, están separadas por una colina de 400 m de altura. Para facilitar el viaje de una a otra se abrió una línea de teleférico en 2014. La red se ha ampliado desde entonces a 71 líneas, con cabinas que salen cada 12 segundos.

Cabinas con capacidad para 10 pasajeros

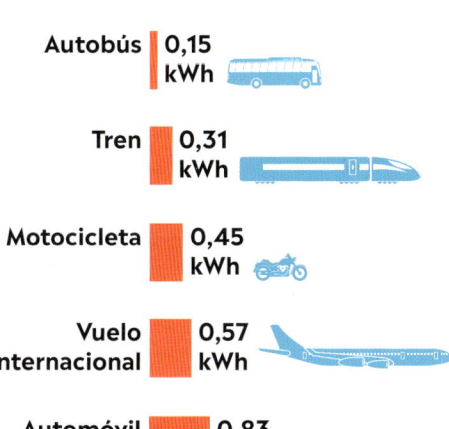

El capitán Darryl Elliott pilotó aviones comerciales de pasajeros por Europa durante 25 años. En total voló 15 000 horas: ¡eso son 20 meses en el aire!

Pregúntale a un...
PILOTO DE AEROLÍNEA

P. ¿Cuánto del vuelo realizas tú, y cuánto el piloto automático?
R. El piloto suele despegar y llevar el avión a unos 300 m de altura, donde recurre al piloto automático. Después seleccionamos las altitudes y rumbos del avión en el panel de instrumentos. Solemos aterrizar el avión manualmente, pero la mayoría de los aviones actuales pueden hacerlo automáticamente cuando el piloto no ve la pista por niebla o nubes bajas.

P. ¿Cómo sabes adónde vas?
R. Antes de cada vuelo, nuestro Departamento de Operaciones planea la mejor ruta. Luego, los pilotos la cargamos en los ordenadores de a bordo, y de forma muy parecida a la navegación por satélite de un automóvil, hay un mapa que indica nuestra posición en la ruta.

P. ¿Cómo se evita a los demás aviones?
R. Los controladores del tráfico aéreo en tierra nos dan altitudes y rumbos para mantener una distancia segura. Esto lo respalda un sistema en el que ordenadores del avión se comunican con todos los aparatos próximos. Si calculan cualquier situación no segura, dan instrucciones al piloto sobre qué hacer para remediarlo.

P. ¿Has volado en medio de una tormenta?
R. ¡La verdad es que no! Los pilotos se mantienen a muchos kilómetros de las tormentas. Hay muchas maneras de hacerlo, desde consultar las predicciones del tiempo antes de volar, hasta sistemas de advertencia a bordo. Aunque muy raramente, a los aviones sí les alcanzan rayos, pero no hay ningún peligro: los diseñadores aeronáuticos pasan muchas horas probando los sistemas para que soporten este tipo de cosas.

P. ¿Cómo es la vista?
R. Los pilotos ven amaneceres y puestas de sol fantásticos. Cuando volamos a Islandia, vemos la aurora boreal. En los meses de junio y julio, alrededor de la medianoche, tenemos el gran privilegio de ver un fenómeno del cielo nocturno, las nubes noctilucentes, o mesosféricas polares, que relucen en lo alto de la atmósfera.

CONTROL DE VUELO
En la cabina de un avión de pasajeros hay cientos de instrumentos, además de monitores que muestran desde la altitud y la velocidad del avión hasta la temperatura del interior, la electricidad disponible y la cantidad de agua y desechos del baño. Hay siempre dos pilotos en los aparatos grandes: uno pilota el avión, mientras el otro le observa y opera las radios, los alerones y el tren de aterrizaje. En el vuelo de regreso, los papeles se invierten.

HACER **DINERO**

Una tecnología especial añade elementos como los hologramas al papel moneda para combatir la falsificación. En 2021, la Oficina de Grabado e Impresión de EE. UU. emitió 2370 millones de billetes de 100 dólares.

TIPOS DE **DINERO**

El modo en que usamos el dinero ha cambiado mucho en el siglo XXI. Durante siglos fue sobre todo metálico, pero hoy la mayor parte del dinero cambia de manos por métodos electrónicos.

Metálico
El metálico o efectivo son las monedas y billetes, diseñados para ser duraderos y fáciles de usar.

Fichas
Objetos como las fichas o los vales de los parques de atracciones sirven para adquirir ciertos artículos o se usan en lugares determinados.

Pago electrónico
Tarjetas y móviles se conectan a una cuenta bancaria, y el dinero pasa de la del comprador a la del vendedor.

La nave real en el Museo de Barcos Vikingos, en Oslo (Noruega)

El barco vikingo de Gokstad, representado en el billete de 100 coronas

ORGULLO NACIONAL

En el efectivo de muchos países figuran sus líderes nacionales o figuras famosas, pero los billetes noruegos celebran la tradición marinera del país. Billetes de distinto valor muestran un faro, bacalao y arenques, olas rompientes y un barco vikingo.

EL **MAYOR BILLETE DEL MUNDO**, DE 22 x 37 CM, ¡ES EL DE **600 RINGITS DE MALASIA!**

El dinero importa

Tanto si tienes un montón como no el suficiente, el dinero afecta a nuestras vidas. Invento puramente humano, su valor nominal hace que valga lo mismo lo use quien lo use, y permite que compremos o vendamos bienes y servicios en cualquier lugar del mundo.

A UN EURO POR MINUTO, ¡SE TARDARÍAN 1902 AÑOS EN GASTAR MIL MILLONES DE EUROS!

COMPRAR CON CONCHAS

Antes de inventarse las monedas y billetes, algunas civilizaciones antiguas, entre ellas China desde alrededor de 1200 a. C., usaron conchas de cauri como dinero. Actualmente se usan conchas en comunidades de las Islas Salomón, en el Pacífico.

¡EL BILLETE MEDIO DE 5 LIBRAS DE REINO UNIDO CAMBIA DE MANOS 138 VECES AL AÑO!

$
Dólar (EE. UU.)
2,9 billones
de dólares

€
Euro (UE)
1,1 billones
de dólares

¥
Yen (Japón)
554 000 millones
de dólares

£
Libra (Reino Unido)
422 000 millones
de dólares

DIVISAS IMPORTANTES

Para empresas, inversores y comerciantes suele ser más fácil hacer negocios en divisas distintas de la propia. Esta lista muestra las cuatro divisas más destacadas; ¡las cifras en dólares de EE. UU. indican el valor del comercio en ellas cada día!

METÁLICO RECICLADO

Cuando los billetes de banco se deterioran o rompen, se retiran de la circulación y se destruyen. Los dólares de EE. UU. se hacen de algodón y lino biodegradables, y los billetes se trituran, se compactan y se usan como compost.

Un bloque de 1 kg contiene 100 000 billetes.

Intercambiable
Cuando compramos algo, intercambiamos una cantidad acordada por aquello que queremos.

Almacenable
El dinero se puede guardar, en una cuenta bancaria o en casa, hasta que se quiera gastar.

Medible
El dinero sirve para indicar el valor de algo o para comparar su valor con el de otra cosa.

¿QUÉ ES EL DINERO?

El dinero es en realidad tres cosas en una: lo usamos para obtener cosas que queremos de quienes las venden, lo guardamos para usar en el futuro y nos sirve para medir el valor de las cosas.

La primera criptomoneda fue el bitcoin, creado en 2009.

MONEDAS DIGITALES

Las criptomonedas usan la criptografía (el cifrado informático) para hacer fáciles y seguras las transacciones. Los usuarios no necesitan una cuenta, y pueden enviar o recibir dinero desde cualquier parte del mundo sin tener que convertirlo a la divisa local.

Mundo digital

En las últimas dos décadas, la tecnología digital ha transformado casi todos los aspectos de nuestras vidas, que se espera cambien aún más a medida que los avances de la inteligencia artificial pongan la revolución digital a toda máquina.

ESTADÍSTICA **DE SMARTPHONES**

La tecnología de los *smartphones* permite llevar un ordenador en el bolsillo a todas partes. Estas seis actividades representan la mayor parte del tráfico en las redes de telefonía móvil.

 1 *Streaming* de video y películas

 4 Navegación en la *web*

 2 Redes sociales

5 Compras

 3 Mensajería

 6 Juegos

CREACIÓN DE **CONTENIDOS**

La tecnología digital ha vuelto fácil para cualquiera que tenga móvil y algo que decir subir contenidos a las redes sociales. Algunos creadores de contenidos ganan dinero con el pago por visión, otros atraen publicidad ¡y otros lo hacen por simple diversión y por acumular los «me gusta»!

ENTRAR EN EL **METAVERSO**

Internet se está alejando de algo que simplemente miramos y se dirige a un mundo de inmersión 3D: el metaverso. La realidad aumentada (RA) permite al usuario interactuar con un entorno virtual del mismo modo que harían si estuvieran allí en la vida real.

DEPORTES **ELECTRÓNICOS**

Los deportes electrónicos son un espectáculo en el que millones de aficionados ven partidos profesionales por *streaming*. Campeonatos como este evento de 2022 en Atlanta (EE. UU.) atraen también un enorme público en directo.

Más de 20 000 aficionados llenan el recinto para estar al tanto.

Al mover la cabeza, la usuaria de las gafas ve a su alrededor en el mundo virtual.

Sensores en los controladores permiten a la usuaria interactuar con objetos que «ve».

Los fanes ven el partido en grandes pantallas de alta definición.

Competidores sentados en círculo bajo las grandes pantallas

FENÓMENOS **SOCIALES**

Estas son las seis aplicaciones de redes sociales más populares. La que más rápido crece es TikTok, especialmente popular entre los menores de 19 años.

1	Facebook	2900 millones de usuarios
2	YouTube	2500 millones de usuarios
3	WhatsApp	2000 millones de usuarios
4	Instagram	2000 millones de usuarios
5	WeChat	1300 millones de usuarios
6	TikTok	1000 millones de usuarios

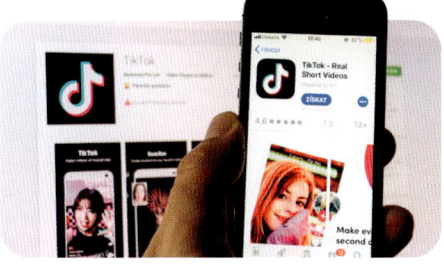

¡SUPERESTRELLA **VIRAL!**

Una de las primeras celebridades de internet fue un gato en EE. UU., Tardar Sauce, conocido para sus muchos fanes como Grumpy Cat. Su cara tristona le ganó millones de seguidores en las redes sociales, y su fama pasó a la televisión, los libros y hasta al cine.

¡*MINECRAFT* **MEGA!**

El juego más popular entre los niños es el de construcción 3D *Minecraft*. En el mercado desde 2011, ha vendido 238 millones de copias, y más de 176 millones de personas en el mundo juegan regularmente!

HOGARES **INTELIGENTES**

Muchos dispositivos domésticos se conectan a internet y comparten sus datos. Usando aplicaciones, estos se pueden controlar de modo remoto por voz o pantalla táctil. Por ejemplo, se puede pedir a un altavoz inteligente que reproduzca tu música favorita o, cuando no estás en casa, ¡operar remotamente un comedero que dé una golosina a tu mascota!

Luces y calefacción

Altavoz inteligente

Ordenador

Seguridad

Electrodomésticos

Televisión

LIBERACIÓN **LGBTQ+**

Las personas lesbianas, gais, bisexuales, transgénero y *queer* (LGBTQ+) tienen derechos en muchos países, pero siguen enfrentando situaciones de discriminación. En la bandera arcoíris original, diseñada en 1978 como símbolo de esperanza, cada barra tiene un significado.

LOS **22 HOMBRES** MÁS RICOS DEL **MUNDO** TIENEN **MÁS DINERO** QUE **TODAS LAS MUJERES DE ÁFRICA.**

INJUSTICIA **ECONÓMICA**

La brecha entre ricos y pobres queda clara en el contraste entre los modernos rascacielos y las chabolas sin saneamientos de Yakarta (Indonesia). Las víctimas de la desigualdad económica son algunas de las personas más vulnerables del mundo, y tienen los menores medios y oportunidades para combatir la injusticia.

IGUALDAD **DE LAS MUJERES**

Hoy hay mujeres jefas de Estado o gobierno en 31 países, y son algo más de la cuarta parte de los legisladores del mundo. Queda un largo camino hasta la igualdad en la representación. Esta es una lista de hitos y la fecha en que se lograron.

1893
Nueva Zelanda es el primer país en que las mujeres pueden votar.

1907
Se elige a las primeras mujeres al parlamento de un país, en Finlandia.

1917
Nombran ministra de un gobierno de la URSS a Aleksandra Kolontái.

1960
En Sri Lanka, Sirimavo Bandaranaike es elegida primera ministra.

PODER **POPULAR**

Si quienes están en el poder no reconocen la necesidad de cambios, el pueblo puede reclamarlo. La protesta se da en muchas formas, desde el boicot de determinados productos hasta las manifestaciones en las calles. Esta marcha la organizó el movimiento antirracista Black Lives Matter.

Cambiar
el mundo

En muchos aspectos, nuestra sociedad es más justa que en el pasado, pero el cambio solo llega cuando los pueblos adoptan una posición. Pese a los avances logrados, hay aún trabajo por hacer para lograr que el mundo sea un lugar mejor.

PROTESTA **INDÍGENA**

Pueblos indígenas encabezan las campañas para proteger el entorno natural de políticas dañinas. Esta fotografía muestra la protesta de un grupo en Filipinas contra el plan del gobierno de construir una nueva presa que inundaría sus tierras.

¡EL **70 %** DE LOS **476 MILLONES** DE INDÍGENAS DEL MUNDO **VIVE EN ASIA!**

VOTAR POR EL **CAMBIO**

En los países democráticos, los ciudadanos tienen derecho a votar a quienes esperan que realice los cambios que desean. La democracia más poblada del mundo es India, y contar todos los votos es una tarea inmensa. En algunas áreas rurales es necesario transportar las urnas usando elefantes.

EN **INDIA** HAY UNOS **912 MILLONES DE VOTANTES**, ¡CASI **TRES VECES** LA POBLACIÓN TOTAL DE **EE. UU.!**

Glosario

abolicionista
Activista por el fin de la esclavitud.

acuático
Que vive en el agua de modo permanente o predominante.

agallas
Órgano de los peces para obtener oxígeno del agua. Los peces respiran con agallas en lugar de pulmones.

agnóstico
Persona que cree que no es posible conocer si existe un dios o unos dioses.

agua de deshielo
Agua procedente de la fusión de nieve y hielo.

agujero negro
Objeto en el espacio que ejerce tal atracción gravitatoria que nada puede escapar, ni siquiera la luz.

agujero negro supermasivo
El mayor tipo de agujero negro, al menos 100 000 veces más masivo que el Sol. Los mayores son miles de millones de veces más masivos.

aleación
Mezcla de dos o más metales, o de un metal con un no metal.

aleta dorsal
Aleta sobre la espalda o lomo de un animal acuático, y que aporta estabilidad.

aletas pectorales
Par de aletas, una en cada lado de un pez o mamífero marino. En la mayoría de los peces ayudan a girar en horizontal y vertical. En las rayas, las aletas pectorales flexibles sirven para moverse y también para alimentarse.

aletas pélvicas
Par de aletas en el vientre de un pez o mamífero marino.

algas
Organismos semejantes a plantas que fabrican alimento a partir de la energía de la luz del sol.

algoritmo
Conjunto de instrucciones paso a paso para que un ordenador realice una tarea. Los pasos sirven para resolver un problema o llegar a un resultado.

alquimista
Practicante de la alquimia, disciplina medieval que combinaba filosofía y los primeros rudimentos de la ciencia química con el fin de convertir los metales viles en oro y hallar una sustancia que proporcionara la inmortalidad.

año luz
Distancia que recorre la luz en el espacio en un año: 9,46 billones de kilómetros.

aorta
Arteria principal que lleva sangre del corazón al resto del cuerpo y que alimenta casi todas las demás arterias.

Aotearoa
Nombre nativo de Nueva Zelanda, que significa «tierra de la nube larga blanca». Los indígenas maoríes empleaban este nombre mucho antes de la llegada de los europeos.

Arabia
La península arábiga, un área extensa del suroeste de Asia rodeada por el mar por tres lados. Incluye Arabia Saudí y otros países.

arqueología
Estudio del pasado humano por el análisis de restos excavados dejados por generaciones precedentes.

asteroide
Objeto rocoso menor en órbita en torno al Sol. Puede contener metales como níquel y hierro.

ateo
Persona que no cree que exista dios alguno.

atmósfera
Capa de gases que rodea la Tierra y algunos otros planetas. La de la Tierra contiene nitrógeno, oxígeno y otros gases.

átomo
La menor unidad de un elemento. El número de protones en un átomo determina de qué elemento se trata.

aurora
Patrón luminoso en el cielo polar de algunos planetas. Las partículas del viento solar quedan atrapadas por el campo magnético de un planeta y atraídas a su atmósfera, donde chocan con átomos y emiten luz.

bacterias
Organismos de forma unicelular simple. Hay miles de millones en nuestros cuerpos y en el mundo que nos rodea; algunas son beneficiosas, y otras son dañinas.

banca de hielo
Masa de hielo flotante en el mar, formada por muchos fragmentos menores que se congelan juntos o acumulan.

barranco
Valle profundo y estrecho de laderas empinadas, generalmente formado por una cascada o río de aguas rápidas.

biodegradable
Descomponible por los procesos naturales del medio ambiente.

biodiversidad
Variedad de todos los seres vivos, en la Tierra o un área determinada, medida por el número de especies.

bomba atómica
Arma explosiva diseñada en la década de 1940 que libera energía partiendo átomos. Miles de veces más potente que cualquier arma anterior, una sola bomba puede destruir una ciudad entera.

botánico
Experto en plantas; científico especializado en la vida vegetal.

boya
Objeto flotante como señalización para barcos o que reúne información científica, relativa al clima, por ejemplo.

bráctea
Hoja especializada con una sola flor que crece de la unión entre la bráctea y el tallo o rama.

buceador
Persona que se sumerge bajo el agua sin equipo para respirar.

cal
Mineral blanco obtenido calentando piedra caliza. Se mezcla con agua para hacer cemento.

caliza
Tipo de roca formada en su mayor parte por los restos aplastados de conchas antiguas.

cambio climático
Cambios a largo plazo en los patrones habituales del clima de la Tierra o de una región dada. A menudo se refiere a los efectos graves de la actividad humana.

campo magnético
Área alrededor de un imán o corriente eléctrica en la que se experimenta la fuerza magnética.

caravana
Grupo de personas que viajan juntas, generalmente por tierra, y que está formado por comerciantes.

carnívoro
Animal que se alimenta de carne.

carroña
Carne en descomposición de un animal muerto, alimento de los carroñeros.

cartílago Tejido conectivo resistente y flexible que ayuda a sostener el cuerpo y cubre los extremos de huesos y articulaciones.

casquete polar Área extensa de agua helada que cubre los polos de la Tierra.

Cinturón de Fuego
Área a lo largo del perímetro del océano Pacífico, desde Nueva Zelanda a Japón y de Alaska a Chile, en la que la placa tectónica Pacífica interactúa con las placas continentales circundantes. La mayor parte de los volcanes y terremotos del mundo se dan en el Cinturón de Fuego.

civil
Persona que no pertenece a las fuerzas armadas ni a la policía.

civilización
Cultura y modo de vida de personas que viven juntas en una sociedad organizada y desarrollada.

coágulo
Acumulación sólida de células sanguíneas. La coagulación impide el sangrado de las heridas.

colonización
Envío de pobladores a establecer una colonia en otro país, a menudo sometiendo a la población local y explotando sus recursos naturales. Muchos países continúan sufriendo los efectos de la colonización pasada.

combustible fósil
Combustible empleado para obtener energía, como el petróleo, el carbón, el gas o la gasolina. Lo forman plantas o animales muertos comprimidos bajo tierra durante millones de años, y no es renovable.

comerciante
Persona que vende o intercambia bienes por dinero u otros bienes, por lo general en gran cantidad.

cometa
Objeto de polvo y hielo que viaja alrededor del Sol en una órbita elíptica. Al aproximarse al Sol, parte del hielo se vaporiza, formando una cola de polvo y gas.

compuesto
Sustancia química en la que dos o más elementos distintos están unidos por enlaces.

comunismo
Ideología política que defiende una sociedad basada en la propiedad comunitaria de los recursos y los medios de producción.

contaminación
Presencia o emisión de sustancias nocivas en el aire, el agua o el suelo. Suele referirse a la generada por los humanos.

Cretácico
Periodo de la historia geológica de la Tierra hace entre 145 y 66 millones de años, y último periodo de la era de los dinosaurios.

crustáceos
Grupo de invertebrados carentes de esqueleto interno, con exoesqueleto y patas articuladas.

cúmulo de galaxias
Conjunto de cientos o miles de galaxias unidas por la gravedad.

datos
Información susceptible de análisis, a menudo estadístico; en informática, información que pueden procesar los ordenadores.

democracia
Sistema político en el que el pueblo tiene poder para controlar a su gobierno, generalmente a través de la elección de representantes políticos.

dentina
Material duro óseo que da forma a los dientes y forma la raíz.

descomponedor
Bacterias, hongos y otros seres vivos que descomponen organismos muertos en el proceso de la putrefacción.

dictador
Líder que gobierna en solitario, sin restricciones a su poder.

dinastía
Familia real gobernante en un reino o imperio durante varias generaciones.

disco de acreción
Anillo aplanado de gas y otra materia alrededor de un objeto masivo en el espacio que orbita a su alrededor a gran velocidad.

dolina
Gran depresión del suelo causada por la erosión. En algunos casos se erosiona primero la roca subyacente, haciendo colapsar la superficie de tierra y roca.

domesticación
Amansamiento de animales salvajes para volverlos útiles a los humanos.

dosel
Capa principal de ramas solapadas en la parte más alta de un bosque.

duna
Gran montículo de arena formado por el viento.

ecuación
Expresión matemática de que dos cantidades son iguales. Se usa también para analizar datos.

electrón
Una de las partículas minúsculas de los átomos, de carga negativa; los electrones en movimiento forman el flujo eléctrico.

elemento
Sustancia simple formada por átomos del mismo tipo.

elíptico
Con forma de óvalo regular, o de círculo estirado o alargado.

emboscada
Método de caza de muchos depredadores; ataque por sorpresa de un individuo o grupo oculto; táctica empleada en la guerra.

embrión
Animal o planta no nacido en una fase muy tempana del desarrollo.

empuje
Fuerza ascendente que ejerce un líquido o gas sobre un cuerpo, como un barco en el agua.

entramado
Sólido tridimensional formado por muchas unidades dispuestas en un patrón repetitivo regular.

enzima
Sustancia que causa o acelera una reacción química en un ser vivo.

esmalte
Sustancia dura que cubre la parte visible de los dientes, así como también la piel escamosa de los tiburones. Es la sustancia más dura del cuerpo humano.

espolón
Protuberancia pequeña y aguda en el cuerpo de un animal, a menudo para un fin determinado, como la lucha. Puede referirse a formas similares en plantas o paisajes rocosos.

espora
Célula reproductora producida por plantas sin flores y por hongos, equivalente en estos organismos a las semillas.

Estado
Comunidad y territorio bajo el poder de un solo gobierno. Escrito con minúscula, puede referirse a las regiones administrativas que conforman un país o Estado, como en el caso de los estados de EE. UU.

estalactita
Cono alargado de roca que cuelga del techo de una cueva o saliente, formado por minerales calcáreos depositados por agua al gotear.

estalagmita
Cono alargado de roca que crece desde el suelo de una cueva, formado por minerales calcáreos depositados por agua al gotear.

estelar
Relativo a una estrella o a las estrellas.

estrella de neutrones
Estrella densa colapsada, compuesta principalmente por neutrones.

evaporación
Proceso por el que un líquido se convierte en gas, a menudo debido a un aumento de la temperatura.

evolución
Proceso de cambio gradual de los seres vivos, incluidos los humanos, a lo largo de muchas generaciones.

exoesqueleto
Capa exterior dura que da forma y protege a los animales de cuerpo blando sin esqueleto interno. Es propio de muchos invertebrados.

extinción
Desaparición de todos los individuos vivos de una especie en la Tierra.

farallón
Pilar de roca que queda después de que las olas hayan erosionado la roca más blanda o expuesta a su alrededor.

filamento
Objeto delgado y flexible en forma de hilo, como un cabello o un alambre.

filósofo
Estudioso que busca la sabiduría o explora cuestiones profundas acerca de cómo vivir, quiénes somos, y qué existe en realidad.

fiordo
Área estrecha de mar entre montes elevados, en Noruega en particular.

fisura
Grieta profunda en el hielo o en la roca.

flagelo
Extensión en forma de látigo del cuerpo de un animal, a menudo usado para moverse. Algunos animales tienen uno, y otros, muchos.

fósil
Restos o trazas de un animal o planta antiguo, conservados en la roca.

fotón
Partícula de la luz; es la partícula más rápida conocida.

fotosíntesis
Proceso por el que las plantas emplean la energía solar para fabricar alimento, convirtiendo dióxido de carbono y agua en oxígeno y azúcares cuando hay luz solar.

galaxia
Conjunto de gas, polvo y miles de millones de estrellas unidos por la gravedad.

gen
Unidades de ADN que controlan cómo se comportan las células y el crecimiento y aspecto de los organismos. Se transmiten de los progenitores a la descendencia.

glaciar
Masa de nieve compactada y convertida en hielo que fluye lentamente por efecto de la gravedad.

globo meteorológico
Globo que lleva equipo de medición a gran altura en la atmósfera para obtener información sobre el tiempo.

gobierno
Sistema de normas de un país, y las personas que las aprueban y hacen cumplir.

grano de cacao
Semilla del árbol del cacao, de la que se hace el chocolate. Se puede consumir también cruda.

gremio
Asociación local de personas vinculadas a un oficio particular, como el trabajo del metal o la tejeduría, que protege sus intereses y regula su comercio.

guerra civil
Conflicto entre dos o más grupos en un mismo país.

herbívoro
Animal que se alimenta de plantas.

hidroelectricidad
Energía obtenida del agua en movimiento, por ejemplo, por una noria para moler grano, o una turbina para generar electricidad.

hifas
Filamentos delgados que componen el micelio, la red que forman los hongos.

hominino
Término que significa «semejante a los humanos», e incluye a estos y a sus antepasados extintos del género *Homo*.

hongo
Ser vivo que se alimenta de materia en descomposición y se reproduce por medio de esporas.

humanista
Persona que cree que son los humanos, y no los dioses, los responsables del progreso y del bienestar de la humanidad, y que debemos actuar para mejorar cómo vivimos.

huracán
Tormenta peligrosa con viento extremadamente rápido y precipitaciones abundantes que se forma sobre aguas cálidas y se dirige luego hacia tierra.

IA (inteligencia artificial)
Sistemas informáticos diseñados para pensar y aprender a fin de realizar tareas que suelen requerir la inteligencia humana. La IA es también la rama de la informática que desarrolla tales sistemas.

icono
Objeto de arte religioso; en el cristianismo, en particular ortodoxo, una imagen de Cristo, su madre o un santo.

igualdad
Principio por el que todas las personas reciben un trato justo y tienen las mismas oportunidades de realizarse conforme a sus capacidades.

imperio
Conjunto de países o pueblos bajo el dominio de una sola persona o gobierno.

Imperio otomano
Imperio que se extendió desde Anatolia (actual Turquía) hasta el sureste de Europa, el oeste de Asia y el norte de África entre los siglos XIV y principios del XX.

incubar
Sentarse sobre los huevos para mantener el calor en ellos hasta la eclosión.

industrialización
Cambio hacia la manufactura en fábricas empleando procesos a gran escala y maquinaria pesada, y paso de la economía agraria hacia otra basada en la industria.

infraestructura
Conjunto de elementos que permiten funcionar a un país o ciudad: carreteras, edificios, suministro de agua y energía, redes de comunicaciones y otros.

infrarroja
Radiación electromagnética de longitudes de onda más cortas que las ondas de radio y más largas que la luz visible. La experimentamos como calor, y la infrarroja es la forma principal de radiación emitida por muchos objetos en el espacio.

ingenio azucarero
Conjunto de instalaciones industriales dedicadas a moler y procesar la caña de azúcar; nombre mayormente usado en América del Sur y el Caribe.

invertebrado
Animal sin columna vertebral.

iridiscente
Caracterizado por colores luminosos que parecen cambiar vistos desde distintos ángulos.

irrigación
Sistema de canales o ingenios artificiales para regar cultivos.

lava
Roca caliente fundida expulsada en la erupción de los volcanes.

legislador
Político que redacta y aprueba las leyes que rigen en un Estado.

licuar
Hacer o volverse líquido.

línea lateral
Hilera de órganos sensoriales en el costado de los peces. Detectan el movimiento, las vibraciones y la presión.

linfa
Líquido que fluye por el sistema linfático, donde se filtra para eliminar gérmenes antes de volver a la sangre.

longitud de onda
Distancia entre las crestas de una onda, generalmente referida a ondas electromagnéticas o de sonido. Cuanto mayor es esa distancia, menor es la energía. (Véase el diagrama en el capítulo «La ciencia», p. 195.)

magma
Roca líquida caliente bajo la corteza terrestre.

masa
Medida de la cantidad de materia en un objeto.

mastodonte
Gran mamífero semejante al elefante, extinto desde hace unos 11 000 años.

mecanización
Empleo creciente de maquinaria para tareas antes realizadas de forma manual.

meditación
Permanencia en un estado de calma y quietud durante un tiempo determinado, a menudo como parte de la práctica religiosa. Puede significar la reflexión profunda sobre un tema o el acto de vaciar la mente por completo.

médula espinal
Haz de nervios que recorre el centro de la columna vertebral y transmite señales entre el cerebro y el resto del cuerpo.

meseta
Área de tierra relativamente llana y a considerable altura sobre el nivel del mar.

Mesoamérica
Área cultural histórica que se ubicaba en el actual México y en América Central. Hasta la invasión española del siglo XVI, fue el ámbito de civilizaciones como las de los mayas y aztecas.

meteorólogo
Estudioso de los patrones del clima, a menudo con el fin de realizar predicciones.

micelio
Red de filamentos por la que los hongos crecen y se comunican con organismos vecinos.

microgravedad
Condiciones de gravedad mínima lejos de la Tierra o en otros planetas, tal como las que experimentan los astronautas en el espacio.

microorganismo
Ser vivo demasiado minúsculo como para poder ser visto sin ayuda de un microscopio.

milenio
Mil años.

mineral
Material sólido inorgánico presente en la Tierra y otros cuerpos celestes, y en pequeña cantidad en alimentos y bebidas; algunos tienen un papel relevante en la salud del organismo.

mitocondria
Una de muchas estructuras minúsculas en las células vivas que libera energía para la actividad de estas.

molécula
Grupo de átomos unidos por enlaces.

moluscos
Filo de invertebrados que incluye, por ejemplo, a los caracoles, las almejas y los calamares. La mayoría son de cuerpo blando y concha dura, pero algunos carecen de esta, como las babosas.

motor
Máquina que convierte energía eléctrica o combustible en movimiento.

naciones originarias
Véase *nativo norteamericano*.

nativo norteamericano
Persona de alguno de los muchos pueblos del continente de América del Norte antes de la llegada de los europeos. A menudo se refiere a los habitantes originales de los actuales EE. UU., y se aplica también a tales pueblos y culturas.

nebulosa
Nube de gas y polvo en el espacio.

neurología
Diagnóstico y tratamiento de trastornos y enfermedades del sistema nervioso.

neutrón
Una de las partículas minúsculas del núcleo de un átomo. Tiene masa, pero no carga eléctrica.

nómada
Persona que se traslada de un lugar a otro, sin habitar un asentamiento permanente.

nuclear
Relativo al núcleo atómico. Puede referirse a fuerzas dentro de este, a la transferencia de energía de estas o a armas que emplean dicha energía.

núcleo
En física, la parte central del átomo, formada por protones y neutrones. En biología, el centro de control que contiene la mayoría de las células vivas.

nutrición
Equilibrio y cantidad de nutrientes que consume un ser vivo con el alimento y que

emplea como combustible para crecer y regenerar tejidos. La nutrición es también el proceso por el que un organismo emplea el alimento para mantenerse con vida.

omnívoro
Animal que se alimenta tanto de plantas como de carne.

ondas sísmicas
Ondas o vibraciones que viajan a través de la Tierra. Son causadas por movimientos repentinos en su interior, como el de las placas tectónicas en los terremotos.

oponible
Dígito enfrentado a y capaz de tocar otros dígitos de la misma mano o pie. Los humanos y los simios los tienen, pero también muchas otras especies.

órbita
Trayectoria de un objeto alrededor de otro de mayor masa, y que se debe a la gravedad.

orgánico
La materia orgánica se compone de carbono y otros elementos. Toda la vida de la Tierra es orgánica.

orgánulo
Estructura minúscula de la célula que se encarga de una tarea específica, como la mitocondria, que produce energía química para alimentar las reacciones de la célula.

partícula
Parte extremadamente pequeña de materia, como una mota de polvo, parte de un átomo, o fotón.

paseo espacial
Actividad en la que un astronauta abandona la nave para trabajar en el exterior flotando en el espacio.

peces cartilaginosos
Peces con esqueleto hecho de cartílago, en lugar de óseo.

peso
Fuerza de la gravedad que actúa sobre un objeto. El peso depende de la masa del objeto y de la fuerza de la gravedad: un astronauta en la Luna tiene la misma masa que en la Tierra, pero pesa menos, al ser más débil la gravedad de la Luna.

pistón
Disco o cilindro corto y ajustado que sube y baja dentro de un tubo con líquido o gas. Se usa en motores de vapor o gasolina para mover ruedas.

placa
Objeto plano de metal o arcilla con imágenes o escritura, a menudo unido a un muro.

placa tectónica
Una de las grandes secciones contiguas que componen la corteza terrestre.

planeta enano
Planeta de tamaño suficiente como para tener forma esférica, pero menor que un planeta propiamente dicho.

plantación
Propiedad en la que se cultiva algodón, tabaco, azúcar, arroz u otros cultivos, y en la que vive la mano de obra. Las plantaciones fueron comunes en América durante la época de la esclavitud, en la que los esclavos estaban obligados a trabajar en ellas.

plataforma elevadora
Vehículo con una canastilla montada en un brazo extensible usado para elevar a operarios a lugares elevados de difícil acceso, como cables de alta tensión o árboles.

polinizador
Todo aquello que transporte polen de la antera masculina al estigma femenino de la misma u otra flor, ayudando así a fecundarla. Son ejemplos las abejas, los murciélagos y el viento.

polo
Cada extremo del eje de la Tierra (la línea recta a través de su centro, de norte a sur, alrededor de la cual gira). Los dos extremos de un imán se llaman también polos.

poroso
Que tiene poros. Una sustancia porosa contiene multitud de agujeros minúsculos a través de los cuales pasan el aire y el agua.

presa
Animal cazado y comido por otro animal.

proteína
Nutriente vital que usa el organismo para construir células nuevas.

protón
Una de las partículas minúsculas del núcleo del átomo; tiene carga positiva. Cada elemento contiene un número distinto de protones.

protozoo
Animal unicelular microscópico, que vive a menudo dentro de animales mayores.

pueblo indígena
Población original de un lugar dado.

pulmones en libro
Pulmones en los que el aire atraviesa una serie de cavidades y láminas (como las páginas de un libro semiabierto) para el intercambio de oxígeno del aire por dióxido de carbono de la sangre.

púlsar
Estrella de neutrones que emite haces de radiación mientras gira.

queratina
Proteína dura e impermeable presente en el cabello, las uñas y la piel.

radar
Sistema que detecta objetos haciendo rebotar sobre ellos ondas de radio de alta energía y midiendo las ondas reflejadas.

radiación
Ondas o partículas de energía que viajan por el espacio, como las de radio, luz y calor. La radiación nuclear incluye partículas subatómicas y fragmentos de átomos.

radiación electromagnética
Ondas de energía que se desplazan por el espacio y la materia, entre ellas están la luz visible, los rayos X y la radiación infrarroja.

radiactivo
Que tiene radiactividad. Se aplica a un material inestable cuyo núcleo se desintegra y emite radiación nuclear.

rayos gamma
Ondas de energía electromagnética de longitud muy corta y muy alta energía.

rayos X
Radiación de longitud de onda más corta que la ultravioleta, pero más larga que los rayos gamma. Los médicos emplean los rayos X para ver fracturas óseas, pues atraviesan la carne, pero no los huesos ni los dientes.

reacción nuclear
Rotura del núcleo del átomo o fusión de dos núcleos, que libera una cantidad enorme de energía.

recursos naturales
Todo aquello de valor que exista independientemente en la naturaleza, sin intervención humana. Cuáles se consideran valiosos es algo que cambia con el tiempo, pero los bosques, los lagos, el petróleo o hasta unas vistas hermosas se consideran todos recursos naturales.

redes sociales
Sitios web y aplicaciones que permiten a los usuarios crear y compartir contenidos e

información con otras personas *online*.

regenerar
Volver a desarrollar y hacer crecer alguna parte del cuerpo. También, restaurar un entorno natural.

renovables
Término colectivo para todas las fuentes de energía renovables usadas para generar electricidad. La energía renovable es aquella cuya fuente no se agota, como, por ejemplo, la eólica y la solar. La energía obtenida de los combustibles fósiles no es renovable.

resistencia
Fuerza que se opone a un objeto al avanzar por un gas o líquido, y que lo ralentiza.

respiración
Proceso que convierte glucosa en energía en todos los seres vivos.

rueda hidráulica
Ingenio empleado para recoger agua de un río o canal para regar campos de cultivo. Puede servir también para convertir la energía del agua al caer y realizar trabajo, como moler grano.

rural
Relativo al campo y a la vida asociada al medio no urbano.

rutas comerciales
Vías de comunicación asentadas por tierra o mar y por las que viajan comerciantes con bienes entre distintos países y continentes.

sangre caliente
Cualidad de los animales cuya temperatura corporal es estable. Los animales de sangre caliente regulan su temperatura corporal interna para mantenerla estable, incluso cuando el entorno se enfría o calienta.

sangre fría
Cualidad de los animales cuya temperatura corporal es la misma que la del entorno, y que no son capaces de regular.

satélite
Objeto en órbita en el espacio alrededor de uno mayor. Pueden ser naturales, como la Luna, o artificiales, como los satélites de comunicaciones.

sedimento
Fragmentos de roca, arena o barro depositados en capas, por lo general bajo el agua.

segregación
Sistema racista en el que a las personas negras se les impide el uso de los mismos espacios y servicios que a las blancas. Común en el pasado en los estados del sur de EE. UU. y también en Sudáfrica, actualmente es ilegal, pero se da de modo informal aún en algunos lugares.

señor feudal
En la época medieval, noble terrateniente con poder sobre los habitantes de sus dominios.

sintético
Artificial (aplicado a materiales y compuestos).

sistema nervioso
Todos los nervios del cuerpo humano, del cerebro a la médula espinal y hasta la punta de los dedos de los pies. Todos los animales, salvo las esponjas marinas, están dotados de sistema nervioso.

Sistema Solar
El Sol y todo lo que orbita a su alrededor, incluidos los planetas.

sogún
Antiguo comandante militar japonés. De 1192 a 1868, los sogunes gobernaron Japón, al haber adquirido mayor poder que el emperador.

sombras chinescas
Formas planas unidas a varillas delgadas que se sostienen o mueven hábilmente entre una fuente de luz y una pantalla para proyectar sombras y representar una historia.

subantártico
Relativo a la región situada justo al norte de la Antártida, entre los 45 y 60 grados sur.

subatómico
Referente a partículas, fuerzas y procesos menores que el átomo, o bien a las partículas que lo integran.

supernova
Explosión violenta de una estrella. Es el acontecimiento más espectacular del universo, hasta mil millones de veces más brillante que el Sol.

tejido conectivo
Tipo de tejido que sostiene y protege otros tejidos y órganos del cuerpo.

termograma
Imagen producida midiendo la radiación infrarroja (calor) en lugar de la luz visible.

tifón
Denominación dada al ciclón tropical o huracán que se da en la cuenca del Pacífico noroccidental. Se trata de una tormenta peligrosa con vientos y precipitaciones extremos que se forma sobre aguas cálidas, y se dirige luego hacia tierra.

tímpano Estructura del oído medio que vibra en respuesta a las ondas sonoras y ayuda a trasmitirlas al cerebro.

tipos móviles
Sistema de impresión en el que letras o palabras se encuentran en piezas individuales, de modo que se pueden cambiar de posición para crear texto.

tornado
Columna de aire que gira violentamente y se extiende desde nubes de tormenta hasta el suelo. Son muy destructivos, y pueden levantar y transportar objetos grandes.

torso
Tronco del cuerpo humano; el cuerpo, salvo la cabeza, los brazos y las piernas.

tratado
Acuerdo entre Estados, a menudo acerca de comercio, fronteras o pacificaciones.

turbina
Conjunto de aspas que hacen girar aire, agua o vapor para realizar trabajo mecánico (por ejemplo, haciendo funcionar un generador eléctrico).

ultravioleta
Tipo de radiación electromagnética de onda más corta que la luz visible pero más larga que los rayos X. Los rayos ultravioleta del Sol pueden causar quemaduras en la piel.

Unión Soviética (URSS)
La Unión de Repúblicas Socialistas Soviéticas, Estado que sucedió al Imperio ruso tras la Revolución rusa de 1917; se desintegró en varios Estados en 1991.

urbano
En o relativo a la ciudad y la vida en las ciudades.

URSS
Véase *Unión Soviética*.

vapor de agua
Agua en su forma gaseosa, cuando se ha evaporado.

vertebrado
Animal con columna vertebral.

virus
Agente infeccioso no vivo y minúsculo que existe en los seres vivos y los emplea para reproducirse. Algunos causan enfermedades, pero otros son esenciales para la vida.

Índice

Agradecimientos

DK desea dar las gracias a:
Bharti Bedi, Michelle Crane, Priyanka Kharbanda, Ashwin Khurana, Zarak Rais, Steve Setford y Alison Sturgeon por su ayuda en la edición; Stefan Podhorodecki por la fotografía; Ray Bryant por la documentación iconográfica; Sumedha Chopra, Manpreet Kaur y Vagisha Pushp por su ayuda en la documentación iconográfica; Mrinmoy Mazumdar, Mohammad Rizwan y Bimlesh Tiwary por su ayuda con la maquetación; Simon Mumford por su ayuda con los mapas; Hazel Beynon por la corrección de pruebas; Chimaoge Itabor por la lectura sensible de los capítulos de Historia y Cultura; Elizabeth Wise por el índice; Maria Hademer y James Atkinson por su ayuda con los datos; y todos los expertos que aceptaron ser entrevistados a lo largo del libro.

Los editores agradecen a las siguientes personas e instituciones el permiso para reproducir sus imágenes:

(Clave: a-arriba; b-abajo; c-centro; e-extremo; i-izquierda; d-derecha; s-superior)

1 Getty Images: Yudik Pradnyana. **2 123RF.com:** costasz (cd/maracas). **Dorling Kindersley:** Ruth Jenkinson / RGB Research Limited (cia, bi/oro); Ruth Jenkinson / Holts Gems (bi). **Dreamstime.com:** 1evgeniya1 (ecd); Christos Georghiou (si); Jakub Krechowicz (sc); μ € (ecia); Vlad3563 (ca); Kaiwut Niponkaew (eci); Alexander Pokusay (cb); Nejron (cib); Elnur Amikishiyev (bc). **The Metropolitan Museum of Art:** Donación de George C. Stone (1935) (cd/casco chino). **3 123RF.com:** Puripat Khummungkhoon (cib). **Dorling Kindersley:** Andy Crawford (bc); James Mann / Eagle E Types (bi); Colin Keates / Natural History Museum (Londres) (bd). **Dreamstime.com:** Karam Miri (cdb); Martina Meyer (esi); Yocamon (si); Ekaterina Nikolaenko (esd); Alexander Pokusay (cia); Natalya Manycheva (cib/Shell). **NASA:** Caltech (sc). **5 Dorling Kindersley:** Andy Crawford / Bob Gathany (si/módulo lunar); Arran Lewis / NASA (c); Frank Greenaway / Natural History Museum (Londres) (cib/polilla). **Dreamstime.com:** 1evgeniya1 (bi/rosa); Macrovector (si); Potysiev (cda/telescopio); Alexander Pokusay (cdb); Natalya Manycheva (cia); Alexander Pokusay (cdb/seta). **Getty Images / iStock:** Enrique Ramos López (cb). **NASA:** Imagen retocada por Kevin M. Gill (CC-BY) a partir de imágenes proporcionadas por la NASA / JPL-Caltech / SwRI / MSSS. (sd). **7 Alamy Stock Photo:** Granger - Historical Picture Archive (cib); Oleksiy Maksymenko Photography (ca); Sipa US (cb). **Dreamstime.com:** Christos Georghiou (cdb); Alexander Pokusay (sc,

cd, bc/cámara, bi); Ilya Oktyabr (sd/riñones); Lidiia Lykova (cia); Ivan Kotliar (cb/pluma). **Getty Images:** David Sacks (bd). **Getty Images / iStock:** Yukosourov (cda/cables). **8 Dreamstime.com:** Aleks49 (cia); Karaevgen (si); Alexander Pokusay (cia/satélite); Macrovector (cdb). **NASA:** (bd); JPL (c); Joel Kowsky (bi). **Science Photo Library:** Gil Babin / EURELIOS (sd). **9 Alamy Stock Photo:** Sebastian Kaulitzki (cda/tardígrado); Stocktrek Images, Inc. (sc). **Dorling Kindersley:** Andy Crawford / Bob Gathany (ca). **Dreamstime.com:** Macrovector (cda, cia); Potysiev (cib/telescopio). **ESA:** (sd). **Getty Images:** SSPL (cib); Stocktrek Images (cb).**NASA:** (bd); JPL / University of Arizona (bd/lo). **10 Dreamstime.com:** Anthony Heflin (bd). **NASA:** (bi). **11 123RF.com:** Kittisak Taramas (cb/prismáticos). **Dreamstime.com:** Firuz Buksayev (bd/Hubble); Jekaterina Sahmanova (cib); Raphael Niederer / Astroniederer (bi). **NAOJ:** Harikane et al (cb). **NASA:** ESA, CSA, STScI, A Pagan (STScI) (bc). **12 NASA:** ESA, C SA, STScI. **13 ESA:** Hubble & NASA (ca/Proxima Centauri); Planck Collaboration (c). **Getty Images:** Mark Garlick / Science Photo Library (cda). **NASA:** JPL-Caltech / SSC (sd); SDO (cia); JPL-Caltech / UCLA (ca). **14 ESO. NASA:** ESA and the Hubble Heritage Team (STScI / AURA); Agradecimiento: P. Cote (Herzberg Institute of Astrophysics) y E. Baltz (Stanford University) (c); JPL / Caltech / Harvard-Smithsonian Center for Astrophysics (cd); ESA / Laurent Drissen, Jean-Rene Roy y Carmelle Robert (Department de Physique and Observatoire du mont Megantic, Universite Laval) (bd); ESA, CSA, STScI (i). **15 Dreamstime.com:** Biletskiy (i); DreamStockIcons (cd). **16-17 NASA:** ESA, CSA, STScI (c). **16 ESA:** Hubble & NASA / Judy Schmidt (geckzilla.org) (bi). **ESO:** EHT Collaboration (sd). **NASA:** ESA, CSA, STScI (bd). **18 The Royal Swedish Academy of Sciences:** (s). **Science Photo Library:** Miguel Claro (b). **19 NASA:** Jack Fischer (si); Aubrey Gemignani (bi); JHU / APL (c). **20-21 NASA:** Imagen retocada por Kevin M. Gill (CC-BY) a partir de imágenes proporcionadas por la NASA / JPL-Caltech / SwRI / MSSS. (c). **20 ESO. 21 BluePlanetArchive.com:** Jonathan Bird (sc). **NASA:** Aubrey Gemignani (bi); JPL-Caltech / ASU / MSSS (bd). **22 Dr Katie Stack Morgan:** (si). **22-23 NASA:** JPL-Caltech / MSSS. **24 American Museum of Natural History:** (d). **NASA:** Johns Hopkins University Applied Physics Laboratory / Southwest Research Institute (bi); JPL / MPS / DLR / IDA / Bjrn Jnsson (cib); JPL / DLR (cdb); MSFC / Aaron Kingery (bd). **25 Dreamstime.com:** Mario Savoia (b). **NASA:** ESA, STScI, Jian-Yang Li (PSI); Image Processing: Joseph DePasquale (cia); Johns Hopkins APL (s). **26 NASA:**

Cortesía del equipo DSCOVR EPIC (bi). **26-27 NASA:** (c). **27 Getty Images / iStock:** DieterMeyrl (bi). **NASA:** (sd). **Science Photo Library:** Miguel Claro (si). **28 Alamy Stock Photo:** Richard Wainscoat (cb).**ESA:** (sc). **NASA:** ESA, J. Hester y A. Loll (Arizona State University) (si); JPL (bd). **Science Photo Library:** NRAO / AUI / NSF (cd). **29 ESO:** G. Hdepohl (bi). **NASA:** CfA y J. DePasquale (STScI) (cdb); JPL-Caltech / R. Gehrz (University of Minnesota) (c); DOE / Fermi LAT / R. Buehler (bd/rayos gamma). **30-31 Getty Images:** Kevin Dietsch (b). **30 ESA:** P. Carril (sc). **31 Alamy Stock Photo:** ZUMA Press, Inc. (bd). **NASA:** Johns Hopkins University Applied Physics Laboratory / Southwest Research Institute / Roman Tkachenko (cd); JPL-Caltech / UCLA / MPS / DLR / IDA (sd). **32 Alamy Stock Photo:** Sebastian Kaulitzki (sd). **NASA:** (bi). **33 NASA:** (b); DoubleTree by Hilton (si). **34-35 NASA:** Michael Hopkins. **34 University of California, Los Angeles (UCLA):** (si). **36 Dorling Kindersley:** Ruth Jenkinson / Holts Gems (sc); Ruth Jenkinson / Holts Gems (sd/zafito, sd/rubí, bd/aguamarina); Colin Keates / Natural History Museum (Londres) (cda). **Dreamstime.com:**Luckypic (bi); Pleshko74 (cia); Vlad3563 (cdb); Alexander Pokusay (cdb/Coral, bi/coral); Ondej Prosick (bd/caimán). **Science Photo Library:** Dirk Wiersma (c). **37 123RF.com:** Hapelena (cda/vainadinita roja. **Alamy Stock Photo:** Iryna Buryanska (si); Susan E. Degginger (cda). **Dorling Kindersley:** Ruth Jenkinson / Holts Gems (sd); Colin Keates / Natural History Museum (Londres) (cdb); Arran Lewis / NASA (bd). **Dreamstime.com:** Natalya Manycheva (sd/concha); Nataliya Pokrovska (cib); Bjrn Wylezich (cb); Vladimir Melnik (ca). **38-39 Dorling Kindersley:** Arran Lewis / NASA (c). **38 Science Photo Library:** Mark Garlick (ci). **40 Dreamstime.com:** Krajinar (bi). **40-41 Alamy Stock Photo:** Nature Picture Library (c). **41 Alamy Stock Photo:** Ammit (bd). **Getty Images:** Fred Tanneau / AFP2 (28). **42 Alamy Stock Photo:** agefotostock (ci); Armands Pharyos (eci); Susan E. Degginger (ecd). **Dorling Kindersley:** Colin Keates / Natural History Museum (Londres) (cd). **43 Alamy Stock Photo:** Ralph Lee Hopkins (b). **Dreamstimecom:** Rodrigolab (c); Willeye (sd). **Science Photo Library:** Steve Gschmeissner (ca). **44 Alamy Stock Photo:** E.R. Degginger (sd). **Dorling Kindersley:** Ruth Jenkinson / Holts Gems (c). **Getty Images:** Justin Tallis / AFP (si). **Shutterstock.com:** Minakryn Ruslan (cd). **44-45 123RF.com:** Hapelena (c). **45 Dorling Kindersley:** Gary Ombler / Oxford University Museum of Natural History (c). **Getty Images / iStock:** Minakryn Ruslan (cd). **Cortesía de Smithsonian. ©2020 Smithsonian:**

National Gem Collection, Chip Clark (bd). **46 Royal Tyrrell Museum of Palaeontology:** (cd). **Shutterstock.com:** Soft Lighting (b). **47 Dreamstime.com:** Procyab (c); William Roberts (si). **Getty Images:** Georges Gobet / AFP (sd). **Ryan McKellar:** Royal Saskatchewan Museum (cd). **Cortesía de Poozeum, Poozeum.com:** (cdb). **Science Photo Library:** Dirk Wiersma (ci). **48 Dreamstime.com:** Pytyczech (bi). **Getty Images:** Octavio Passos (s). **49 Alamy Stock Photo:** BIOSPHOTO (si). **Getty Images:** Kazuki Kimura / EyeEm (bd); Westend61 (bi). **50-51 Dreamstime.com:** Oksana Byelikova (c). **50 Alamy Stock Photo:** Universal Images Group North America LLC (bd). **Dreamstime. com:** Ondej Prosick (sc). **Shutterstock.com:** Lucas Leuzinger (sd). **51 Dreamstime.com:** Tampatra1 (bd). **Getty Images / iStock:** JohnnyLye (bi). **Getty Images:** Twenty47studio (cb). **52 Alamy Stock Photo:** Jan Wlodarczyk (bd). **Caleb Foster:** (cd). **naturepl.com:** Paul Souders / Worldfoto (bi). **Science Photo Library:** Kenneth Libbrecht (cdb). **53 Alamy Stock Photo:** Nature Picture Library (sd). **Getty Images:** MAGNUS KRISTENSEN / Ritzau Scanpix / AFP (b). **naturepl.com:** Ben Cranke (c). **Shutterstock.com:** linear_design (cd). **54 Dreamstime.com:** Znm (bc). **Getty Images:** Francesco Riccardo Iacomino (bd). **Shutterstock.com:** Viktor Hladchenko (sd). **55 Alamy Stock Photo:** yorgil (cdb). **Dorling Kindersley:** Malcolm Parchment (bd, ebd). **56-57 Caters News Agency:** Martin Broen. **57 Alamy Stock Photo:** David Noton Photography (cd); Jukka Palm (s). **naturepl. com:** Wild Wonders of Europe / Hodalic (bd). **Science Photo Library:** Javier Trueba / MSF (bc). **Shutterstock.com:** Rudmer Zwerver (sd). **58 Alamy Stock Photo:** robertharding (bc). **Getty Images:** Jim Sugar (cd). **Shutterstock.com:** Emilio Morenatti / AP (sd). **59 Caters News Agency:** Bradley White (sd/recuadro). **Brian Emfinger. 60-61 Alamy Stock Photo:** Media Drum World. **60 Dr Janine Krippner:** (si). **62 Getty Images:** The Asahi Shimbun (i). **63 Dreamstime.com:** Sean Pavone (sd). **Getty Images:** Sadatsugu Tomizawa / Jiji Press (c). **Shutterstock.com:** Jack Hong (cd). **64 Alamy Stock Photo:** PA Images (bd). **Stephen C Hummel:** (cd). **Science Photo Library:** NASA Goddard Space Flight Center (NASA-GSFC) (bi). **64-65 Dreamstime.com:** Rasica (c). **65 Getty Images / iStock:** lushik (sd). **naturepl.com:** Phil Savoie (sd). **66-67 Marko Koroec. 66 Getty Images / iStock:** SpiffyJ (si/mapa del tiempo). **Chris Wright:** (si). **68 Hamish Frost Photography. 69 Getty Images / iStock:** htrnr (bd); Lysogor (cda). **70 Dreamstime. com:** Valentin M Armianu (cib); Kokhan (ebi). **Getty Images / iStock:** coolkengzz (ecib). **Shutterstock.com:** xamnesiacx84 (bi). **70-71 Alamy Stock Photo:** Nature Picture Library (bc). **71 Alamy Stock Photo:** John Sirlin (ca); Rich Wagner (cda). **Dreamstime.com:** David Hayes (sd). **72 naturepl.com:** Luciano Candisani (s). **73 Getty Images:** Craig Stennett (cdb). **Getty Images / iStock:** Matthew J Thomas (cib); Philip Thurston

(cda). **74 Shutterstock.com:** VLADJ55 (si). **74-75 Alamy Stock Photo:** Reuters (b). **75 Dreamstime.com:** Shawn Goldberg (cda). **76 Dreamstime.com:** Molishka1988 (ca); Slowmotiongli (cdb). **The Ocean Clean Up:** (b). **76-77 Dreamstime.com:** Francesco Ricciardi (sd). **77 Dreamstime.com:** Iryna Mylinska (bc). **Getty Images:** Loic Venance / AFP (bi). **78 Alamy Stock Photo:** ethangabito (c); Simon Knight (cd); Panther Media GmbH (ebd); www.pqpictures.co.uk (bd). **Dreamstime.com:** Faunuslsd (cia); Nejron; Alexander Pokusay (esi, sd, bi). **79 123RF.com:** alekss (cia). **Alamy Stock Photo:** Petlin Dmitry (cdb); Minden Pictures (ebd); Peter Martin Rhind (bd). **Dreamstime.com:** 1evgeniya1 (cib); Jakub Krechowicz (sd); Alexander Pokusay (si); Natthapon M (cia/conejo); Rudmer Zwerver. **Getty Images / iStock:** imv (esd).**Getty Images:** Srinophan69 (cda). **80 Alamy Stock Photo:** Mediscan (sc); Science Photo Library (sd). **Science Photo Library:** Steve Gschmeissner (si). **80-81 naturepl.com:** Gary Bell / Oceanwide (cb). **81 123RF.com:** wklzzz (cia). **Alamy Stock Photo:** BarzhDu (cd). **Dreamstime.com:** Heinz Peter Schwerin (cda). **Getty Images / iStock:** micro_photo (ci). **Science Photo Library:** Kateryna Kon (bd). **82 naturepl.com:** Doug Perrine (cia). **83 Science Photo Library:** John Sibbick (cib). **Trustees of the National Museums Of Scotland:** Harry Taylor (s). **84-85 Dreamstime.com:** Crc711 (c). **84 Dreamstime.com:** Photomo (sd/Sky). **Science Photo Library:** Pascal Goetgheluck (c). **85 Getty Images:** Sergey Krasovskiy (sd). **86 Alamy Stock Photo:** dotted zebra (b). **Dorling Kindersley:** Lynton Gardiner / American Museum of Natural History (sc/cola de dinosaurio). **Getty Images:** Mohamad Haghani / Stocktrek Images (cib). **87 Alamy Stock Photo:** Science Photo Library (bd). **Getty Images:** Wang Dongming / China News Service (sd). **Velizar Simeonovski:** (cd). **Courtesy of Smithsonian. ©2020 Smithsonian:** Cortesía del U.S. Army Corps of Engineers (Omaha) y del Museum of the Rockies (Montana State University). *Triceratops horridus,* USNM PAL 500000 (molde compuesto), Smithsonian Institution. Fotografía por cortesía de la Smithsonian Institution. (i). **88-89 Paul Sereno/University of Chicago:** Matthew Irving. **88 Paul Sereno/University of Chicago:** Michael Hettwer (bi). **90 Dorling Kindersley:** Mark Winwood / Lullingstone Castle, Kent (cd/helecho). **Dreamstime.com:** Igor Dolgov (sd/líquen); Feherliofia (sd/Club moss); Seroff (cd/flor). **90-91 Shutterstock.com:** Jordan Pettitt / Solent News (bc). **91 Alamy Stock Photo:** Jeff Gilbert (cda). **Dreamstime.com:** Verastuchelova (sd). **92 Alamy Stock Photo:** Panther Media GmbH (d). **Dreamstime.com:** Bos11 (bi). **93 Alamy Stock Photo:** Giovanni Gagliardi (c); imageBROKER (bc). **Dreamstime.com:** Lenny7 (bd). **Getty Images / iStock:** imv (cd). **naturepl.com:** Klein & Hubert (sd). **94 Alamy Stock Photo:** Peter Martin Rhind (cib). **naturepl.com:** Michael & Patricia Fogden (cia). **95 Alamy**

Stock Photo: Simon Knight (cdb); Minden Pictures (bi). **Getty Images:** Wokephoto17 (cib).**naturepl.com:** Juergen Freund (sd). **Science Photo Library:** Wim Van Egmond (bd). **96 BluePlanetArchive.com:** Klaus Jost (sc); Andrew J. Martinez (sd). **96-97 Getty Images / iStock:** Alex Tsarfin (bc). **98 naturepl.com:** Alex Mustard.**NOAA:** (sd). **99 Alamy Stock Photo:** Mark Conlin / VWPics (bd); Michael Greenfelder (si). **Getty Images:** J.W.Alker (sd). **naturepl.com:** Alex Mustard (ci, cd). **100 pixoto.com:** Aizat Mustaqim (b). **101 Alamy Stock Photo:** Minden Pictures (bc). **Dreamstime.com:** Gary Webber (sd); Wirestock (ca). **Getty Images:** Sylvain Cordier / Gamma-Rapho (cda). **102 Alamy Stock Photo:** Minden Pictures (sd); redbrickstock. com (si). **Thomas Shahan:** (b). **103 Alamy Stock Photo:** Minden Pictures (cdb); Nature Picture Library (si); Emanuel Tanjala (cda). **Shutterstock.com:** Brett Hondow (cia). **Gil Wizn:** (sd). **104-105 Comedy Wildlife Photo:** Chi Han Lin (bc). **104 Alamy Stock Photo:** Minden Pictures (bc). **naturepl.com:**Gary Bell / Oceanwide (bi); Brandon Cole (ci). **105 BluePlanetArchive.com:** Steven Kovacs (si). **Getty Images:** Srinophan69 (sd). **US Geological Survey:** Andrea L Miehls, PhD (cdb). **106 BluePlanetArchivecom:** Franco Banfi (b). **107 Alamy Stock Photo:** Jeff Rotman (c). **BluePlanetArchive.com:** Phillip Colla (si); Mark Conlin (bd). **naturepl.com:** Ralph Pace (ci); Doug Perrine (cda). **Oceanwideimages.com:** Rudie Kuiter (cb). **108 Brad Norman:** (si). **108-199 Alamy Stock Photo:** Reinhard Dirscherl. **110-111 Robert Cinega:** (c). **130 Robert Cinega:** (cia). **naturepl.com:** Guy Edwardes (sc). **Santiago Ron:** (bd). **111 Alamy Stock Photo:** Minden Pictures (bd). **Getty Images / iStock:** AdrianHillman (cd/cat). **112 Dorling Kindersley:** Asia Orlando 2022 (c). **Dreamstime.com:** µ € (bi); Andrey Gudkov (cd). **naturepl.com:** Tui De Roy (bd). **113 © Wei Fu:** (sd). **naturepl.com:** Enrique López-Tapia (bd). **Science Photo Library:** Nigel Downer (bc); Paul D Stewart (cb). **114-115 Andy Murch/BigFishExpeditions.com:** (bc). **114 Shutterstock.com:** Ibenk_88 (sd). **115 Dreamstime.com:** Tjkphotography (sd). **Shutterstock.com:** Charles HB Mercer (bd). **116 Alamy Stock Photo:** All Canada Photos (bc). **naturepl.com:** Pete Oxford (s). **117 Alamy Stock Photo:** Petlin Dmitry (bd); ethangabito (cd); Ariadne Van Zandbergen (cib). **Dreamstime.com:** Isselee (ca, cda / eclosión). **Getty Images:** Paul Grace Photography Somersham (bi); Life On White (cia). **Science Photo Library:** Dante Fenolio (bc). **118 Dreamstime.com:** Designua (cdb). **Alberto Ghizzi Panizza. Science Photo Library:** Steve Gschmeissner (bd). **119 Alamy Stock Photo:** Kevin Elsby (sc). **Dorling Kindersley:** Barnabas Kindersley (cd). **Dreamstime.com:** Pictac (sc/pencil); Pixworld (sd). **120 Alamy Stock Photo:** Minden Pictures (bi). **naturepl.com:** Stefan Christmann (cd). **121 Getty Images:** Auscape / Universal Images Group (si). **Christopher Michel:** (b). **122 Getty Images:** Michael

Kappeler / DDP / AFP (cd); @Niladri Nath (cia). **122-123 Alamy Stock Photo:** Minden Pictures (b). **123 Alamy Stock Photo:** Design Pics Inc (cda); Minden Pictures (cdb). **Dreamstime.com:** Anastasiya Aheyeva (si); Passakorn Umpornmaha (sd); Hotshotsworldwide (cd). **124-125 Edgar Pacific Photography:** (bd). **124 Alamy Stock Photo:** imageBROKER (sd); A & J Visage (c). **Getty Images / iStock:** Michel Viard (bi). **125 Ocean Alliance:** Christian Miller (sd). **126 Getty Images:** Yudik Pradnyana (sd). **127 Alamy Stock Photo:** blickwinkel (cia); Reuters (bi). **Brooklyn Museum:** Charles Edwin Wilbour Fund, 36.622. (sc). **Getty Images:** Fuse (cib, c, cd). **Magnus News Agency:** Haritri Goswami (bd). **Shutterstock.com:** foxhound photos (sd). **128-129 Caters News Agency:** Yi Liu (s). **128 Sarah Durant:** (bi). **130 Dreamstime.com:** Petr Majek (sd). **naturepl.com:** Marion Vollborn / BIA (i). **131 Dreamstime.com:** Wirestock (cdb). **Getty Images / iStock:** (sd); GlobalP (ci). **naturepl.com:** Jami Tarris (bd). **132-133 Will Burrard-Lucas:** (b). **132 123RF.com:** Andrei Samkov / satirus (cia). **Dorling Kindersley:** Jerry Young (c). **Dreamstime.com:** Mikelane45 (cd). **Getty Images:** Jurgen & Christine Sohns (sd). **133 Getty Images:** Jim Dyson (cia). **134 123RF.com:** Iakov Filimonov (bc). **Alamy Stock Photo:** Wirestock, Inc. (cib). **Dreamstime.com:** Isselee (cdb, bd). **naturepl.com:** Mark MacEwen (cda); Anup Shah (s). **Shutterstock.com:** Eric Isselee (bi). **135 Alamy Stock Photo:** Fredrik Stenstrm (si). **Depositphotos Inc:** odua (bi). **Dreamstime.com:** Isselee (cd); Natalia Volkova (bc). **Getty Images / iStock:** GlobalP (bd). **SuperStock:** Cyril Ruoso / Biosphoto (sd/primates). **136 naturepl.com:** Juergen Freund (si). **Scott Tuason:** (c). **137 Alamy Stock Photo:** steve bly (ci); Media Drum World (cda). **Getty Images:** Juan Carlos Vindas (sd, sd/detalle). **naturepl.com:** Richard Du Toit (cdb). **Science Photo Library:** Merlintuttle.org (bi). **138 Alamy Stock Photo:** Minden Pictures (s). **Dreamstime.com:** Dirk Ercken / Kikkerdirk (bi/rana); David Havel (bi); Jesse Kraft (cib). **Getty Images / iStock:** Enrique Ramos Lopez (cb). **139 Alamy Stock Photo:** imagegallery2 (ci); Dinesh kumar (ca). **Caters News Agency:** Em Gatland (sd). **Shutterstock.com:** jon lyall (bi). **Wondrous World Images:** Yvonne McKenzie (bd). **140 Dreamstime.com:** Kaiwut Niponkaew (cda); Alexander Pokusay (si/neuronas); Ilya Oktyabr (bd). **Getty Images:** Sebastian Kaulitzki / Science Photo Library (sd). **Getty Images / iStock:** VladimirFLoyd (si). **141 Dreamstime.com:** Lotophagi (cdb). Getty Images / iStock: djiledesign (ca); FuatKose (bd). Shutterstock / Alex Mit (cda). **142 Dreamstime.com:** Alona Stepaniuk (bd). **173 Dreamstime.com:** Radub85 (sd). **Getty Images / iStock:** stock_colors (cd). **144 123RF.com:** Watchara Khamphonsaeng (sd). **Getty Images / iStock:** Firstsignal (bi). **Science Photo Library:** Steve Gschmeissner (ci, cdb/células cutáneas, bd/células adiposas); Ziad M. El-Zaatari (cd/células musculares); Kevin Mackenzie / University

of Aberdeen (cd/células óseas); Power and Syred (cdb/glóbulos rojos); Lennart Nilsson, TT (bd/neuronas). **145 Dreamstime.com:** Achmat Jappie (cd). **Science Photo Library:** (sd); Dr Gopal Murti (si); Dennis Kunkel Miscroscopy (cdb); Dr Yorgos Nikas (bd). **146 Alamy Stock Photo:** Science Photo Library (d). **Getty Images / iStock:** fizkes (ci). **148 Alamy Stock Photo:** Johan Siebke (cb). **Getty Images:** Joseph Giacomin (sd). **Getty Images / iStock:** VladimirFLoyd (ci). **Science Photo Library:** Martin Oeggerli (bi). **149 ArenaPAL:** Johan Persson (bi). **Getty Images:** Sebastian Kaulitzki / Science Photo Library (si). **Science Photo Library:** Martin Dohrn (sd); Steve Gschmeissner (cdb/músculo liso, cdb/miocardio, bd/músculo esquelético). **150 Science Photo Library:** Alain Pol, ISM. **151 Getty Images / iStock:** FuatKose (bi). **Shutterstock.com:** Alex Mit (bd). **152 Getty Images:** Science Photo Library (cdb). **153 Alamy Stock Photo:** Agencja Fotograficzna Caro (si). **154-155 Getty Images / iStock:** technotr (s). **155 Dreamstime.com:** Xavier Gallego Morell (bd). **Getty Images / iStock:** Zzvet (bc). **156 Getty Images:** Jamie Grill (cib); imageBROKER / Helmut Meyer zur Capellen (bi). **Science Photo Library:** Hank Morgan (cda). **157 123RF.com:** phive2015 (sd). **158-159 Science Photo Library:** Zephyr. **158 Dr Zeller:** (si). **161 Getty Images / iStock:** djiledesign (sd); Vicu9 (si). **Jonathan Stephen Harris. 162 Science Photo Library:** D. Phillips (si). **163 Dreamstime.com:** Jose Manuel Gelpi Diaz (c). **Getty Images:** Nazar Abbas Photography (bd). **164 Getty Images:** Giordano Cipriani (bi). **Guinness World Records Limited:** (d). **165 Getty Images / iStock:** SeanShot (ci); YakobchukOlena (cd). **Science Photo Library:** (sd). **166-167 Getty Images / iStock:** technotr. **166 Allan Williams:** (si). **168 Getty Images:** KoldoyChris (cdb). **Science Photo Library:** (bi). **169 Alamy Stock Photo:** Science Photo Library (cb). **Andrew Davidhazy:** (s). **Science Photo Library:** Kateryna Kon (bi). **170 123RF.com:** andreykuzmin (c); Puripat Khummungkhoon (sd); greyjj (cib). **Alamy Stock Photo:** Maurice Savage (bd). **Dorling Kindersley:** Ruth Jenkinson / RGB Research Limited (ci). **Dreamstime.com:** Ekaterina Nikolaenko (cda); Alexander Pokusay (bi, ebd). **Getty Images / iStock:** AnatolyM (esd). **171 Alamy Stock Photo:** Blue Planet Archive (cd). **Dorling Kindersley:** Ruth Jenkinson / RGB Research Limited (ca). **Dreamstime.com:** Kseniia Gorova (sd); Lidiia Lykova (si). **Getty Images / iStock:** tridland (esd); Yukosourov (cda/wires). **Science Photo Library:** Kateryna Kon (bd). **Shutterstock.com:** Salavat Fidai (ca/pencil). **172 Alamy Stock Photo:** Reuters (ci). **Dreamstime.com:** Rdonar (si). **Science Photo Library:** Martyn F Chillmaid (sd). **172-173 Alamy Stock Photo:** dpa picture alliance (b). **173 Alamy Stock Photo:** Everett Collection Inc (si); M I (Spike) Walker (ci). **Dreamstime.com:** Angellodeco (sd); Taw at Lamphoosri (ca); Heysues23 (cda). **174 Alamy Stock Photo:** David Wall (si). **Dreamstime.com:** Haveseen (ci). **174-175 Getty Images:**

Joshua Bozarth (b). **175 Dreamstime.com:** Toxitz (sd). **176 Alamy Stock Photo:** Granger - Historical Picture Archive (c). **Science Photo Library:** NASA (sd). **Shutterstock.com:** SaveJungle (cd). **177 Alamy Stock Photo:** Album. **178 Dorling Kindersley:** Ruth Jenkinson / RGB Research Limited (4, 3, 12, 11, 19, 20, 21, 22, 23, 24, 25, 37, 38, 41, 42, 43, 44, 55, 56, 72, 73, 74, 75, 57, 58, 91, 60, 89, 90, 59, 92, 93); Gary Ombler / Oxford University Museum of Natural History (39). **179 Dorling Kindersley:** Ruth Jenkinson / RGB Research Limited (20, 5, 9, 13, 14, 15, 17, 27, 28, 29, 30, 31, 32, 34, 35, 46, 48, 49, 50, 51, 52, 77, 81, 82, 85, 86, 62, 94, 63, 64, 65, 66, 67, 68, 69, 70, 71); Colin Keates / Natural History Museum (Londres) (78). **Dreamstime.com:** (6); Bjrn Wylezich (16); Marcel Clemens (80). **180 Alamy Stock Photo:** WidStock (ci/coal). **Dorling Kindersley:** Colin Keates / Natural History Museum (Londres) (ci). **Dreamstime.com:** Geografika (cib/Coal). **Shutterstock.com:** Salavat Fidai (bc, bd). **181 Alamy Stock Photo:** Maurice Savage (bd). **Ardea:** Scott Linstead / Science Source (sd). **Getty Images / iStock:** AnatolyM (bc). **Shutterstock.com:** Salavat Fidai (bi). **182 Alamy Stock Photo:** Cultura Creative RF (cib). **Science Photo Library:** Turtle Rock Scientific (si). **182-183 Alamy Stock Photo:** Andrey Radchenko (c). **183 Alamy Stock Photo:** Tewin Kijthamrongworakul (bi). **184 Dorling Kindersley:** Ruth Jenkinson / RGB Research Limited (bd/hidrógeno). **Dreamstime.com:** (bd/carbono); Gjs (sc). **184-185 Shutterstock.com:** Albert Russ (c). **185 Dreamstime.com:** Bruno Ismael Da Silva Alves (cdb); Ianlangley (bd). **186 Alamy Stock Photo:** H.S. Photos (eci); Science History Images (cdb); Science Photo Library (cb). **Dreamstime.com:** Christian Wei (cda, bc); Scol22 (ci); Winai Tepsuttinun (ca); Radzh Dzhabbarov (ebi). **Getty Images / iStock:** Sorawat Sunthornthaweechot (cib). **187 Dreamstime.com:** Martin Brayley (cb); Krischam (si); Newlight (sd); Adam Nowak (bi). **Science Photo Library:** Eye of Science (ci); Steve Gschmeissner (cd). **188 Dreamstime.com:** David Carillet (bi). **189 Alamy Stock Photo:** Andrey Armyagov (bc). **Science Photo Library:** Tony McConnell (si). **190 Getty Images:** Geert Vanden Wijngaert (bi). **191 Dreamstime.com:** Steve Allen (cb); Liorpt (ci); Jarcosa (s); Ssuaphoto (ca). **192 Alamy Stock Photo:** robertharding (s). **Sam Hardy:** (bi). **193 Alamy Stock Photo:** Hilda Weges. **194 Alamy Stock Photo:** Blue Planet Archive (si); Yossef (Maksym) Zilberman (Duboshko) (sd). **Science Photo Library:** Giphotostock (cd). **195 Getty Images / iStock:** Mumemories (s). **196-197 Matthew Drinkall:** (c). **196 Getty Images:** Jose Luis Pelaez Inc (bc). **197 Dreamstime.com:** 7xpert (cb). **Getty Images / iStock:** Yukosourov (cda). **198 Dorling Kindersley:** Stephen Oliver (cb). **199 123RF.com:** andreykuzmin (ca). **Getty Images:** Zhang Jingang / VCG (b). **Science Photo Library:** Juan Carlos Casado (STARRYEARTH.COM) (cd). **200 Alamy Stock Photo:** Mark Harris (sc); Daniel Teetor (ci). **200-201 Alamy Stock Photo:** picturesbyrob (c). **202-203**

Dreamstime.com: Jonatan Stockton (cd/Surrendering soldier, cd/soldado armado). **Getty Images:** Apic (bc); Galerie Bilderwelt (cda). **Imperial War Museum:** (cdb). **Shutterstock.com:** FAawRay (sc); Fotogenix (c). **www.mediadrumworld.com:** Tom Marshall (bi). **274 Alamy Stock Photo:** Alpha Historica (ci); Rick Lewis (cd). **Dreamstime.com:** Ianisme28 (bd). **Getty Images:** Steve Schapiro / Corbis (cb). **275 Alamy Stock Photo:** David Grossman (bc).**Dreamstime.com:** Rank Sol (bd). **Getty Images:** Angelo Cozzi / Archivio Angelo Cozzi / Mondadori (sd). **276 Alamy Stock Photo:** Reuters (cd). **Dreamstime.com:** Maksym Kapliuk (cb/US flag); VectorHome (ci). **Getty Images:** Dirck Halstead (bd). **267 Alamy Stock Photo:** dpa picture alliance (si); Michael Seleznev (sd); Granger - Historical Picture Archive (cd); Sueddeutsche Zeitung Photo (bd). **Dreamstime.com:** Anastasiia Nevestenko (bi). **278 Getty Images:** Luis Tato / Bloomberg (b).**Shutterstock.com:** Sentavio (si). **279 Dreamstime.com:** Info633933 (cb); Oaties (cib/cadena). **Getty Images:** Toby Melville - Pool (bc); Narinder Nanu / AFP (ca). **Shutterstock.com:** Mark Kauffman / The LIFE Picture Collection (si). **280 123RF.com:** Sergey Peterman (bd/screen). **Alamy Stock Photo:** Science History Images (ci); Chris Willson (bc). **© CERN:** (bi). **Dreamstime.com:** Andrii Arkhipov (si); Photka (bd). **Getty Images:** SSPL (cdb). **281 Alamy Stock Photo:** Rick Crane (sd); Maurice Savage(c). **Dreamstime.com:** Branchecar ica (bd); Nexusby (si). **282 123RF.com:** costasz (si). **Dreamstime.com:** AlyaBigJoy (cd); Potysiev; Verdateo (esd); Alexis Belec (cda); Suttiwat Phokaiautjima (bc); Ivan Kotliar (cib). **Getty Images:** DEA / G. Dagli Orti / De Agostini (sc); Lawrence Manning (sd). **Getty Images / iStock:** inarik (c); staticnak1983 (bi). **283 Alamy Stock Photo:** Evelyn Orea (bi). **Dreamstime.com:** Jiri Hera (bd); Alexander Pokusay (ca, cdb). **Getty Images / iStock:** Anastasia Dobrusina (esi); toktak_kondesign (ebi). **Getty Images:** Martin Puddy (esd). **284 Dreamstime.com:** Michael Bush (cda). **Getty Images / iStock:** dino4 (ca). **284-285 Getty Images:** James D. Morgan (bc). **285 Alamy Stock Photo:** Image Source (ci). **Dreamstime.com:** Xzotica (cd). **Getty Images / iStock:** Asurobson (ecd). **Getty Images:** Christopher Furlong (sd); Plume Creative (eci). **286-287 Alamy Stock Photo:** melita (b). **286 Alamy Stock Photo:** Oleg Zaslavsky (c). **Getty Images:** Monica Morgan / WireImage (sd). **287 Alamy Stock Photo:** Jeff Morgan 13 (ci); Zoonar GmbH (sd). **288 Alamy Stock Photo:** Dan Breckwoldt (si); Images & Stories (b). **Dreamstime.com:** Alexey Pushkin (c). **289 Getty Images:** Martin Puddy (d). **290 Alamy Stock Photo:** Ruby (ci). **Donauinselfest, Vienna:** Photo Alexander Mller (c). **290-291 Getty Images / iStock:** Toa55 (b, s). **291 Alamy Stock Photo:** Evelyn Orea (si). **Getty Images:** Hindustan Times (c).**naturepl.com:** Enrique López-Tapia (sd). **292 Alamy Stock Photo:** John D. Ivanko (bi). **Getty Images / iStock:** ALLEKO (cda/Sweden); Anastasia Dobrusina (cdb). **Getty Images:** DEA / G.

Dagli Orti / De Agostini (ci). **292-293 Shutterstock.com:** adiwijayanto (s). **293 Getty Images:** Todd Maisel / NY Daily News Archive (bc). **Shutterstock.com:** nontarith songrerk (cdb). **294 Alamy Stock Photo:** Hans Kristian Olsen (cia); PCN Photography (c).**Getty Images:** Mauro Ujetto / NurPhoto (si); George Wood / Getty Images for RLWC (ci). **Getty Images / iStock:** Windzepher (cd). **294-295 Getty Images / iStock:** PeopleImages (b). **295 Alamy Stock Photo:** Hemis (sd). **Getty Images:** Kate McShane / Getty Images for Nike (ci). **296-297 Dreamstime.com:** Travellingtobeprecise (c). **296 123RF.com:** Hong Li (cdb). **Alamy Stock Photo:** Magica (bi). **298 Alamy Stock Photo:** PG Arphexad (bi). **Bridgeman Images:** Dublin City Gallery, the Hugh Lane / © Niki de Saint Phalle Charitable Art Foundation / ADAGP, Paris and DACS, London 2023 (d). **299 Alamy Stock Photo:** Krys Bailey (sd); Niday Picture Library (bi); Kat Davis (bd). **Bridgeman Images:** (cia); Fitzwilliam Museum (si); Olafur Eliasson, *The weather project* (2003). Luces de monofrecuencia, proyecciones, máquinas de niebla, espejos, aluminio, andamios, 26,7 x 22,3 x 155,44 m. Instalación: Tate Modern (Londres). Photo Bridgeman Art Library / Richard Haughton. Cortesía del artista; neugerriemschneider, Berlin; Tanya Bonakdar Gallery (Nueva York) / Los Angeles. © 2003 Olafur Eliasson / Cortesía del artista; neugerriemschneider (Berlín); Tanya Bonakdar Gallery (Nueva York) / Los Angeles © Olafur Eliasson (ci). **300 Dzia:** (si). **300-301 Dzia. 302 Getty Images / iStock:** CasarsaGuru (bi); inarik (d). **303 Dreamstime.com:** Jannoon028 (bd/teléfono); Stepanov (bi). **Getty Images / iStock:** JackF (bd); southtownboy (cdb). **Getty Images:** Alex Livesey / Getty Images for RLWC (si). **304 Alamy Stock Photo:** LJSphotography (bd) **Dreamstime.com:** Featureflash (sc). **Getty Images / iStock:** baona (bc); Denisfilm (bi). **305 Alamy Stock Photo:** Ian Georgeson (sd); Tjasa Janovljak (c). **Getty Images / iStock:** lisegagne (bi). **Getty Images:** Valerie Macon / AFP (cd); Hugh Sitton (cdb); David Sacks (bd). **Shutterstock.com:** Ljupco Smokovski (cib). **306 Alamy Stock Photo:** Kawee Wateesatogkij (sd). **Shutterstock.com:**Anastasia Gruzdeva / AP (bi). **306-307 Alamy Stock Photo:** MQ Naufal (b). **307 Dakakker:** Karin Oppelland (si). **308 Alamy Stock Photo:** Reuters (sc); Jochen Tack (bd). **308-309 Philipp Schmidli:** (sc). **309 123RF.com:** Nikola Roglic (bi). **Alamy Stock Photo:** Andrey Khrobostov (bd). **Dreamstime.com:** Typhoonski (sd). **310-311 Dreamstime.com:** Alexey Petrov (c/cabina de avión); Tacettin Ulas / Photofactoryulas (ca/nubes). **310 Captain Darryl Elliott:** (si). **312 Alamy Stock Photo:** Roland Magnusson (cd); Nerthuz (s); robertharding (cb). **313 Alamy Stock Photo:** Hero Images Inc. (sd). **Getty Images / iStock:** Nikada (cdb). **Getty Images:** Thitiphat Khuankaew / EyeEm (cd).**SchimiAlf:** (bc). **314 Getty Images / iStock:** martin-dm (bi); staticnak1983 (bd). **314-315 Getty Images:**

Elijah Nouvelage / AFP (sc). **315 Alamy Stock Photo:** Amlan Mathur (bi). **Dreamstime.com:** Josefkubes (cda). **Getty Images:** Robin Marchant (cdb). **316-317 Alamy Stock Photo:** Michele D'Ottavio (b). **316 Dreamstime.com:** Leremy (ecd). **Getty Images:** Jefri Tarigan / Anadolu Agency (sd). **317 Getty Images:** Dante Diosina Jr / Anadolu Agency (si); STR / AFP (cd).

Imágenes de cubierta: *Cubierta frontal:* **123RF.com:** eshved cib/ (corazón), scanrail bc, thelightwriter cb; **Alamy Stock Photo:** Iryna Buryanska (x4), Mechanik cda, Panther Media GmbH / niki cdb, Steppenwolf c; **Dorling Kindersley:** Gary Ombler / Shuttleworth Collection cda/ (avión); **Dreamstime.com:** Dragoneye cia, Kolestamas cia/ (*Tyrannosaurus*), Peterfactors ca; **Getty Images / iStock:** FGorgun cib; **Robert Harding Picture Library:** TUNS cib/ (guacamayo); **Science Photo Library:** Miguel Claro bi, Power and Syred cib/ (halobacteria); **Shutterstock.com:** Arthur Balitskii cdb/ (mano), KsanaGraphica, Dotted Yeti cda/ (astronauta); *Contracubierta:* **123RF.com:** Denis Barbulat cdb/ (lirio), solarseven cda; **Alamy Stock Photo:** Iryna Buryanska (x3), imageBROKER / J.W.Alker cdb/ (tortuga), Alexandr Mitiuc ci; **Dorling Kindersley:** Gary Ombler / University of Pennsylvania Museum of Archaeology and Anthropology cia/ (barca), Arran Lewis (science3) / Rajeev Doshi (medi-mation) / Zygote cd; **Dreamstime.com:** Feathercollector cib, Patrick Guenette bc, Nerthuz c, Lynda Dobbin Turner cia/ (medusa); **Getty Images:** Tim Flach cib/ (hormigas), Gerhard Schulz / The Image Bank bl; **Getty Images / iStock:** GlobalP cia/ (serpiente), Anton_Sokolov cb/ (coche), Vladayoung cb; **NASA:** GSFC / Arizona State University cia; **Science Photo Library:** Wim Van Egmond cdb, Steve Gschmeissner bd; **Shutterstock.com:** Sebastian Janicki ca, KsanaGraphica; *Lomo:* **Shutterstock.com:** Sebastian Janicki b.

Las demás imágenes © Dorling Kindersley